当代国外社会思潮
（第3版）

段忠桥　主编

中国人民大学出版社
·北京·

序 言

20世纪70年代以来，世界社会主义运动开始走向低潮，而西方发达资本主义国家却得到相对稳定的发展。此后，随着苏东社会主义国家的逐个解体和冷战时代的结束，世界进入了一个新的发展时期。

西方国家70年代以来相对稳定的发展并不意味着其自身存在的各种矛盾都已解决，相反，这些国家由资本主义基本矛盾所导致的各种社会矛盾却在逐渐趋于激化。新技术革命的迅猛发展、全球范围的生态环境的恶化、高失业率与经济低增长率的并存、福利制度的危机、男女平等要求的加强、经济全球化的趋势等，这些都向现存的资本主义制度提出了严峻的挑战，造成了西方各国种种的社会危机。

苏东的社会主义模式在很长一段时间内曾是西方一些左翼政党和广大群众向往的美好社会制度，是取代现在资本主义制度的样板。但随着苏东各国自身问题的日益显现，加之西方资本主义国家对这些问题的歪曲与渲染，苏东的社会主义模式逐渐失去了昔日的吸引力。在20世纪80年代末90年代初苏东剧变后，一些资产阶级右翼代表人物洋洋得意地宣告，社会主义制度已彻底失败，资本主义将永世长存。

正是在上述历史背景下，自20世纪70年代以来，西方国家的各种政治力量及其代表人物纷纷提出新的理论，以求解决各自面临的社会问题，并进而在哲学、经济学、政治学、社会学、马克思主义理论等领域中形成了各种各样的社会思潮。本书介绍和评析的九种思潮就是其中较有影响的代表。这些思潮既有对现存资本主义制度的批判，也有为现存资本主义制度的辩护；既有如何使其走向社会主义的探讨，也有如何通过改良使其得以继续维持的研究。这些思潮从各个侧面反映了当代发达资本主义国家的现实矛盾及其发展趋势。

资本主义将向何处去？这是本书涉及的九种社会思潮共同面临的问题。在这个问题上，它们虽然观点各异，但其共同特征是主张对现存资本主义制度进行改良。马克思主义者在革命形势尚未出现时并不一概拒绝改良，但坚决反对以维护资本主义制度为最终目的的改良主义。因此，对待这些思潮我们必须坚持以马克思主义的立场、观点和方法进行深入的分析，分清它们当中哪些东西是进步的，哪些东西是反动的，哪些东西必须予以批判，哪些东西可以为我们所借鉴，并通过对它们的分析，进一步认清当代资本主席制度的本质，坚持社会主义必然战胜资本主义的信念。

目　录

第一章 未来主义

未来主义是20世纪60年代末至70年代初在西方发达资本主义国家出现的一种对社会发展的未来前景进行研究和预测的社会思潮。一般来讲，未来主义分为社会历史学派和生态学派两个流派。前者着重对新科技革命造成的社会变化进行研究和预测，认为随着新科技革命的发展，现存的资本主义制度和社会主义制度都将被一种新的社会形态所取代。后者着重于研究和预测科学技术的负面效应，尤其是全球性环境和发展问题（简称环发问题）对社会发展的影响，强调协调环境和发展关系的重要性。尽管这两个流派存在着诸多的差异，但是它们仍然具有许多共性：都研究了新科技革命对人类社会未来发展的影响，都把预测和设计人类社会的未来前景以摆脱现代资本主义社会遇到的发展困境作为自己的目的。

第一节　未来主义的兴起

未来主义集中反映了20世纪的社会发展难题和人类对未来探求的努力。未来主义不仅是在反思科学技术的社会作用和全球性环发问题的过程中产生的，而且是在借鉴和吸收相关社会思潮和科学成果的过程中产生的。

一、未来主义产生的社会历史背景

20世纪60年代以来，新科技革命的迅猛发展造成了一系列深刻的社会变化，同时，全球性环发问题出现了日趋严重的趋势。这样，如何认识科技进步与社会发展的未来趋势、全球性问题与社会发展的未来态势，就成为20世纪的重大课题。未来主义就是在尝试解决这些课题的过程中产生的。

1. 对新科技革命社会后果的预测

为了迅速地医治战争创伤、恢复经济发展，一场全球范围内的新科技革命在第二次世界大战后勃然兴起。随着相对论、量子力学、分子生物学、生态学和系统科学等新学科的创立，信息技术、电子技术、生物技术、空间技术、海洋技术、新材料技术、新能源技术和环保技术等高新技术纷纷出现，人类社会的发展尤其是发达国家的社会发展自20世纪60年代以来出现了一系列广泛而深刻的变化：（1）生产力要素的变化。随着信息技术和人工智能技术的高度发展和广泛应用，生产的自动化水平得到极大的提高，从而使人和自然的物质变换深入到了信息的层次。这样，知识尤其是科学技术知识从一种附着性的生产要素逐渐转变为一种独立性的生产要素。（2）产业结构的变化。随着新科技革命的发展，出现了第二产业的收缩和第三产业的扩展的情况。例如，在20世纪60年代，美国服务性行业中的就业者占整个就业人口的比例大约为60%；到了20世纪80年代，这个比例上升为70%左右。同时，信息产业从业人员的数量在整个第三产业中也占到了很大的比例。（3）劳动力结构的变化。随着知识在生产中的地位的提高和作用的加强以及产业结构的变化，美国白领工人的数量在1956年第一次超过了蓝领工人的数量，此后，这一比率一直在稳步扩大。从20世纪60年代至90年代，美国所拥有的科学家和工程师的增长率是其整个劳动力平均增长率的2倍。综上可见，新科技革命的迅猛发展，不仅促使社会结构出现了一系列的重大变化，而且加速了社会变化的过程。这样，了解和把握这些变化及其发展趋势，以对人类社会的前途和命运做出预测，就成为人们的迫切愿望。

2. 对全球性环境和发展关系问题的反思

尽管科技进步极大地推进了社会发展，但是由于一系列复杂的原因，人们在进行科技研发、使用和推广的过程中，也造成了如人口爆炸、资源枯竭、环境污染、能源危机、生态恶化等一系列的全球性的环发问题。

（1）形成原因的复杂性。人口、资源、环境、能源、生态等问题相互联系、相互依存、相互影响和相互作用，此消彼长，盘根错节，最终形成了一个复杂的整体。例如，人口数量的膨胀加剧了资源压力、环境压力、能源压力和生态压力，而日益严重的资源、环境、能源和生态等方面的压力又影响到了人类的正常生活和工作。可见，全球性环发问题是由诸多问题构成的一个复杂的整体。

（2）现实存在的威胁性。如果这些问题得不到妥善的解决，将给整个人类造成严重的、无可挽回的损失，不仅会造成生活条件的恶化和生产力水平的下降，而且会导致人类文明的毁灭甚至会威胁到地球的存在。显然，全球性环发问题是一种客观存在的危险。

（3）解决方式的协作性。由于全球性问题的现实存在已经超越了政治疆界和地理区域，其威胁是针对着整个地球和人类的，因此，为了合理、有效地解决环发问题，世界上的所有国家、所有民族、所有地区必须求同存异、合作图存，世界上的各国政府、国家集团和国际性组织必须协调起来以建立一种全球伙伴关系。总体来看，全球性问题尤其是环境和发展问题的凸显和加剧，要求人们在思考环境和发展关系问题的过程中，必须从全球性的范围来关注人类的前途和命运，走可持续发展之路。

总之，进入20世纪60年代以来，不论是资本主义国家还是社会主义国家，都面临着新科技革命和全球性环发问题的挑战和考验，这就要求人们在公平合理地利用科技进步的积极成果的同时，要在总体上思考和解决科技发展过程中形成的各种负面问题。未来主义就是由此应运而生的。

二、未来主义思潮的理论来源

未来主义不是凭空产生的，而是受到了未来学、科技决定论、趋同论、系统动力学和生态学等社会思潮和科学成果的影响。这些社会思潮和科学成果就构成未来主义的主要理论来源。

1. 未来学

未来学是未来主义产生的母体学科。“未来学”一词最早是由德国学者奥西普·费莱希泰姆于1934年提出来的。作为一门集自然科学、社会科学、思维科学和管理科学等于一体的学科，未来学是于20世纪60年代至70年代形成的。一般来讲，未来学是指以未来问题为研究对象的一门新兴的综合性学科，主要探讨大工业生产方式和新科技革命给社会发展带来的影响，揭示按照人类的需要所作的各种选择实现的可能性，对未来发展的方向和前景进行预测和说明。未来学对未来主义的启示主要有：（1）科学预测是可能的，未来研究可以成为科学。科技进步成果是对客观规律的科学认识，因此，将科学技术运用在预测方面可以保证预测的科学性，以科学预测手段进行的未来研究能够成为科学。（2）未来研究和社会发展具有密切的关系，对未来的预测可以成为人们行动的依据。未来研究以科学的方法提供了一幅有科学根据的未来图景，人们运用预测成果可以未雨绸缪、趋利避害，因此，人们可以将预测的成果作为自己行动的依据，可以根据预测的成果选择自己行动的方式和方法。

2. 科技决定论

科技决定论（又称科技统治论）是未来主义的直接理论来源。这是于20世纪20年代在美国产生的一种社会思潮，美国经济学家和社会学家凡勃伦被公认为是这一思潮的创始人。随着第二次世界大战后新科技革命的发展，科技决定论在西方社会得到了广泛的传播，对社会生活产生了重大的影响。该思潮对未来主义的影响主要表现在如下启示上：(1) 科技是现代社会发展的决定性力量，因此，随着科学技术的发展，社会差别就可以消除，现有的一切社会制度中存在的弊病就可以得到解决。例如，凡勃伦认为，19世纪的革命是军事的和政治的革命，在20世纪却不可能通过军事的和政治的方式来实现社会革命。20世纪任何重大的或有效的变革都必然是工业的变革，换言之，20世纪的任何革命只能通过工业的途径和手段才能实现或制止。其实，这里的工业也就是工艺，即科学技术。(2) 科技专家应该主宰和掌握人类的命运，成为社会的统治者。由于科技专家掌握了社会发展所必需的科学技术，并形成了从事实出发、尊重理性、大公无私、关心社会福利的价值观，因此，他们能够克服社会弊端，成为社会的统治者。(3) 科技具有自主性和独立性。科学技术已经从其他社会结构层次中游离出来，成为一种专门的社会结构，成为决定一切社会要素和社会活动的力量。

3. 趋同论

趋同论是未来主义的又一直接的理论来源。"趋同"（convergence）原本是一个生物学的术语，是指亲缘关系较远的异种生物由于处在相同的环境中而在结构上具有相同的特征和功能。荷兰经济学家廷伯根在1961年将这一术语系统移植到社会政治领域，用以说明资本主义和社会主义的关系，这样，便形成了一种特定的社会思潮——趋同论。该思潮对未来主义的影响主要表现在如下启示上：(1) 资本主义和社会主义绝不是对立的两极，双方都既有长处又有短处，都不是完美的。(2) 在社会发展的过程中，资本主义和社会主义将取长补短，相互借鉴，这样，它们就会偏离自己的极点位置，形成一系列相同的特征和功能。例如：资本主义的所有制已经发生了质变，公有制和私有制的区分已经不明显了；计划经济和市场经济的结合成为资本主义和社会主义共同采用的经济制度；无产阶级的贫困化已经不存在了，出现了收入的均等化；阶级差别已经消失，无产阶级和资产阶级的斗争已经没有意义；马克思主义和非马克思主义的对立已经消失，两种社会制度可以超越意识形态进行合作。（3）在社会主义和资本主义之间出现的这些相同的特征和功能的积累，将导致两种社会制度的综合，并将孵化出一种新的社会形态，因此，人类社会的发展前景不是资本主义，也不是社会主义，而是一种将二者的优点融合在一起的新社会形态。

4. 系统动力学

系统动力学是未来主义产生的方法论学科根据。为了解决现代科技、经济、社会、环境等复杂的大系统决策问题，美国麻省理工学院管理学教授福雷斯特于1956年创立了系统动力学。系统动力学是关于电子计算机仿真实验技术的方法论学科，其基本原理、方法和要求是：（1）以传统的管理方式为背景，以现实的世界为研究对象，引进信息反馈的原理，把复杂多变的社会现象与流体运动相类比，从而获得像流体力学那样描述社会系统结构的一般原理和方法。（2）凭借电子计算机强大的记忆能力和高速运算能力，跟踪现实社会系统的发展变化，对其进行可重复的仿真实验，这样就实现了用计算机实验方法研究社会大系统的战略和策略的可能性。系统动力学创立以后，被广泛地运用于社会系统的各个方面。

5. 生态学

生态学是未来主义产生的科学背景和根据。“生态学”一词最早是由德国学者赫克尔于1866年提出的。作为一门科学的生态学，是关于有机体与其环境关系的科学。随着全球性问题的日益严重，生态学从20世纪开始获得了全新的发展，成为当今科技发展的前沿领域之一。生态学对于社会发展的价值在于：（1）人类社会和自然生态系统的关系同有机体和环境的关系一样，都存在着物质变换。通过物质、能量和信息的变换，社会和自然构成了一个巨大的复合的生态系统，因此，必须将环境和发展作为一个整体来看待。（2）由于在社会和自然之间存在着物质变换，因此，人类不适当的活动就会造成生态破坏和环境恶化，这些问题反过来又会影响人类的生存，限制社会的发展。因此，在社会发展的过程中必须高度关注生态环境问题。（3）由于生态学同时又是一门管理地球的科学，因此，人类通过掌握和运用生态学规律，可以实现社会与自然的和谐，最终可以完全实现社会的可持续发展。未来主义对全球性环发问题的研究就是以生态学为科学背景和根据展开的。

总之，未来主义就是将上述社会思潮和科技成果作为自己的理论依据和出发点，由此成为一种具有重大影响的国际性思潮。

第二节　社会历史学派的趋同论思想

社会历史学派从科技决定论出发，通过对科技进步造成的社会变化的分析，最终得出了趋同论的结论。社会历史学派认为，随着新科技革命的发展，科学技术和知识分子在社会发展的过程中越来越居于主导性的地位；这样，就促使社会结构尤其是阶级结构出现了一系列的重大变化，从而将使人类社会最终进入一个新阶段；这个新阶段将取代现存的资本主义制度和社会主义制度，在避免双方弊病的同时，将使双方的优点融合起来。社会历史学派的主要理论有丹尼尔·贝尔的“后工业社会”理论、阿尔文·托夫勒的“第三次浪潮”理论和约翰·奈斯比特的“信息社会”理论。

一、贝尔的“后工业社会”理论

由美国社会学家、政治哲学家贝尔于1959年提出的“后工业社会”的思想，是未来主义尤其是社会历史学派的理论基础。贝尔认为，资本主义和社会主义都是工业化和官僚科层化这一社会进程的一部分，都要向后工业社会过渡，而未来社会将把这两种社会的特征和功能统一起来。

1. 考察社会形态的技术中轴原则

在社会历史观上，贝尔试图采用一种新的理论分析，将技术作为决定社会形态更替的根本性力量。在他看来，在划分社会发展阶段或者区分社会形态的问题上，人们的目的决定了人们注意力的中心。他将之称为中轴原则或中心原理。在他看来，在对社会以及社会形态的把握上存在着两种不同的中轴原则：一种原则是以生产资料的所有制作为中轴，将社会发展区分为封建主义、资本主义和社会主义等几个阶段。另一种原则是以生产力的发展作为中轴，将人类社会的发展划分为前工业社会、工业社会和后工业社会三个发展阶段。贝尔强调，现代社会的区分不在于生产资料的所有制问题，而在于生产力，生产力是现代社会的中轴，这种中轴作用主要是通过技术变革体现出来的。他认为：“在过去与现在之间的巨大鸿沟上，技术一直是区分社会时代变化的主要力量之一，因为实行一种新的度量制度或者扩大我们对自然界的控制，就是技术改变了社会关系和我们观察世界的方式。”① 这样看来，前工业社会、工业社会、后工业社会的区分就在于其生产力的不同：前工业社会的中轴是传统主义，考虑土地和资源方面的限制；工业社会的中轴是经济增长，强调国家或私人对投资决策的控制；后工业社会的中轴是理论知识，知识一跃而成为社会的主要资源，科学家和研究人员成为社会的统治人物。在这个意义上，前工业社会、工业社会、后工业社会是以生产和使用的各种知识为中轴的概念顺序。因此，如果不考虑生产力和生产关系的联系，而是将二者分开，人们就可以看到资本主义和社会主义之间的不同联系。根据中轴原则，从工业社会进展到后工业社会，与从资本主义进展到社会主义，是沿着两种不同轴心发展的运动。

2. 资本主义新变化消解了社会主义的历史必然性

贝尔从考察资本主义社会发展的新变化出发，通过分析资本主义的社会结构、阶级结构和文化矛盾的变化，否定了社会主义取代资本主义的历史必然性。

第一，资本主义社会发展的新方式。为了论证自己对社会发展命运的看法，贝尔对马克思的社会发展理论进行了考证，认为马克思在《资本论》中提出了资本主义发展的两种不同的方式（图景）。第一种方式（图景）是在《资本论》第一卷中提出来的。这种方式强调的是，随着资本主义生产方式的发展，地主阶级和资本家逐步合一，在社会上只留下资本家和无产者两个阶级，生产的社会化和私人占有的矛盾将导致资本主义的灭亡和社会主义的胜利。贝尔认为，马克思提出的这种方式（图景）只是一种“纯粹资本主义”，现实中的资本主义并没有按照这种方式运行下去，而是按照第二种方式发展的。贝尔指出，马克思已经敏锐地意识到资本主义社会结构的新变化，在《资本论》第三卷中提出了资本主义发展的第二种方式（图景）。贝尔发掘这种方式（图景）的意图是要强调，在资本主义的发展进程中出现了以下新的发展趋势：(1) 资本的社会化。随着一个新的银行制度的出现，资本积累已不再依靠企业家个人的节俭、储蓄来自我筹集资金了，而是依靠全社会的储蓄，资本出现了社会化的趋势。(2) 管理的独立化。股份公司的出现，造成了所有权同管理权的分离，并且产生了一个新兴的职业，这就是指挥劳动的管理。(3) 白领的扩大化。银行制度、信用制度的扩大以及股份公司的发展，必然意味着办公室人员和白领阶层的扩大。这样，在旧

① ［美］丹尼尔·贝尔：《后工业社会的来临》，211页，北京，商务印书馆，1986。

社会中就出现了一种新结构。在贝尔看来，马克思所讲的第二种方式（图景）是很重要的，但却是鲜为人知的。如果人们注意到了这个方面，并且把20世纪上半叶关于资本主义未来发展的理论联系在一起，就会发现几乎所有的社会发展理论都是在同马克思所讲的第二种方式（图景）对话。现存的两种不同的社会制度正是在上述三个方面相互仿效并表现出了趋同的趋向。

第二，资本主义社会中的新阶级结构。贝尔指出，随着现代技术的发展，无论是在发达的工业社会还是后工业社会，蓝领工人都将成为少数，而白领工人将会成为多数，并会成为社会发展的主导性力量。尽管这些人还没有构成一个阶级，但已经成为一种力量，将成为后工业社会的统治阶层。这些人有两个共同的特征：他们都是以专门技术作为权力和地位基础的新制度的产物，并且具有共同的以新的价值准则为基础的精神气质。为了进一步描述后工业社会的结构，贝尔无视生产资料的所有制因素，提出自己对阶级的“新”理解：为了适用于现代世界，阶级的定义应该建立在某种制度化设置的社会结构之上，这种社会结构是地位、权力影响（权威）和报酬有差别的基础。这一定义还应该包括文化观点（这种观点保证各种见解的协调一致性）和共同的意识（其中还包含阶级本身的某种合法化）。简而言之，只要存在社会共同体，存在制度化利益的完整性和向社会成员提供公认的信条（或行为准则）的意识形态，就存在“阶级”。在抽掉“阶级”的经济内容的前提下，贝尔对后工业社会的阶级结构进行了这样的设想：以知识而不是以财产为基础的专业阶级是新社会的主要阶级；支配社会的体系不是世世代代相传的职业阶级，而是政治秩序；知识阶级很可能成为新社会的最高阶级。总之，在他看来，马克思设想的资产阶级和无产阶级的矛盾将消失，因而社会主义取代资本主义的阶级基础将不复存在。

第三，资本主义发展的文化矛盾。既然包括阶级结构在内的社会结构出现了一系列重大的根本性的变化，那么资本主义制度是否还存在着矛盾？其具体表现如何？贝尔认为，资本主义的现实矛盾主要是文化的矛盾。在他看来，资本主义社会同样分为经济、政治和文化三个领域，这三个领域各自按照自己的中轴发展。效益原则是经济领域的中轴，平等原则是政治领域的中轴，个人主义是文化领域的中轴。在现实中，个人享乐主义的广泛传播，必然会与效益原则和平等原则发生摩擦甚至是冲突。例如，作为经济领域中轴的效益原则必然要求节俭，因此，“工业社会的特有品格有赖于经济与节俭原则：即追求效率、讲究低成本、高利润、最优选择和功能合理性。然而，就是这种品格与西方世界领先的文化潮流发生了冲突，因为现代主义文化强调反认知和反智模式，它们都渴望回到表现最初的本能。一方面强调功能理性，专家决策，奖勤罚懒；另一方面强调天启情绪和反理性行为方式。正是这种脱节现象构成了所有资产阶级社会的历史性文化危机。这种文化矛盾将作为关系到社会存亡的最重大分歧长期存在下去”①。这样，资本主义文化的矛盾就是不可避免的。在此前提下，贝尔认为，对于资本主义社会来说，敌对的意识形态再也不是工人阶级的社会主义思想，而是兴起的新阶级价值观，因此，取代资产阶级意识形态的不是社会主义思想，而是后工业社会的价值观。这样，意识形态就终结了，产生社会主义的文化动因也就再也不存在了。

3. 后工业社会是取代资本主义社会和社会主义社会的新社会形态

由技术导致的资本主义新变化表明，在资本主义社会中已经孕育了一个新的社会形态。贝尔将这个新的社会形态称为后工业社会。在他看来，后工业社会将成为人类社会的未来：(1) 后工业社会是一个从以制造业为主的社会转向以服务业为主的社会。在后工业社会中，大多数劳动力不再从事农业或制造业，而是从事服务业，如贸易、金融、运输、保健、娱乐、研究、教育和管理等工作。(2) 后工业社会是一个从以企业家为主的社会转向以科学研究人员为主的社会。在后工业社会中，科学家和研究人员是新的统治阶层，他们通过平衡技术力量和政治力量，通过享有选举权和其他权利的手段来行使他们的权力。这将是一种“能者统治”的社会。对“能者统治”应该从最好的意义上去理解。能者指的是由值得赞扬的人们所组成一个群体，是各自领域中的由其同行评定为最优秀的人。(3) 后工业社会是一个将理论知识作为社会的核心、作为社会革新和决策的根据的社会。与注重经验的前工业社会和工业社会相比，理论在后工业社会中将占首要位置。在后工业社会中，知识本身的性质也出现了变化。知识在编纂成为抽象符号的系统以后，可以同任何规律一样用来说明许多不同领域中的经验。后工业社会就是围绕着知识而组织起来的，其目的在于进行社会管理、指导革新与变革；这反过来又产生新的社会关系和社会结构，这些都成为政治上必须加以管理的问题。(4) 后工业社会是一个有计划和有节制地发展技术、技术评估将占有重要地位的社会。目前，技术在带来巨大社会进步的同时，也同样

① ［美］丹尼尔·贝尔：《资本主义文化矛盾》，132页，北京，三联书店，1989。

带来了负面的作用，以及被人们忽略了的更深层的或不可预料的后果，造成这些问题的原因就在于人们没有对技术进行评估。在后工业社会中，人们可以对技术的发展进行规划和控制。现在所要解决的问题是，如何才能使政治结构允许进行这样的研究并制定管理新技术的标准。（5）后工业社会是一个创造新的智能技术来制定决策的社会。在后工业社会中，制定各项政策都需要通过智能技术。智能技术就是用规则系统（解决问题的规则）来代替直观的判断。这些规则系统可以体现在自动化装置里，或者体现在计算机程序中，或者体现在某些统计资料或数学公式的一套指令里。用于处理“条理化复杂性”问题的统计技术和逻辑技术，都是形成一套决策规则的手段。可见，后工业社会能够取代现存的资本主义制度和社会主义制度，将二者融合起来。

在贝尔看来，“所谓资本主义和社会主义这类社会制度的名称，可能都是工业化和官僚科层化这些成规内一个范围更加广泛的社会进程的一部分”①。因此，人类社会发展的可能前景是：资本主义和社会主义都是通向未来的道路；存在着一条将资本主义和社会主义连接起来的“新”道路；后工业社会将成为一种新的社会形态。

二、托夫勒的“第三次浪潮”理论

美国未来学家托夫勒根据产业结构尤其是技术在社会发展过程中的作用，将人类社会的发展划分为农业浪潮、工业浪潮和知识浪潮三个发展阶段，认为资本主义和社会主义都是工业化的产物，都要向第三次浪潮过渡，而以信息革命为驱动的第三次浪潮的新文明将是一个与“乌托邦”不同的“实托邦”。

1. 社会发展是由技术浪潮推动的过程

托夫勒将技术看做是人类社会发展的根本动力。在他看来，任何文明社会都存在着技术圈、社会圈、信息圈、生物圈、权力圈和精神圈六个相互关联的领域。这六个圈层是社会的本质要素，包罗了整个社会的一切过程和一切方面。人类社会的发展就是这六个圈层交替运动的结果。但是，从根本上来看，一旦社会的技术圈发生重大的变化，社会的其他圈层也要发生相应的变化，这样就会引起整个社会结构的变化，形成社会发展的过程。“浪潮”就是用来说明由技术变化造成的社会剧烈转变的术语。托夫勒认为，纵观人类社会的历史，不过是各种浪潮的冲

① ［美］丹尼尔·贝尔：《后工业社会的来临》，385页。

突、前后相涌的历史而已。人类文明已经经历了两次浪潮，现在正在进入第三次浪潮。农业革命是人类历史上具有革新性变化的第一次浪潮，以锄头为象征；300多年前在英国开始的工业革命是社会发展的第二次浪潮，以装配线（生产流水线）为代表；从20世纪50年代开始的由重大技术和知识变化引起的社会变化则是人类社会变化的第三次浪潮，以电脑为标志。当上述三个浪潮一个接着一个向前冲击时，便形成人类社会的过去、现在和未来。“然而从一种更加大得多的意义上说，知识的变化是引起大规模力量转移的原因或部分原因。当代经济方面最重要的事情是一种创造财富的新体系的崛起，这种体系不再是以肌肉（体力）为基础，而是以头脑（脑力）为基础。”① 显然，托夫勒试图用“浪潮”理论将社会结构和社会过程统一起来，通过强调毫不相关的事件和趋势之间的内在联系，同时注意技术发展的社会后果，来预测人类社会的未来。

2. 工业化是资本主义和社会主义的共同特征

托夫勒撇开社会制度尤其是生产资料所有制的问题，将资本主义和社会主义都放在第二次浪潮的框架中，竭力论证二者的同一性（相同性）：

第一，资本主义和社会主义产生的同源性。托夫勒单纯从技术和产业的角度来说明社会主义的产生问题，认为资本主义和社会主义都是第二次浪潮的产物。在他看来，尽管资本主义制度和社会主义制度存在着明显的区别，但是它们都是工业革命的产物。1917年的俄国十月革命与19世纪的美国南北战争、日本明治维新等资产阶级革命并没有本质上的差别，其目的都是为了实现工业化，都是要确立第二次浪潮的文明。从这个意义上说，“1917年的革命，是美国内战在俄国的翻版。这场斗争，主要并不是像人们所认为的那样，是在搞共产主义，而是为了工业化问题。布尔什维克扫除了农奴制和封建帝制的残余，把农业推到次要地位，有意识地加速了工业化的进程。他们成了第二次浪潮的执政党”②。在这样的认识的基础上，托夫勒进一步提出资本主义和社会主义无非都是时代的错误的观点。这样，他就抹杀了两种社会制度产生的具体社会历史条件，将它们看做是处在同一时间序列、属于同一范畴的不同社会形态。

第二，资本主义和社会主义在社会结构上的同构性。在考察资本主

① ［美］阿尔文·托夫勒：《力量转移》，9～10页，北京，新华出版社，1996。
② ［美］阿尔文·托夫勒：《第三次浪潮》，20页，北京，新华出版社，1996。

义和社会主义的社会结构的过程中，托夫勒认为资本主义制度和社会主义制度都具有工业化带来的主要特征：（1）标准化。托夫勒认为，在资本主义社会中产生的泰勒制，不仅得到了资本主义企业主的赞扬，而且赢得了社会主义者的热忱欢迎。列宁明确主张，在社会主义生产中也应该采用泰勒的方法。可见，列宁首先是一个工业化的倡导者，而且是一个标准化的热情信奉者，其次才是一个共产主义者。（2）专业化。托夫勒认为，不仅资本主义将社会分工划分得越来越细，社会主义更是将专业化发展到登峰造极的地步，因为社会主义者将政治鼓动也发展成为一种专门的职业。列宁其实就是一个专家治国论者，只不过这是一种“红色”的专家，因为列宁强调没有专家的帮助，群众就不能进行革命。（3）同步化。托夫勒认为，不论是资本主义还是社会主义，人们都被统一划定的时间表束缚住了，人们不仅要在同一时间里工作，而且要在同一时间里进行生儿育女等生活活动。（4）集中化。托夫勒认为，资本主义和社会主义都将集中化的原则渗透到能源、人口、劳动、教育和经济组织中了，不仅资本主义条件下的垄断形成了集中，社会主义的厂长、经理也认为集中化是效率的必要保证。列宁就是一个集中化的倡导者，因为列宁讲过，在苏联要把全体公民改造成为一个大辛迪加，即国家的职工。（5）好大狂。托夫勒认为，越大越好不仅是资本主义信奉的价值观，也是社会主义追求的目标。马克思就是把工业建设规模的增长与物质力量更大地发展联系起来；列宁更是在苏联不遗余力地推进大企业的发展，认为大企业、托拉斯、辛迪加使大规模生产技术得到最充分的发展；斯大林则采用粗暴的方式来强迫推进大规模的工业化。这样，就带来生态和社会方面的危险。（6）集权化。托夫勒认为，通过中央集权的方式来推进工业化，这是资本主义和社会主义共同的策略，二者不同的地方在于：资本主义尤其是美国用宪法的形式巧妙地确立了这种集权，并通过中央银行以经济的方式来推进这种集权；社会主义则是用粗暴的方式来推行集权的，尤其是苏联走得更远。这种通过中央集权的方式来推进工业化的做法，究其根源就在于，马克思讲过，中央决策权力必须掌握在国家手中。官僚主义政治就是由此兴起的。总之，在托夫勒看来，“标准化，专业化，同步化，集中化，好大狂，集权化，同时应用在工业社会的两翼——资本主义与社会主义社会中”①。这些共同的结构性特点表明，资本主义和社会主义之间的共性要远远大于人们平时所

① ［美］阿尔文·托夫勒：《第三次浪潮》，60页。

注意到的二者之间的差别。

第三，资本主义矛盾和社会主义矛盾的同类性。在托夫勒看来，尽管资本主义和社会主义的意识形态不同，但是，他们在各自发展的进程中所遇到的矛盾却是相同的。例如，为了追求利润，资本主义工业化采用了乱挖乱采、乱排乱放的方式，不仅造成了严重的生态环境问题，还形成了目光短浅、自私自利的社会风气。但是，这种现象不是资本主义独有的。在社会主义国家，除了认为利润是万恶之源外，所走的道路与资本主义完全相同。社会主义工业化同样依赖矿物燃料，同样推崇人与自然的斗争，同样造成了环境污染。“因此，不同意识形态的双方，都建立在人类要面对自然，征服自然的思想上。这种思想是工业现实观的重要组成部分，是从马克思主义和反马克思主义相同的思想中抽出来的超意识形态。”① 这种情况说明，资本主义矛盾和社会主义矛盾均是第二次浪潮本身矛盾的体现。因此，两种制度的冲突，已经被降低到了次要的位置。它们都面临着一个结束第二次浪潮、进入第三次浪潮的问题。现在，尽管资本主义和社会主义之间存在着斗争，但是这种斗争只是“小斗争”；在走向第三次浪潮的过程中，新文明同工业文明的斗争才是大斗争——“超级斗争”。在超级斗争中，一方是旧的工业社会的拥护者和既得利益者，另一方则是第三次浪潮的拥护者。前者要维护工业社会的秩序；后者认为，只有在向第三次浪潮转变的过程中，目前世界上面临的许多严重问题（粮食、能源、军备竞赛、人口、贫困、资源、生态、气候、老龄化、城市社会的解体、生产的需要、工作的报酬等），才能迎刃而解。这样，第二次浪潮同第三次浪潮的斗争，就成为超越资本主义和社会主义之间斗争的超级斗争。

3. 第三次浪潮是一种超越工业社会的新社会形态

第三次浪潮文明的出现将导致资本主义和社会主义的合流。托夫勒认为，在新技术尤其是信息技术的驱动下，社会发展出现了一系列新的趋势和特征：（1）知识要素。现在，知识开始成为创造财富的源泉。这里的知识不仅包括科学、技术和教育等常规项目，还泛指信息、数据、形象和意象以及态度、价值标准和社会的其他符号化的产物。（2）无形价值。随着知识成为生产的要素，促使资本发生了一次革命，知识资本已经成为资本的新兴形式和无形的形式。因此，就资本而言，现在越来越依赖无形价值。（3）分量生产。为了满足顾客多样化选择的要求，生

① ［美］阿尔文·托夫勒：《第三次浪潮》，106 页。

产开始向灵巧的灵活技术转移，小批量的生产促进了产品的多样化，分量化（个人订货的、小批量生产的）成为新生产方式的特点。（4）脑力劳动。随着新经济的发展，可交换的劳动和不可交换的劳动、直接劳动和间接劳动的比例在发生重大的变化，社会越来越需要不可交换的、高技术水平的工作人员。（5）发明创造。发明创造在第三次浪潮中具有越来越重要的地位。在这种情况下，产品、技术、工艺、销售、财务等各个方面都需要新的构想。这就要鼓励人们发挥主观能动性，提出新思路，打破常规。（6）规模集约。在第三次浪潮中，大型企业正日趋小型化，而小型企业正日增多能化，但是他们的效益不仅没有降低，反而得到了极大的提高。（7）新型组织。由于市场在迅速地变化，标准化的统一模式已没有灵活性和机动性来得重要，取而代之的是矩阵组织、特别项目小组、利润中心、多种形式的战略联盟、合资企业、跨国公司，而且在这些新型的组织机构中，许多又是跨国的国际集团。（8）系统一体化。经济体系中涌现出的越来越多的复杂问题，需要有严谨的一体化措施和管理办法来解决。（9）信息基础。电子信息网络成为第三次浪潮文明的经济体制的基础设施建设。发达国家的电子基础结构具有人机对话、可移动性、可转换性、连接性、到处存在和全球化六个特点。（10）加速前进。时间成为关键性的因素，注重时效性的速度经济将取代规模经济。上述十个趋势和特征汇合起来就形成了第三次浪潮。在第三次浪潮的冲击下，“当前正在解体的是整个体制，不是资本主义体制，不是共产主义体制，而是包括两者的整个工业体制”①。因此，第三次浪潮是一个根本不同于乌托邦的、代表未来方向的实托邦。

总之，在托夫勒看来，第三次浪潮提供了一种积极的革命的选择，使人们能够超越资本主义和社会主义的区分，使这两种社会制度能够融合成为一个新的整体。

三、奈斯比特的“信息社会”理论

根据社会信息化的程度，美国社会预测学家奈斯比特将人类社会的发展区分为农业社会、工业社会和信息社会三个阶段，认为资本主义和社会主义之间的差距将在信息社会的基础上得到弥合。同时，他从社会主义国家经济体制的改革和资本主义国家经济政策的调整中，得出两种社会制度都在向私有化方向发展的结论。

① ［美］阿尔文·托夫勒：《预测与前提》，90页，北京，国际文化出版公司，1984。

1. 信息化已成为社会发展的大趋势

从工业社会向信息社会过渡是社会发展的大趋势。通过对“报纸新闻洞”的分析，奈斯比特发现，信息化已经成为美国社会发展的新趋势，正在把美国从工业社会中带出来，使之进入一个新的发展阶段——信息社会。“报纸新闻洞”分析是指：在某一特定的时间段中，受报纸的成本等经济规律的制约，报纸的版面是固定的，而不可能随意扩大，这样，在登发新闻的过程中，就必须对新闻进行取舍，这种取舍过程正反映出了社会变化的趋势。这种方法也称为“内容分析”方法。事实上，这种方法就是广泛收集各地报纸，每天对这些报纸的内容进行分类编排，建立索引和分析比较，由此能够判断出未来的一些发展趋势。在此基础上，奈斯比特认为，信息社会始于20世纪50年代，主要是因为当时出现了两件改变全球社会发展的重大事件：一是由于信息技术的发展，美国的就业结构在1956年出现重大的变化，白领工人的人数第一次超过蓝领工人的人数；二是苏联在1957年发射了世界上第一颗人造卫星，开辟了全球通信的新时代，促进了“地球村”的出现。在从工业社会向信息社会的过渡中，有五项重要的事情必须记住：(1) 信息社会是真实的经济存在，而不是抽象的思想。(2) 通信和电脑技术上的新发明将缩短信息的流动时间，加快变化的步伐。(3) 新的信息技术将首先用来解决旧工业上的问题和任务，然后逐渐产生新的活动、新的方法和新的产品。(4) 在信息社会这个文字密集的社会中，人们比以往更需要具备基本的读写技巧。(5) 新信息时代的技术不是绝对的，其成败取决于高技术和高情感相平衡的后果（high tech/high touch，又译为高技术和高思维的平衡），应该使科技进步按照人道化的方式进行。在这种情况下，信息已经成为社会的最重要的资源，而“知识生产力已成为决定生产力、竞争力和经济成就的关键因素。知识工业已成为最主要的工业，这个工业向经济提供生产所需要的重要中心资源”①。总之，美国社会发展的这种趋势，在一定程度上反映了整个世界变化的趋向。

2. 私有化是资本主义和社会主义的共同前景

通过对社会主义国家改革和福利国家政策调整的考察，奈斯比特认为，私有化已经成为一种全球性的潮流，在这种情况下，社会主义将通过市场机制的方式与资本主义趋同。

第一，自由市场社会主义的出现。社会主义国家都在进行改革，国

① ［美］约翰·奈斯比特：《大趋势》，14～15页，北京，中国社会科学出版社，1984。

家控制经济的局面正在被打破。奈斯比特认为，这是由以下原因造成的：(1) 全球经济的形成。在全球化的经济中，无论是资本主义国家还是社会主义国家都必须融入世界经济中。由于前者具有相对高的效率，因此可以较好地适应和加入这个世界经济共同体。但是社会主义国家在这方面存在的问题较多，这就要求它们必须进行改革，以便能够更好地加入到世界经济的循环中来。(2) 高新技术的发展。金融机构是全球经济中最发达的部门，其进步与其说与金融业或服务业有关，不如说与电子技术有关。电信技术最先使全球经济成为可能，现在，这一技术又在加速全球经济的发展。(3) 中央集权的失败。迄今为止，中央计划经济还没有取得成功的范例。几乎每个人都很清楚，凡是实行分散经济、企业自主经济和市场经济的地方都取得了很大的成功。(4) 社会主义的福利制度代价高昂。几乎所有由中央政府提供社会福利的国家，都不堪负担福利费用。很多国家已被这一负担压得奄奄一息了。随着离退休人员比例的急剧增大，各地都对日益增长的甚至会导致国库亏空的公共开支提出警告。(5) 劳动力结构的变化。蓝领工人是工会和社会主义的基础，但是现在全世界的蓝领工人的数量和重要性都在下降。劳动力在产品制造中所占的比例已趋于零，人们需要新的经济理论。(6) 个人的重要性日益增强。信息经济的本质特点是把社会重心转向个人。计算机在加强个人的力量的同时，削弱了政府的力量。另外，一旦将经济全球化，个人的作用将会比在工业化时代变得更强大和更重要。最后，奈斯比特认为，"社会主义经济学的核心是政府拥有生产资料和控制产品的分配。世界各地的社会主义国家正在放松这种控制。通过私有制和租让，它们实际上正在转变生产资料的所有制。不论其结果如何，它至少不是严格意义上的社会主义。百余年来，工业时代意识形态的竞争一直是在马克思主义与资本主义之间进行。我们应走资本主义道路，还是马克思主义道路？但是现在，工业时代已落在我们后面。一场非同一般的重新组建正在发生。我们将越来越多地听到'自由市场社会主义'。当然，这毕竟不是原来的社会主义"①。这说明传统的社会主义正在消失。

第二，福利国家的私有化。在西方资本主义社会，最早信奉的是完全竞争和充分就业的经济学假设，但是，经济危机证明这二者都是不符合现实的。针对这种情况，英国经济学家凯恩斯提出，资本主义自发作

① ［美］约翰·奈斯比特等：《2000年大趋势》，101页，北京，经济日报出版社，1990。

用不能保证资源使用达到充分就业水平，国家有必要采取干预经济的一系列政策。这就是凯恩斯主义的基本主张。但是，20 世纪 70 年代以后，资本主义国家经济出现滞胀，凯恩斯主义受到挑战，福利国家也出现了私有化。从整个世界的范围来看，社会主义国家和福利国家出现转机的关键，都是采用了成功的英国模式，也就是推行国营企业私营化和股份私有化，于是，在社会主义国家进行市场化改革的同时，福利国家也出现了私有化的浪潮。奈斯比特认为，在福利国家中，最基本的变化是从中央集权到个人拥有权力的转变，具体表现为以下几个方面：从租用公房向拥有私房的转变；从国家提供医疗服务向私营医疗机构提供多种多样选择的转变；从政府管理向市场机制的转变；从福利救济向以工代赈的转变；从政府垄断向企业竞争的转变；从国营企业向私人企业的转变；从国营企业向个人股份制的转变；从政府的社会保险计划向私人保险和投资的转变；从重税向减税的转变；等等。奈斯比特指出："社会民主党有效地发展资本主义的私营企业，不仅没有阻碍而是促进了经济的发展。现在，一方面瑞典的私营企业产量大幅度提高，一方面公有事业部门通过增税和转让等措施，对财富进行再分配。"① 这样，资本主义也不再是传统意义上的资本主义了。

总之，奈斯比特认为，资本主义和社会主义将在私有化的基础上实现趋同。显然，奈斯比特将市场经济等同于资本主义，将计划经济等同于社会主义，而没有看到市场和计划都是资源配置的手段和方式。

3. 信息社会将成为人类社会的未来社会形态

信息社会代表着社会发展的未来。奈斯比特认为，人类正在创造一个信息反馈系统复杂排列的社会——信息社会。由于信息社会展示出了一系列的全新特征，因此能够成为未来的社会形态。(1) 知识已经成为重要的经济资源。人们现在大量生产知识，而这种知识是经济社会发展的驱动力。在信息社会里，人们使知识的生产系统化，并将加强自己的脑力。因此，信息社会也就是以知识为基础的社会。(2) 知识已经成为价值的源泉。现在，价值不是随着生产劳动的增加而增值，而是随着知识的增加而得以增值。(3) 信息社会是一个智力密集型的社会。新权力不再来源于少数人手中的金钱，而来源于多数人手中的信息，因此，对社会起作用的是信息而不是资本。(4) 信息社会是一个注重未来的社

① ［美］约翰·奈斯比特：《90 年代世界发展 10 大趋势》，176 页，北京，中国经济出版社，1991。

会。农业社会的时间以“过去”为主，工业社会的时间以“现在”为主，而信息社会的时间以“未来”为主。面对社会的信息化，人们必须立足于现在而预测未来。（5）信息社会的工作重点是选择情报，而不是提供情报信息。电脑在人们的日常生活和工作中居于重要的位置。总之，信息社会必然成为工业社会之后的一个社会发展阶段，而现在只不过是处在从工业社会向信息社会转变中的夹缝而已，资本主义和社会主义最终都要向信息社会转变。

可见，奈斯比特是运用科技决定论和市场经济这两个“法宝”得出趋同论的结论的。

第三节　生态学派的可持续发展主张

如何如实评估全球性环发问题的社会后果和其对社会未来发展的影响，并根据这种评估制定出适当的社会发展战略，是未来主义生态学派思考的基本问题。罗马俱乐部（1970年成立于意大利罗马的一个非官方的、国际性的未来学问题研究中心）和赫德森研究所（于1961年成立的一个重要的美国思想库），从两个不同的方面对之进行探讨，最后形成了两种不同的理论。前者最初提出“零增长”的观点，后来思想发生了转向，提出“有机增长”和“新人道主义”等理论；后者则提出“没有极限的增长”的观点。

一、米都斯的“零增长”理论

受罗马俱乐部的委托，美国学者丹尼斯·米都斯（又译为梅多斯）组织了一个研究全球性环发问题的小组。该小组将系统动力学作为自己的研究方法，列出影响全球系统的五个因子（人口、经济、粮食、环境和资源）之间的重要的因果关系，最后得出了“零增长”的结论。其最终成果就是于1972年发表的题为《增长的极限》的研究报告。

1. 增长的极限来自于地球的有限性

地球自身的限度决定了其增长是存在着极限的。米都斯小组将系统动力学引入到其研究中，选用人口、经济、环境、资源和污染五个因子来分析世界系统的运行情况，运用电子计算机进行仿真试验，结果发现全球系统中的五个因子是按照不同的方式发展的：人口、经济是按照指数方式发展的，属于无限制的系统；粮食、资源和环境是按照算术方式发展的，属于有限制的系统。这样，人口爆炸、经济失控，必然会引发和加剧粮食短缺、资源枯竭和环境污染等问题；粮食、资源和环境等问题反过来又会限制人口和经济的增长。（1）人口爆炸。人口的增长和增长率是一条急剧上升的曲线。世界人口增长率从 1650 年的 0.3%上升到了 1970 年的 2.1%，世界人口总数翻一番的时间缩短为 33 年。按照这种趋势，2030 年的人口将是 1970 年的 4 倍。（2）经济失控。工业产量比人口增长还快，但是，由于在经济高增长的发达国家出现了低人口增长趋势，人口增长较快的广大发展中国家的经济增长却较慢，这种极大的反差会使南北差距进一步拉大。（3）粮食短缺。粮食供应取决于土地、淡水和农业投资。由于土地、淡水和农业投资是有限的，因此，粮食生产的增长受到了限制。在人口增长的情况下，只能使这一问题愈来愈严重。（4）资源枯竭。如果人们保持目前的按指数增长的资源消耗率，不可再生资源将很快达到耗尽的极限。在未来的 100 年中，大多数不可再生的资源的价格将会猛涨。（5）环境污染。对少数几种污染的测量结果表明，污染似乎是按指数方式增长的；人们目前还不知道这些污染曲线的上限；自然过程存在着滞后性，从污染的发生到产生严重的后果需要一定的时间。总之，仅就上述五个方面的情况来看，如果按现在的趋势继续下去，人类所在的地球的增长的极限有朝一日会在今后 100 年中发生。最可能的结果将是人口和工业生产力会有相当突然的和不可控制的衰退。当然，改变这种增长趋势和建立稳定的生态和经济的条件也是可能的，这里的关键是人们如何来选择自己的行动。

2. 反馈环路使全球性环发问题成为一个复杂的整体

全球性环发问题是一个复杂的整体。在米都斯小组看来，人口、经济、环境、资源和污染不是独立的，每一个因子经常同其他因子相互作用。全球性环发问题之所以成为一个整体，是由全球系统的五个因子之间存在的反馈环路决定的。反馈环路是一个封闭的线路，联结一个活动和这个活动对周围状况产生的效果。这些效果反过来又作为信息影响下一步的活动。在这种环路中，一个因素的增长，将通过刺激和反馈的连锁作用，使最初变化的因素增长得更快。全球系统无节制地发展，最终将向其极限增长，并不可避免地陷于恶性循环之中。例如，人口的增长要求更多的工业品，从而消耗更多的不可再生的资源，这样就会造成全球环境污染越来越严重。当达到增长的极限以后，还将出现投资不能跟上折旧、工业基础崩溃的前景。工业的增长使环境天然的吸收污染的能力负荷加重，死亡率将由于污染和粮食缺乏而上升。人口增加后，人均粮食消耗量下降，粮食生产已经达到极限。随着人口和资本的指数增长，必然会带来经济社会的全面崩溃。这样，由于在人口、经济、环境、资源和污染之间存在着反馈环路，就使问题越来越严重。这种情况表明，无限制的系统和有限制的系统之间的冲突是不可避免的，必然会导致全球性的“生态萎缩”。因此，为了避免危机，恰当的做法就是采用“增长的极限”的对策，使人口系统和经济系统按“零增长”甚至是“负增长”的方式运行，这样，全球系统才能走向均衡状态。

3. 全球均衡状态是解决全球性环发问题的最终出路

从增长过渡到均衡是人类摆脱全球性困境的根本途径。面对日趋严重的全球性环发问题，人类面临的首要任务是迅速地从根本上调整目前不平衡的和危险地恶化着的世界形势，放弃增长，转向全球均衡状态。米都斯小组认为，全球均衡状态是指人口和资本保持基本稳定，倾向于增加或者减少人口和资本的力量也处于认真加以控制的平衡之中，也就是力求限制人口和经济增长的状态。考虑到为生存选择相当长的时间水平，以及较长的平均寿命作为理想的目标，米都斯小组对全球均衡状态提出了一套最低的标准要求：（1）人口和工厂资本在规模上不变。出生率等于死亡率，资本的投资率等于折旧率。（2）所有投入和产出的速率，包括出生、死亡、投资和折旧保持最小。（3）资本和人口的水平以及两者的比例安排得与社会价值一致。随着技术进步而创造出新的选择自由，对它们可以深思熟虑地加以修正，慢慢地加以调整。归结到一点，这些标准就是要求人口增长和经济增长要保持甚至是降低到现在的水平以下，也就是要按照“零增长”甚至是“负增长”的方式来约束人口和经济的增长。但是，全球均衡状态并不意味着进步和发展的终止。在均衡状态的范围内，可能性几乎是无止境的。技术进步和价值观变革就会开拓这样的可能性。

技术进步是形成均衡状态的重要力量。在米都斯小组看来，尽管技术在世界系统中不是单独的变量，但是，每一种技术发展在改变世界系统的行为方面都发挥着独特的作用。因此，在均衡状态中，技术进步既是必要的也是受欢迎的。例如，以下几个例子便能够加强稳态社会：（1）收集废料的新方法，以减少污染，并使被抛弃的物质可以用于再循环。（2）更有效的再循环技术，以降低资源消耗率。（3）更好的产品设计，以延长产品寿命和便于修理，结果是资本的折旧率最低。（4）利用最无污染的太阳能。（5）在更完备地理解生态关系的基础上，使用控制害虫的天然方法。（6）医学进步，以降低死亡率。（7）避孕手段的进展，以促进出生率同降低着的死亡率相等。总之，“许多技术发展——

再循环、控制污染的设备、避孕药——只要深思熟虑地与控制增长相结合，对人类社会的未来确实是必不可少的”①。因此，全球均衡状态要求的是经过生态化调整的技术，而不是机械的、反自然的、反生态的技术。

价值变革是形成均衡状态的社会基础。在解决全球性环发问题的过程中，技术上的解决办法仅仅考虑自然科学技巧方面的变革，而没有考虑人类价值或道德观念方面的变革。其实，对技术本身就需要进行社会评估。米都斯小组提出，在社会接受每一项新的技术进步、采用这项技术之前，都需要对以下问题做出回答：（1）如果大规模引进这种发展，会有什么物质上和社会上的副作用？（2）在这种发展可以彻底完成之前，什么时候变革是必要的？完成这种变革需要多长时间？（3）如果这种发展完全成功，并排除某些天然的增长的极限，这个增长着的系统下一步会遇到什么极限？社会是否宁愿选择这种发展预先计划好要排除的某一极限的压力？另外，技术在许多问题上并没有适当的解决办法，甚至是束手无策或无能为力的。这样，就需要社会改变方向。因此，米都斯小组将价值变革也引入到均衡状态中。他们指出，目前“缺少两个引导人类走向均衡社会的因素：一个是现实主义的长远目标，另一个是要达到这个目标的人类意志。没有这样一个目标并对这个目标承担义务，短期的关切会引起指数增长，以致推动这个世界系统走向地球的极限和最终的崩溃。有了这个目标并承担义务，人类从现在就会准备好开始有控制地、有秩序地从增长过渡到全球均衡”②。在此基础上，他们认为，全球均衡状态可以这样来设计，使地球上每一个人有实现其个人潜力的平等机会。最后，米都斯小组认为，向全球均衡状态的努力是对目前这一代人的挑战，必须在当代人的范围内解决这些问题，而不能延误时机，将之传给下一代。

实际事态的发展似乎也证实了“零增长”论的价值。世界性的石油危机就在米都斯报告发表的第二年爆发。随之，饥荒在许多地区发生，环境污染事故也层出不穷，这样，就加深了人们对全球性环发问题的认识。所以，《增长的极限》发表后，已再版10多次，被翻译成30多种文字在世界各地传播，成为世界上1 000多所大学和学院的教材，还被第三十一届联合国大会列为大会文件。由美国国务院和环境质量委员会

---

① ［美］丹尼斯·米都斯等：《增长的极限》，116页，长春，吉林人民出版社，1997。

② 同上书，142页。

提交给美国总统的《公元2000年全球研究》，就是“零增长”论的具体应用和进一步扩展。

二、卡恩的“没有极限的增长”理论

《增长的极限》发表后，在全球范围内展开了一场关于人类社会发展前景的大讨论。国际社会对它的批评主要有：(1) 认为“零增长”纯粹是无稽之谈。它用全球灾难和世界末日的神话，去替代无限经济增长和社会进步的神话，描绘黑暗，宣扬恐怖，制造惊慌气氛，这是一种极为不负责的态度。(2) 认为“零增长”这种观点不仅无助于问题的解决，而且还会加剧社会不平等，降低社会效益，导致社会停滞，因此，无论是发达国家还是发展中国家都不会接受这一理论。(3) 认为“零增长”基本上持科技决定论的立场，它没有充分估计科学技术在解决人口、粮食、资源、污染等方面的巨大潜力，鼓吹技术悲观主义；同时，它所选择的五个因素都是自然因素，忽略了社会因素和精神因素，而一个未考虑价值系统影响的全球模型不可能真实反映情况，更谈不上真正解决问题。其中，对《增长的极限》提出系统批评的是赫德森研究所所长赫尔曼·卡恩（又译为康恩）。在研究所职员的协助下，卡恩于1976年完成了《下一个二百年》的报告，提出一种不同于“零增长”的乐观主义理论。我们将之简称为“没有极限的增长”的理论。

1. 必须从长期性视野出发来研究全球性环发问题

在社会发展观上，卡恩提出了“大过渡”的理论，将之作为自己研究全球性环发问题、预测未来社会前景的基础和根据。他认为，看待问题不能着眼于短期的问题，而必须从长期性的视野出发，这样得出的结论才是可信的。他也以工业化为标准，把人类社会划分为工业化以前的社会、工业经济社会、超工业经济社会、后工业经济社会四个不同的阶段，并认为这是一个持续增长的过程。他以自己著作发表时的1976年为原点，以人均世界生产总值为准绳，把1976年的前200年（1776—1976年）和1976年的后200年（1976—2176年）的人类世界进行比较，结果发现：(1) 1776年（美国革命发生，亚当·斯密出版《国民财富的性质和原因的研究》），世界人口7.5亿，世界生产总值1 500亿美元，人均200美元。(2) 1976年（美国建国200周年），世界人口41亿，总产值5.5万亿美元，人均1 300美元。(3) 到2176年时（美国建国400周年），世界人口将达到150亿，总产值300万亿美元，人均2万美元。由此，他得出结论，即：前200年是一个人口较少、贫穷、受自然力支配的世界，而后200年是一个人口众多、富裕、能控制自然力的世界。

2. 全球性环发问题是一种暂时性和地区性的问题

从长期性的视野出发，卡恩认为，人类目前正处于大过渡的转折点上，而全球性问题正是在社会发展的转折点上产生的暂时性问题。同样，现在世界上不同的国家和地区还存在着发展水平的差异，上述问题是贫穷地区向富裕过渡过程中产生的问题。随着发展中国家（地区）的日益发展，这些问题会迎刃而解。具体来看：（1）人口不会爆炸。针对罗马俱乐部关于世界人口按指数增长的说法，卡恩认为，社会发展的不同时期存在着不同的人口规律：在工业化之前的社会发展阶段，高出生率和高死亡率相互抵消，人口的增长是缓慢的。在工业化初期，经济发展和科技进步降低了死亡率，高出生率引起人口的快速增长。而随着工业化的成熟，在社会福利水平和社会文化水平提高的情况下，出生率和死亡率将会持平，这样，世界人口又将趋于平衡。世界人口在往后200年间大约为150亿，最多300亿，最少75亿，而150亿的人口生活在地球上，可以说是绰绰有余的。（2）经济能够增长。针对罗马俱乐部所讲的经济增长过快正在无情地扩大富国和穷国之间绝对差距的论点，卡恩分析和论证了发展中国家（地区）特有的促进经济增长的要素（例如，可以引进发达国家先进的资本、市场、技术、劳动力优势和资源优势等），认为这些要素将会使它们比发达国家更快地实现工业化和现代化。另外，针对罗马俱乐部关于环发问题将抑制甚至阻止经济增长的观点，卡恩认为这种担心还是有一定的合理性的，但是认为有限制的增长不是由供给而是由需求决定的：当人口增长的步伐放慢的时候，经济增长也会放慢。（3）资源不会枯竭。针对罗马俱乐部关于资源将出现枯竭的结论，卡恩认为，人们凭借先进的技术完全可以解决这一问题。他认为，20世纪70年代出现的石油危机不是由能源枯竭造成的，而是由石油输出国组织人为的原因造成的；而在未来，人们将大量使用太阳能、地热等永久性的能源。同时，随着科技进步，人们将扩大探矿和采矿的范围，未来的资源完全可以满足人们的需要。（4）粮食能够保证供应。针对罗马俱乐部关于人口增长将导致粮食危机的论点，卡恩认为，除了偶尔引起的地区性的变动外，从长期性的视野来看，粮食的供给是充分的。这在于，随着人类社会富裕程度的提高，人们对粮食的需求将下降；传统农业仍然有很大的潜力，有待于进一步挖掘；非传统农业提供的非传统食品（如单细胞蛋白质）将成为人们主要的食品。（5）环境污染能够得到治理。卡恩对罗马俱乐部关于经济增长必然造成环境污染，而环境污染反过来又会限制经济增长的论点进行了批评。在他看来，环境污染事实上是由经济增长不足造成的，一旦经济增长了，人们就会加深对环境问题的认识，也具备了治理环境污染的经济能力，治理污染的费用只是整个国民生产总值中很小的一部分。由此来看，随着"大过渡"的完成，这些问题基本上可以得到解决。

3. 增长是没有极限的，人类的前景是美好的

针对罗马俱乐部对技术的批评，卡恩认为，目前的环发问题的形成原因不在于技术自身，而是由于采用了尚不完善和不发达的技术造成的；随着技术的改进和完善，环发问题将会得到解决，因此，增长是完全可以进行下去的。他指出，"由于知识和技术的进步，资源在不断增加而不是固定不变的；更多的技术和更多的资本是必不可少的；尽管管理有些不胜任，或运气不好，作出决定大概是能应付裕如的；足够的资源可在合理的价格下获得，因此合理的增长速度是可以达到的；当前人口按指数级的增长，将自然而然地过渡到稳定时期；富有革新精神的发现将作出重大改进；虽然收入的绝对差距会暂时增大，当前各地的绝对贫困差不多都将减少（不是富者愈富，贫者愈贫，而是两者都将变得更富裕些）。因此，依照这种意见，考虑了所有情况，长期的前景是很美好的"①。总之，增长是必不可少的，同时也有机会增长。在这个过程中，如果能运用合情合理的经营技巧来处理目前的种种问题，那么，对人类有益无害的经济增长必能持续相当长的一段时间。

美国经济学家朱利安·林肯·西蒙也持乐观主义立场。在1981年出版的《最后的资源》一书中（中文译本名为《没有极限的增长》），他以《增长的极限》为对立面，根据自己搜集的资料和数据，经过分析后得出如下结论：人类资源的供应是无限的，人类的环境会日益好转，粮食在未来将不会成为问题，凭借技术进步和市场调节能解决人类的发展问题，人口的增长也不必控制，将会自动达到平衡。

《公元2000年全球研究》出版之后，卡恩和西蒙联手编辑了一本名为《资源丰富的地球——驳〈公元2000年全球研究〉》的书，对《公元2000年全球研究》进行了系统的批评，得出一种与之截然不同的结论。他们认为，《公元2000年全球研究》所描绘的全球趋势的整个图景基本上是错误的，一部分原因在于其所依据的并非是事实，另一部分原因在

① ［美］赫尔曼·卡恩：《今后二百年》，10页，上海，上海译文出版社，1980。

于它曲解了其提出的事实。其实，物质世界的本质允许人类经济命运在长期内无限制地、继续不断地得到改善。在这个过程中，"环境、资源和人口的压力正在不断减少，并随着时间的流逝，对地球上人类生活质量的影响将越来越小，由于知识的增加，地球的'承载能力'在今后几十年、几百年、几千年不断增加……地球上自然资源基础和地球上人类命运正在逐步改善和充实"①。显然，增长不仅是可能的，而且是有益的。

三、罗马俱乐部的"有机增长"和"新人道主义"理论

显然，悲观派和乐观派都有自己的片面性。美国世界未来学会主席柯尼斯认为，悲观主义只看到社会发展进程中的阴影，而乐观主义只相信光明的未来，他们都以不同的方式暗示人类放弃努力。他指出，利用我们所掌握的知识，能够创造出前所未有的光辉灿烂的未来；应该把未来主义同普通群众联系起来，使大家共同努力去创造美好的未来；还应该创建世界网络，以便增进大众对未来研究和活动的了解，并在交流的过程中达成一致，以便人类以明智的方式应付未来的挑战。因此，人们将这种观点看做是未来主义的第三派——现实派。在现实派的启示下，针对乐观派的批判，罗马俱乐部经过进一步的分析和研究，在其后来的一系列报告中改变了自己的立场，提出了"有机增长"和"新人道主义"等理论，要求"超越极限"。他们后来的这些思想就成为可持续发展的重要思想来源。

1. 梅萨罗维克等人的"有机增长"理论

针对国际社会对《增长的极限》的批评，罗马俱乐部认真反思了"零增长"理论，在此基础上，1974年发表了由美国学者M·梅萨罗维克和德国学者E·彼斯特尔撰写的第二份研究报告——《人类处于转折点》。与第一个报告相比，该报告有重大的突破。突破的核心就是提出了"有机增长"的概念。

第一，必须转向有机增长。根据现有的一切资料，梅萨罗维克等人对世界长期发展趋势进行了分析，认为采取消极的态度只能导致灾难，在不回避问题的前提下，应该积极地、满怀希望地估价各种可供选择的发展道路。当然，这里必须对增长做出区分。在他们看来，在人类社会

① ［美］J·L·西蒙、H·卡恩编：《资源丰富的地球——驳〈公元2000年全球研究〉》，11页，北京，科学技术文献出版社，1988。

的发展过程中，存在着两种类型的增长：（1）无差异的或指数式的增长。这种增长只是单纯的数量增长，忽略了事物的多样性和差异性。如果按照这种方式持续下去，那么，一切增长将不得不停止。无差异的或指数式增长是造成全球性困境的根本原因。（2）有差异的或有机的增长。这种增长是一个产生差异性和多样性的过程。把世界的有机增长同生物的有机增长加以类比是要说明这样的问题：在一个有机系统中，各个部分都有自己的特殊功能。这些特殊的功能是相互依赖的，没有一个可以单独存在。在实质上，有机增长是注重多样性、差异性和质量的增长。因此，为了有效地化解目前的全球性危机，必须从无差异的或指数式的增长转向有差异的或有机的增长。当然，有机增长并不是要从“外部”强行指导系统的发展，而是要使系统处于“正常”的状态，也就是要重建世界（全球）系统。

第二，必须重建世界系统。只有在世界系统的发展过程中才能解决问题。可以从纵横两个方面来推进世界系统的重建。《人类处于转折点》提出了一个新的全球模型——分地区的、多层次的世界系统模型。（1）在横向上重建世界系统。为了改变国家和地区之间的关系，使全球联合行动，这个模型根据各国的传统、历史上的生活方式和经济发展阶段，把世界系统划分为十个地区。在梅萨罗维克等人看来，不能把世界看做是均一的，而应看到每一个国家（地区）都有自己的特色，因此，不能在发展问题上强求一致。今天，地球上所有国家和地区不只是相互影响，而且是相依为命的，因此，人们必须从全球视野出发来考虑和解决问题。这样，尊重发展差异的合作就成为人们解决问题的正确选择。（2）在纵向上重建世界系统。在世界系统中，每一个地区又包含个人、群体、人口和经济、技术、生态和地球物理六个层次。人类并不能单独决定自己的命运。周围的环境都在一定程度上影响着人类的选择。因此，人们在选择发展方式和行为方式时，必须综合考虑个人层、群体层、人口和经济层、技术层、生态层和地球物理层的相互影响。这样，才能保证人们在现实中有多种多样选择的可能性。总之，建立分地区的、多层次的世界系统模型是要说明：当前人类面临的各种选择正是有机增长的根源。在这个意义上，人类正处于转折点上。

第三，必须倡导全球伦理。有机增长最终关注的是个人的需要和关心。但是，如果人们的价值观和态度不发生转变的话，同样不能实现有机增长。同时，在纵向上重建世界系统，就是要在规范层次（价值系统和人类的目标）上进行改革，这样才能解决粮食、能源和其他危机。因此，与世界系统相应，最重要的是要转向全球伦理。(1) 必须发展一种世界意识，使每一个人都认识到自己是世界大家庭中的一员。现在，人类合作的基本单位，已经从国家一级转向了全球的层次。这种方式也构成了生存的基本单位。因此，这个观念必须成为每一个人的个人意识的一部分。(2) 必须发展一种使用物质资源的新道德，应促成一种与正在到来的匮乏时代相适应的生活方式。面对资源匮乏，必须形成一种最低限度地使用资源、最大限度地延长产品使用寿命的生产技术。人们应当以节约和积蓄为荣，而不是以花钱和弃旧为荣。(3) 必须发展一种对自然的新态度，强调人是自然的一部分。生态危机表明，大自然并未被征服，而是更加难以捉摸，更加难以对付。因此，必须形成一种对自然的新态度，"它的基础是同自然协调，而不是征服自然"①。(4) 必须发展一种与后代休戚与共的意识，并准备牺牲自己的利益去换取后代的利益。如果每一代都只顾追求自己的最大享受，那么人类就几乎要注定灭亡。因此，必须在有预见的情况下抢先行动，而不是只作短期的、实用主义的反应。显然，全球伦理既是有机增长的内在要求，也是实现有机增长的最重要的保证。

总之，有机增长就是注重多样性、差异性和质量的增长。其基本要求是："人类制定的发展道路要以地区利益而不是狭隘的国家利益为基础，它的目的应是导致在相互依赖的地区间建立起持久的平衡和导致全球的和谐——就是说，必须使人类从目前这种几乎尚未形成胚胎的阶段就开始像一个'有机体'那样生长。"② 可见，《人类处于转折点》不仅从地区差异的研究中提出了南北问题，而且开始涉及"内极限"问题，即人的素质尤其是价值和态度等方面的问题，这样，它就为有效解决全球性问题提供了一种新的思路和工具。

2. 佩西的"新人道主义"理论

在罗马俱乐部思想发生转向的过程中，其创始人奥雷利奥·佩西（又译为佩切依）对环境与发展的关系问题也进行了独立的反思，分析了从增长过渡到发展的必要性和必然性，规定了有机增长的含义，提出了"新人道主义"的理论，独立地形成了可持续发展的概念。

第一，从增长过渡到发展的重要性。在佩西看来，全球性环发问题其实正是人们盲目追求增长的恶果。随着全球性环发问题的日益严重，

① ［美］M·梅萨罗维克等：《人类处于转折点》，143页，北京，三联书店，1987。

② 同上书，2页。

人们开始对以增长为中心的发展观产生了怀疑，不再赞成用人为的刺激来提高增长的做法，看到了平稳的增长、在地球维持能力之内的增长的价值，这样，人类的发展观就从增长过渡到了自力更生的增长，又发展到平稳的增长，进而发展到了有机增长。在人类对增长和发展进行这样全面、完整的分析和认识的过程中，持续增长（可持续发展）的概念就提了出来。在一般的意义上，“发展就是指一般用来使所有这些人的要求得到合理满足而使用的术语，而且发展的概念正在迅速地取代增长的概念”①。这样，佩西不仅将增长和发展区分开来了，而且将有机增长提升为了发展。在此基础上，罗马俱乐部认为，发展应该促进自力更生，应该满足人类的基本需要和促进人类与自然的协调一致，同时也要保证人类自身的发展。

第二，文化是增长和发展的主要限制因素。在佩西看来，全球性环发问题在本质上是文化问题，而不是生物学问题。导致问题的根本原因在于，人类对自己在全世界引起的带有根本性的变化，以及认为需要适应这种变化而又未能充分适应的理解本身，存在着内在的不平衡和时间上的差距。因此，问题绝不是不可扭转的，矫正和扭转都是可能的。同样，增长和发展的极限不是来自于物质方面，而是来自于文化方面。佩西认为，在根本的意义上，文化是增长和发展的限制系统。目前，人类正处于物质发展的阶段，获得了对自己栖息地的决定性的控制，但人类不了解人类个体的生物的和心理的能力，以及在地球的承载能力之内什么是人类系统安全运行的限度。这正是目前文化的一个失误。同时，人类文化在其他方面的缺陷又限制了人类自身的活动范围和明智发展的可能性。文化的不成熟不仅阻碍了发展的可能性，而且有可能引发负面问题。因此，人们必须高度重视教育，努力提高人的素质和能力。

第三，要将发展与人的素质和能力联系起来。按照常规的理解，发展在很大程度上取决于人的需要，因而人们就将人视为需求者和消费者。佩西却认为，在知道需要的概念的同时，还应该知道需要的满足性的概念。即，人的需要必须附属于使它合理地得到满足的可能性。需要满足的可能性意味着人的素质和人的能力的发展，这样，才使人的需要具有了合理性，并具有了满足这些需求的合理的希望所不可缺少的条件。在目前的情况下，出现了一系列新的、未被人们想象到的、根本的需要。例如，在平等地满足越来越多的人口的需要和期望的同时，最大

① ［意］奥雷利奥·佩西：《人的素质》，176页，沈阳，辽宁大学出版社，1988。

限度地利用全球性劳动力；极其谨慎地对待日益减少的自然资源和易受破坏的生态平衡；等等。这些新的需要就要求对现有的发展方式进行改革，要探讨其基本原理及其组织和功能的基础。同时，现存的许多问题是由于人们的贪欲造成的，因此，要正确引导人们满足需要的活动。这样，就进一步突出了提高人的素质和能力的重要性。

第四，必须确立以人为中心的发展观。既然在发展与人的需要的满足性、发展与人的素质和能力之间存在着内在关联，那么就要将以需要为中心的发展观转到以人为中心的发展观上来。以人为中心的发展观，就是将人和人的存在及生活方式作为发展中心的发展观。佩西又将之称为“新人道主义”。他认为：“人道主义真正的核心是从整体上，从终结上和从生命的连续性上对人类抱有远见。我们所有问题的根源、全部兴趣和关心的目标，每件事情的始终，以及我们全部希望的基础都是人。所以要获得每件事的整体意义，所涉及的中心点一定是全人类的人格和潜能。”① 这种发展观把发展的中心从人们想要什么和怎样得到它转到了人是什么和人能变成什么上，注重提高人的素质和人的能力。在这个意义上，人的逐步发展将会使人们在观察自己、一般人及人的作用和责任等方面发生迅速而根本的变化。可见，这种发展观才能给所有人提供参与管理人类事务的可能性，并帮助实现人类共同的美好需要和愿望，同时还能保持世界系统的平衡。

在此基础上，佩西表述了自己对协调环境和发展关系的看法：“持续的成长的概念是一种可以使追求经济成长与适当管理地球两者同时并存的方法，是指能在相当长的时期内得以维持时才能成为理想的成长的概念。”② 可见，佩西不仅提出了可持续发展的概念，而且对之做出了自己独到的解释：一是突出了发展的生态性，强调经济发展和保护自然的一致性；二是突出了发展的代际公平性，要求发展必须能维持一个相当长的时期。

在生态学派的启发下，联合国环境与发展委员会在1987年发表的《我们共同的未来》的报告中，对“可持续发展”作出了一个较为权威的定义：可持续发展是既满足当代人的需要，又不对后代人满足其需要

① ［意］奥雷利奥·佩西：《人的素质》，146～147页。

② ［日］池田大作、［意］奥雷利奥·佩西：《二十一世纪的警钟》，30页，北京，中国国际广播出版社，1988。由于该书的中译本由日文翻译而来，因此，这里的“持续的成长”其实就是“可持续发展”。

的能力构成危害的发展。1992年在巴西里约热内卢召开的联合国环发大会，就是以可持续发展作为共同的思想基础召开的。现在，可持续发展已经成为全人类认同的新社会发展战略和新发展理论。可以说，没有未来主义生态学派对环境和发展关系的反思，就不可能形成可持续发展的思想。

第四节　对未来主义的评价

未来主义思潮同样具有二重性，因此，应该对之做出实事求是的分析和评价。

一、未来主义思潮的合理因素

未来主义在预测和设计未来发展蓝图的过程中，在一定程度上预见到了社会发展的一些重大的基本趋势，较好地起到了预警和启示的作用。

1. 全面认识科学技术的社会作用，力求科技进步和社会发展的协调

如何全面认识科学技术的社会作用，促使科技进步和社会发展的协调，是关系到未来社会发展的一个重大课题。未来主义就为我们思考和解决这一问题提供了可资借鉴的思想资料。

第一，未来主义看到了科学技术产生的巨大社会影响。作为人类认识自然和改造自然的强大力量，科学技术能够转化为现实的生产力，最终会成为推动社会发展的力量。目前，科学技术已经成为了第一生产力。尽管未来主义没有科学地揭示出科学技术成为第一生产力的社会制度方面的机理，但是它们已经清楚地看到了科学技术的社会价值，要求人们通过科技进步的途径来实现社会发展：（1）要将以知识和信息为基础的新兴产业作为新的经济增长点，大力发展高科技产业。新科技革命的发展使知识和信息成为重要的经济资源，以此为基础的高科技产业已经成为新的经济增长点。未来主义就将之看做是科技进步和社会发展的一个重大趋势。例如，贝尔对知识和信息成为重要的经济资源的变化趋势进行了描述，阐述了以知识和信息为劳动对象的新兴产业对未来社会发展的重大作用。这就启示我们必须在高科技产业领域占有一席之地。只有这样，才能有效地应对未来的挑战。（2）要通过采用智能技术实现经济发展方式从粗放型向集约型的转变，大力推进信息化的历史进程。

新科技革命使以生产工具为主要标志的劳动手段成为自身的物化形态，极大地引发了劳动方式的革命性变革。未来主义就将智能技术的兴起和发展看做是科技进步和社会发展的一个重大趋势。例如，托夫勒指出，第二次浪潮时代的机器绝大部分是不需要反馈就能运转的，而“第三次浪潮时代的机器大不一样，是智能机器，有传感器吸收周围的信息、侦察各种变化，然后相应调整机器的运转。它们是自我调节的。这种技术上的差异是革命性的”①。这样，他就提出了工业化和信息化的关系问题。这对于我们实现经济发展方式的转变、推进信息化都具有重大的价值。(3) 应该将社会发展的重心转移到依靠科技进步和提高劳动者素质的轨道上来，大力发展教育事业。劳动者的文化素质、生产经验和劳动技能是制约经济发展的重要因素，而科技进步和教育发展为劳动者身心的全面发展提供了更大的可能性。在这个问题上，社会历史学派看到了人才竞争对于未来发展的重大意义，罗马俱乐部对人的素质给予了特别的关注，突出了创新性学习的重要性。这些论述对于我们加强人力资源的开发、加强人力资本的实力都具有借鉴意义。可见，未来主义比较准确地把握到了新科技革命促进社会发展的脉搏。

第二，未来主义提出了对科学技术进行价值评价的问题。科学技术总是在一定的社会体制下运行的，总要受到社会体制的制约；同时，科技发展又是一个从相对真理走向绝对真理的过程，科学技术的现实作用不可能是尽善尽美的。所以，科学技术的社会作用往往以“双刃剑”的方式表现出来。因此，在看到科学技术产生的巨大社会作用的同时，还必须高度关注科学技术的负面效应。在这个问题上，生态学派的悲观主义对科学技术运用不当所造成的全球性问题给了了极大的关注，要求人们在科技发展的过程中要大力关注文化、价值和人的问题；即使是社会历史学派、乐观主义对科学技术的社会作用也不是抱完全肯定态度的，也将价值因素引入到了对科学技术的评价中。这样，未来主义就提出了协调科技进步和社会发展关系的问题。这就是：(1) 必须对科学技术的发展进行价值评价。在走向未来的过程中，随着发展的加速，科技发展越来越表现出漫无节制的特点，这样，个人明智、有效地决定自己的命运的能力就被冲垮了。这就要求人们应该学会选择和控制技术，以免千百万人受到技术负效应冲击的威胁。为此，人们就应该确定多样化、人道化的标准来评价科学技术。正是在这个意义上，托夫勒强调指出，

① [美] 阿尔文·托夫勒：《力量转移》，449页。

“超越技术统治并代之以一个更人道、更有远见、更民主的规则，并不是社会未来学派的终极目标。它的终极目标是把进化本身置于人类的自觉控制之下”①。这就启示我们应该将事实尺度和价值尺度统一起来以评价科技进步。（2）必须将物质文明和精神文明协调起来。社会发展是一个整体性的历史过程，不仅物质上应该有极大的发展，而且精神上也应该有极大的提高。只有两个文明协调发展的社会，才是健康发展的社会。正是在这个意义上，奈斯比特提出了高技术和高思维（高情感）的相平衡问题。他认为：“高思维是承认生与死的宇宙力量。高思维是欣然体会和认同超越众生，更高更大的某种精神。”② 这就是要在高科技的时代学会过富有人性的生活，科学技术应该将求真、致善和臻美统一起来。（3）人的发展应该成为包括科技进步在内的所有社会发展的最终目标。无论是科技进步还是社会发展都是以人为主体的过程，都应该将人的全面发展作为最终的目标。在这个问题上，罗马俱乐部提出了以人为中心的发展观，要求人们从整体性上来关心人，促进人的整体发展，要求确立他们倡导的“新人道主义”。社会历史学派对未来社会的预测和设计也往往着眼于人的解放问题，看到了工业化给人造成的异化，要求将协调人际关系作为未来社会的中心任务，强调人们相互沟通的重要性。这就提醒我们：科技进步必须服从和服务于人的解放。可见，尽管未来主义不可能找到科技负效应发生的社会根源，也不可能发现人的异化的真实本质，但是他们提出的问题却是社会发展进程中应该给予高度关注的问题。

总之，只有充分发挥科学技术的社会价值，尽量避免科学技术的负效应，才能最终实现科技和社会的协调发展。

2. 大力促进可持续发展，力求环境和发展的协调

自然条件和生态环境是社会物质条件的重要组成部分，如何有效地协调环境和发展的关系，走可持续发展之路，是关系到未来社会发展的另一个重大课题。可持续发展理论不但是在未来主义对环境和发展关系的反思过程中产生的，而且直接得益于未来主义的理论探讨。在可持续发展问题上，未来主义给我们的启示有：

第一，必须从长期性的视野出发看问题。在工业化和现代化的过程中，由于人们只顾眼前利益而忽略长远利益，才导致了全球性的环发问

① ［美］阿尔文·托夫勒：《未来的冲击》，407页，北京，新华出版社，1996。

② ［美］约翰·奈斯比特等：《高科技·高思维》，32页，北京，新华出版社，2000。

题愈演愈烈，因此，可持续发展的首要要求就是要人们着眼于长期性的视野来考虑和解决问题。米都斯小组首先意识到这一问题的重要性，提出了解决全球性环发问题的时间尺度问题。社会历史学派和乐观主义也看到唯利是图行为的短期效应，也自觉地意识到从长期性视野出发看问题的重要性。例如，奈斯比特指出："在过去十年里，有关自然环境和不可再生资源的争论也是促进我们觉悟到短期作风危险的因素。一般地说，我们比过去更能理解我们的短期行动所造成的长期影响。例如，大多数人都能理解，我们为了短期的方便而污染空气和饮水，就长期而言就会对生活和环境质量造成损害。目前美国的林业公司都有可观的造林计划，人们都了解，如果只是伐树而不种树，那么我们的子孙后代就没有可用的树木了。"① 这就提醒我们要注意以下问题：无论是价值观还是发展观，都应该从短期考虑转向长期视野，在现实中应该将眼前利益和长远利益统一起来。只有这样，才能实现可持续发展。

第二，必须从全球性的视野出发看问题。在工业化和现代化的过程中，由于人们只顾局部利益而忽略整体利益，尤其是忽略自然界生态循环的整体性，才造成了全球性问题，因此，可持续发展也强调人们应该从全球性的视野出发来考虑和解决问题。例如，罗马俱乐部将社会发展进程中出现的一系列的负面问题都放在了"全球性困境"的框架中，将系统动力学的理论和方法引入到未来学中，强调必须在全球性的范围内解决这些问题。社会历史学派则将全球性环发问题的出现和加剧看做是全球化形成的一个重要的因素，也意识到在全球范围内进行合作的必要性和重要性。撇开其抽象的超阶级的方面，这些看法都是可持续发展的题中应有之义。在面向未来的过程中，我们只有从全球性视野出发，正确处理局部利益和整体利益的关系，才能在建立全球性伙伴关系的过程中实现可持续发展。

第三，在实现可持续发展的过程中，必须将事实方式和价值方式统一起来。在协调环境和发展的关系问题上，社会历史学派和生态学派在原则上是没有什么区分的，关键的问题是他们对事实手段和价值手段给予了不同的关注。社会历史学派将科技发展作为协调环境和发展关系的主要途径，但是，他们所讲的科学技术已经是生态化的科学技术了。例如，托夫勒认为："我们处在向全新的生态技术发展阶段，也就是飞速向超工业阶段前进。只有承认这一前提，我们才能懂得今天的时代。只

① [美] 约翰·奈斯比特：《大趋势》，78页。

有接受这个革命性的前提，我们才能勇于想象，掌握未来。"① 同时，他们对价值方式也给予一定的关注。如奈斯比特就认为，从短期考虑到长期考虑的转变，就是一种价值观念的转变。而生态学派，尤其是罗马俱乐部，将文化、价值和人的素质作为协调环境和发展的主要途径，在"新人道主义"的基础上对发展进行了自己的界定；同时，罗马俱乐部也承认，在均衡的状态中，技术和技术进步仍然是十分必要的。可见，将双方的观点结合起来，我们还是能够从具体的技术操作性层面上找到实现可持续发展的有效途径。只有科学技术按照人道化、生态化的方向，社会发展才是可持续的。

总之，只有将眼前利益和长远利益、局部利益和整体利益统一起来，从科技进步和价值评判两个方面来协调环境和发展的关系，才能最终实现可持续发展。

二、未来主义思潮的历史局限性

由于受一系列因素的制约和影响，未来主义也存在着一系列自己难以克服的矛盾和局限。这些矛盾和局限主要表现为研究方法上的经验主义、社会历史观上的科技决定论和政治立场上的改良主义等问题。

1. 研究方法上的经验主义

尽管未来主义在预测和设计未来社会发展前景的过程中很注重科学方法论问题，但是它们均有严重的经验主义倾向。

第一，未来主义将有限的经验作为自己理论的基础和出发点。在预测和设计未来的过程中，未来主义都是从有限的经验出发的，都将特殊性的东西绝对地上升到了一般性的高度，而没有注意社会发展的复杂性、长期性和整体性。例如：贝尔的"中轴"方法将所有制领域和技术领域割裂开来，将技术领域的变化趋势上升到了一般社会发展的高度，而没有看到技术只是社会系统的一个子系统，社会发展是受一系列因素制约和支配的。托夫勒和奈斯比特的"新闻洞"方法都是以新闻报纸的内容作为预测和设计的根据的，而没有注意到其他领域的问题。即使就报纸的内容来看，也不可能完全地反映社会发展的客观进程。在整个社会发展的过程中，新闻报纸透露出的信息是有自己的局限性的。要掌握深层性或本质性的信息，还必须进行艰苦的发掘，还必须学会运用理论思维方法。米都斯小组的模型将复杂的社会系统或全球系统简化为五个

① ［美］阿尔文·托夫勒：《未来的冲击》，158页。

因子，忽略了其他因子的作用，这样，尽管他们的模型是建立在系统动力学的基础上的，但是这只是十分理想化和简单化的模型，由此推出的结论必然具有很大的局限性。卡恩的“大过渡”理论将自己的视野扩展到了400年的范围，这比米都斯小组的模型有所进步，但是，在社会发展的长河中，400年只是历史的一瞬间，用它同样不能完全说明社会发展的未来趋势。因此，只有将案例分析和理论分析统一起来，按照系统工程的方式来进行预测和设计，才能保证未来预测和未来设计的科学性。

第二，未来主义在经验主义的基础上对历史唯物主义的决定论进行了批评。社会本来是一个复杂的有机体，存在着生产力和生产关系、经济基础和上层建筑的矛盾。其中，生产力决定生产关系，经济基础决定上层建筑。但是，未来主义不仅无视社会基本矛盾的存在，甚至对历史唯物主义进行了责难。贝尔就是如此：(1) 他完全否定社会结构的客观性，将之简单地看做是一种概念性的图式。他认为：“社会结构不是一种社会现实的‘反映’，而是一种概念性图式的‘反映’。一个概念性图式从一个复杂的现实中选择特殊的属性，并按照共同的陈规把它们分类，以辨别其同异。作为一种逻辑顺序的方法，概念性图式并无真伪之别，而只有有用与无用之分。”① 这样，他就否定了社会结构的客观基础和物质内容。(2) 他将经济基础决定上层建筑的历史唯物主义决定论攻击为单一的因果论，将教育、职业、政治、宗教等一系列的因素等量齐观，认为没有迹象表明哪一个是最重要的和第一位的，一切都可以分解为相互作用的力量。事实上，在社会系统中，各个因素的作用并不是等量齐观的。(3) 他认为思想是靠发现一种表达基本根据的语言来认识自然的，而否认了实践在认识的形成和发展过程中的决定性作用。事实上，人们是通过实践用思想和语言把握自然的。托夫勒也是如此。他强调偶然性和机会的作用，认为它们在变革的过程中起着决定性的作用；在社会结构中，不能区分清楚哪些是属于基础的，哪些是属于上层建筑的，所有的领域同时都要变革。在此基础上，他表明了自己的立场：“我的观点，同那些认为所谓上层建筑也可以影响经济和技术基础的马克思主义者很不一样。因为他们虽然承认可能有这种反作用，但是认为，各种不同的思想、法律、价值观、宗教等（上层建筑的组成部分），都只是阶级地位的反映，而阶级地位从根本上说，又是经济决定的。这

① ［美］丹尼尔·贝尔：《后工业社会的来临》，14页。

样，他们的理论不免有点循环论的味道了。总之，经济和技术必然直接或者间接地，这样或者那样地左右着整个体系，这就是他们的看法，在我是不能接受的。”① 其他未来主义者都具有这样的倾向。其实，在唯物史观看来，社会发展的客观规律往往是通过人的有目的的活动体现出来的。环境的改变和人的活动的一致，只能被看做并合理地理解为革命的实践。

总之，经验主义本质上是一种主观主义，也就是唯心主义。因此，在预测和设计未来的过程中，在尊重社会有机体的客观性的前提下，我们必须具体问题具体分析。

2. 社会历史观上的科技决定论

在社会历史观上，未来主义都否认社会基本矛盾的存在，片面夸大科学技术的社会作用，在坚持科技决定论立场的同时，最终还是倒向了唯心史观。

第一，未来主义将技术作为划分社会形态的最高标准。在社会形态更替的问题上，未来主义的社会历史学派试图否定马克思主义的社会形态理论，将技术作为最高的甚至是唯一的标准。在此前提下，他们以资本主义社会作为中介，将人类社会的历史发展区分为没有本质区别的三个连续的阶段。例如，贝尔撇开社会基本矛盾，尤其是所有制因素，将人类社会的发展区分为前工业社会、工业社会和后工业社会三个阶段，并认为它们是以生产和使用各种知识为中轴的概念顺序。可见，他没有看到原始公有制社会和私有制社会的区分，将原始社会、奴隶社会和封建社会统统归入到了前工业社会中；他无视社会主义社会和资本主义社会的根本区别，将它们一概归入到了工业社会中；他否认共产主义的历史必然性，将后工业社会作为人类社会的未来。显然，他的这种划分法缺乏基本的科学根据。进而，他将科学技术作为社会发展的最高的决定力量：“后工业社会是围绕着知识组织起来的，其目的在于进行社会管理和指导革新与变革；这反过来又产生新的社会关系和新的结构，这些都是必须从政治上加以管理的。当然，知识现在对于任何社会的运转都是必不可少的。后工业社会所不同的是知识本身性质的变化。对于组织决策和指导变革具有决定性意义的是理论知识处于中心地位。”② 这样，知识（科学技术）就成为一种独立于和凌驾于社会基本矛盾之上的力量

① ［美］阿尔文·托夫勒：《预测与前提》，214页。

② ［美］丹尼尔·贝尔：《后工业社会的来临》，26页。

了。托夫勒、奈斯比特也是持这种立场的。

所不同的是，贝尔主要是从新科技革命造成的资本主义社会结构的变化出发，“消解”了资本主义基本矛盾，在使资本主义化险为夷的同时，否定社会主义取代资本主义的历史必然性，将后工业社会作为社会发展的未来前景，这事实上是要社会主义向资本主义趋同。托夫勒则是从建立在第二次科技革命基础上的工业化的“普遍性”社会结构出发，“充分”肯定资本主义和社会主义在社会结构和社会走向上的一致性，然后用第三次浪潮否定工业社会浪潮，将第三次浪潮作为社会发展的未来前景，认为资本主义和社会主义在第三次浪潮中都要走向死亡并且得到融合，这事实上是要社会主义和资本主义完全趋同。而奈斯比特在考虑到科技因素对社会发展的直接影响的同时，专门从科技革命对经济体制的“挑战”出发，将私有化看做是解决现存的资本主义和社会主义的一切社会矛盾的灵丹妙药，将自由市场社会主义作为社会主义发展的过渡阶段。因此，他所讲的信息社会实质上是将资本主义私有制作为人类社会的未来前景。事实上，社会基本矛盾才是推动社会发展的根本力量，社会发展的真正大趋势是——资本主义必然灭亡，社会主义必然胜利。

可见，建立在科技决定论基础上的、以趋同论为基本内容和目的的社会历史学派的未来观，基本上是一种唯心史观。

第二，未来主义将科学技术作为制约全球性环发问题的决定性力量。未来主义没有看到人和自然的关系总是要受到人和社会的关系制约，环境和发展的关系背后隐含着复杂的人和人、人和社会之间的利益关系。它们更没有看到，绝对地追求剩余价值的贪婪本性决定了资本主义必然采用杀鸡取卵、以邻为壑的战略，致使环发问题成为全球性问题。在表面上，悲观派和乐观派是水火不容的；但在理论实质上，他们都将科学技术看做是制约全球性环发问题的决定性力量。在同样的背景下，之所以能形成“零增长”和“没有极限的增长”这样两种截然不同的理论，是由下列单纯的技术性因素造成的：（1）是否相信资源“有限”是造成危机的因素之一。在这个问题上，悲观派主要强调的是有限的地球对增长的制约性，认为有限的自然资源和自然空间承受不了过重的人口压力、过快的经济增长、过量的环境污染，因而要求维持甚至降低现有的人口和经济增长的速率，应该采取零增长甚至是负增长的对策。而乐观派认为自然因素不是增长的限制因素，主要的限制因素来自于心理、文化和社会方面。在他们看来，“有限的”这个词用在自然资源上不仅是不合适的，而且显然是错误的，因为人们对自然资源限制性的认识是很有限的，因而增长不仅是可能的，而且是有益的。(2) 对科学技术作用的估价不同。在悲观派看来，在有限的地球上，科学技术只能延缓危机的来临，而不能最终解决问题。如果科学技术不对自身的结构和功能进行调整的话，只能使问题越来越严重。而乐观派认为，随着科技的进步，人类会发现新的资源，开辟现有资源的新用途，"最大的可能是凭借现有的知识和将要增长的知识，我们和我们的后代能够获得所需要的和渴望得到的原材料，其价格相对于其他物品的价格和我们总收入的价格比过去任何时候都低"①。可见，尽管他们最后都不约而同地将文化因素引入对全球性环发问题的研究过程中，但是他们的区分只是具体技术操作上的区分。

事实上，全球性环发问题是一种社会问题，是由不合理的国际政治经济秩序造成的。具体来说：(1) 发展中国家成为发达国家的原料和初级产品的产地，超负荷的开采加剧了资源的短缺和环境的破坏。例如，目前占世界人口 25%的发达国家消耗全球 70%的资源，而发展中国家仅仅为了偿还债务，每年就得大量出口资源。(2) 发展中国家成为发达国家转嫁公害的牺牲品。在产业结构的更新换代的过程中，发达国家把大量的资源投入多、能源消耗高、环境污染重的"肮脏"的产业和设备转移到了发展中国家，致使环发问题肆意扩散。例如，在 20 世纪 70 年代初，美国公司在其本国冶金企业中用于环境保护的资金投入占其投资总额的 14.8%，而在其国外的企业中的同样的投资仅占 3.7%；由美国投资兴建于 1969 年的印度博帕尔农药厂，在 1984 年 12 月发生了严重的农药泄漏事故，造成了 2 800 人死亡，20 多万人中毒。(3) 发展中国家成为发达国家推行霸权主义的生态牺牲品。例如，美国在越南战争中投下的除莠剂严重地毁坏了越南的森林资源，恢复这些植被大约需要 20 年至 30 年的时间；更为严重的是，由于除莠剂破坏了人体的遗传基因，致使越南出现了大量的残疾人。在这个意义上，笼统地谈"全球性问题"难免会掩盖事情的真相。当然，社会主义国家也存在环发问题，但那是由于经济发展不足、增长方式不当、管理经验有限等具体原因造成的。

总之，要彻底解决全球性环发问题，走可持续发展之路，人类必须

① [美] 朱利安·林肯·西蒙：《没有极限的增长》，34 页，成都，四川人民出版社，1985。

要学会调节环境和发展的关系。“但是要实行这种调节，仅仅有认识还是不够的。为此需要对我们的直到目前为止的生产方式，以及同这种生产方式一起对我们的现今的整个社会制度实行完全的变革。”① 只有在共产主义条件下，才能真正实现人与自然的和谐。在这个意义上，社会主义为实现人与自然的和谐开辟了光明的前景。

3. 政治立场上的改良主义

尽管未来主义各派别都表明自己超越了资本主义和社会主义的对立，但是，从其理论的出发点和归宿来看，它们都属于资产阶级改良主义的思潮。

第一，未来主义并没有触及资本主义制度的实质。尽管未来主义者看到资本主义发展过程中所遇到的种种危机，看到资本主义已被一系列的矛盾严重地困扰着而难以脱身，如生产和消费的矛盾、集权和分化的矛盾、文化与经济的矛盾、发展与环境的矛盾、科技进步与社会体制的矛盾等，但是他们都没有也不可能找到这些矛盾的真实根源，而只是抓住一些枝节性的、表面性的现象大做文章，希望通过局部的改良来缓和资本主义的矛盾，使之摆脱现有的困境。例如，贝尔认为，技术的发展凸显了生产力的作用，而生产关系则变得模糊不清了，现在的问题只不过是存在着结构失调的状态，只要对结构进行调整，向后工业社会过渡就可以解决问题。托夫勒要建立“超级意识形态”，认为问题是由第二次浪潮和第三次浪潮的冲突造成的，是人们不能适应迅速变化的结果，而通过知识力量的增强就可以解决问题。奈斯比特认为，从劳动价值论转变到知识价值论就可以化解矛盾。罗马俱乐部先是将全球性问题归结于增长的危机，后又将之看做是文化、价值和人的危机，认为只要确立“新人道主义”就可以摆脱困境。卡恩将问题归结于资本主义文化的危机，认为这只是过渡进程中产生的过渡性的问题。随着“大过渡”的完成，这一切都会迎刃而解。从总体上来看，社会历史学派和生态学派中的乐观主义将希望寄托在新科技革命的发展上，而生态学派中的悲观主义企图借助于文化上和价值上的变革来摆脱资本主义的危机。其实，他们都没有也不可能触及资本主义制度本身的性质，没有看到资本主义条件下的经济危机、政治危机、文化危机、生态危机、科技危机和社会危机等一系列的危机都是资本主义制度本身危机的具体表现，没有认识到这一切的根源都在于资本主义所固有的生产的社会化和生产资料私人占

① 《马克思恩格斯选集》，2版，第4卷，385页，北京，人民出版社，1995。

有制之间的矛盾。因此，不消灭资本主义的总体危机，一切问题都无从谈起。

第二，未来主义者都否认阶级斗争在社会发展中的重大作用。他们利用资本主义社会结构的新变化而大做文章，否认无产阶级及其贫困化的存在，否认阶级斗争在阶级社会发展过程中的直接动力作用，否认无产阶级社会主义革命的必然性和必要性。从新科技革命的发展所造成的资本主义国家的就业结构的变化出发，他们认为，随着白领工人的数量开始超过蓝领工人的数量，一种新型的、拥有自主权的雇员正在出现，资本主义社会的阶级和阶级结构出现了一系列的重大变化，这样，不但传统的无产阶级消失了，而且无产阶级革命也成为多余的了，阶级斗争这样的"小斗争"必然要让位于工业文明和后工业文明冲突造成的"大斗争"。在此基础上，他们甚至将矛头直接指向马克思主义的阶级斗争学说和阶级分析法。例如，托夫勒指出："可能在某些社会里，阶级分析有助于得出一些基本的认识，在一个阶级不顾一切压迫另一个阶级的地方，如果阶级地位又很悬殊，阶级冲突在这个特定阶段就成了社会内部的主要冲突；这时候，阶级分析当然是有用的。但是，把特殊情况一般化了，把阶级冲突普遍化了，硬说它是最重要的，而且先验地断定它在任何时候、任何阶级社会全都适用，依我看，是不正确的。"① 事实果真如此吗？据美国国情局的一项报告，1988年，每8个美国人中就有1个穷人；而几乎每3个黑人中就有1个穷人，黑人的贫困率高达32.4%。况且，资本主义国家的发达是建立在南方国家的普遍贫困的基础上的。在一定的程度上，正是由于对第三世界的大肆掠夺，才使资本主义国家内部的绝对贫困问题正在日益消失。可见，随着新科技革命的发展和资本主义经济政策的调整，资本主义国家内部的阶级矛盾有所缓和，但是无产阶级和资产阶级的矛盾依然存在，并且日益国际化。罗马俱乐部甚至将阶级斗争和阶级冲突看做是导致全球性问题日益严重的一个重要原因，认为如果阶级斗争退出历史舞台而大力弘扬新人道主义的话，就可以完全解决问题。例如，佩西指出："阶级斗争正在导致巨大的浪费而毫无成效。甚至连一贫如洗的人们也发现他们目前备受社会不公正和经济不平等的折磨，但如果斗争不断发展下去，这种可怕的折磨将更普遍地出现于全世界，到头来，首当其冲的牺牲品却是他们自己。人们对共同危机的新认识和人类某些利益的一致性，使他们倾向于提高

① ［美］阿尔文·托夫勒：《预测与前提》，201页。

人民的团结，而超脱一切政治的和社会的界限。全人类在必须共同面对未来的决定性挑战的时刻，应该恢复人类的良知”①。问题是，作为生产资料私人占有制的既得利益者，资本家是否会自动放弃自己的利益，是否会自动促进利益均沾。其实，只有在彻底消灭阶级的情况下，才能保证人类共同利益的实现。

总之，未来主义各派别只是单纯地从技术的层面上对资本主义进行了有限的批判。而在我们看来，只有在人类社会实现从资本主义社会向共产主义社会过渡的历史过程中，一切问题才能最终得到解决。

① ［意］奥雷利奥·佩西：《未来的一百页》，113页，北京，中国展望出版社，1984。

第二章 新自由主义

新自由主义是20世纪30年代在西方国家出现的一种为自由资本主义制度辩护的思潮，它信奉自由放任原则，鼓吹以私有制为基础的“市场万能论”，反对政府对经济活动的干预。

20世纪五六十年代，主张政府对经济进行干预的凯恩斯主义成为西方经济学的主流，新自由主义一度陷于沉寂。20世纪70年代初，随着西方各国经济危机的加剧和政府对经济干预政策的失效，凯恩斯主义受到怀疑和攻击，新自由主义因而又得到复兴，成为与凯恩斯主义相抗衡的理论体系。20世纪80年代以来，新自由主义逐渐成为发达资本主义国家主导的全球化的主流意识形态。新自由主义的主要流派有：哈耶克新自由主义、现代货币学派、弗莱堡学派、理性预期学派、公共选择学派，等等。

第一节 新自由主义在20世纪70年代的复兴

20世纪30年代，整个资本主义社会处于大危机时期，以自由放任为原则的古典经济学受到怀疑。西方一些经济学家为寻找挽救资本主义的药方，纷纷对古典经济学和在其指导下的自由资本主义的弊端进行反思，并进而形成了两个不同的学术阵营——新自由主义和凯恩斯主义。前者强调自由放任原则是核心，强调市场机制这只“看不见的手”的作用，要求国家或政府尽可能少地介入社会经济生活，政府只是充当私有财产的“守夜人”；后者则是从自由资本主义的危机出发，强调政府或国家管理这只“看得见的手”的作用，主张政府全面干预经济活动，实施全面的宏观调控。20世纪70年代经济危机之后，自由放任还是国家干预的选择问题再次成为20世纪社会经济生活领域中争论的焦点。新自由主义正是在这一争论过程中，在20世纪70年代实现了复兴。

一、新自由主义再度兴起的社会历史背景

19世纪末20世纪初，自由资本主义过渡到垄断资本主义阶段。生产社会化和资本主义私有制之间的矛盾空前激烈，表现为频繁的经济危机。1929—1933年席卷整个资本主义世界的大危机不但给社会生产力造成了巨大的破坏，而且由于这场大危机的空前严重性和持久性，也宣告了传统的自由放任经济理论的破产。这次大危机不仅在资本主义经济发展史，特别是在资本主义经济危机发展史上是一个重大的转折点，而且在资产阶级经济学说发展史上也是一个重大的转折点。大多数资产阶级经济学家开始逐步放弃自由放任原则这一古典传统，转向主张政府对经济和社会生活进行干预。在他们当中，英国资产阶级经济学家约翰·梅纳德·凯恩斯（John Maynard Keynes，1883—1946）是代表人物。早在1926年，凯恩斯就发表了《自由放任主义的终结》一书，这表明他在那时已经开始摈弃自由放任原则。凯恩斯力图证明，借助于国家对货币流通和信贷的调节，才有可能消除资本主义所固有的失业和经济危机。20世纪30年代大危机以后，凯恩斯发表了他的代表作——《就业、利息和货币通论》（1936），提出了系统的就业理论和国家干预经济的一系列政策主张，同传统的自由经营论针锋相对，彻底决裂，这场在经济思想史上的变革被称为“凯恩斯革命”。自《就业、利息和货币通论》发表后的近30年间，凯恩斯及其所倡导的政府干预论①成为西方经济学界和思想界的主流思潮，并随着第二次世界大战后西方经济的繁荣发展而不断受到推崇，使信奉经济自由主义的经济学流派遭到沉重打击。

然而，许多原来的经济自由主义者却仍固守着传统的自由放任原则不放，继续信奉自由主义。但他们感到已经不能照旧单纯鼓吹“自由放任”，于是开始修正传统的微观经济理论，并承认一定程度的国家干预是市场经济运行的必要条件。这样，他们开始以新自由主义的面目出现，以求获取生存空间和保持与凯恩斯主义进行对话的可能。

上述情况说明，新自由主义是伴随着1929—1933年大危机和其后

① 由于政府干预经济受到推崇，政府政策的制定逐渐可以脱离宪法的控制。因此，政府政策的制定和实施被称做“经济政策的自由主义浪潮”，这是在自由主义就是不要干预这一一般意义或放纵主义的意义上说的。（参见［美］赫伯特·斯坦：《美国总统经济史——从罗斯福到克林顿》，12～13页，长春，吉林人民出版社，1997。）

出现的凯恩斯主义而产生的，是作为古典经济自由主义的现代变种和凯恩斯主义国家干预论的对立面而出现的。由于20世纪30年代大危机带来的深重灾难和对这场危机的思考，人们更容易接受以凯恩斯主义为思想基础的政府干预主张。同时，在第二次世界大战期间，各交战国为了获得胜利，都采取了紧急的军事管制，政府干预或国家管制成为在战争期间集中人、财、物力的重要措施，政府干预的力量给各国人民和统治者留下了深刻印象。战后，无论是战败国还是战胜国，都面临着经济重建的任务，凯恩斯主义更有了大行其道的客观基础。在第二次世界大战后将近20年中，凯恩斯主义以及其倡导的国家干预论成为拯救资本主义的"灵丹妙药"。在凯恩斯主义盛行时期，新自由主义一直深受冷落。只是到了20世纪70年代，它才获得了再度兴起的契机。

第一，凯恩斯主义的政策在实践中的失败成为新自由主义复兴的直接原因。凯恩斯主义在20世纪60年代以后受到了越来越多的抨击，尤其在20世纪70年代经济危机的产生已经不是由于"市场失灵"而是"政府失灵"之后，凯恩斯主义经受着重新审视自身理论的考验。正是这样的契机使新自由主义得以乘势而起。

20世纪70年代以前，由于实行了凯恩斯主义的国家干预经济政策，西方各国经济不但迅速恢复，而且实现了在20世纪60年代的高速发展。因此，凯恩斯主义经济学家们断言，困扰资本主义经济的周期变动与失业问题已经得到了解决，经济学的大厦已经建立起来，以后的工作就只是对其做一些小修小补。

凯恩斯主义主张政府干预经济的理由是，资本主义经济出现危机的根本原因是有效需求不足。而有效需求不足是由于三大心理规律造成的，即心理上的消费倾向导致消费需求不足、心理上的流动偏好、资本未来预期利润导致投资需求不足。因此，为了解决有效需求不足，实现充分就业，就必须由国家进行"需求管理"。这在政策上主要表现为扩张性的财政政策、扩张性的货币政策和扩张性的收入政策，以通过增发货币甚至不惜采取适度的通货膨胀政策来刺激消费，带动投资。虽然在理论上，凯恩斯主义强调扩张性政策和紧缩性政策交替使用，但在实际中却是以扩张为主。这种扩张性政策虽然推迟了眼前的生产过剩的危机，但却加深了未来的生产过剩危机。1969—1970年、1973—1975年、1980—1982年这三个时期的以滞胀为特征的经济危机就是这种政策的后果。在滞胀面前，凯恩斯主义的政策失去了有效性，并导致了两难的结果：扩张性政策使滞胀中的"胀"更为严重，紧缩性政策使滞胀中的

“滞”进一步恶化。经济现实的困境导致人们失去对凯恩斯主义的信任，“政府失灵”被视为推行凯恩斯主义政策的后果。人们要求改变国家干预的方式，即要求采取能够直接影响生产及其结构、效率和生产率的新方式，以实现经济的有效增长。

第二，凯恩斯主义自身的理论缺陷是新自由主义得以复兴的又一重要原因。20世纪60年代末70年代初，受到凯恩斯主义打击的经济自由主义实现了自身的调整，逐渐形成了自己的较为完整的理论体系，它打着“新古典复兴”的旗号开始在美国流行，带有强烈的反凯恩斯主义色彩。

自20世纪40年代以来，菲利普斯曲线成为了凯恩斯主义的政策分析工具，为政府操纵经济发展提供了一个最方便、最简单的手段。菲利普斯曲线说明了失业水平和工资变化率之间存在着稳定的负相关：高失业水平伴随着下降的工资，低失业水平伴随着上升的工资。考虑到生产增长的长期趋势，同时把价格超过工资成本的差额作为一个大体不变的既定数值，工资的变化可以等同于价格的变化。这样，失业率与通货膨胀率（价格变动率）之间就存在着此消彼长的稳定关系。在这一理论前提下，政策制定者可根据需要任意调整失业与通货膨胀的组合值，也就是说，可以在失业率较高的时候采取通货膨胀的政策，降低失业率；在通货膨胀率较高的时候通过提高失业率，降低通胀。这也就为实行扩张性政策提供了依据。

1961年，约翰·穆斯（John Muth）在题为《理性预期和价格变动理论》的论文中最早提出了理性预期假说。随后在1967年和1968年，费尔普斯（Phelps）① 和弗里德曼（Milton Friedman）各自独立地提出了“自然率假说”，这大大丰富了理性预期假说。根据“自然率假说”，在通货膨胀和失业之间不存在稳定的相互消长的关系，与失业相关的不是通货膨胀本身，而是未能预期到的通货膨胀——只有未预期到的通货膨胀率才会影响失业水平。“滞胀”的出现用事实证明了这一论断的正确性。这也就意味着新自由主义已经找到了凯恩斯主义理论的“缺陷”，并开始系统地对凯恩斯主义进行批判。卢卡斯（Robert Lucas）的理性预期经济学在20世纪70年代初正式出台，更是给凯恩斯经济学以致命的打击。卢卡斯指出：众多的凯恩斯宏观经济模型与菲利普斯曲线一

① 埃德蒙·费尔普斯（Edmund S. Phelps，1933—　），美国哥伦比亚大学教授，2006年诺贝尔经济学奖获得者。

样，都没有建立在微观经济学的基础之上，事实上，绝大多数宏观经济变量（如消费、投资）的决策主要依赖于人们对未来经济运行结果的预期，而宏观经济学模型则以一种傲慢的方式对待预期，武断地选用一些貌似预期的变量取代预期，大多数的政府干预政策都会改变个人形成预期的方式，但宏观经济模型中所运用的预期的替代品根本无法解释人们这种预期的变化，因此，这些模型不应该被用来估价和分析不同经济政策产生的影响。这就是所谓著名的"卢卡斯批评"（The Lucas Critique）。从某种意义上说，"卢卡斯批评"既是新自由主义向凯恩斯主义发起进攻的号角，也是新自由主义已经成熟起来的信号。这样，如果说20世纪70年代的滞胀导致了凯恩斯主义在实践上的失败，那么20世纪70年代以来新自由主义的崛起则导致了凯恩斯主义在理论上的瓦解，从而使凯恩斯主义出现了真正的危机。自20世纪80年代以来出现的全球私有化与减少政府干预的浪潮，可以说是新自由主义复兴的结果。

第三，1973—1975年的经济危机被认为是推行凯恩斯主义政策的后果，这使得新自由主义的复兴有了直接的经济依据和现实契机。

第二次世界大战后，根据凯恩斯主义的政府干预论，首先在全球范围内形成了以关税及贸易总协定、国际货币基金组织和国际复兴银行三大支柱支撑的新的国际经济秩序。这种全新的国际经济协调机制虽然在一定程度上给从战火中走出的国家以新的发展机遇，但是随着实践的发展，越来越难以更好地推动各主要资本主义国家的进一步发展。其原因在于，第二次世界大战后形成的以美元为中心的"布雷顿森林体系"，其核心是所谓的"两挂钩、一固定"（美元与黄金挂钩、其他国家货币与美元挂钩，实行固定汇率制），这导致美国经济对世界经济开始具有"一荣俱荣，一损俱损"的影响。但随着20世纪60年代末70年代初美元在全球范围内的泛滥、美国连续国际收支逆差，导致黄金储备逐年下降，美元失去了稳定的基础。以石油危机为主导的"能源危机"的到来，终于使美元的地位难以巩固。最终，美国被迫宣布美元和黄金脱钩，导致"布雷顿森林体系"崩溃，在国际金融领域开始实行浮动汇率制，而浮动汇率制的顺利进行，显然是排斥国家或政府干预的。

在第二次世界大战后各国经济恢复和重建时期，特别是从20世纪50年代到60年代，西方经济经历了长达20年的繁荣，年均实际经济增长率达4%～5%。由于这种繁荣的增长是以发展中国家廉价的石油和原材料的支撑来实现的，因此，一旦在基础材料领域发生问题，西方经济就如同在火山口上，随时有爆发危机的危险。20世纪70年代初，以石油危机为导火索，导致再生产条件的恶化，某些重要资源的匮乏及其价格的急剧上涨，使得经济矛盾的焦点从销售（需求）方面转到了生产（供给）方面。伴随着“布雷顿森林体系”的崩溃，发达资本主义国家在高速发展过程中所积累起来的矛盾明显地暴露出来，西方经济增长速度急剧下降，西方社会普遍出现了“三高一低”的滞胀的局面，即高通货膨胀率、高物价上涨率、高失业率和经济低速增长甚至负增长，国际贸易和国际金融领域陷入极大的混乱。以美国为例，在1973年到1982年的“滞胀”期间，美国的实际国民生产总值年失业率为5.3%。在1979—1982年的危机中，失业率更是高达9.7%。20世纪70年代初期，美国的劳动生产率只有很小的提高，1968—1973年年平均增长率为1.3%，1973年以后增长速度减慢的现象更加明显，1974—1979年年平均增长率为0.7%，1980年仅为0.2%。与此相适应，美国公司平均利润率趋向下降的规律，在20世纪70年代表现得十分明显。1960—1965年间，美国公司的平均利润率为13.7%，而在1974—1979年这段时间仅为9.7%，1980年继续下降到8.3%。平均利润率的这种下降趋势，使资产阶级开始要求政府采取新的干预方式来抑制平均利润率的持续急剧下降。由于危机的原因出现在总供给方面，这样，凯恩斯主义所倡导的“需求管理”自然受到抨击和排斥。以“供给管理”为政策特征的新自由主义趁势崛起。

由于凯恩斯主义已经失宠，主张自由放任、反对国家干预的新自由主义开始历数凯恩斯主义的种种缺陷，并以新的资本主义“救世主”的面目重新出现在世人面前。

二、新自由主义的理论渊源

新自由主义是古典经济自由主义思潮在20世纪新形势下的回归，因而，它的理论渊源仍然是自亚当·斯密以来的古典经济自由主义。

1. 重农主义的“自然秩序”理论

17世纪中叶是古典政治经济学发展的初期。由于资本主义原始积累尚未完成，新兴资产阶级为了反对封建制度的特权、垄断等一切限制资产阶级成长的因素，提出了“自由放任”的口号，宣扬“自然秩序”思想，反对国家干预经济生活，力图论证在经济生活中占主宰地位的是自然的永恒的规律，而国家干预经济只会起破坏这些规律的作用，亦即论证经济自由，以促进资本主义经济的更大发展作为自己的任务。这种从封建的国家干预主义到新兴资产阶级反对国家干预的历史性转变，表明新兴资产阶级要求作为一支新的独立力量登上历史舞台。从此，资本主义经济和社会发展就都是围绕如何建立一个“自然秩序”而努力，人类社会发展的新阶段在“自由主义”的大旗下开始了航程。

18世纪50年代脱颖而出的以魁奈为创始人的重农学派对经济自由主义做了全面的论证，“自然秩序”理论是魁奈考察经济问题的社会观和方法论。重农主义的出现正是在社会物质条件和思想条件成熟之后经济自由主义思潮的一次系统化的经济学定位，而重农主义的整个理论体系就是建立在“自然秩序”理论基础上的。重农学派的重要成员杜邦·德·奈穆尔在给重农主义下定义时，曾明确表示：“重农主义就是关于自然秩序的学说。”① “自然秩序”理论源于自然神论和自然法哲学，重农学派运用它来观察经济生活，创立起自己的经济科学。魁奈把“自然秩序”（他又称之为“自然法”）理解为“一切实际事件的运行规则”和“一切人类行为的规律”。魁奈认为，经济学作为社会制度的基础的伟大学科，其“目标”在于“通过研究保证人类社会能使支出再生和持续的自然规律，以使支出达到可能的最大的再生产”②。这样，魁奈就为政治经济学提出了着重认识支配资本主义生产和再生产的客观经济规律以促进国民财富增长的任务，实际上就是把生产的资本主义形式理解为生产的自然形式的观念。值得注意的是，重农主义者将自己封为“经济学家”，以与重商主义提出的“政治经济学”或“政治经济学家”相区别。重商主义使用“政治经济学”这一概念是为了强调国家对工业和贸易活动的干预或管理，其目的是通过政治家的政府干预增加国民财富和金银货币数量。重农学派使用“经济学家”这一称呼，则是要说明政治家的政府干预、限制与管理不能使国家富强，相反地，放弃国家干预主义，按本性自由的自然秩序办事，才能使国家富强；政治家的本行不是给各经济部门制定法律以求增加财富，而只是确定和保护自然法、自然秩序、自由权力不受侵犯，就能够达到富国裕民的目标。美籍奥国著名经济学家熊彼特指出：“在自由贸易问题上，重农学派也许真正是第一个主张无条件自由贸易的集团。”“就魁奈关于经济过程的观点与他的政策意见而论，十九世纪自由主义的全部理论武器实际上都可以追溯到他那里”③。

① 转引自季陶达：《重农主义》，33页，北京，商务印书馆，1963。

② ［法］魁奈：《魁奈经济著作选集》，245页，北京，商务印书馆，1979。

③ ［美］约瑟夫·熊彼特：《经济分析史（第一卷）》，349～350页，北京，商务印书馆，1991。

自重农学派提出并阐述了“自然秩序”理论之后，自由放任的思潮成为社会经济生活中的主流思想，并且逐渐影响到政策的制定和实施。18 世纪上半叶，英国展开了两次关于经济自由主义的论战。一次是 18 世纪初关于贸易政策的论战，其中心问题是放宽与法国贸易的限制和管制是否对英国有利，英国朝野均卷入其中。另一次是 18 世纪中期关于国际经济自动平衡的内在机制的争论，主要是在经济学界展开，英、法、德等国的学者与名流展开讨论，核心是是否存在一种不需要国家干预的自行调节的经济活动，是否存在这样的一种“自然”机制。但是这些政策和理论的争论的结果都以经济自由主义的失败而告终。只是到了 1776 年亚当·斯密的《国民财富的性质和原因的研究》出版，经济自由主义思想才有了一个较为完整的理论体系。一直到 19 世纪中期，经济自由主义政策才成为英国政府的主导政策。①

2. 亚当·斯密的“经济人”假设

斯密的经济自由主义思想中最核心的是关于自然均衡，即关于利己主义人性及“经济人”、“看不见的手”的理论。斯密在《道德情操论》中对利己主义人性论做了集中的阐述。在他看来，支配人类行为的动机有自爱、同情、追求自由的欲望、正义感、劳动习惯和交换倾向。“自爱”即“利己心”，也就是基于个人利益的利己主义，“同情”体现了公共利益的“利他心”，人类的这两种基本动机总是相互伴随的。在斯密看来，利己主义与利他主义的矛盾并不会带来什么不利的后果，利己主义的行动不会造成对社会的损害从而导致社会的冲突和秩序的混乱，相反，却可导致社会的合作从而促进社会的利益。其原因即在于：人类的各个动机之间存在着一种相互制约并趋于自然平衡的关系。在他看来，交换倾向是一个重要的不可或缺的人类动机。因为在一个杜绝外来干预并存在分工和私有制的社会中，交换是必要的，交换双方是自愿的。由于每一个人都是他自己的利益最好的判断者，所以在利己心支配下尽力追求个人利益，不得不顾及其他为自己打算的人的利益，因此并不会损害别人而利己，如果进行交换，则说明是互利的。这样，交换倾向就成为利己心和利他心这样两个人类基本动机之间的中间环节。进一步分析的结果就是，由于交换是在双方自愿并对双方都有利的情形下进行的，因而会导致分工的进一步发展，分工的发展又促进社会财富的增长，最

---

① 经济自由主义政策成为英国政府主导政策的标志是 1846 年废除《谷物法》。可见，从《谷物法》废除到 1929 年大危机，自由市场经济的真实历程不过仅有短短的不足 90 年。

终不仅会达到谋求个人最大利益的目标，而且会在无形中促进公共利益，从而形成利己心和利他心相平衡、个人利益和社会公共利益相一致的人类社会的自然秩序。由此出发，斯密提出了"经济人"假说和"看不见的手"的概念，从而将同时具有利己心和利他心的人与他们的行为分离开来。

"经济人"就是按照普遍的行为方式从事经济活动的人，这种普遍的行为方式就是由人的基本动机决定的"以谋取利润为唯一目的"；"看不见的手"就是一种源于追求"自身利益"、"个人利益关系和情欲"的利己的人性，它能驱使和调节人们的活动，这种不以每个人原先的意志和情感为转移的力量，使个人利益与社会利益达到协调，最终造成伦理道德的、经济的、政治的乃至社会的自然均衡或自然秩序。"一只看不见的手引导他们对生活必需品做出几乎同土地在平均分配给全体居民的情况下所能作出的一样的分配，从而不知不觉地增进了社会利益，并为不断增多的人口提供生活资料。"① 这只"看不见的手"就是人们的利己的本能和天性。在利己的本性下，"把资本用来支持产业的人，既以谋取利润为唯一目的，他自然总会努力使他用其资本所支持的产业的生产物能具有最大价值，换言之，能交换最大数量的货币或其他货物"②。而在盘算自己利益的场合，"像在其他许多场合一样，他受着一只看不见的手的指导，去尽力达到一个并非他本意想要达到的目的。也并不因为事非出于本意，就对社会有害。他追求自己的利益，往往使他能比在真正出于本意的情况下更有效地促进社会的利益"③。第一只看不见的手（利己心）支配着"经济人"的行为，第二只看不见的手（竞争过程）为"经济人"带来有益的后果。在资本主义社会中，"经济人"就具体化为个人或利益团体，而"看不见的手"就外化地表现为所谓的"市场机制"。根据自然均衡、"经济人"、"看不见的手"理论，斯密构建了"自然价格"理论、自由贸易理论，并对国家的作用进行了新的阐述，从而真正开启了以自由放任原则作为解释社会活动的先河，成为以后的形形色色的自由主义的宗主。

---

① ［英］亚当·斯密：《道德情操论》，230页，北京，商务印书馆，1997。

② ［英］亚当·斯密：《国民财富的性质和原因的研究》（下），27页，北京，商务印书馆，1974。

③ 同上书，27页。

第二节 新自由主义的基本主张与主要流派

新自由主义的流派众多，其政策观点也不尽相同。从其对传统自由放任原则的恢复力度和提出的政策主张看，大体可以分成极端或激进的新自由主义（哈耶克新自由主义、弗里德曼现代货币主义）、温和的新自由主义（弗莱堡学派）和创新型的新自由主义（理性预期学派、新产权经济学派、公共选择学派）三类。

尽管新自由主义流派众多，其理论来源也各有不同，但是由于它们都以经济自由主义为原则，因此，它们的基本主张带有共性：

第一，信奉市场机制的自发调节作用。新自由主义者笃信自由市场经济的合理性，认为资本主义制度是完善的，自由市场经济可以实现资源的最优配置。他们认为，市场作为消费者和生产者之间的媒介，可以把消费者的信息准确地传递给生产者，而生产者之间的竞争既可以使各种资源得到有效利用，又可以保证价格的合理性。市场机制在生产要素的合理配置方面起着不可替代的决定性作用。只有按照自由放任的原则，才能实现经济均衡。因此，新自由主义者主张采取自由放任政策，反对凯恩斯主义的政府干预政策。

第二，肯定私人企业制度的优越性。新自由主义者认为私人企业制度具有很大的优越性，主张给私人经济活动以充分的自由。在新自由主义者看来，私有制是竞争制度的先决条件，市场机制的调节作用是以私人企业制度为前提的，只有私人经济才具有内在的稳定性。他们认为，经济发展的动力是个人对经济利益的追求，私有制使个人的积极性得到发挥，产生首创精神和责任感。只有在追求个人利益的前提下，价格机制才能在竞争中有效地配置资源，提高经济效率。因此，新自由主义者主张在私有制的框架内实现经济的持续增长，认为私有制是人类历史上最完善的制度，任何非资本主义私有制的经济制度和所有制形式都只能是限制个人本性的发挥，对经济的发展不利。只有在私有制得到不断发展的基础上，人类才能实现富裕和幸福。

第三，反对政府对社会经济生活的干预。新自由主义者认为，在国家干预之下，市场无法正常传递信息，私人经济活动受到各种限制。这不仅会降低经济效率，也会在政治上导致对民主的破坏和对个人权利的侵犯。新自由主义者还认为，国家干预经济不仅不能消除经济发展的不利因素，还会限制市场机制作用的发挥和自我调节，认为只有符合“自然秩序”的竞争才会带来经济的繁荣。但另一方面，由于的确存在“市场失灵”的状况，新自由主义者又不完全拒绝国家干预，而是主张尽可能限制政府的作用，减少国家干预经济的范围，主张政府应该运用一切允许的手段，维护私人竞争环境，为市场经济的顺利运行创造必要的条件。

第四，主张维持市场竞争，反对垄断。新自由主义者认为垄断是对自由的打击。为了使市场机制充分发挥作用，必须反对一切形式的垄断。这就必须创造一种环境，迫使垄断企业和垄断组织在自由竞争条件下活动。新自由主义者还认为，由于工会在劳动市场上处于垄断地位，会使工资高于自由竞争条件下的正常水平，从而影响资本家投资的积极性，因此，工会组织是危害最大的垄断组织，是“非常危险”的垄断联合，是自由市场经济的障碍。

第五，坚持传统的健全财政原则，反对福利国家制度，反对通货膨胀。新自由主义的所谓健全财政原则，就是量入为出、开支尽可能节省、税收尽可能减少，做到收支平衡。几乎所有的新自由主义流派都反对“福利”国家制度。所谓的节省开支，是指节省社会福利的开支，新自由主义者认为福利制度会助长人的懒惰心理而不利于竞争。同时，新自由主义坚决反对通货膨胀，认为通货膨胀有百害而无一利，并以此作为武器向凯恩斯主义的通货膨胀政策发起攻击。但是在对通货膨胀的原因分析和救治方法上，不同流派的看法又不尽一致。

一、极端的新自由主义

所谓极端的新自由主义，是指强调完全回到自由放任的传统之中，对于政府对社会经济生活的任何干预都持全面否定态度的新自由主义。

（一）哈耶克新自由主义的基本主张

弗里德里希·奥古斯特·冯·哈耶克（1899—1992），当代著名经济学家和自由主义哲学家。[①] 哈耶克新自由主义是最极端的经济自由主义，它反对一切形式的国家干预，倡导实行竞争性私人货币制度下的自由市场经济。哈耶克新自由主义经济学摆脱了以往经济学的实证分析方

① 现代西方经济自由主义的四个重要中心：奥地利的维也纳大学（奥地利学派）、英国的伦敦经济学院（伦敦学派）、美国的芝加哥大学（芝加哥学派）、德国的弗莱堡大学（弗莱堡学派）都推崇哈耶克是自己学派的主要代表之一，足见哈耶克在现代西方经济学中的重要地位和其经济自由主义思想的影响之大。

法，将“价值判断”摆在重要的位置上。哈耶克新自由主义追求的经济学研究的目标是：私有制条件下的自由市场经济，实现货币的非国家化和机会平等。他认为，一个美好的社会必须是尊重并保存上述这一制度、原则或机制的社会。实现这一目标的根本途径是摆脱一切思想束缚，摈弃一切偶像崇拜，包括对旧的偶像和对新的偶像的“忠诚”，由人们自己的价值判断准则来支配个人的行为，而这种价值判断的准则应当是“个人的自由高于一切”。哈耶克由此很自然地得出关于经济学和经济学家的任务的看法。他认为，运用数学方法来决定和预测各种数值将导致空洞的研究，而不能对实际的经济问题做出任何有益的解答。依据上述认识的逻辑关系，哈耶克限定了科学家、学者、作家的工作能力。他认为这些人必须是具有独立思考能力和善于独立地进行研究的人，而不能是不了解自己工作的意义和不了解“自由”含义的人。经济学家优越于自然科学家的特性就在于其有政治理想，有原则，不委身于新的统治者。这就是哈耶克一再强调经济学应当成为有理想科学的重要原因，而所谓的“理想科学”就是为私有制服务的科学。

哈耶克新自由主义的观点主要反映在他于20世纪40年代、60年代、70年代发表的四部著作中，即《通往奴役之路》、《自由宪章》、《哲学、政治学和经济学研究》、《法律、立法与自由》。上述著作集中反映了他极度推崇私人企业制度和自由市场经济，攻击社会主义和计划经济，认为实行计划经济是“通向奴役的道路”，把社会主义、封建主义、法西斯主义三者混淆在一起，统称为“极权主义”而加以攻击。1988年，他出版了其最后一部也是被认为最重要的一部著作——《致命的自负——社会主义的谬误》，对他毕生反对集权主义的思想努力进行了总结。他极力反对凯恩斯主义的经济政策，认为收入均等化作为以组织手段来进行再分配的政策本身就是不公正的极权主义的表现。所以，应该从维护私有制的伦理学出发，建立一种理想的、公正的社会制度。但是，有趣的是，哈耶克于1974年曾经获得诺贝尔经济学奖，其获奖的主要原因是为了表彰其在货币和经济波动理论中的先驱工作以及其对经济、社会和制度现象的相互依赖关系的深刻分析，而这些成果是以个人自由主义秩序打破自亚当·斯密以来的自由放任形成的“均衡”秩序获得的。所以，哈耶克新自由主义的真正兴起应该是在20世纪70年代以后，尽管此后重复的是他20世纪70年代以前的观点。

1. 推崇以个人主义为基础的市场经济

哈耶克认为，人们对市场秩序的原理知之甚少，将“合作胜于竞争”当做被普遍接受的观点就是明显的标志。他认为，在“扩展秩序”①（自由市场经济）中各种努力的相互协调所依靠的，正是对未知世界的适应能力。竞争是一个发现的过程，是一种自然的进化过程，人类不知不觉地对新情况做出反应，通过进一步的竞争提高了经济的效率，并逐渐形成了市场规则。因此，扩展秩序的形成不是某个主体的自觉设计的结果，更不能靠外部力量去推动。

哈耶克认为，以个人自由为基础的私人企业制度和自由市场制度是迄今为止所能选择的最好制度，这种制度存在的基础在于完全的个人自由的存在。首先，个人自由是自由主义的基本出发点。哈耶克认为，一个社会是由单个自由人构成的，社会财富的增加源于自由人的活动，只有每个人能够自由地选择实现其目的的手段，才能保证社会的发明和创造。因此，个人应该掌握自己的命运，国家或他人不应该去干预。当然，自由不是无限度的自由，它必须受到法律原则的制约和保证。同时，只有在自由主义时代，法治才被有意识地加以发展，并且是自由主义时代最伟大的成就之一，它不仅是自由的保障，也是自由在法律上的体现。“如果一个人不需要服从任何人，只服从法律，那么，他就是自由的。”② 因此，国家的一切行动都必须体现自由精神和法律的约束。其次，经济自由是高效配置资源的有效保证。哈耶克认为，在自由之中，经济自由是最重要的，“经济自由必须是我们经济活动的自由”，是其他自由的前提，而“私有制是自由的最重要的保障”，“只是由于生产资料掌握在许多个独立行动的人的手里，才没有人有控制我们的全权，我们才能够以个人的身份来决定我们要做的事情”③。他认为，私有制的优越性不但在于任何人都有选择职业的自由，而且在于私有制还能保证政治自由的实现。在哈耶克看来，经济自由只有通过竞争的市场才能实现，因为市场机制在满足人类欲望和分配生产资源用于各种不同用途上是起着很好的作用的，这一切都是由“经济人”的特性决定的。

2. 强调机会平等的自由竞争

新自由主义强调市场机制导致资源有效配置，从而提高经济效率，这就遭到福利经济学等对新自由主义强调“效率”而丢掉了“平等”的

① ［英］哈耶克：《致命的自负——社会主义的谬误》，1页，北京，中国社会科学出版社，2000。“扩展秩序”是哈耶克在《致命的自负——社会主义的谬误》中要阐述的核心概念，即他以前所使用的“自发秩序”，其含义是指自由主义市场经济。

② ［英］哈耶克：《通往奴役之路》，82页，北京，中国社会科学出版社，1997。

③ 同上书，101页。

攻击。

在哈耶克看来，福利经济学所强调的“共同幸福”、“全体福利”之类的“社会目标”通常是含混不清的。“福利”这个概念，大至一个民族，小至一个个人，都与一定的价值判断标准相联系，物质生活的某种程度的保障并不是“福利”或“幸福”的同义词。哈耶克对把人们收入拉平的平等观表示怀疑。在哈耶克看来，依靠市场的力量显然不可能把人们的收入和财产拉平，因为市场是根据每个人提供的生产要素和其贡献获得的评价给予其报酬的，因此只有通过市场之外的力量，比如行政和立法手段，来实现收入和财产的平等，而用人为的方式实现收入和财产的平等就会造成“不平等的有权势者”。这样，收入和财产的平等的实现要以存在另一种不平等为前提，而这另一种不平等可以说是更大的不平等，这种不平等的存在将会对效率造成巨大的威胁，这与强调效率的新自由主义是矛盾的。

据此，哈耶克对“平等”进行了新的诠释，强调平等是指“机会平等”，就是每一个人在市场竞争和其他场合都享有同样大小的参加机会、获胜机会、被挑选的机会。“机会平等”与“收入和财富的平等”不同，它的意义在于让人们在自由经济体制中有同等的竞争机会。这样，“机会平等”和自由竞争实际上就是一回事，从而使效率和平等在自由竞争中获得了统一。

3. 否定计划经济

哈耶克认为计划经济是一种“致命的自负”，其结果是将导致“通向奴役的道路”，他从经济、政治、思想三个方面对计划经济进行了否定。

首先，在经济方面，计划模式必然导致经济上的低效率。因为，计划的控制代替了个人的自由选择，这就意味着基本经济动力的丧失；同时，在现代化大生产条件下，劳动分工和社会需求日益复杂化，靠单一的计划不可能收集和处理复杂、分散的和由于价格机制破坏导致的不完全信息，这样，集中决策将因无法获得充分的信息并做出正确的判断而失败，从而造成资源的浪费和经济的低效率。因此，“计划与竞争只有在为竞争而计划而不是运用计划反对竞争的时候，才能够结合起来”①。另外，计划体制取消一切自由选择工作的机会，而代之以为每个人提供不变收入的安全，这就不仅将带来经济的低效率，而且将降低人们对于

① ［英］哈耶克：《通往奴役之路》，46页。

自由的期望，从而最终导致自由的毁灭。

其次，在政治方面，计划经济必然引起政治上的极权。在哈耶克看来，每个人的个人目标与一个总体单一计划之间必然存在着矛盾，在此基础上，如果一种民主制度采取一种计划的方针，为了消除计划目标所带来的一致性，就必然借助于独裁和权威，即便这种权力是通过民主程序获得的。“如果民主制度决定了一项任务，而这项任务又必定要运用不能根据定则加以指导的权力时，它必定会变成专断的权力”①。因此，哈耶克认为计划是与民主对立的。他还认为，计划与法治也是对立的：法治的最基本的精神是为人们的自由选择制定出一套规则，指导人们自由地竞争，所以任何法律和条规都具有普遍性和通用性。由于计划工作越来越广泛，为了一种“道德”的承诺，就把法律变成了针对某些人的特殊目的的规定，这就从根本上破坏了法治的原则。计划性的立法原则导致了立法不受限制，这又可以把最专横的统治合法化，因此，计划是违反法治的。同时，哈耶克认为计划经济的结果意味着对人们所有的目标和手段的控制，由此产生的权力将是没有止境的，谁拥有了这个权力，谁就能控制一切。在极权主义的情况下，一切经济的、社会的问题，都将变成政治问题，取决于“谁战胜谁”。哈耶克认为，在走向极权主义的过程中，为了最终目标的实现，必然是这样一些具有低级道德的人——他们出自一种近乎原始的冲动，或受一定价值观念的不断影响——组成一个人数众多的、有力量而又大致志同道合的集团，他们在一个凌驾于一切的目标下，可以破坏道德，不择手段，这就使那些残酷无情、寡廉鲜耻的人特别有机会成为极权主义机构的成员乃至领袖，于是出现了最坏者当政的情况。

最后，在思想方面，“思想的国有化”必然导致“真理的末日”。哈耶克认为，在计划经济条件下，工业的国有化与思想的国有化是并驾齐驱的。这是因为，在极权主义的制度里，必须使一切都服从于一个最高的目标。为了保持人民思想上的一致性，所有的宣传便只能为这个目标服务，以便使人们全部接受当权者的唯一的价值标准。在这种情形下，对真理的无私的、客观的探求是不可能得到许可的，而为官方意见辩护就成为各门科学特别是社会科学的唯一目标，凡是对政府的怀疑与批评都将被压制和禁止，最终导致“真理的末日”。

---

① ［英］哈耶克：《通往奴役之路》，72 页。

4. 提倡“货币非国家化”

从20世纪30年代的经济危机到70年代的“滞胀”期间，哈耶克从货币分析开始探究经济周期与“滞胀”的原因。他认为，20世纪30年代的经济萧条的发生与国家的银行立法和中央银行的信贷政策有某种关系；而20世纪70年代的“滞胀”是政府直接干预经济生活造成的恶果。政府对货币发行权的垄断是经济不稳定的根源，失业和通货膨胀都是由此而引起的，由此，哈耶克提出了他的“货币非国家化”政策。

哈耶克指出，历史已经证明私人可以提供良好的货币。在历史上曾经有一段时期，私营银行获得发行银行券的权力，它们发行的银行券在市面上流通，被人们所接受，因此，应当恢复私营银行发行货币的做法。哈耶克认为，一旦废除了政府发行货币的垄断权，容许私营银行发行竞争性的货币，那么获得货币发行权的私营银行必定小心谨慎，自行控制货币发行量，以维持通货价值和自身的信誉，获取公众的信任，并承担过度发行所引起的后果。由于私人发行机构之间存在着竞争，所以信誉不好的、无力维护通货价值稳定的私人发行机构将会在竞争中被淘汰，而信誉好的、谨慎从事的私人发行机构的业务则健康发展，这样一来，通货膨胀就会消失了，经济就正常运行了，失业也就自然而然地在兴旺的经济中消失了。

（二）现代货币主义的基本主张

现代货币主义是当代西方经济学中最流行和最有影响的学派之一，是极端的新自由主义的另一代表。它的代表人物是1976年诺贝尔经济学奖得主、美国芝加哥大学教授米尔顿·弗里德曼。现代货币主义的基本理论是建立在新型的自由经营论思潮之上的，其理论的主要特点就是通过货币问题尤其是对货币发行量的控制，来获得解决通货膨胀和失业的政策依据，其基本的理论命题是：“（1）通货膨胀是一种货币现象，起因于货币量的急剧增加，而不是产量的急速增加（虽然货币增加的原因很多）。（2）在当今世界上，政府决定——或能够决定——货币的数量。（3）只有一种医治通货膨胀的方法：即放慢货币增长率。（4）通货膨胀的发展需要时间——以年计算而不是以月计算，通货膨胀的医治也需要时间。（5）医治通货膨胀的不良的副作用是不可避免的。”① 现代货币主义认为，要消除通货膨胀以及由此带来的经济恶果，就必须在自由市场经济基础上实行货币政策。

① ［美］米尔顿·弗里德曼、罗斯·弗里德曼：《自由选择》，293～294页，北京，商务印书馆，1982。

1. 崇尚自由市场经济理论

反对政府过度干预经济的自由市场经济理论是现代货币主义的基本理论。现代货币主义认为，资本主义商品经济是高度稳定的、最适于自我调节的制度，它处于有节奏的、均衡增长的自然状态中，资本主义存在无危机发展和增长的内在潜力，用不着国家进行干预或调节。现代货币主义还认为，生产过剩的经济危机、通货膨胀、结构比例失调等，都是不合乎规律的偶然现象，同资本主义生产的内在规律并没有什么联系。货币主义者耶格尔（L. Yeager）就曾说过，资本主义经济发挥职能的许多不利方面（通货膨胀、衰退、周期性失业现象和收支差额危机）并非资本主义的特点，它们起因于不正确的货币政策，而货币政策则是国家的职能。

弗里德曼正是坚持上述基本理论原理，鼓吹自由放任、自由竞争，认为没有自由，没有自由市场经济，就没有持续的经济增长。他反对国家干预，认为政府存在的必要性只在于政府是竞赛规则的制定者和裁判者，政府在自由社会中的主要作用就是“为竞争的规则提供一个货币的结构”。而“经济自由本身是一个目的。其次，经济自由也是达到政治自由的一个不可缺少的手段”①。正如萨缪尔森指出的：“货币主义者一般赞成不受政府干预的市场。他们相信，市场具有足够的竞争性来有效地解决生产什么和如何生产的问题而不需要政府的那只看得见的手。政府往往被看成是没有效率的、腐败的和危害个人自由的。”② 在弗里德曼看来，在现实生活中，没有一个社会能够完全按指挥原则运行，也没有一个社会能够完全通过自愿的合作来运行，关键是两者如何结合。指挥成分占支配地位的经济只能艰难地运行，自愿交易占支配地位的经济才具有促进繁荣和人类自由的潜力。只要交易双方是自愿的而且是不带欺骗性的，“通过自愿交换所组成的社会的一个发生作用的模型”就是“一个自由的私有企业交换经济，即我们一向称之为竞争的资本主义”③。他在与其夫人罗斯·弗里德曼合著的《自由选择》一书中，借用了一个众所周知的故事——“小铅笔的家谱”，来形象地说明人们的自愿交易或合作是如何发生的。在铅笔的制作过程中，成千上万的人参

① ［美］米尔顿·弗里德曼：《资本主义与自由》，9页，北京，商务印书馆，1986。

② ［美］萨缪尔森、诺德豪斯：《经济学》，上册，541页，北京，中国发展出版社，1992。

③ ［美］米尔顿·弗里德曼：《资本主义与自由》，14页。

与了从木材加工、开采石墨和铜矿到制作铅芯和铜片等一系列环节。他们中没有一个人是因为自己需要铅笔而去工作的，也没有人命令或指挥他们这么做。他们之所以能够很好地合作，并最终生产出铅笔，是因为自愿交易中出现的价格激发了他们的利己心，从而协调了他们的活动。弗里德曼肯定了亚当·斯密在200年前得出的结论，“经济秩序可以作为许多各自谋求自身利益的人的行动的非有意识的结果而产生”①。他还高度赞扬市场经济这只“看不见的手”的作用，并将其作用范围扩大到所有社会领域，认为一切社会秩序的形成，包括语言、文化、社会习俗的产生，都是通过人们的自愿交换与合作发展起来的。

弗里德曼虽然反对政府干预，但不认为政府不应起任何作用，只是这些作用要尽可能地缩小。他认为，政府应是自愿合作的一种形式，是人们挑选出来达到某些目标的方法，如果在一些领域人们没有选择政府干预，那些领域政府就不要介入。亚当·斯密曾在《国民财富的性质和原因的研究》中提出，政府的职能仅限于国防、司法和公共事业三个方面。但弗里德曼指出，真正的职权限制于上述三方面的政府并不多见，最好的范例是今日的中国香港、明治维新时期的日本、维多利亚女王统治时期的英国和20世纪30年代以前的美国，这些国家和地区的政府都没有规定高关税政策，政府用于管理社会的开支很小，居民享有完全的自由，因而国家兴旺发达，人民分享繁荣。

2. 控制货币发行，抑制通货膨胀

弗里德曼的通货膨胀理论是其货币理论（货币数量学说）的一个重要组成部分，充分体现了他的“自由经营论”的思想。根据现代货币主义理论，货币供应量的变动，是物价水平和经济活动发生变动的最根本的决定性原因，也是产生通货膨胀的唯一原因。货币主义者认为，通货膨胀在任何时候任何地方都是一种纯粹的货币现象。弗里德曼指出：“特定的物价和总的物价水平的短期变动，可能有多种多样的原因，但是，长期、持续的通货膨胀随时随地都是一种货币现象，是由于货币数量的增长超过了总产量的增长所引起的。”②“如果货币量的增长不快于产量的增长，那就不可能发生通货膨胀。”③

① 转引自［美］米尔顿·弗里德曼、罗斯·弗里德曼：《自由选择》，19页。

② 转引自刘涤源主编：《反通货膨胀论——通货膨胀的理论与实践》，55页，广州，广东人民出版社，1992。

③ 转引自胡代光：《现代资产阶级通货膨胀理论批判》，54页，北京，中国财政经济出版社，1982。

弗里德曼为了证明过度的货币增长率是通货膨胀的唯一原因，分析了可能被认为是导致通货膨胀原因的垄断价格、政府财政赤字、工会提高工资的要求等。他认为，所有这些可以使个别商品涨价，但不会使商品价格普遍上涨；可以造成通货膨胀的短期波动，但不会产生持续性的通货膨胀。这些因素只是在影响货币供应的范围内才对通货膨胀起作用。他举例说，政府的支出可能是膨胀性的，也可能不是。如果政府的支出靠征税或向公众借债的方式来弥补，就不会发生通货膨胀，因为这不过是购买力的转移，并没有增加货币的供应。但是，如果政府支出是用发行货币和扩大信用的办法而使货币增长率超过产量增长率，就必然引起通货膨胀。

在弗里德曼看来，各国通货膨胀的发生是由于推行了凯恩斯主义国家干预经济的政策，使得货币增长率超过了产量的增长率。由于政府干预经济导致政府开支的增加，而政府的这些增加的开支只能主要靠增发货币来解决，这就必然导致货币增长率超过产量增长率，从而引起通货膨胀。因此，现代货币主义把通货膨胀的责任完全推给凯恩斯主义的政策。

3. 否定非自愿失业的“自然失业率”

弗里德曼针对凯恩斯主义认为资本主义国家存在着非自愿失业，提出了所谓的“自然失业率”。“自然失业率”就是指在没有货币因素干扰的情况下，让劳工（劳动力）市场和商品市场的自发供求力量发挥作用时所应有的、处于均衡状态的失业率。在弗里德曼看来，只要对劳工市场的工作加以改进，如使劳动力具有较大的流动性，减少寻找工作的时间，广泛提供职位空缺的信息以及消除产品和劳动力市场的垄断，那么，一切有就业技能而且愿意工作的人，迟早都会得到就业机会；而一切缺乏就业技能而又不为雇主所需要的人，不管生产量如何变动，都不会得到就业机会。

自然失业率具有以下特点：（1）否定非自愿性失业存在，失业只包括自愿性失业和摩擦性失业的失业率，而不包括凯恩斯所谓的非自愿性失业。（2）决定自然失业率的不是货币因素，而是与货币因素相对应的实际因素，如劳工市场的有效性、竞争和垄断竞争程度、收集有关职位空缺的信息的成本、劳动力的流动成本等。具体地说，劳工市场越完善，有关职位空缺的信息传播就越有效率，工人在不同地区和职业间的流动就越自由，人为的干预就越少，则自然失业率就越低。（3）自然失业率可以因人口结构、社会风尚和社会制度的变迁而增减。

以上是“没有货币因素干扰”的情况。那么，在存在货币因素干扰的情况下，即在扩张性需求管理政策导致货币发行量不断增多的情况下，对失业率会有什么影响？或者说，通货膨胀率与失业之间有什么样的关系？现代货币主义认为，从短期来看，预期的通货膨胀可能会减少一些失业，这是因为在自由竞争的市场经济中，雇主和雇工都要事先估计未来的物价水平和物价变动率，以便估计一定数额的货币工资所代表的实际工资量。但是雇主和雇工的估计是不同的，雇主能够比较迅速地感觉到实际工资的下跌，于是提高对劳动力的需求量；而雇工很可能相信提高了的货币工资代表着较高的实际工资，于是愿意就业，从而减少了失业人数。因此，现代货币主义者把这种情况看成通货膨胀（预期的通货膨胀）可能在短期内使失业减少的原因。但他们认为，从长期来看，雇工总会了解到雇工得到的较高货币工资买不到预期的商品，即了解到实际工资已经下降，这时，雇工总会就将调整预期，减少劳动力的供给，要求提高雇工工资，否则，雇工就不愿就业，从而造成失业增加。因此，现代货币主义者认为，不存在菲利普斯曲线那种通货膨胀率和失业率互为消长的交替关系，通货膨胀不可能消灭自然失业率，而是通货膨胀与失业同时存在。

现代货币主义者从“自然失业率”理论出发，反对政府增加就业的政策，反对凯恩斯主义的“充分就业”口号。在他们看来，就业水平并不取决于政府采取的措施，而是决定于劳动力市场的一般条件。他们认为，如果消除了工会的“垄断”，让工人“自由竞争”，自然失业率就会降低。只要政府按照与经济增长率相适应的速度，长期、稳定地增加货币供应量，就可以保证资本主义国家的经济繁荣和物价稳定，使失业率保持在自然失业率水平之上。

4. 实行“单一规则”的货币政策

弗里德曼强调货币政策的重要性，认为财政政策必须通过货币政策才能发挥作用；反对以利息率作为货币政策指标，主张以货币供应量作为货币政策的主要指标。

凯恩斯学派是强调财政政策的作用的。弗里德曼的观点则相反，主张货币政策，强调财政政策必须通过货币政策才能起作用。弗里德曼认为，财政政策的可行性是值得怀疑的，因而从反面证明了货币政策的有效性。他指出，政府支出总是反应迟缓，且对经济的刺激作用的时滞时间较长，而税收政策等受政治因素的限制，无法按预测的要求做出迅速可能的调整。因此，财政政策在“实际上”和“政治上”的可行性都是值得怀疑的。正是人们对财政政策的幻灭的不断增长，促进了人们对货币政策的效力信任的恢复。

在弗里德曼看来，为了控制宏观经济的总量，消除通货膨胀的缺口、经济萧条和经济增长的迟缓等不利因素，只有单独地控制货币供给。虽然他认为，财政政策是重要的，因为财政政策有助于决定宏观经济的总量在公有部门和私有部门之间的分割，有助于决定利息率的长期趋势，有助于决定GNP中的消费份额的趋向，但是通过对美国和许多其他国家的货币史的研究，他又认为，对于前景究竟是通货膨胀还是通货紧缩，究竟是高度就业还是大量失业，财政政策本身没有任何值得注意的、可以看出来的影响。

弗里德曼反对以利息率作为货币政策的主要指标，是因为他认为“货币需求的利息率弹性极低”。由于货币需求的利息率弹性很低，这就说明利息率对货币供求变化的反映并不灵敏，因而把它作为货币政策的指标显然是不合适的，而应该直接“盯住货币数量的变化”。在弗里德曼看来，货币不仅是金融资产的替代物，还是其他包括不动产在内的所有资产的替代物。货币是一种具有独特性质的资产，是一系列资产中与债券、股票、房地产、耐用消费品等并列的一种特殊的资产。因此，货币金融管理部门对利息率的控制是有限的。其他如汇率、物价、失业率等也并不是货币金融管理部门所能直接控制的量：汇率的变动受国际市场和别国货币政策的影响较大；物价水平与货币变动不存在直接的关系，并且从货币政策变动到影响物价变动时滞较长，因而在此期间政治、心理、市场等各种因素都可能对物价造成干扰；失业率更不是一个纯粹的货币问题。因此，弗里德曼认为，货币总额是货币政策当前最好的、可供利用的、即期的指示或标准，主张以货币量的增长率作为货币政策的主要指标。

弗里德曼反对凯恩斯主义相机抉择的货币政策，认为它受经济信息、知识、判断失误等因素的影响，不可能准确地预测货币政策所产生的结果，因而不可能对货币增长率进行成功的调节。他认为，为了可以预测，政策必须机械化；为了取得公众的理解和支持，政策必须简单化；公开宣布一个稳定的货币增长率，就可以避免货币因素的剧烈摆动，从而给经济提供一个稳定的环境，使国民经济稳定地增长。这就要求对积极的财政政策和所有的微调措施都置之不理，让自由的市场制度主宰一切——主宰利息率、失业人数、价格水平等。

二、温和的新自由主义

温和的新自由主义强调市场机制的作用，同时也充分肯定政府干预的作用。弗莱堡学派是最为系统的新自由主义流派，其独到的社会市场经济理论和该理论在对德国的经济复兴过程中的成功，使弗莱堡学派在新自由主义阵营中独树一帜。由于该派的许多经济学家在第二次世界大战后的德国政府任职，他们提出的政策主张曾被战后德国政府广泛地采纳，所以可以说这是一个理论和政策结合最紧密的学派。同时，受到德国历史学派的民族主义倾向的影响，弗莱堡学派更加强调符合德国实际的自由主义，试图走出一条新的道路，因此被称为“温和的新自由主义”。

弗莱堡学派的奠基者是著名经济学家瓦尔特·欧根（Walter Eucken，1891—1950）。早在第二次世界大战之前，他就和一些经济学家、法学家编辑出版了新自由主义丛书《经济的秩序》，宣传新自由主义的理论观点。法西斯的上台在理论和实践上都否定了以欧根为代表的新自由主义。第二次世界大战后，欧根在1948年又创办了《奥尔多：经济与社会秩序年报》。奥尔多是拉丁文“Ordo”的谐音，其原意为“秩序”。欧根将其理解为“合乎人和事物的本质的秩序”，即一种既有别于现存社会秩序又与现存社会秩序有联系的“正确秩序”。这种正确的秩序就是经济秩序的各种纯粹形式——“理想模型”，它包括中央集中经济和市场经济两类。由于参加者大多在弗莱堡大学任教，并把弗莱堡大学作为活动基地和大本营，所以，奥尔多学派又被称为弗莱堡学派。他们主张限制国家干预经济的权力，为自由竞争和私有制进行辩护。1949年，联邦德国基督教民主联盟的党纲接受了新自由主义的基本原则——社会市场经济，并在掌权后将其作为联邦德国政府的基本政策。

弗莱堡学派经济学总结第二次世界大战后十余年间联邦德国的经济改革的经验，确立了社会市场经济的理论模式。在政策上，弗莱堡学派的政策主张经历了由“有限调节的社会市场经济”到“全面调节的社会市场经济”的变化过程。所谓“全面调节”，就是要实现国家垄断资本主义调节。这种政策主张的基本思想是凯恩斯理论和欧根学说的综合和进一步发展。从实质上讲，它强调政府要在许多方面做出政策规定的措施。这种制度也就是萨缪尔森所说的“政府和私有企业的混合制度”。

1. 推崇“社会市场经济”理论

“社会市场经济”这一经济学上的概念第一次由缪勒尔·阿尔马克

根据欧根的"理想模型"理论提出。后来，联邦德国第一任总理阿登纳采用了这个概念，并在他为罗勃凯的《德国经济政策正确吗?》一书所写的序言中，用"社会市场经济"来称呼联邦德国的经济现实。

阿尔马克对"社会市场经济"的含义做了概括性的表述："社会市场经济是依据市场经济规律进行的，以社会补充和社会保障为特征的经济制度。"① 这种解释反映了"社会市场经济"理论的基本目标和实现目标的手段或途径。他所强调的"社会"一词具有"公平合理"和"国家干预"的双重含义，前者是目标，后者是手段。因此，"社会市场经济秩序"，就是指一种在国家和法律保证下实现完全竞争，以达到社会公平和社会稳定的经济秩序。它"不是放任不管的自由主义的市场经济，而是有意识地加以指导的，也就是社会指导的市场经济"②。这一解释表明了弗莱堡学派赞同的市场经济既不同于凯恩斯主义的国家干预政策，又不同于传统的自由放任的市场经济，而是强调政府制定并维护竞争规则，政府制定的各种制度约束是自由市场经济运作的基本界限和框架。

社会市场经济实现的基本目标是要实现"全民繁荣"。"全民繁荣"的目标主要表现在这样几个方面：（1）劳动生产率和产品产量必须大幅度地提高，或者说资源得到了充分利用，并且实现了最优配置，从而达到在成本既定的条件下使产量最大。（2）在社会生产力高度发展的基础上，不断提高工人的名义工资。倘若工资增长超过了生产力增长，就违背了物价稳定的原则。因此，必须消除工资的增长超出生产力发展的现象。（3）实现低而稳定的物价水平。没有相应的通货稳定，社会市场经济就是不健全的。因为在现实经济生活中，物价稍有上涨，存款率立即下降，由此引起投资缩减，生产规模缩小，从而威胁经济增长。这一切都是以消费者为服务对象的。所以，"社会市场经济"的基本目标可以称为"三位一体"的具体目标。

实现经济全民繁荣的根本途径是自由竞争的市场机制，自由竞争被看做是社会市场经济制度的主要支柱。弗莱堡学派的主要代表人物之一，曾任联邦德国总理的艾哈德（1897—1977）断言："竞争是获致繁荣和保证繁荣最有效的手段。只有竞争才能使作为消费者的人们从经济

① ［德］阿尔马克：《联邦德国社会市场经济调查》，17页，北京，中国企业管理出版社，1984。

② ［德］科托夫：《弗莱堡学派》，65页，北京，商务印书馆，1990。

发展中得到实惠。”① 因为，经济的发展是公民的繁荣富裕的前提和保障；而经济的发展，在极大程度上取决于一个社会的创业精神的有无与大小，取决于人们能不能抓住一切发展机会努力奋斗、进取，敢不敢冒一切风险对自己的命运负责。只有当所有个人的精神、智慧和胆识都得到发挥时，社会经济才能蓬勃发展起来，而人的这种能量的释放，完全依赖于人的独立与自由。反之，在一个中央统制经济的社会里，人们普遍缺乏独立与自由，无法对自己的命运负责，而只是力求安全与稳定，并避免承担责任，这样就使得整个社会缺乏一种充满生机的创业精神，国民经济也就会因此萎缩下去。所以，凡没有竞争的地方，就没有进步，久而久之就会陷于呆滞状态。因此，政府就要培养人民的这种对自由意志的认识，并给予支持和鼓励，而不能限制人们的自由。

艾哈德强调自由竞争机制的重要性，但是并没有像传统经济自由主义那样普遍地反对国家对经济的干预，而是反对飞扬跋扈的国家干预。为了说明经济自由与国家干预之间的关系，他援引了弗莱堡学派经济学家罗勃凯所作的“足球比赛”的比喻，即：在社会市场经济中，政府充当裁判员的角色，其职能是使比赛有规则地进行而不是亲自踢球。政府的责任是制定和执行经济政策，在精神上和物质上给私人企业家以指导和支援，而不在于直接干预经济事务。私人企业家就像足球比赛中的运动员，他们必须对自己的事业负责任。政府作为裁判员，只能运用一切为社会市场经济所允许的手段，为市场经济的顺利运行创造必要的条件和适宜的环境。例如，国家应当反对垄断，实施稳定的货币政策，还应对整个国民经济的发展进行协调工作。特别是对私人资本不愿经营的社会事业（道路、邮电、港口、科学研究、文化事业等），国家应进行有效的投资经营。只有这样，国家才能通过实施一些必要制度，使市场经济充分发挥作用。因此，他认为，没有积极的国家干预，市场经济是不可设想的。

正因为在社会市场经济中有了国家干预与自由竞争的有机结合，所以艾哈德等新自由主义者将这一经济模型比喻为“人工培育的植物”，使其区别于自由放任的“野生植物”。实现社会市场经济的根本途径，归根结底就是以自由竞争的市场机制为主，以国家干预为辅。在实际的操作中，弗莱堡学派主张实施有效的宏观货币政策和全面的福利国家的政策。

① ［德］艾哈德：《来自竞争的繁荣》，11页，北京，商务印书馆，1983。

2. 鼓励竞争，反对垄断

艾哈德认为，自由竞争的优越性驱使人们必须集中全力反对垄断的存在。垄断之所以应当反对，原因就在于它是自由竞争的对立物。由于垄断组织排斥了自由竞争，从而排斥了自由定价，这样就难以保障通过市场机制实现使供求双方、国民生产和国民收入在数量上和质量上不断地趋于均衡。同时，每一种垄断形式都隐藏着欺骗消费者的可能性，而社会市场经济的目标是为了保护消费者，两者的目标是根本不相容的。再者，垄断组织吞食了技术进步和经济发展的成果，使经济停滞不前。如果政府所制定的经济政策有意识地鼓励私人垄断、工会组织垄断，那么这种不良后果就会在经济发展过程中明显地反映出来。因此，坚持社会市场经济政策，必须反对垄断制度。

弗莱堡学派认为，自由竞争是通向德国经济繁荣的必由之路。但是，竞争不可避免地会造成垄断的出现，这又是不可回避的事实。所以，政府的当务之急是认清垄断组织的形式及其作用，以便制定出反对垄断组织的相应措施。艾哈德指出，垄断组织有三种形式：(1) 独立的公司通过法律或合同形式联合起来，消除彼此之间的矛盾和摩擦。(2) 大公司通过股份公司的形式相互控股，以掌握广大的中小企业部分经营管理的权力。(3) 实力较强的独家经营的大公司在市场上占据垄断地位。针对这三种垄断组织形式，艾哈德提出了以保障自由竞争为宗旨的三种反垄断措施：(1) 政府应尽可能保持各企业之间的竞争，防止垄断的产生。(2) 在垄断已经出现，市场竞争已经不完全时，防止垄断势力滥用权力。(3) 建立专门的政府机构对市场进行监督。同时，国家对中小企业实行特殊补贴、税收优待、低息贷款等办法，以刺激中小企业的发展，抑制垄断势力的扩大，从而形成自由竞争的宽松环境。

3. 主张以自由贸易为特征的经济一体化世界模式

弗莱堡学派根据“社会市场经济”的基本思想展开对国际经济问题的分析，主张对于国际问题同样要依靠自由竞争，实现国际经济的繁荣。

弗莱堡学派认为，在国际经济领域内，自由和垄断这两种趋势的斗争是不可避免的，前者引起竞争，后者则可能导致国家之间的权利冲突，导致战争。在自由竞争的环境中，各个国家都可以根据自己的条件，利用本国的长处，从国际交往中获得好处。从短期看，处于优势地位的国家比处于劣势地位的国家能获得更多的好处。但是，从长期看，自由市场经济同样会使处于劣势地位的国家改变自己的地位。相反，如果国际垄断取代了自由竞争，各国政府就有可能通过市场力量以外的垄断力量进行实力的较量，其结果必定是以武力的办法解决国际摩擦。因此，弗莱堡学派是极力反对国际垄断的。

艾哈德较为全面、系统地阐述了经济一体化的思想，而这一思想已经成为欧洲经济共同体（现在是欧盟）实践的思想基础。他认为，国际自由经济政策是社会市场经济的一个组成部分，或者说是整个经济自由政策的一个组成部分，而经济一体化则是自由经济政策的具体表现，在国际经济往来中，要实现经济自由，要坚持自由贸易。基于这种思想，他坚决反对“双边协定”，认为经济一体化无论对内对外，都应该贯彻经济自由主义，建立欧洲经济共同体式的市场性经济组织，这是在全世界范围内实现经济自由的第一步。

艾哈德认为，尽管实现国际贸易的自由化是他的“社会市场经济”理论的一个组成部分，但是实现这一理论目标将遇到各种障碍，需要经历经济发展的复杂阶段。因此，实现欧洲经济一体化的重心应放在自由的区域经济秩序的建立方面。即首先应致力于发展各国间的经济联系，而不应该不分轻重缓急，让政治一体化走在经济一体化前面。否则，欧洲共同体将会变成一个超国家的中央经济管理组织。为了避免世界区域间合作中产生政治一体化的趋向，艾哈德提出了建立一个自由的区域经济体制的具体措施，它们包括商品和劳动交换自由以及资本和就业自由等。

艾哈德在论述经济一体化与社会一致化的关系时指出，欧洲共同体的性质永远是一个经济合作组织，它绝不是各个成员国在数量上的机械组合，而是立足于广泛的自由和竞争基础上的更高一级水平的经济合作组织。社会一致化只能在经济一体化过程中，通过各国生活方式逐渐同化的途径来实现。从现实情况看，1993 年 11 月 1 日正式宣布成立的欧洲联盟，可以看做是这一思想的具体实践。

三、创新型的新自由主义

所谓创新型的新自由主义，主要是指在对自由放任原则进行阐述的时候带有了更多新的内容，而这些内容为经济学的发展起到了方向性的作用。这也是 20 世纪 70 年代以来最具有代表性、现代性和成长性的新自由主义流派。尽管这一流派的理论并没有形成完整的政策，但是却极大地影响着人们思考问题的方式和对经济学的研究。创新型的新自由主义大体包括：理性预期学派、公共选择学派、新制度经济学、现代产权经济学、供给学派，等等。

1. 理性预期学派的基本主张

理性预期学派（Rational Expectation School）是20世纪70年代在美国形成的一个经济学流派，主要侧重于对传统经济理论和政策的批评与否定。该学派不仅全盘否定了凯恩斯主义经济政策的有效性，也否定了与凯恩斯主义相对立的各个流派的经济政策，认为这些政策从根本上讲是无效的。理性预期学派坚持以追求经济发展的自然水平为政策目标，反对人为地刺激产量和就业的增加；崇尚市场自由经营，反对政府过多干预。

理性预期的思想在20世纪60年代初期就已经产生，但是由于没有形成针对"滞胀"的有效政策和系统的理论，所以未被人们重视。美国经济学家约翰·穆斯首次提出理性预期的思想。他在1961年7月号的《经济计量学》杂志发表了《合理预期和价格变动理论》一文，提出了理性预期假说（Rational Expectations Hypothesis）。他假定，人们对未来的预期将是尽可能最有效地利用所有可以被利用的信息，而不仅仅是依靠对过去的通货膨胀的记忆。当预期同有关的经济理论的预测相一致时，这些预期就是合理预期。到了20世纪70年代，随着美国经济的衰退和凯恩斯主义出现危机，美国芝加哥大学教授罗伯特·卢卡斯（R. E. Lucas Jr.，1937— ）连续发表文章，用理性预期假说作为武器批评凯恩斯主义的经济政策。此后，萨金特（R. J. Sargent）、华莱士（N. Wallace）、巴罗（R. J. Barro）等人也相继发表论文，系统阐述理性预期问题，最终形成了独立的理性预期学派。追逐理性预期理论与政策的学者和政府官员与凯恩斯主义展开了抗衡。由于理性预期学派在非主流经济学中影响最大，所以有人把该学派对凯恩斯主义的批评与当年凯恩斯对新古典经济学的批评相提并论，称之为"理性预期革命"。

理性预期假说与弗里德曼的自然失业率理论有一定的关系。在自然失业率理论的基础上，理性预期学派进一步指出，就业量大于或小于自然率的幅度取决于实际通货膨胀率和预期通货膨胀率两者之间的差距。如果实际通货膨胀率高于预期通货膨胀率，就业量就大于自然率；反之，则小于自然率。如果二者相等，就业量就等于自然率。就业量大于或小于自然率的情况只会在短期内存在，也就是说，随着时间的变化，即使厂商被产品价格的上升或下降误导而盲目地扩大或缩小生产规模，厂商也会有足够的时间来调整自己的预期。一旦厂商掌握了市场实际需求状况，预期得到了修正，就业量仍然会回到自然率水平。所以，如果政府利用扩张性财政政策或货币政策扩大需求和增加就业，就业量就会超过自然率，就会导致实际通货膨胀率高于预期通货膨胀率。但是，一旦公众调整了预期，政府的政策就失效了。所以，理性预期学派认为凯恩斯主义的就业政策不可能在长期内有效。

理性预期学派认为凯恩斯经济学已经走上穷途末路，或如卢卡斯和萨金特在《凯恩斯派宏观经济学以后》中所说的："现存的凯恩斯派宏观计量模型不可能为货币、财政或其他类型的政策的制定提供可靠的依据……不能指望这些模型的次要甚至重要的修改会导致可靠性的重要改进。"① 所以该学派理所当然地反对政府干预，认为政府政策是无效的，主张回到自由放任的状态。于是，该派经济学理论将理性的经济人与价格的刚性或黏性联系起来，把预期提到一个很高的地位，并在技术上将预期因素引入经济模型之中。这样，理性预期学派就不仅仅是一个在20世纪经济学发展中与凯恩斯主义对抗的学派，而且对经济学的分析和发展作出了贡献。

卢卡斯理性预期理论的基点或假设是：公众能够充分利用他们的有限的信息；价格和工资具有伸缩性。根据这样两个假设，他做了如下推论：（1）信息的有限性对于公众或政府是同等的，政府在信息占有上并不比公众有什么优势，相反地，由于公众长期的经验（对政府政策的理解和把握），使得公众在信息的占有上似乎比政府更胜一筹。同时，由于政府决策的特性决定了其在政策制定过程中不可能使用完全的信息（尽管政府占有完全的信息），而公众却会使用所能获取的全部信息和经济理论，所以结果必然是："人们对于政策制定者的行为的认识是迅速的，因此，一旦政策制定者采取了有系统性的或者能够预测的政策，那么他就无法欺骗任何一个人。"② （2）既然价格与工资具有足够的伸缩性，从而能保证包括劳动市场在内的所有市场不断结清，这就意味着几乎所有的失业都是自愿的。即使出现高失业率的情况，也只是由于工人们搞错了经济情况，为了寻找更好的工作而放弃了他们现在的职位。既然如此，政府的任何经济政策都不可能改变失业率等于自然率的状况，因此，市场机制完全可以代替政府的政策措施，或者干脆说，政府完全没有必要对经济进行干预。否则，不仅不会使事情变得更好，反而会使

① 转引自［美］萨缪尔森、诺德豪斯：《经济学》，上册，549页。

② 同上书，552页。

事情变糟。如果政府企图对已经证明是错误的政策进行矫正，这种政策变动就会导致公众的困惑，从而造成其经济行为扭曲，并引起浪费，同时，公众会从吃亏上当中吸取教训。关于这一点，理性预期学派常引用这样的西方俗语："你在一段时期内可以欺骗所有的人，或在长时期中欺骗一部分人，但绝不能在长时期内欺骗一切的人。"因此，所谓的"理性预期"，按照字面的意思，即指人们的合乎理性的预期。它包括三层含义：一个较长期的准确预期是理性预期；有效利用一切信息进行的预期是理性预期；结果与预期者所使用的经济理论、模型或公式相一致的预期是理性预期。① 简单地说就是，长期的、理性的、与结果一致的预期就是理性预期。

上述的假设及其推论，使以卢卡斯为首的理性预期学派得出了"政策无效性定理"，认为政府应该选择自由放任的经济政策而不是干预性的经济政策。理性预期学派强调，由于各经济主体对未来经济变动的预期是合乎理性的，所以，只要政府的政策措施及其影响是有规律的，那么这种规律迟早会被经济主体察觉到。所以，政府应该放弃只具有短期效应的政策，制定长期不变的政策规则，让市场机制去充分发挥其自发的调节作用，这样，公众才不会由于理性预期而采取各种预防性措施，政府才能取信于民，使整个经济处于稳定状态。同时，理性预期学派认为政府的政策目标只能是确立最理想的一般物价水平，是防止和减少通货膨胀，而不是同时解决通货膨胀和失业，特别是不解决失业问题。理性预期学派认为，只要政府规定一种固定的货币供应量的年增长率和规定一种使财政预算平衡的税率，就可以万事大吉了，其他的问题由市场机制自行解决。因为，只要政府公布了一项长期的政策，就可以消除由于理性预期而使整个社会形成的"人人预防、人人自保"的局面，经济运行就走入了正常轨道。

理性预期假说作为一种宏观分析工具，其实就是把理性"经济人"假说进一步发展，强调经济主体在追求最优化目标的过程中不会在同一状态下重复错误，这样就使宏观经济学和微观经济学建立在共同的前提之上，这无疑会推动经济学理论体系更趋于合理。而且，理性预期假说在股票、债券、外汇市场的运行分析中也得到了广泛的运用。但是它作为一种理论假说，尚有待于进一步的论证。

---

① 参见高鸿业、吴易风：《现代西方经济学》（上），271页，北京，经济科学出版社，1988。

2. 公共选择学派的基本主张

公共选择思想最早可以追溯到19世纪末的威克塞尔，但是作为独立的、成体系的理论却是在布坎南和图洛克等人的推动下形成和发展起来的。早在20世纪40年代，布坎南等人就开始了公共选择的分析，并于1963年创立了公共选择学会，于1969年成立了公共选择研究中心并出版了《公共选择》杂志。20世纪80年代以后，公共选择学派的影响逐渐扩大，但是其影响一直停留在学术上，不像其他学派那样能左右经济政策的制定。

该学派通过研究集体决策或政治决策的过程和结构（重点是研究经济政策的制定过程），从中探索经济问题的深层原因，其理论涉及政治过程的各个方面，如立宪、立法、行政与司法等。从这个意义上讲，公共选择理论是一般意义上的经济学的一个分支，因为它们都是研究选择问题的。可以说，公共选择理论就是把经济分析工具应用于政治研究领域，运用经济学的方法和理论去考察政治领域中的集体决策或其他非市场决策。该学派的主要创始人、美国经济学家詹姆斯·M·布坎南(James McGill Buchanan，1919— ）在其论文集《自由、市场和国家——20世纪80年代的政治经济学》中，认为美国经济陷入困境的原因是政治制度的失败而不是市场制度的失败，需要摈弃凯恩斯的政治遗产，从自由主义的立场出发找到医治政治制度的药方。

布坎南反对“经济学是研究在各种可能的选择或有竞争的目标中怎样配置稀缺资源的科学”这一经济学的标准定义，因为根据这一定义，人们的选择行为和选择结果就与制度结构和宪法秩序无关了。布坎南认为经济学应该是交易的科学，“经济学家‘应当’集中注意研究人类活动的特殊形式，就是由于存在这些特殊活动因而产生了多种多样的制度。经济学家应当研究的特定主题就是人们在市场关系中的行为，这种行为反映了交易和交换物品的倾向，并研究这些市场关系在结构上能采用的多种变化形式”①。“经济学是研究整个交换关系的制度。”② 这样，布坎南就对主流经济学展开了挑战，试图重新构建经济学的理论体系。他批评凯恩斯经济学，认为凯恩斯经济学导致了政治家的过度自由，摧毁了对政治家正常欲望的有效约束，用凯恩斯主义武装起来的政治家能

① ［美］詹姆斯·M·布坎南：《经济学家应该做什么?》，3页，成都，西南财经大学出版社，1988。

② 同上书，17页。

够大肆花费并不因急需征来的税金。这是因为“经济学家们从来都没有正确认识到在社会的基本政治结构和政策决策的经济理论之间存在的必要的联系或相互依赖性”①。在布坎南看来，传统的经济学回避了制度的研究，使经济学的范围过于狭小；凯恩斯经济学则导致了有效的民主政府难以实现。

布坎南把公共部门的决策严格地建立在“经济人”的行为准则基础之上，并以此作为考察个人行为与政治决策行为的出发点。按照这种分析方法，个人被认为是决策的基本单位和决定集体行动的唯一的最终的决策者，任何集体行动都是由许多具有独立地位的个人的行动构成的。公共选择理论的出发点是具有功利主义的“经济人”，每个参加公共选择的人都有其不同的动机和愿望，他们依据自己的偏好和最有利于自己的方式进行活动，他们是利己的、理性的、追求个人利益最大化的人。布坎南否定政治、经济“善恶二元论”的论点，认为将政治领域与经济领域割裂开来的观点是不能成立的，不能认为人们在经济市场中的行为是自私的、丑恶的，而在政治领域中的行为是纯洁的和高尚的。实际上，支配人们政治行为与经济行为的动机在本质上是一致的，都是以自利为行为准则。无论是选民还是政治家，他们在参与政治活动的时候，都是以个人的“成本—收益”分析为基础进行公共决策。对选民来说，他们总是愿意选那些预计能够给他们带来最大利益的政治家；而政治家也以自己的私利为目的，他们必然会选择能够给自己带来最大政治利益的决策。因此，没有理由否认人们的政治行为是出于自利的目的，也没有必要“拔高”人们的政治行为动机。

布坎南进而从“经济人”假设出发，运用“成本—收益”分析方法对当代西方的民主政体下的政府行为进行了实证分析，得出了“政府失败”的结论。在他看来，任何政府机构都是由人构成的，政府行为也由人去完成，而组成政府的这些人都不可避免地具有“经济人”性质，因此，政府同样也有缺陷，也会犯错误，也常常不顾公共利益而追求其官僚集团自身的私利。政府部门与私人企业之间的区别不在于个人在其中的行为动机有什么不同，而在于人们在追求个人目标时所受到的制度约束在政府部门中比私人企业中松弛得多。其结果是，在其他条件一定的情况下，在政府部门中人们最有可能恣意追求最大的个人私利，而不顾

① ［美］詹姆斯·M·布坎南、瓦格纳：《赤字中的民主》，4～5页，北京，北京经济学院出版社，1988。

是否违反了公共利益，这已为无数政府部门的腐败和滥用权力的事实所充分证明。因此，那种视政府为圣物，将政府行为理想化，一旦发现市场有缺陷就寄希望于政府干预的观点是幼稚的，也是有害的，它会容忍和助长政府干预的倾向。他的结论是，在西方现行民主政体下，政府的行为往往并不符合公众和社会利益。政府行为对社会经济生活产生了严重的影响。政府对经济活动的过多干预必然使社会资源的使用效率低于市场机制下的效率。所以，必须大力减少政府干预，尽力发挥市场的功能，政府干预永远是第二位的选择，只有在政府缺陷明显小于市场缺陷的情况下，才可以选择适当的政府干预。布坎南认为，现代西方社会面临的重重困难，与其说是市场制度的破产，不如说是政治制度的失败，现代社会面临的挑战不是市场制度方面的挑战，而是政治制度方面的挑战。据此，布坎南将市场行为扩展到政治决策过程，系统地提出了建立在“全体一致统一”基础上的公共部门与政治决策理论。他认为，市场行为主要建立在自愿协议和商品与劳务的交换的基础上，这种交换对市场交易中的各方都有好处。政治过程也是一种旨在达到互利的合作手段，政治制度如同市场体制一样，也可以被看做是一种基于公民间自愿协议的制度，人们根据个人行动与集体行动的相对成本来权衡是否需要公共选择。个人之所以同意把社会权力交给政府，是因为他们相信政府会有助于增加他们的自身利益，因此，他们接受一套规则、一种宪法。

布坎南认为，政治过程的结果取决于“博弈规则”，即广义的制度，因此必须强调制度规则形成的极端重要性和制度改革的必要性。在他看来，企图对政治家进行游说或对某一事件的结局施加影响往往是徒劳无益的。因为在制度规则已定的情况下，事情的结果在很大程度上就由各种政治机构和占统治地位的一群政治家所决定。他认为，只有制度的约束才是最有效的约束，只有通过制度结构的改革才可能改变行为的非理想化。当前的急迫任务是进行一场制度机构改革，以重新构造民主政治制度，特别是建立起一个能够有效地制约政府行为的政治决策体系，以从根本上限制国家干预的无限扩大。这就是公共选择学派的“制度改革论”，这也是公共选择学派的行动纲领。在所有的制度改革中，宪法改革是最最重要的。布坎南力求通过新“宪章运动”，重建基本宪法规则，并通过新的宪法规则来约束政府的权力。正如弗吉尼亚州立大学的经济学家詹姆斯·格瓦特所评价的：“公共选择学说的贡献在于证明，市场的缺陷并不是把问题交给政府去处理的充分理由。”

第三节　对新自由主义的评价

从总体上看，新自由主义是一种借“自由放任”之名为资本主义辩护的经济学思潮，是古典经济自由主义的现代翻版。不过，我们必须看到，自20世纪70年代以来，由于凯恩斯主义的国家干预论失灵，新自由主义经济学卷土重来，不仅在当代经济学的发展中产生了重大影响，还影响了政府决策，在实际的政策实施中取得了一些积极的成果，甚至有成为资本主义国家政府奉行的官方经济学的倾向。但尽管如此，新自由主义思潮所表现的毕竟不是什么新的观念，它是对17世纪重商主义保护商业资本利益的传统自由放任原则的留恋和回潮。因此，新自由主义又有“新保守主义”的别称，对此我们必须有清醒的认识。

第一，资本主义经济危机是由资本主义基本矛盾，即生产的社会化和资本主义私人占有制之间的矛盾所决定的。这一矛盾随着社会经济的发展不仅没有得到根本的解决，反而随着单个资本规模的扩大和跨国公司的发展，日益带有世界性质。当前的世界经济全球化趋势就是这一矛盾展开的新发展。所以，无论是新自由主义还是凯恩斯主义，如果不解决资本主义的基本矛盾，妄图通过资本主义的自身改良来消灭资本主义危机，都是不可能的。20世纪最后10年中，美国实现了连续100多个月的经济持续增长，被誉为“新经济”，但这并不表明资本主义基本矛盾已经消失，而只是表明由于科技进步因素的影响，可以在一定程度上增大资本主义生产关系的弹性，给予新生产力以一定的发展空间。21世纪初，美国纳斯达克泡沫破灭，“新经济”被终止了。已经有预测表明，美国经济将逐步衰退，这说明随着科技的社会化，依靠科技领先的美国对经济的推动作用将逐渐消失。所以，无论寄希望于新自由主义还是凯恩斯主义，都不可能摆脱资本主义灭亡的历史命运。

第二，新自由主义思潮及在此思潮影响下形成的各种经济学流派，本质上仍然是为资本主义进行辩护的，是为了适应国家垄断资本主义甚至国际垄断资本主义的发展服务的。我们知道，自由放任原则被国家或政府干预所取代，其直接的原因是20世纪30年代的大危机，而其深刻的原因是资本主义在19世纪末20世纪初由自由资本主义过渡到国家垄断资本主义，并在20世纪六七十年代随着资本的全球扩张开始向国际垄断资本主义方向发展。这样，单纯地强调自由放任，无视垄断发展的事实必然导致自由主义的资产阶级经济学对现实的解释力下降。在第二次世界大战前后的一段时期内占据主导地位的凯恩斯经济学，力求克服自由放任原则和政策给资产阶级国家带来的不良后果，力求用“看得见的手”代替“看不见的手”，但是又遭遇由能源危机和国际金融体系危机引发的“滞胀”。于是，作为为资产阶级国家辩护的新自由主义就以反凯恩斯主义的面目出现，为陷入新的“政府失灵”危机的资本主义经济出谋划策。但事实是，新自由主义并没有给资产阶级国家带来繁荣，而只是在资产阶级政府可选择的“菜单”上增加了几种选择。以全球化的社会化大生产为特征的现代经济的发展，已经不允许以自由放任原则为指导，因此，新自由主义虽然是一股来势凶猛的思潮，但是并没有改变政府干预经济这一事实。

第三，新自由主义与凯恩斯主义并不是完全针锋相对的，就如凯恩斯主义也不是绝对地排斥新自由主义一样。由于二者的目的都是解决资本主义周期性的危机，所以在许多方面二者带有趋同的性质。新自由主义的“新”不仅是因为其在理论前提上号召“自由放任”，还因为其在一定程度上改变了古典和新古典学派强调纯粹的“自由放任”、完全排斥政府干预经济的主张，而是强调以自由放任为主导，以政府调控为辅助，这就把政府从一个单纯的私有财产的“守夜人”角色提升为自由竞争的“裁判员”的角色，事实上是承认了政府干预对资本主义经济发展不可或缺的积极作用。因此，为顺应新自由主义在20世纪70年代的兴起，凯恩斯主义开始以新古典综合派的面目出现，开始改变排斥自由放任的观点和政策，提出“看得见的手”与“看不见的手”相互配合的主张，力图协调凯恩斯主义与新自由主义的对立。这一趋势表明，新自由主义和凯恩斯主义正在成为一种新型的“混合主义”，尽管其理论的基本出发点和分析方法仍然不同。

第四，凯恩斯主义割断了失业和危机与资本主义制度的联系，建立了医治失业和危机与发展垄断资本主义的联系，这曾取得一定的效果。在凯恩斯主义失灵后，新自由主义试图在恢复自由主义传统的前提下，为垄断资本主义的进一步发展找到出路。这是新自由主义与凯恩斯主义的同一性。这种同一性使得自由主义或国家干预主义都是作为实现倡导者或执行者的经济利益的政策手段而共同处于一个统一体中，二者相互依赖，“相反相成”。从对政策的影响上看，自由主义和国家干预主义都是依据一定的条件相互转化的，在现实中则是政府依据经济形势发展要求的不同而采取不同的政策手段，二者只有主次之分、不同领域之分，而并不是完全对立的。在经济平稳发展的情况下，自由主义政策更为有利，而在经济波动时期，国家干预主义则更有效果。所以，新自由主义与凯恩斯主义只不过是演绎了一出“少国家，多市场”和“多国家，少市场”的双簧戏。

第五，虽然新自由主义自20世纪70年代复兴以来，成为西方经济思潮中的热点，甚至由于其许多政策主张在实际中被应用而大有取代凯恩斯经济学、成为主流经济学之势，但是需要注意的是，新自由主义的确曾经红极一时，其政策主张也在实际应用中收到了一些好的效果，但并不尽如人意。以弗莱堡学派为例，虽然该学派崇尚的社会市场经济模式带来了德国经济的振兴，但是1966—1967年的经济危机动摇了公众对社会市场经济政策的信任，也导致了崇尚社会市场经济的“德国经济奇迹之父”艾哈德政府的倒台。进入20世纪80年代，德国政府实行的是凯恩斯主义的“总体调节”政策，即包括财政政策、货币政策和收入政策的总体调节。这种国民经济总体需求的调节，目的在于克服总需求不足导致的经济危机，刺激总需求，从而重新实现充分就业和经济增长。到了20世纪90年代，随着经济全球化的发展给德国带来巨大压力，德国开始探讨“新德国模式”，这一模式的特点就是持续降低成本战略和持续增长战略，而要持续降低成本就势必要削弱社会市场经济模式所要实现的全面福利目标。从理论的发展上来看，伴随着凯恩斯主义不断纠正其理论缺陷和政策失误，并以新古典综合派和新凯恩斯经济学的面目重新占据了主流经济学的地位，导致新自由主义在20世纪末陷入了“萧条”之中，这一“萧条”被西方经济学界惊呼为当代经济理论的第二次危机。许多人称新自由主义是“乌托邦”，号召重新恢复对凯恩斯主义分析和政策的信任，认为在新的综合过程中，凯恩斯思想将占据主导地位，称赞凯恩斯主义是“通向繁荣的政策”。因此，尽管新自由主义思潮影响下的理论和流派在不断地变化着，但是仍然难当主流经济学的大任。从这个意义上讲，凯恩斯主义与新自由主义的相互妥协也就顺理成章了。

第六，我们还要看到，新自由主义思潮在一段时期内虽然对发达的资本主义国家的经济增长起了重要的促进作用，但它本质上还是维护资本主义制度的，是资本主义国家的“主流意识形态”。新自由主义在全球推行过程中，给世界带来了灾难。“华盛顿共识”就是新自由主义从学术理论转变为国际垄断资本主义的经济范式和政治纲领的主要标志，推行“华盛顿共识”已经成为国际垄断资本主义推行扩张政策，疯狂掠夺全球特别是广大发展中国家的工具。20世纪最后10年间多次爆发的一国或地区性的金融危机，无一不是新自由主义模式导致的。肇始于2007年年初的美国次级贷款危机，至今仍在全球蔓延，发展中国家经济也受到沉重打击，而发展中国家严重依赖发达国家尤其是美国的状况，也正是由于后者在发展中国家推行新自由主义政策的结果。因此，我们应该始终以科学的态度来看待新自由主义思潮，始终以“取其精华，去其糟粕”的唯物主义辩证法来增强辨别能力，从而健康地推进我国的中国特色社会主义建设事业。

第三章 后现代主义

后现代主义产生于20世纪60年代的西方，并很快成为西方学术界的热点和主流。在20世纪80年代前后，后现代主义达到了自己的鼎盛时期。进入20世纪90年代以后，后现代主义开始走向衰弱，并发生了分化。

后现代主义是对西方现代社会的批判与反思，也是对西方近现代哲学的批判与继承，是在批判与反省西方社会、哲学、科技和理性中形成的一股文化思潮，其著名的代表人物有德里达、利奥塔、福柯、罗蒂、德勒兹、哈贝马斯等。

第一节 后现代主义的产生与发展

任何一个理论从其产生来看，都既离不开现实的社会土壤，也离不开理论方面的思想传承；从其发展来看，都会经历一个产生、成熟和衰落的过程。后现代主义也是如此。

一、后现代主义产生的社会历史背景

后现代主义产生于20世纪60年代的西方，是同西方社会此时期的现实状况密切相关的。归纳起来，有以下几个方面：

第一，科技和理性的极端发展及两次世界大战的爆发。众所周知，西方社会在越过了“黑暗”、残酷的中世纪之后，建立了近代自然科学。而近代自然科学的确立不仅推翻了神权，恢复了人权，还提出了“知识就是力量”（培根语）的宏伟口号和宣言。正是借助于近代自然科学的建立，西方资本主义得到了长足的发展，并把科技推向了极端。首先，资产阶级依靠现代科学技术在国内建立了庞大而严密的大工业生产体系，贪婪地从工人身上榨取剩余价值，以满足他们追求利润、发家致富的野心，使科学技术和理性从当初作为西方社会和人们摆脱宗教束缚、

走出黑暗的武器和法宝变成了西方资产阶级剥削人民、获取私利的工具。其次，资产阶级还利用他们所掌握的先进的科学技术武装自身、强大自身，掠夺、剥削世界上落后的国家和民族，从那里非法获取廉价的生产资源和劳动力，榨取高额利润，使先进的科学技术成为西方资产阶级进行殖民掠夺的工具。

西方资产阶级扭曲科学技术的本质，片面利用科学技术对内对外进行掠夺，不但激化了资本主义社会内部的各种危机和固有矛盾，而且加剧了各国资产阶级在争夺殖民地和瓜分世界市场过程中的不平衡状况，并最终导致了摧残人性、灭绝人寰的两次世界大战。在两次世界大战中，被现代武器和现代科技灭绝的生命竟有 7 000 多万。不仅如此，战争和科技之间还陷入了一种恶性发展之中，即科学和理性武装了战争，战争又反过来促进了科学和理性的发展。战争期间和战争结束后，西方国家加剧了军备竞赛，推动了科学和理性的运用和发展，使人们拥有了更新颖的机器和更尖端、更残忍的武器，对自然、社会、人类自己进行更加贪婪的攫取、更加肆意的掠夺和更加疯狂的征服，从而引发了新的矛盾和危机，也把科技和理性、西方社会和西方人推向了更加片面化、极端化和畸形化的困境。

科学技术和成果是由人发明和创造的，是为人服务和造福的；理性是人类区别于动物的本质特征，是人的理性。然而，西方资本主义社会的历史和现实却使科技和理性走向了人的对立面：理性变成了纯粹的工具理性或科技理性，变成了资产阶级发家致富、掠夺他人的御用工具；人道和人权也服从于工具理性，人从理性的主体和人道主义服务的中心对象的位置沦落为工具理性和机器的奴隶，至高无上的人道、人权、人的价值等变得一钱不值了。这就抽掉了视自由、理性和主体性为生命的西方人的生存根基和价值、信仰根基，把他们抛入了价值、信仰和生存的真空，也促使人们开始用怀疑的眼光审视西方资本主义的现代工业和现代科技理性。

第二，资本主义社会的政治经济矛盾加剧，人们的生存状态更加恶化。随着工业文明的发展，资本主义社会中人们的物质生活条件有了极大的改善，人们的物质生活水平也有了极大的提高。但是，物质生活的富裕是以牺牲人的主体性为代价的，而且在它背后还隐藏着更为严重的矛盾和危机。因为，虽然借助于现代尖端的科学技术和先进的管理模式，资本主义的生产力有了质的飞跃，然而，一方面，资本主义社会的基本矛盾并没有也不可能改变，即资本主义的生产资料的私人占有制和生产社会化之间的矛盾不但依然存在，而且越来越尖锐，这就使得资本主义社会的生产更加混乱、无序，导致了经济危机的不时爆发；另一方面，在私有制前提下，管理和生产的高度机械化、科学化，意味着资本主义社会的生产和管理变成了更为庞大、严密和无情的机器体系，人——无论是管理者、指挥者还是被管理者、生产者——也都成为这个庞大机器的一个部件，人们的生活、消费、思想观念完全商业化了，并且为商业广告、大众传媒所左右，人失去了主体性、选择性，成为“单面人”（马尔库塞语）。因此，具有讽刺意味的是，一方面是人们物质条件的改善，另一方面却是资本主义基本矛盾的加深，贫富差距的加大，通货膨胀和经济危机的时常发生，人的自主性和主体性的严重丧失，生活和文化领域的更为时尚化、媚俗化和商品化。资本主义的生产机器、国家机器和科层体系无情地控制着人们——无论人们是在生产中还是在属于自己的私人空间内，把人们推向了更为尖锐、激烈的社会、政治和经济矛盾的旋涡之中，从而进一步加剧了资本主义社会的全面异化。正因为如此，在尼采提出“上帝死了”之后，西方人又感叹“作者死了”和“人死了”！

第三，资本主义对自然的破坏越演越烈，威胁着人们生存的自然家园。资本主义的现代化及其成就的取得不仅离不开资产阶级对广大工人阶级的剥削、对落后民族的掠夺，也离不开对自然界的肆意挖掘、掠夺和毁坏。一方面，资本主义向自然要原料、要财富，破坏性地开采大自然，使很多非再生资源几近枯竭；另一方面，资本主义又把大工业生产中出现的大量有害物质、气体等排放到自然界，进一步恶化了自然环境和人们的生活环境。于是，在原有的灾害不断加剧的同时，又出现了一系列新的灾害。例如，生态严重失衡，大气环境严重被污染，海洋系统、林业系统和耕地等也被严重破坏，由此引发了全球气候变暖，土地沙漠化加剧，臭氧层出现漏洞，特大水灾、泥石流时有发生，厄尔尼诺现象频频出现，水质变坏，空气浑浊，各种生物、微生物内部平衡失调等一系列的恶果。

自然界是人类赖以生存的基础，是人类的家园，也是人的“无机的身体”（马克思语）。自然界的破坏、自然环境的恶化直接威胁着人们的生存环境和生存空间，威胁着人们的生存本身。因此，在20世纪60年代的西方资本主义社会中，不但资本主义的政治、经济和社会生活领域出现了矛盾和危机，而且在如何对待自然这一问题上资本主义也出现了矛盾和危机，引起了人们的强烈不满和反思。

总之，在20世纪60年代的西方资本主义社会，人们既要承受战争给他们带来的物质和精神两方面的创伤，也要经受资本主义的发展给他们造成的政治、经济、生活和生存环境诸多方面的压力和危机，而这一切又都和使资本主义得以登上历史舞台并不断发展壮大的现代主义思想、科技理性观以及贪婪追求利润的观点有着密切的联系。因此，在失去了赖以生存的精神家园和自然家园之后，西方人开始反思资本主义的危机和困惑，并开始批判资本主义及其所信奉的意识形态。后现代主义就是在这种社会历史背景下产生的。它是对资本主义社会现实的批判和反思，也是对西方现代主义的片面化、极端化的思维方式的质疑和反叛。

二、后现代主义产生的理论来源

作为一股思潮，后现代主义的产生不仅有一定的社会历史背景，还有一定的理论渊源。

后现代主义反对西方传统哲学，拒斥形而上学，因而西方传统哲学及其所具有的形而上学思维方式，是后现代主义的批判对象。但是，从理论来源的角度看，后现代主义的产生离不开现代西方哲学，是现代西方哲学中众多思潮、流派、观点的综合和拼凑。

第一，现代西方哲学中的反形而上学倾向。西方哲学在黑格尔之后，由马克思和孔德同时举起了拒斥形而上学的大旗，开创了现代西方哲学（马克思所开创的路向在此不做介绍）。在孔德之后，现代西方哲学中出现了众多流派、观点，形成了两大思潮：人本主义思潮和科学主义思潮，它们彼此之间存在着一定的差异、分歧，甚至对立，但是在反形而上学这一根本性问题上却是基本一致的，只是各自的角度、方式等有所不同而已。例如，在科学主义思潮内部，逻辑实证主义者宣称形而上学命题是“妄”命题，缺乏认识的意义，而日常语言分析学派则既不承认形而上学命题，又不斥之为胡说，而是绕过它，把它“悬置”起来或用括号“括”起来；在人本主义思潮内部，尼采、海德格尔反对形而上学的态度和决心同科学主义思潮中各家各派相比较，更是有过之而无不及。总之，现代西方哲学中的反形而上学倾向在后现代主义思潮中都有所表现。

第二，维特根斯坦的后期语言哲学。19世纪末，分析哲学似乎从哲学传统后退到只关注语言问题，即只是分析语法、句法问题，而把形而上学、本体论等问题悬置起来，存而不论，但这却预示了哲学即将要发生某种转变。不久，这种转变在维特根斯坦的后期哲学中出现了。维特根斯坦认为，哲学的混乱和争论皆源自对语言的误解，源自哲学家说了不可说的东西。因此，哲学就是澄清问题的活动，它的根本任务就是把能用命题和语言说明的东西与不可说的东西划分开来。为此，维特根斯坦提出了“语言游戏”、“意义论”、“语言界限论”等著名的思想，强调语言的意义或含义离不开语言的实际应用和语境，力图打破传统哲学在反映论上的“镜喻说”（罗蒂语）。由于维特根斯坦对语言的强调和独特分析，西方哲学开始从认识领域转向语言分析，实现了西方哲学发展史上的第二次著名的转向——“语言转向”。正因为如此，维特根斯坦的后期哲学中包含了“后现代主义”的因素，成为后现代主义的理论来源之一。而这种转变首先在维特根斯坦的身上发生，也实在是具有双重的意味，即它不仅仅说明维特根斯坦由前期的分析哲学转向了后期的具有后现代性的语言哲学，也说明了整个哲学传统的转变，因为维特根斯坦本人也是分析哲学的重要代表人物。

第三，尼采的非理性主义和非道德主义观点。尼采以一个西方文化的反叛者的身份赫然登场，他不仅要打倒西方人的精神信仰，宣称“上帝死了”，还要摧毁西方几千年的哲学传统，拒斥柏拉图主义。在尼采看来，西方哲学自柏拉图以来，一直延续到康德等人，都是在一种二元对立中思维，即把真实的实在世界同由感觉或质料或原罪或人的理解结构创造的现象世界相对立，在真与假、本原与派生、客观与主观的对立中思维。尼采反对这种沿袭了几千年的传统思维模式和观念，主张摧毁西方的传统观念传统价值，进行“价值重估”。但是，尼采在摧毁西方传统哲学、让西方人变得虚无的同时，自己也有虚无主义之嫌。对此，尼采又提出了一个秉有强力意志的“超人”理论。而对强力意志的强调，也就使得尼采抬高意志，贬低理性，主张强权真理论，反对理性主义的真理观，并且把是否有利于“提高权利感”或是否能够“增强权利感”看做是衡量真理和区分善恶的唯一标准，宣扬非理性主义和非道德主义。尼采的反形而上学、非理性主义、非道德主义和虚无主义观点对当代西方学术产生了多重影响，是后现代主义的理论来源之一。

第四，海德格尔对西方哲学的激烈批判及其关于“存在”、“语言”的学说。继尼采之后，海德格尔对西方传统哲学再次进行了激烈批判。海德格尔认为，不仅西方传统哲学中的柏拉图主义是一种形而上学，而且西方近现代哲学中的笛卡儿、牛顿、康德、穆勒和马克思等也都是西方形而上学历史上的一些片段，是一直操着柏拉图主义语调的人，一直在实在与现象、理性与非理性中挣扎的人。海德格尔还认为，尼采的“价值重估”虽然摧毁了西方的传统观念和传统价值，但是尼采却把权利的永无止境的变动放在了首位，这实际是倒置了柏拉图主义关于存在与变易的对立，以不断变动的最高的权力意志代替了柏拉图主义的存在。所以，海德格尔认为，尼采不仅不是摆脱了柏拉图主义的后形而上学思想家，相反，尼采仍是一个形而上学者——强力意志的形而上学者，是柏拉图主义传统阵营内的最后一位代表，也是最后的形而上学思想家。总之，海德格尔认为，西方哲学到目前为止仍在形而上学中思维和发展。

为了彻底批判形而上学，海德格尔与尼采不同，提出了关于“存在”的学说及关于“语言”的学说。海德格尔认为，在西方文化史上，传统形而上学和本体论总是强加给人们一种“存在者优于存在”的观念。海德格尔说，对于存在，我们应该去“理解”，而理解的本质就是人对存在的理解，就是人在先行的理解的基础上对存在的理解，是人的自我理解，也是人的存在方式。海德格尔还认为，“语言是存在的家”。这样，海德格尔通过对西方哲学的激烈批判以及通过对“存在—理解—语言”的强调和分析，摧毁了传统哲学中的形而上学，瓦解了传统哲学关于观念与实在、主体与客体对立的二元论。海德格尔的这种对传统观念的解构原则，后来成了一切后结构主义思想家和后现代主义者颠覆传统观念的基本策略。

第五，解释学的发展对传统哲学的冲击。解释学反对传统哲学对本体、本质的追问，反对或否认中心、整体性、认识性、客观性，强调主体（解释主体）对事物对象的解释、理解，注重从解释主体出发而发生的主体与对象的意义关系。这样就否定了传统哲学对一元论、事物的客观性和意义的确定性的强调，就从一元走向了多元，从确定性走向了不确定性，从统一性走向了多样性（主观性的多样性）。

此外，法兰克福学派对现代科学、启蒙遗产及现代西方工业文明的批判，存在主义对人的生存的孤独性、虚无性及不确定性的强调，以及文本主义关于“一切事物都是文本”的观点等，也都从不同的方面，如批判现代性、解构主体性、颠覆客观性等，为后现代主义的产生提供了理论来源。

综上所述，可以看到，现代西方哲学中的反形而上学倾向为后现代主义的产生提供了一个大的话语境遇，使后现代主义也具有了反形而上学的特征；维特根斯坦的带有后现代性的后期语言哲学不仅推动了西方哲学向后现代主义哲学的转变，也为后现代主义提供了一个可以大展宏图、展示才华的领域——语言分析和语言游戏领域；而尼采、海德格尔及解释学的思想与观点在给西方哲学带来了更明显、更浓重和更强烈的后现代性意味的同时，还对后现代主义关于反形而上学、反二元论、反理性、反主体性、反本质主义、反逻各斯①中心主义等观点产生了直接的影响。

三、后现代主义的产生、发展过程及界定

1. 后现代主义的产生、发展过程

后现代主义的产生和发展经历了一个过程，这个过程可大致地分为三个阶段。

第一个阶段为后现代主义的产生及初步发展时期，时间上大致可划定为20世纪60年代至70年代初。这一时期，西方社会已经从工业社会走向了后工业社会，而思想文化领域也发生了一些变化。先是法国的一些年轻思想家如德里达、福柯、拉康、巴尔特等于20世纪50年代末开始厌倦存在主义哲学，转而追随结构主义，承认世界是一个规则的、有着严密等级结构的世界。但是不久，德里达等人又开始怀疑、批判结构主义。1966年，德里达在美国霍普金斯大学的一次学术讨论会上宣读了《人文科学话语中的结构、符号和游戏》一文，1967年，德里达出版了《言语与现象》、《论文字写作学》、《写作与差异》三部著作，宣告了解构主义理论的确立。随后，福柯、巴尔特等人也加入了解构主义思潮的队伍。他们批判结构主义，瓦解西方传统哲学。

德里达的论文《人文科学话语中的结构、符号和游戏》引起了美国的保罗·德曼的注意和兴趣。保罗·德曼把德里达、福柯的解构主义理论和自己的文学批评理论结合起来。这不仅使解构主义理论的研究走向了深入，还使解构主义汇同保罗·德曼在美国文论界的影响，在越来越多的大学中得到了普及，以至于在英语国家的大学里，英语系所开设的有关法国哲学和德国哲学的课程超过了哲学系。

第二阶段为后现代主义的广泛、深入发展并达到鼎盛的时期，时间

---

① 在希腊语中，"逻各斯"（logos）具有"思维"和"说话"的意思，并衍生出"思想、规律、观念和语言"几层意思。在《圣经》中，语言与本体存在同一。因此，西方哲学普遍认为，逻各斯就是指存在于事物内部的根本性的东西，包含有对"中心"的固持和返回本真、本源的愿望。

上可大致划定为20世纪70年代末至80年代中期。在这一时期，后现代主义不但继续对西方现代社会和传统哲学进行批判和解构，而且把批判的触角几乎伸向了人们物质生活和精神生活的一切领域，成为一股以批判、解构现有的一切为主旨的文化思潮，为西方学术界所关注。但是，随着后现代主义的发展以及对它的探讨的不断深入，关于后现代主义的问题和分歧越来越多，参与其中讨论的人也越来越多，讨论的规模也越来越大。1976年，美国的理论探索刊物《疆界2》(*Boundary 2*)发起召开题为“后现代性与解释学”的学术研讨会。1978年，美国的全国性学术团体——现代语文学会召开题为“后现代主义问题”的专题年会。1984年，荷兰的乌特勒支大学举办关于后现代主义的专题研讨会。后两次会议的范围并不仅仅局限在美国或荷兰的学术界，而是有北美和欧洲理论界的权威学者参加的国际性学术研讨会。这段时期还有一件最为引人注目的事件，那就是发生在世界级大师之间的“后现代主义论战”，也即发生在哈贝马斯、贝尔、利奥塔、德里达等人之间的关于后现代主义的激烈论战。这些研讨会和论战不仅深化了对后现代主义的研究，还把后现代主义推向了其发展的鼎盛时期，使“后现代主义”成为一个越来越具有包容性的术语。“后现代主义并不是一种特定的风格，而是旨在超越现代主义的一系列尝试，在某种场合下，这意味着被现代主义‘废除’了的艺术风格的‘复活’。而在另一场合，它又意味着反对客体艺术或包括你本人在内的东西。”①

第三阶段为后现代主义的衰落和分化时期，时间上大致可划定为20世纪80年代后期尤其是90年代以后。这一时期，由于后现代主义自身的缺陷和不足，后现代主义开始衰落和分化，即：一方面，后现代主义的声音日渐衰弱，并且成为他人批判和反思的对象；另一方面，为了纠正后现代主义的虚无主义和怀疑主义倾向，出现了“后现代科学”(建设性的后现代主义)、新历史主义等。耐人寻味的是，在后现代主义思潮开始衰落并出现分化时，后现代主义在中国却成为知识界关注的热点。

2. 后现代主义的界定

无论是在后现代主义处于鼎盛时期还是在其衰落之后，“后现代主义”始终是一个最为时髦的范畴，经常被众多的学科引用，甚至“后”

① ［荷兰］佛克马、伯顿斯编：《走向后现代主义》，12页，北京，北京大学出版社，1991。

字也几乎成为前沿思想和新潮的标志。但是，从各家各派对“后现代主义”的理解和运用中，我们可以对“后现代主义”作一个统一的界定。

几乎所有的后现代主义者都认为，要谈后现代主义，首先要了解现代主义。现代主义是近现代资产阶级的社会实践在文化、意识领域内的表现，或是以文化形态表现出来的近现代资产阶级的社会实践。现代主义的核心是人道主义和理性主义，它提倡人道，反对神道；提倡理性，主张用理性战胜一切、衡量一切。总之，它相信社会历史的进步和发展，相信人性和道德的不断改良和完善，相信人类将从压迫走向解放，而实现这一切的基础和力量就是理性。现代主义在推翻宗教神学和封建阶级，帮助资产阶级登上历史舞台，实现西方社会的工业文明和现代化等方面是功不可没的。但是，恰恰就是在实现工业文明和现代化的过程中，现代主义走向了极端，进而走向了其反面：理性变成了纯粹的工具理性或科技理性，人道和人权服从于工具理性，人成为工具理性的奴隶。正是因为现代主义变得反动了，才出现了后现代主义。其次还要了解“后”与“现代主义”之间的关系。后现代主义者认为，“后”首先有“在……之后”的意思，即现代主义和后现代主义的概念包含有时间顺序上的前后相继，或后现代主义是现代主义之后的事情。但是，后现代主义者又认为，“后”与“现代主义”之间还存在着一种思想逻辑方面的联系，即：在一种意义上，“后现代”是指“非现代”，它要与现代的理论和文化实践、现代的意识形态和艺术风格彻底决裂；在另一种意义上，“后现代”被理解为“高度现代化”，是对“现代”的继续和强化，是现代主义的一种新面孔和一种新发展。① 而“决裂”与“发展”的同时存在，说明“后现代主义”更是指“在现代主义走向极端之后”，或“反叛现代主义之后”，是在一种“物极必反”的意义上讲“在……之后”的。所以，“后现代主义”不仅包含了现代主义和后现代主义在时间上的前后相继，还包含了后现代主义在内容方面对现代主义的反叛和矫正。正因为如此，后现代主义者认为，后现代主义不是现代主义的末期，而是现代主义的初始状态，是一种“未来的先在”或“后来的先到”，即：后现代主义是一种事先的“存在”，而后才成为一种“现实”。

结合前面关于后现代主义产生的社会历史背景和理论来源的论述，可以看出：在后现代主义者看来，后现代主义是一股源自现代主义但又反叛现代主义的思潮，它和现代主义之间是一种既继承又反叛的关系。

① 参见冯俊等：《后现代主义哲学讲演录》，2～3 页，北京，商务印书馆，2003。

进一步讲，后现代主义又是一种源于工业文明、对工业文明的负面效应的思考与回答，是对现代化过程中出现的剥夺人的主体性、感觉丰富性的死板僵化、机械划一的整体性、中心、同一性等的批判与解构，也是对西方传统哲学的本质主义、基础主义、“形而上学的在场”、“逻各斯中心主义”等的批判与解构，因而是对西方传统哲学和西方现代社会的纠正与反叛，是一种在批判与反叛中又未免会走向另一个极端——怀疑主义和虚无主义——的“过正”的“矫枉”。

四、后现代主义的理论特征

从前面的阐述中，我们不难看出后现代主义的理论特征。概言之，有如下几方面：

第一，反逻各斯中心主义、反语言中心主义。后现代主义坚决否认本来意义上的形而上学，即现在所说的“形而上”，否认本体论，否认有世界的最终本源、本质存在，否认“基础”、“原则”等问题。后现代主义指出，传统哲学总是假设有一个人无法更改的本质的存在，人只要去发现、去认识这一本质就是了，而人的认识又是通过语言来进行，即传统哲学认为语言可以反映对象，表述或表达对象，人们也可以通过认识者对世界本质、规律的语言表达去认识、了解世界和事物。德里达认为，传统哲学的这种做法是“逻各斯中心主义”和“语言中心主义”，是强调一种先天的“在场”，是应该解构的。利奥塔认为这是一种“元叙述”、一种“宏大的叙事方式”，是必须打破的，代之以一种“小型叙事”。罗蒂也认为，不存在指导我们的中立的、永恒的、超历史的框架和原则，人们不曾也不可能达到过绝对的基础，不曾也不可能得到过绝对的真理。因此，后现代主义极力主张颠覆形而上学和本体论，解构“逻各斯中心主义”和“语言中心主义”。

第二，反基础主义、反本质还原主义。反基础主义和反本质还原主义，是后现代主义反“逻各斯中心主义”、反“语言中心主义”的具体表现。后现代主义指出，传统哲学总是为世界、事物确立一个“始基”，认为这个“始基”就是世界的终极基础，万事万物皆源于此，又复归于此。后现代主义还指出，传统哲学所谓对事物的认识就是去追寻事物的“始基”，就是还原式寻找事物的终极本质。后现代主义把传统哲学的这种观点称为“基础主义”和“本质还原主义”，并且认为“始基”、“终极本质”就是一种形而上学的“在场”，就是“逻各斯”的一种表现形式。因此，后现代主义要求摧毁和解构这种“基础主义”和“本质主义”。

第三，向整体性、同一性开战。“后现代”所要表达的是一种“不确定性”、“模糊”、“偶然”、“不可捉摸”、“不可表达”、“不可设定”及“不可化约”等精神状态和思想品位①，因而后现代主义否认世界是一个相互联系的整体，否认同类事物之间具有某种同一性，代之以碎片、相对性。后现代主义认为，事物的意义是相对的，事物之间的联系也是偶然的，比如，每一部著作都仅仅是一个文本，没有作者，没有中心思想，不同的人可以读出不同的意义——阅读就是一种误读，因而作品谈不上普遍性、同一性和整体性。德里达明确指出，意义是不确定的，为此，他还专门造出一个词“分延”（即“区分”和“延迟”）来瓦解结构意义的确定性，并最终瓦解中心性、同一性的符号意义所具有的根本的、终极的本原，使意义成为一系列能指符号的滑动。利奥塔也曾立下豪言壮语：“让我们向统一的整体开战，让我们成为不可言说之物的见证者，让我们不妥协地开发各种歧见差异，让我们为秉持不同之名的荣誉而努力。”②

第四，反对中心，寻求差异性和不确定性。后现代主义摧毁了本体、本质、本原，击碎了整体性、同一性、确定性，那么，“中心性”也就不复存在了。在后现代主义者看来，中心的存在就意味着有“非中心”的存在，意味着有主要与从属、本质与现象、内与外等二元论存在；意味着本质决定现象、内决定外、中心决定非中心；也意味着人们对事物的认识总是力图通过“外”而揭示“内”、通过“非中心”而揭示“中心”。后现代主义者指出，这实际仍是一种“在场的形而上学”和“逻各斯中心主义”，理应受到批判和解构。德里达说，意义不可能像“在场的形而上学”那样由中心向四周撒开，而是像撒种子一样，将“分延”的意义随处播撒；哈桑也说，“后现代主义具有某种语意的不确定性”，所谓不确定性，是由下面这些各种不同的概念共同勾勒的一个复杂范畴：模糊性、间断性、异端、多元性、散漫性、反叛、倒错、变形，而仅变形一项就统摄了当今许多自我消解的术语，如反创造、分解、解构、消解中心、移置、差异、间断性、分裂、消隐、消解定义、非神话化、零散化、反正统化——还不用说反讽、断裂、无言这些术

① 参见冯俊等：《后现代主义哲学讲演录》，7页。

② ［法］利奥塔：《后现代状况——关于知识的报告》，211页，长沙，湖南美术出版社，1996。

语。所以，后现代主义者强调非中心性、差异性和不确定性，以随意播撒所获得的凌乱性和不确定性来对抗中心和本原。

第五，反对理性，消解现代性。理性与现代性有不解之缘，因为“现代性”是指西方社会自启蒙运动以来的关于社会进步的观念，而启蒙运动的最可靠的工具和强有力的武器就是“理性”。换句话说，启蒙运动正是借助于现代科学和理性而阔步前进的。理性与科学结盟，演变成单纯的“工具理性”。理性摧毁了宗教神学乃至封建社会的一切，推动了现代资本主义的发展，给人们带来了无穷的享受和福祉；同时，理性也给现代社会带来了诸多的负面效应甚至是灾难，但人们仍寄希望于理性能够解决这一切，视理性为一股新的解放力量。理性代替了上帝、神，成为新的崇拜对象。在后现代主义者看来，现代性、科学理性破除了奴役、压抑的根源，却又设置了新的奴役和压抑，设置了新的“权威”、“本质”、“中心”。所以，后现代主义者拒斥一切现代性的理论，把现代性的观念、理论以及理性当做逻各斯中心主义、本质主义、形而上学加以解构和摧毁。

第六，消解主体性。现代主义推翻了宗教，消解了神性，使人性和主体浮上了表层。主体（或理性主体）和主体性的真正确立是现代性运动的伟大成就之一，主体和主体性的确立又意味着主体与客体“二分”的出现。但是，如前所述，随着科技的迅速发展，工业文明的不断进步，人们在喧闹中穿梭，在钢筋水泥构筑的“火柴盒”里生活，在巨大的物欲中被动旋转，在失去了自主性的同时，还忍受着内外的压力而焦虑、苦闷、彷徨、忧郁、孤独、无助，随波逐流，无所适从。这是对现代主义的讽刺。

后现代主义认为，主体的存在不仅意味着“主—客”二分的存在，还反映了现代性的缺陷，因此，必须无情地批判主体，消解主体性。后现代主义指出：“首先，主体是现代性的一个杜撰。其次，对于主体的任何关注都假定了后现代主义者不能赞成的某种人道主义哲学。第三，主体自发地需要一个客体，而后现代主义者反对主客二分。”① 这就是说，在后现代主义者看来，主体根本就不存在，即使存在，它也必将把世界僵硬地划分为主体和客体的“二分”对立。所以，后现代主义认为，主体有如写在沙滩上的字迹一般，可以抹去，而从此以后，世界不再有人与物之间的关系存在，而是物与无的关系。后现代世界中的人因

① 张国清：《中心与边缘》，121页，北京，中国社会科学出版社，1998。

失去了主体性、能动性和创造性而毫无半点情感、热情可言，正如后现代画家沃霍尔的名言所示："我想成为机器，我不想成为一个人，我像机器一样作画。"①

这样，经过后现代主义的解构摧毁，后现代状况下的人只是徒有人的外壳，而其内在的东西已全部被掏空，成为一个空心人。

第七，反对真理符合论，强调实用主义的真理观和知识的商品化。后现代主义者认为，以往的认识论把认识看做是人与外界对象的相符合，是人与对象之间的认识与被认识、改造与被改造的关系，是主体与客体的二分状况。其中，人与对象一样处于受动地位。这是一种机械的反映论和符合论，被罗蒂称为"镜喻式"的反映论。而在后现代主义者看来，事物并不存在一个先天的本质、基础，等待人们去客观地、如实地反映和把握，事物的本质、意义只存在于人对事物的阅读和解释行为中。后现代主义以实用主义式的真理观以及主观主义的真理观代替了符合论的真理观。

既然"本体"、"本质"已被消解，"镜喻"已被打碎，反映论所获得的知识自然就被否认了。在后现代主义者眼中，知识成为一种商品，知识的创造者与使用者之间的关系是知识的供应者与使用者之间的关系，并渐渐趋向商品生产者与消费者之间的供求关系模式。知识不再以知识本身为最高目的，而是为销售而生产。知识失去了它的"传统的价值"。

因此，后现代主义认为，在后现代社会中，元话语及其合法性已经过时，纯思辨性的叙事、独立的解放叙事以及英雄圣贤、拯救解放等元话语的社会语境都已经失效，应该代之以"小型叙事"。后现代主义还认为，后现代是一个凡人的时代，是一个只重过程而不重结果的时代，也是一个各种不同学术范式之间的界限消失、科学只能玩着自己的语言游戏的时代，是一个追求创造者的谬误推理、倡导一种异质标准的时代。

第二节　后现代主义的主要人物及其基本主张

后现代主义是一个大家族，其中学派纷杂、人物繁多，不可能一一介绍。这里，我们只简单介绍罗蒂的"后哲学文化"、德里达的解构主

① 转引自王岳川：《后现代主义文化研究》，241页，北京，北京大学出版社，1992。

义、利奥塔的知识合法化危机以及哈贝马斯的现代性的救助。

一、罗蒂的“后哲学文化”

理查德·罗蒂（Richard Mckay Rorty），美国当代著名的新实用主义哲学家、后现代主义的主要代表人物。1949年毕业于芝加哥大学，1956年在耶鲁大学获博士学位。先后任教于耶鲁大学和普林斯顿大学，同时还兼任加利福尼亚大学等五所大学的客座教授。1979年被选为美国哲学协会东部分会主席。其主要著作有：《哲学与自然之镜》（1979）、《实用主义的后果》（1982）、《哈贝马斯与利奥塔论后现代》（1984）、《后哲学文化》（论文集，1990）等。

罗蒂不同于其他的后现代主义者，即不仅仅对现代哲学进行解构、对现代社会进行批判，而是要在批判与解构中进行重建。这种重建就表现为罗蒂以哲学和文化的关系为基本点，提出了“后哲学文化”。罗蒂的“后哲学文化”包含有以下几方面的内容：

1. 批判大写的“哲学”，主张小写的、反本质主义的“后哲学文化”

为了重建“后哲学文化”，罗蒂首先对当前的哲学进行质疑。他指出，今日的哲学与文化其他部门的关系如同启蒙运动前期的神学同文化其他部门的关系，充当了各学科的法官，而哲学之所以获得了至尊的地位，是因为启蒙运动破除了神学的至尊，使人类进入了一个后神学文化的时代，哲学正好适时地填补了神学留下的空白。罗蒂说，这种哲学追求大写的“真理”、“善”、“理性”，是一种大写的“哲学”，但是，既然曾经至尊的神学失去了至上的地位，进入了后神学文化，那么，至尊的哲学也应该进入后哲学文化。

那么，何谓“后哲学文化”呢？罗蒂指出，在后哲学文化中，“没有人，或者至少没有知识分子”会相信，我们每个人的内心深处都有一个标准可以告诉我们“是否与实在相接触”、“什么时候与真理相接触”，任何人都不会比别人更“理性”、更“科学”、更“深刻”，任何一种文化或其中某个特定部分都不可能成为其他文化的经典，“元叙述”不存在了，大写的“哲学”、“人”、“真理”等也不复存在了。[①] 因此，罗蒂说：现在，哲学仅仅是后哲学文化中的一员，哲学和哲学家是小写的哲学和哲学家，在这里，没有任何特别的“问题”需要解决，没有任何特

① 参见［美］罗蒂：《后哲学文化》，14页，上海，上海译文出版社，1992。

别的“方法”可以运用，没有任何特别的科学标准可以遵循，也因此没有人声称他们拥有说明一切的奥秘，没有科学家和学者以为他们的著作具有“哲学意义”和“普遍的人类意义”。罗蒂又说，这里也仍然有英雄，有哲学家，但“英雄”这一称号“只是对那些非常善于做各种不同的事情的、特别出众的男女的羡慕”，他们不是知道一个什么（大写的）奥秘，也没有达到什么（大写的）真理，他们只是“善于成为人的人”；而哲学家“是兴趣广泛的知识分子，乐于对任何一个事物提供一个观点，希望这个事物能与所有其他事物关联”①。

总之，罗蒂的后哲学文化是反“逻各斯中心主义”、反本质主义和反本体论的。

2. 反对真理符合论，认为真理是人们信以为真的东西

“何谓真理”既是一个认识论的问题，又是一个本体论的问题，因为对“何谓真理”的不同回答是和人们所持的本体论观点直接相关的。罗蒂从其“后哲学文化”出发，对真理问题也作了一番论述。

罗蒂首先指出，“在（大写的）哲学中，有一个传统的关于（大写的）真理本性的意见分歧，一场如柏拉图所说的在神与人之间的战斗”②。罗蒂认为，在大写的哲学中，一种是柏拉图这样的大写的哲学家对真理的看法，他们越出了时空的界限，追求超验的东西；另一种是自伽利略表明时空中的东西受优美的数学规律支配以来，像霍布斯和马克思这样的大写的哲学家对真理的看法，即认为时空构成了唯一的实在，真理即是与这个实在的符合。但是，如前所述，罗蒂的后哲学文化是反“逻各斯中心主义”和反本体论的，因此，罗蒂力图超越以往哲学在真理观上的分歧，超越先验与经验的对立，反对大写哲学的真理观。

罗蒂认为，真之为真，不在于是否与实在相符合，人们无须费心费力地去追问一个陈述是与哪部分实在相符合、是什么使得它为真以及它是否要具备“应当”等道德属性，也无须费力地去追问一个陈述如果缺乏“应当”等道德属性，是否就是“纯粹的意见”。在后哲学文化时代，没有一级真理与二级真理之分，也没有意见与真理之别，真理只是指所有真的陈述共有的一种性质，如“培根没有写莎士比亚”、“2加2等于4”、“爱比恨好”、“《画的寓言》是佛美尔的成绩最好的作品”等共同具有的性质。换个角度讲，真理没有本质，它只是用来表示人们对事物的

① ［美］罗蒂：《后哲学文化》，15页。

② 同上书，4页。

态度，如对事物的赞同，而不表示对事物的某种说明。因此，真是我们最好加以相信的东西。除此之外，希望真理有一个本质，希望理性认识、知识、思想与对象之间的关系也有一个本质，这都是徒劳的。

罗蒂还认为，由于没有了人们必须与之一致的先验实在，没有了普遍的标准，没有了符合真理，后现代状况下的人们就少了许多烦恼和恼怒。人们只须像实用主义那样看待标准，即把标准看做是为了某个特别的功用主义目的而构造的暂时支点。

3. 主张后哲学文化时代的科学、文学和政治也不可能顶替哲学成为文化至尊

如前所述，哲学成为文化至尊，是填补了至尊的神学被推翻后留下的空白所致。为了防止这种情况再次出现，即为了防止在大写的哲学被推翻之后，别的领域有可能接替哲学的位置，成为新的文化至尊，罗蒂对科学、文学和政治这三个最有可能成为新的文化至尊的领域进行了考察，指出这三个领域都不可能成为新的文化至尊。

第一，关于科学。罗蒂指出，一般认为，科学必然是合理的，具有“合理性”，而此时的“合理性”往往被看做“有条理”，或“拥有事先制定的成功的标准”。罗蒂说，按照这种理解，诗人和画家就谈不上“合理性”，因为他们更多地是凭着灵感和激情而写诗作画的，他们的标准是在创作中、在变动中不断形成的；相反，科学家是事先有一个标准和目标的，他不但事先知道出现什么情况、何种结果便宣告他的假设失败或证明他的假设成功，而且还握有科学理论这一标准，具有某种预见并控制事件的能力。所以，只有自然科学是这种意义上的“合理”的典范。

罗蒂又指出，如果仅仅在这种意义上理解“合理性”，那么人文科学就没有资格成为合理的活动。而要想使人文科学也成为合理的或理性的活动，“合理性”就应该有另一种含义，即指某种“清醒的”、“合情理的”东西而不是“有条理的”东西。① 所谓清醒的、合情理的，实际上是包含了一系列的道德特性，即宽容与尊重。这就是说，在同他人讨论任何问题时，都要善于倾听别人的意见，尊重别人的观点，要依靠说服而不是压制，以求得同他人的沟通与共识。依照罗蒂的这种理解，“合理性”与其是指“有条理”、“事先制定的标准”，不如说是“有教养”、“道德德性”；同样，依照罗蒂的这种理解，事实与评价、理性与

① 参见［美］罗蒂：《后哲学文化》，78页。

非理性、自然科学与人文科学等之间的区分和差别就不是那么重要了，人文科学也成为了合理性活动。

所以，在罗蒂看来，“真”、“合理”绝不是源于观念与实在的符合一致，也绝不是对某种普遍的共性或本性的认识，“真”、“合理”具有“合情理”、“有教养”、“容忍”等道德德性，与“信念”交织在一起，是指我们“信以为真”。相反，“不真”或“不合理”，也不是因其与实在、客体不符，而是说他人可能有一个更好的想法。

根据上述分析，罗蒂认为，科学家并没有比别人具有更多的客观性、理性，自然科学同人文科学一样，都是寻求一种“合情理”、“有教养”的合理性和真理，都不可能成为新的文化至尊。

第二，关于文学。罗蒂从两方面考察文学，即从解构主义理论和文学（批评）本身两方面考察文学。

罗蒂认为，解构主义运动有广义和狭义之分，广义的是指“一场超越文学批评的运动”，即以摧毁、动摇之势贯穿于政治、历史、法律、文学、哲学等各学科中，狭义的是指“作为一个文学批评学派的解构主义运动”。而无论是广义的还是狭义的，从解构主义与文学的关系及解构主义的壮大来看，解构主义和文学批评相互影响、共同发展：一方面，文学批评主动依赖、利用解构主义；另一方面，解构主义也是文学批评的一种形式，且解构主义当初是汇合了保罗·德曼的文学理论而得以形成蔚然之势的。所以，在罗蒂看来，以解构主义为理论基础并包含了解构主义的文学批评就不可能会具有文化至尊的特性，也不可能成为后哲学文化中其他文化的基础乃至后哲学文化的基础，不可能成为大写的哲学意义上的文学。

罗蒂又指出，从文学自身看，文学也不可能成为新的至尊。罗蒂说，我们可以有三种方法重新编织我们的信念和愿望之网，这三种方法就是知觉、推理和隐喻。知觉就是因我们看到了事物的新因素从而对它产生了新观念，改变了旧观念。推理是指通过这种方法，我们可能根据我们从前的信念推导出我们从前没有的信念，于是，我们不得不改变从前的信念或探究新信念。无论是知觉还是推理，它们所改变的只是句子的真值，而不是句子的内容，所以，它们并没有拓展逻辑空间，它们依然是封闭的。但是，隐喻则不然。隐喻强调语言、逻辑空间和可能性的领域是永远开放的，反对和威胁着传统哲学中的本质主义和在场的形而上学，“可以说，隐喻乃是来自逻辑空间外面的声音，而不是填补这个空间的某一部分的经验活动，也不是对这个空间结构的一种逻辑哲学的澄清”[①]。而文学的语言主要是隐喻。所以，罗蒂认为，文学理论自身同样已经表明，“我们没有理由在我们以前崇拜光芒四射的逻各斯的地方，为文学……设置一个祭坛”[②]，文学同科学一样，也不可能成为后哲学文化的基础。

第三，关于政治。一般人认为，政治是一个权力领域，它似乎能够成为后哲学文化的基础。但是，罗蒂通过分析政治与哲学的关系，对此也做了否定的回答。

一般人认为，政治需要一个理论基础，自由民主需要哲学辩护。然而，罗蒂从其实用主义的观点出发，却认为自由民主需要一种哲学说明，而不需要任何哲学基础，政治与哲学不相干。在罗蒂看来，政治是处理社会事务的实际应用领域，它离不开社会学和历史学的知识，但不需要一个非历史的、永恒的支柱；而哲学则是对是否有人性以及人性是什么的问题的讨论，这同政治显然没有必然的联系。罗蒂举例说，在哲学中可以抽象地谈论人性以及人应该承担的责任，但在政治中就不可这样，因为抽象地谈论人应该如何是假定有一个人类必须认同的超级共同体，即人类本身，而政治社会都是具体的，人都是相对于一个具体的团体、且必须是他/她认同自己是其中的一员的团体而谈责任、义务的。所以，罗蒂说，在政治生活中，政治同哲学相比总是处于首要地位而使哲学与之相适应，当哲学与政治发生冲突时，哲学要让位于政治。当然，罗蒂并非完全否认哲学。他说，可以让哲学与政治分离开来，让政治概念避开人性和同一性等问题，而把有关人性及人生的意义等问题“留给私人生活”。这里，罗蒂已经清楚表明，政治属于公共生活领域，哲学进入政治领域后，就得依从政治。所以，罗蒂最后认为，既然哲学不可能作为政治的基础，而政治自身又包容多种不同甚至相对立的观点，那么，政治领域内就没有一种文化可以作为其他文化的基础，政治也不能作为其他文化的基础。

综上所述，罗蒂的后哲学文化实际是要否认作为一种世界观的哲学，要把哲学限定在私人领域，使传统意义上的哲学变成了一个属于私人领域的局部性问题，各部门、各领域、各种文化之间是一种平等的关系——一种彼此之间没有中心与边缘、主要与次要之分的外在关系。而我们认可某一观念或文化，其标准是该观念或文化比较符合我们的信

① ［美］罗蒂：《后哲学文化》，28页。

② 同上书，153页。

念、想法，而不是因为它与某种实在相符合。不难看出，罗蒂否认传统形而上学、二元对立，其实质仍然是推行实用主义，只不过比其他实用主义者更高明、更先进，即他不但能坚持实用主义传统，而且还把实用主义同现代哲学的前沿问题相结合，同时代相结合。

二、德里达的解构主义

雅克·德里达（J. Jacques Derrida），法国当代著名哲学家，解构主义理论的创始人。生于法属阿尔及利亚。19 岁获学士学位后，回法国学习。1956—1957 年在哈佛大学深造。20 世纪 60 年代末以来，一直在巴黎高等师范学院任教，后任该院哲学系主任。其间，也曾任美国霍普金斯大学和耶鲁大学访问教授。其主要著作有：《人文科学话语中的结构、符号和游戏》（1966）、《言语与现象》（1967）、《论文字写作学》（1967）、《写作与差异》（1967）、《播撒》（1972）、《立场》（1972）、《丧钟》（1974）、《哲学的边缘》（1982）等。

德里达在结构主义如日中天时，向结构主义发起了挑战，转向了解构主义。德里达解构的对象主要是传统哲学，即他要对传统哲学中的二元论、本质主义、逻各斯中心主义、形而上学的在场等进行解构和颠覆，并针锋相对地提出了他的后现代的“非概念”：“书写文字”、“分延”、“播撒”和“踪迹”等。

1. 从语言入手，拆解“逻各斯中心主义”与“在场”，否认本体、本质的存在

在西方传统哲学中，一般认为，语言可以表达、描述和反映对象，人们也可以从认识者对对象的语言表达中把握对象。因此，在西方传统哲学中，语言实质上被看做是在本原上与世界、经验最终合一的东西，是与“逻各斯”相等同的概念。源于希腊语的“逻各斯”，其含义就是“语言”或“定义”，就是指一种存在于世界或事物内部的、根本性的东西。

德里达等后现代主义者认为，传统哲学的上述观点和主张实际上隐含着一个预先的假设，即预先承认事物、世界具有一个内在的、根本性的东西，或内含有“逻各斯”，并且把这个预先存在的根本性东西或“逻各斯”看做是万物的本原、中心。德里达认为，这是一种“逻各斯主义”，是一种“在场的形而上学”。

在以德里达为首的解构主义者看来，事物不存在一个固定的、先在的根本性特征或本质，一切都是变动的、不确定的，意义只存在于解释

者的解释行为中。因此，德里达指出，本体、在场都是不存在的，“逻各斯中心主义”和“形而上学的在场”也是必须解构的。

2. 从反“逻各斯中心主义”出发，消解中心与本原，颠覆二元结构和等级结构，使事物之间、等级结构的两极之间变得“自由嬉戏”

德里达认为，按照传统哲学关于“逻各斯”和“在场”的逻辑，每一个事物乃至世界都内在地包含着一个本质性的中心，而语言就是对这一中心的把握，是对这一中心的概说。对此，德里达指出，如果坚持以“逻各斯中心主义”或“在场的形而上学”的观点观察事物、认识事物，则必然会导致形而上学的“二元论”，即认为世界、事物有精神与物质、生与死、实在与虚构以及中心与非中心、本质与非本质、内部与外部等二元结构，其中，前者是中心、本原，后者则是边缘、衍生的，且围绕着前者运动，由此，也会认为人的认识也必然具有真理与谬误、深刻与浅薄、权威与平凡、经典与解说等二元对立和严格等级秩序的特性。因为，在德里达看来，“这种拘泥于源头的想法……即总想找到一个真正的开端，此后的一切只不过是重复……恰恰就是受到了那个同样的、强有力的神话的影响，其症状在柏拉图的对话中就可以看到……把柏拉图看做是这种观念的一个源头就是要再次求助于那个沉重的标志着逻辑中心主义的理性话语的二元划分体系——言语/书写、在场/缺席、源头/补充”①。

因此，德里达坚决地主张，要颠覆以往的等级、结构、深度、中心和本原，要把一切都放在同一个平面上，让各要素之间、等级结构的两极之间进入一个“自由嬉戏”的范围。德里达还告诫说，传统的“二元对立”是迄今为止一切社会等级制和暴戾统治的理论基础②，所以，根本不能回头想什么源头或根源，也别想逃脱“增补性的逻辑”，否则，这种传统的逻各斯中心主义思维方式给人们带来的思想和行为的双重禁锢和危害还将延续。

3. 反对语言中心主义，并由此更进一步地解构形而上学大厦本身

德里达说，在柏拉图、亚里士多德和索绪尔等人的传统的西方语言观里，往往把语言和写作、说和写对立起来，并且认为言语、说优越于写作，具有直接性、现实性，其理由是，说或言语的时候，说话人和听话人同时在场，说话人能够意识到自己的所说所想，能够使自己的所说

① ［英］克里斯托弗·诺里斯：《德里达》，32页，北京，昆仑出版社，1999。

② 参见冯俊等：《后现代主义哲学讲演录》，304页。

与自己的思想保持一致，而听话人也能够根据此情此景比较好地把握说话人的意思。相反，写作、书面语言只是说话或口头语言的再现，是直接说话不可能时的一种替代物。而思想一旦写在纸上，就与作者有了距离、差异，就缺乏直接性，其意义不能完全自我呈现。因此，传统的语言观赋予口头语言和它的同源物（在场、始源、意义）以一种肯定性的自明真理的价值，而写作则被放在了相反的位置：作为一种增补的、附属的或替代的符号，即“语言的本质是说话而不是写作，写作不过是说话的派生物（记录)”①。德里达认为，这是一种“语言中心主义”。

在德里达看来，把写作看做阻碍说话人接近自我呈现的意义、阻碍说话人通达真理，是那些思想家的文本中特有的一种强烈的值得怀疑的偏见。德里达说，事实上，不但言说与写作之间不存在二元对立，而且言说也在一定的程度上存在着意义上的不确定性、重复性。传统语言观认为写作、文字只是记录言语或言说的纯粹工具，是为了说话者不在场的情况下，言说也能被重复流传。然而，文字的重复流传实际上也就是言说或言语的重复流传，因为文字固然是对言说的记录，但对任何一句言说、任何一句口头表达而言，无论他日文字是否重复记述，无论说话人和重述者心里在想什么，该言说或口头表达都有所指涉。因此，不单是写作、文字，言说以及整个语言系统都不可避免地具有可重复性，只不过言语的这种重复性、不确定性长期以来被言说/文字的二元对立掩饰起来罢了。

德里达认为，既然如此，那么，言说对文字就不具有权威性、优先性和中心性，原有的中心/边缘、确定/不确定、在场/缺席等二元对立也就被拆解了。德里达还认为，言说和文字之间是一种平等和互补的关系：文字、书写记录言说，是说话的记录形式；说话是文字、书写的补充形式，二者不可偏废。

当然，需要强调的是，德里达无意于以一个中心去代替另一个中心，即德里达颠覆言语对书写的中心，不是为了建立书写对言语的中心，因为这种做法不过是逻各斯中心主义范围内的调整、“改良”，仍然是二元对立，是为德里达所不能容忍的。德里达的做法是不建立任何中心，同时，德里达希望借此进一步解构已经制度化的各种二元对立的社会文化机构和规则系统，因为在他看来，传统的书面文本或书写出来的严格意义的书面文本，只是更大的和更一般的传统文本的一小部分。因

① 冯俊等：《后现代主义哲学讲演录》，9 页。

此，循着对语言中心主义的颠覆、拆解，德里达一鼓作气，对现象/本质、物质/运动、必然/偶然、内容/形式、表现/隐语等对立一路拆解下去，并进而对价值、理性、本原、规律等提出质疑，直抵形而上学大厦本身，拆解中心本身的在场与不在场。

总之，德里达解构的主要对象是自古希腊以来的西方哲学，他否认逻各斯中心主义、在场的存在，消解主体和等级结构，反对任何形式的二元对立，强调平面感和零碎化，强调阅读就是一种误读。德里达不顾一切的解构，使其解构主义走向了另一个极端——虚无主义和怀疑主义。

三、利奥塔的知识合法化危机与元语言、中心的被放逐

让-弗朗索瓦·利奥塔（Jean-Francois Lyotard），法国当代著名哲学家，后现代主义的主要代表。1950 年毕业于法国高等师范学校。1971 年获巴黎大学哲学博士学位。早年做过中学教师，后任教于巴黎第八大学哲学系。其主要著作有：《现象学》（1954）、《话语、图像》（1974）、《力必多经济学》（1975）、《后现代状况》（1979）、《公正》（1980）等。

利奥塔不同于其他后现代主义者。他既不像德里达，直接以“本质”、“本原”、“规律”、“理性”、“逻各斯中心主义”、“语言中心主义”为批判对象；也不像罗蒂，以哲学与文化的关系为基本点，去建构一个后现代理论。利奥塔另辟蹊径，将对本体论的批判转化为对知识的合法性和知识分子的地位的考察，以此来实现他“去中心”、消解同一性和整体性、放逐元话语的目的。

1. 在传统知识体系中，知识可分为叙事知识和科学知识两类

既然是通过考察知识的变化来阐述自己的后现代主义观点，利奥塔就不得不对传统知识体系做一个交代。利奥塔指出，在知识体系中有两类知识，即叙事知识和科学知识。

利奥塔认为，叙事知识是指其表达依赖于叙事形式的知识——“叙事是传统知识主张的典型”①，它有如下主要特征：叙事者讲述故事时，总是介绍自己的、祖先的、祖先的祖先的经验，主述者、聆听者和故事中的主人公三者可以相互转化，有时就是同一个人，而讲故事的最后目的是为了通过一次又一次的讲述，把过去的经验放进典章制度里去，使

---

① ［法］利奥塔：《后现代状况——关于知识的报告》，77 页。

其成为金科玉律，让人们永不忘记，也是为了告诉人们社会制度的合法化以及人们应依照哪些社会自身规定的评价标准去行动。这就是说，通过叙述传播的是一套构成社会联系的语用论规则，它具有一种直接的合法性，这种合法性是来自于自身——它合法是因为它做了它所做的事。概言之，“叙事性的说法，可以决定‘法定标准’的产生，或说明这些标准是如何应用在生活之中。因此这些叙事论说的功能，就是在所论及的文化里，去确定人们应该说什么，做什么。这些叙事说法之所以是合法的，仅仅只是因为这些说法能够自我救赎，自我再生”①。

科学知识不同于叙事知识，但又摆脱不掉叙事知识的“纠缠”。科学知识要求主述者必须提出证据，详述有关指涉物的一切真实情况，而聆听者也必须明确地赞成或反对。同叙事知识相比，科学知识不再是社会规范中直接相互关联的要素，它和社会的关系是一种相互外在的关系。科学知识是定义指称性的，它要指向一个对象，并且依据真实情况对对象做出判断，即通过论证或证明来证实或证伪。科学知识还有自身难以解决的问题，正是这一难题使得科学知识在叙事知识面前处于尴尬的境地，具体地说就是，科学知识无法使别人知道其为真，“除非它诉诸另一种知识——那就是叙事性的知识——而从科学的观点来看，叙事性的知识根本就算不上知识”②。这对于科学家来说无疑是一种无法摆脱的困境。

2. 在后现代状况下，知识成为了商品，是数字化的、技术化的和可操作的

利奥塔认为，在后现代社会中，知识已不再是传统意义上的知识，它的内涵和标准都已发生了改变。这种改变最突出的特点有两个：一是知识的量化和可操作性；二是知识的商品化。

利奥塔指出，后现代社会中的知识必须转化成批量的咨询信息，通过各种新的媒体，最终成为可操作和运用的资料，而一切不能转化成可被操作和输送的知识则将被淘汰。新的研究也将以它的最终结果是否能翻译成计算机语言为导向，一个判断是否能作为知识判断同样取决于它是否符合计算机语言的有关规定。这无疑是说，知识都应能转化成计算机语言或电脑语言或数字语言，也只有这种数字化的计算机语言或电脑语言才算是知识。我们知道，数字语言或计算机语言的一个最大的特

① ［法］利奥塔：《后现代状况——关于知识的报告》，82～83页。
② 同上书，101页。

性，就是它能快捷地、简单地进行大批量的复制、剪接、互文、腾挪、拼贴、传输。因此，计算机语言化的知识也就必须同商品一样，可以批量生产、翻制、运输、出售、更新。所以，一方面，知识的创造者、拥有者和运用者必须掌握计算机工具和操作技术；另一方面，知识的供应者和使用者之间的关系就如同商品的供应者和消费者之间的关系一样，是一种供求关系，今后的知识将为销售而生产。这表明，在利奥塔看来，产生法定标准、告诉人们应该如何的叙事知识已不为后现代社会所接纳，后现代状况下的知识是一种商品，是可以转化为数字和技术的、可操作性的东西，因此，它不仅是学识、知道，也不仅是一套定义指称性的陈述，它还是本事、能力和理解，也包括“如何操作的技术”、“如何生存”、“如何理解”等观念。因此，知识是一种能力问题。利奥塔说，这种能力的发挥，远远超过了用以获取真理的认识和实践，它可扩延到事关技术是否合格的效率、事关伦理智慧的公正快乐、事关听觉视觉的音色之美等的认定、应用的标准，它可以认识事物，可以做出判断，可以评价和转化。

3. 追求知识不是寻求共识，不是获得普遍性标准和法定标准，而是寻求差异和不确定性

依据上述分析，利奥塔认为，知识的获得不再是通过以往的途径，而是通过悖论推理。通过悖论推理获得的当前的知识与科学所追求的已不再是共识，精确地说是追求“不确定性”。利奥塔解释说，所谓不确定性，正是悖论的实际应用和施行的结果，它一定包括有挣扎冲突、半英雄式的竞赛斗争，并且“在悖论逻辑中，重点并非在达成一致的意见，而是要从内部破坏先前‘标准科学’已建立好的基础架构”①。换句话说，利奥塔认为，在后现代社会中，各种话语、知识之间不存在可通约的标准，“我们没有必要建立稳固的语言结合体，即使我们建立了语言的结合体，它们的特征也不一定是可以沟通的”②。所以，“知识不再以知识本身为最高目的；知识失去了它的‘传统的价值’”③，原有的关于规律、本质、本原的带有本体论性质的知识即“元知识”（利奥塔语）以及“那种凭借心智训练或个人训练来获得知识的旧式教育，已经

① ［法］利奥塔：《后现代状况——关于知识的报告》，21页。

② 秦喜清：《元叙事的危机与知识分子的坟墓——评利奥塔的知识分子理论》，载《国外社会科学》，1996（2）。

③ ［法］利奥塔：《后现代状况——关于知识的报告》，36页。

时过境迁，而且日渐衰竭”①。

利奥塔还认为，从19世纪末开始，科学内部还出现了一种“自蚀”现象，即：随着科学的快速发展，科学知识的危机却日益加剧。其具体表现就是，大一统的系统开始分化，整体之网的束缚开始分崩离析，科学被还以自由，科学只进行着自己的游戏，它无力为其他的语言游戏立法，因为其他游戏也都有自己的规则。社会也是由不同的游戏构成，社会主体就处于这不同的游戏规则之中，这种情景就如同维特根斯坦对语言的形象描述：语言犹如一座古都，其中有纵横交错的街道和广场，有新旧比邻、建于不同年代的房屋，城的外围则是由笔直宽阔的街道和整齐划一的房屋构成的新区，但城区会不断扩大。所以，利奥塔指出，在后现代社会中，元语言、法定标准、普遍性规则等越来越不可能。“我们面对的问题在于，以追求合法化为原动力，去从事解构合法化的活动”，而“如果我们对解构合法化要进一步探源并扩大其范围，那就开启了通往后现代流潮的路向：科学只能玩自己的语言游戏”②。

至此，利奥塔通过分析后现代社会中知识的内涵、标准和获得途径等的改变，宣告：元话语已经过时，元叙事的社会语境如英雄圣贤、拯救解放、伟大胜利等已散入了后现代知识的杂乱的星空中，人民不再相信伟大“推动者”、伟大“主题”，人们只运用“小型叙事”，只相信后现代世界是一个“凡人”的世界。

4. 知识的合法化与知识分子的地位发生危机，普遍的主体隐退，具体的知识分子登场

利奥塔认为，既然“元知识”已经不复存在，宏大叙事已经瓦解，那么知识的合法化以及知识分子的地位也就成问题了。

所谓合法化，在利奥塔看来，“就是一个立法者被认可具有权力去颁布一条法律，并使之成为系列规范。这个过程就叫做合法化”③。但是，如上所述，此时非彼时，后现代状况下的知识不是现代主义时期的知识，语言的整体被拆解，共识性的知识、规范、规则遭淘汰，知识不仅成为了可操作性的数字化的东西，还变成了支离破碎的、无法统一的、彼此之间也不再有共识的东西，而所谓的知识体系、全民知识只不过是各种无共识、不可通约的零碎知识的拼凑、拼贴。这就意味着不可

① ［法］利奥塔：《后现代状况——关于知识的报告》，35页。

② 同上书，126页。

③ 同上书，46页。

能有一种知识可以成为规则、标准以规范别的知识或他人，也不可能有一种具备某种知识的人可以制定规则、标准以规范他人或别的知识。所以，利奥塔说，合法化已经消失了或丧失了。

利奥塔还进一步指出，随着元语言、元叙事的解体，随着一体化知识状态被分解为各自为政的语言游戏，以往的普遍主体便急剧地隐退，社会主体自身也消融在各式各样的语言游戏之中了。利奥塔还认为，假如在后现代社会中还有知识分子的话，他也与传统的知识分子有别，传统知识分子是普遍的知识分子或普遍主体，而后现代社会中的知识分子则是具体的知识分子。正是在这个意义上，利奥塔说："不再应该有'知识分子'"①。

总之，表面上看，利奥塔是在单纯地谈论知识的内涵、标准、效用的变化，但实际上，利奥塔是在通过拆解知识的普遍效用、法定标准，通过把知识零碎化、异质化、数字化和游戏化，以达到消解元话语、普遍叙事、同一性、整体性、本体论以及放逐合法性之目的，达到颠覆传统哲学、解构现代性之目标。

四、哈贝马斯的现代性救助

尤根·哈贝马斯（Jürgen Habermas），德国当代著名哲学家、社会学家，法兰克福学派第二代代表人物。1945—1949 年先后在哥廷根大学、苏黎世大学、波恩大学学习哲学、历史、心理学、德国文学、经济学。1954 年获博士学位。1956 年到法兰克福社会研究所工作，任阿多诺的助手。后来在海德堡大学和法兰克福大学任哲学、社会学教授。其主要著作有：《知识与人类兴趣》（1968）、《作为"意识形态"的技术与科学》（1968）、《历史唯物主义的重建》（1976）、《交往行为理论》（1981）、《现代性的哲学话语》（1985）、《新保守主义》（1989）等。

哈贝马斯是以"非后现代主义者"的身份跻身于后现代主义者的行列的。说哈贝马斯是一位"非后现代主义者"，或说哈贝马斯是一位后现代主义阵营中的非后现代主义者，或说哈贝马斯是一位反后现代主义的后现代主义者，这需要做一点解释。众所周知，哈贝马斯坚决地或激烈地反对后现代主义，认为现代性并没有完成，而后现代性也是不可能的，他是以一位后现代主义的反对者的身份加入到后现代主义者的行列

① ［法］利奥塔：《后现代性与公正游戏——利奥塔访谈、书信录》，121 页，上海，上海人民出版社，1997。

的。所以，严格地讲，哈贝马斯算不上一位后现代主义者。但是，现在任何有关后现代主义的讨论，无论是赞成还是反对，甚至是客观地介绍，都绕不开哈贝马斯，都不得不提到哈贝马斯对后现代主义及著名的后现代主义者的批判。缺少了哈贝马斯，任何对后现代主义的介绍和讨论不但不精彩，而且也不会深刻。这就是哈贝马斯对后现代主义而言的特殊性，也是哈贝马斯既是一位后现代主义者又不是一位后现代主义者的原因。

1. 承认以理性为标志的现代性成了问题，但又认为现代性并没有完成

哈贝马斯先梳理"理性"概念。他指出，自启蒙运动以来，科学凯歌高奏，摧毁了全知全能的上帝，罢黜了宗教或上帝或教皇一统天下的局面，解除了人们生活中的权威。然而，科学却又凭借理性，把自己塑造成了新的权威，理性也因此成为了单纯的"科技理性"、"工具理性"，成为一切事物和问题的标准以及评判是非的审判官。科学和理性已经不再仅仅是解放生产力、推动社会进步、启迪民智、赋予人们力量和自由的利剑，它也可以是破坏人类的生存家园、残杀生灵、扰乱社会政治经济秩序的帮凶。它们给了人们丰富的物质财富，为社会规定了机械般的秩序，却又一步一步地掏空了人们的精神生活，打乱了人们的精神秩序和价值观念，让人们成为了精神的贫困者和无序价值观念的载体。科学和理性这把"双刃剑"越来越走向了自己的反面。不仅如此，科学和形而上学之间也出现了一道分水线，科学握有特权，企图成为知识唯一的合法形式，而所有其他知识种类都因此被贬为仅仅是知识的表达方式而已。因此，哈贝马斯认为，理性和现代性的确成了问题。

哈贝马斯还指出，面对理性的疯狂扩张和现代性本身存在的问题，哲人们纷纷起而批判，提出自己的解救之道。法兰克福批判理论的中坚人物阿多诺和马尔库塞认为，资本主义社会的一切矛盾和危机皆源于经济和科技，因此，他们采取否定和拒绝的态度，批判科技和理性，甚至否定和批判科技本身和发达工业社会中的一切。而德里达等解构主义者则不同，他们从行动领域和以寻求真理为己任的"宏大叙事"退回到文化领域，力图在文化领域内通过改变语言结构和进行文化批判，消解理性和科技的极端片面性以及传统哲学的形而上学性。但是，哈贝马斯既不同意阿多诺和马尔库塞否定一切的消极主义态度，又不赞成德里达等人以文化领域的彻底解构代替现实批判的做法。哈贝马斯认为，资本主义的科技和理性出现偏差进而现代性出现偏差的原因并不在于科技，而在于日益官僚化的行政机构以及由此而来的文化意识形态防御系统。因

此，需要改革的是资本主义的上层建筑领域，唯有此，方可使人们冲破资本主义的文化意识形态系统，摆脱思想压制，进行自由交流，重建新型人类关系和新理性。

哈贝马斯还进一步指出，生活的形式是多元的，是多种整体性并存的，这多种整体性之间有差异，也会产生摩擦，但它们可以自行适应、调和、调整这些差异和摩擦。哲学、价值观和信仰体系也是如此。哲学可以改造，以应付理性的方方面面的问题；而理性是人类生活形式之一，与社会生活之间处于一种互动的关系中。因此，尽管理性一次又一次地被误用、被歪曲，它也仍然会顽强地在每一个成功而不张扬的交往行为中提高自己的声音。

因此，哈贝马斯认为，尽管西方自古希腊以来的哲学理性观的确出现了偏差，是在走着一条否定自己、放逐自己的不归路，但还不至于到了不可救药的地步，需要后现代主义批判现代性，全面颠覆主体性、总体性、同一性、本原性，销蚀语言背后的意义、表层下面的深层、现象后面的本质，代之以非中心、非主体、非整体、非本质、非本原。从另一个角度讲，启蒙运动动摇了宗教传统的社会一体化力量，但对于能不能从理智所具有的达成共识、统一认识的力量中为自己找到一个有效的对应物的问题，尚没有结论，怎么能说启蒙运动已经完成了它的解放大任，怎么能说现代性已经完结了呢？

2. 主张后现代性是不可能的，强调交往和共识，建立“新理性”

如前所述，面对科学观和理性观出现了偏差，传统形而上学又大行其道的局面，德里达等后现代主义者彻底解构传统的理性观和形而上学，否定任何秩序、一般、普遍、共识、本体、本原、本质等。哈贝马斯也批判现代性，但是，他的批判路向却与后现代主义者有着本质的不同。具体地讲就是：一方面，哈贝马斯认为现代性并没有完结，而且认为后现代性也是不可能的；另一方面，哈贝马斯强调理性、共识、一般和普遍等，致力于建立一套新理性，因为他坚信“自己能证实一个种类为了生存必须依靠语言交往和合作的结构，理性的活动必然要依靠理性”，所以，“在合法性主张中，无论我们身处交往行为而被迫去调整自己的方法多么含蓄，也不管受到多少次压制，隐蔽的理性要求始终矢志不移”①。

另外，哈贝马斯还从“兴趣”入手。在哈贝马斯看来，兴趣参与认

① ［德］哈贝马斯：《现代性的地平线》，19页，上海，上海人民出版社，1997。

识，是连接认识主体与客体对象的中介，兴趣不同，主体便与不同的客体对象联系，从而产生不同的认识领域，创造出不同的知识。哈贝马斯认为，人类有三类基本的兴趣：一是关注物质存在，关注对现存事物进行物质再生产的技术；二是关注对情景意义的理解，关注人与人之间的相互了解、相互交往；三是关注阻碍人们相互交往的社会因素，力求加以克服，实现人类的自由、解放。上述三种兴趣，分别创造了三种基本知识，即科学、形而上学和批判理论。这里，哈贝马斯实际是想将科学、形而上学、批判理论三者并列，以便既消解科学的中心地位，抨击科学是价值中立的观点，又重新强调形而上学和批判理论，并将人与人之间的交流、沟通、理解和获得共识作为研究的重点。因此，哈贝马斯的“新理性”实质是一个追问意义的过程，是一个人们通过交往、交流并对阻碍交往、交流的社会因素进行批判而达到一种具体的共识的过程。

可以看出，哈贝马斯强调的共识，在某种意义上就是规范、规则，就是一般、普遍，就是事物背后的意义、现象背后的本质。所以，哈贝马斯对共识的强调，不仅有力地反驳了德里达、利奥塔、福柯等人反中心、反本质、反理性的彻底解构本体论的观点，也反击了他们关于“作者死了”、“阅读就是误读”、一味追究差异的相对主义——甚至是怀疑主义——的认识论。这就必然要引来后现代主义者的反对和反击，引发了现代西方哲学发展历程中的几场最为令人关注、引人思考，也最为精彩、让人激动不已的论战：哈贝马斯与贝尔的争论、哈贝马斯与利奥塔的争论、哈贝马斯与德里达的争论。

3. 哈贝马斯与利奥塔、德里达论战，再次强调共识和现代性的未完成

哈贝马斯与利奥塔的论战是围绕着“共识”展开的。如前所述，在利奥塔看来，“现代”意味着某种元话语、某种宏大叙事，意味着那些依靠元话语、宏大叙事而使自己取得合法性的科学，如精神辩证法、意义阐释学、理性或行动主体的解放、财富的创造等，而“后现代”是对元叙述的怀疑，对宏大叙事的解构。所以，“我们不可能苟同哈贝马斯关于合法化问题的引导去求得普遍的共识，去追求他所说的‘焦点对话’达成共识。对此我们必须缜思而明察”①。利奥塔还认为，“合法性”在后现代状况下是一个受实用主义需要摆布、纯技术操作性的问

① ［法］利奥塔：《后现代状况——关于知识的报告》，186页。

题，合法性的知识必须是能够转化成符号或可供操作的知识，绝不是像哈贝马斯所认为的，存在于通过讨论而达成的“共识”中。共识已经变成一种过时的和可疑的价值，共识损害了语言游戏的异质性。所以，为了表明后现代主义者反对“共识”、普遍和一般的决心与态度，利奥塔和福柯等人的著作中从来就没有“我们”二字，福柯还曾说，他不喜欢也让自己动辄就以“我们知道有一种更好的办法，让我们共同去寻找吧”的口吻说话。利奥塔和福柯等不让自己说出“我们”二字，生怕与这个主体认同。

然而，在哈贝马斯看来，我们从事任何批判，首先必须有一个立场，有一个判断是非的标准，一个能够摆脱一种“自我指涉式的批判”的判断标准，离开了这个前提和标准，谈论元叙述的怀疑、宏大叙事的解构，就失去了任何意义。哈贝马斯还一再重申，他的新理性的根本出发点是：生活的形式、价值观和信仰体系等总是呈现为多元的整体性，尽管多元整体性的共存会产生摩擦，但这种差异并不自动形成不可调和性，而是通过交往、交流，仍可以达成一定的共识。这实际就是说，任何知识、任何科学都有自己的原则、前提和标准，否则，千人千个想法，万人万个标准，任何沟通都难以进行，批判岂不就成为了与自己想象中的敌人作战，成为了堂吉诃德式的战斗？又何来大家认可的——哪怕是极为相似的——知识与科学？

哈贝马斯与德里达的论战有别于与利奥塔的论战，是围绕着哲学与文学批评之间的文类区别能否抹杀而展开的。但是，尽管如此，哈贝马斯的主张并没有改变，即坚持现代性并未完成。

德里达说：“我是一个流浪的哲学家”，是一位不断穿梭在文本之中的“流浪”的哲学家。的确如此。在他看来，一切语言的最基本特性就是符号，换句话说，一切语言首先都是作为符号出现的，因此，一切写作——无论是文学的也好，还是哲学也罢——都是由符号构成的文本。这就是说，在德里达看来，哲学也是修辞性的、叙述性的、不再揭示事物本质的文本，哲学文本的基本内容也可以通过文学批评获得。德里达打通了哲学话语与文学批评两个领域之间的隔阂，抹平了它们之间的界限，因此，在他看来，阅读一部哲学著作就像阅读一部文学作品一样，其意义完全来自于阅读者的理解和解释。这就否认了作者的存在，否认了中心思想的存在，否认了共识。

面对德里达等解构主义者取消哲学话语与文学批评之间的区别——实质是否认共识、取消哲学——的做法，哈贝马斯奋起还击。哈贝马斯认为，语言有多种功能和表达形式，除表现为文学批评的语言和诗学的功能外，语言还表现为日常交往语言、哲学话语及文学、艺术、科学、道德多种专门话语等形式，担负起各种不同的功能，而德里达则把语言的一种功能即诗学的功能抬高到涵盖一切的程度，其结果是，混淆和抹杀了语言所具有的其他一切功能，混淆和抹杀了各门话语的独立地位及它们之间的区别和复杂关系。哈贝马斯还严厉地指出，德里达的解构主义哲学是一种思想的倒退，是一种没有出路的哲学，要想摆脱这种处境，就应该回到启蒙运动所开创的现代性和现代性构想之中。可以看出，哈贝马斯始终给哲学话语保留着空间和地位，始终坚持着哲学话语相对独立性，强调哲学与文学及其他学科间的区别，也始终坚持着后现代性不可能到来及现代性仍未完成的主张。

第三节　后现代主义的合理性与失误

从前面的论述中，我们不难看出，后现代主义犹如一股强劲的台风，以摧枯拉朽之势，把传统哲学连根拔起，视之为“敝帚”，抛之于荒野；又犹如一把利剑，直接刺向资本主义，使资本主义的弊端在文化领域内暴露无遗。但是，也正是在这种强劲的摧毁和无情的揭露中，后现代主义又走向了另一极端——虚无主义。

一、后现代主义的合理性

后现代主义的出现既依赖于一定的社会土壤以及一定的思想理论背景和资源，又是对社会现实的理论思考的结果。因而，后现代主义没有离开人类社会文明的发展轨道，也没有游离于西方哲学的发展之外。它的存在如同它的出现一样，必然具有一定的合理性。

第一，后现代主义坚持了哲学的批判性。马克思主义认为，哲学是一门“追思”的学问。哲学不是既定的知识，不是现成的结论，不是实例的解说，也不是枯燥的条文，它需要批判性、创造性，需要对生活和理论进行不断地质疑、反思，它要引导、激发人们在社会生活的一切领域永远敞开自我反思和自我批判的空间。因而，批判性或批判精神是哲学不可或缺的特性和品格。后现代主义恰恰高举了哲学的批判精神这面大旗，对以往的一切以及不同于自己的一切都进行了无情而“残酷”的批判、解构，如哲学本体论、传统哲学的“二元论”、形而上学的思维方式以及西方社会的现代化、现代性、科学技术的负面效应——自然也包括马克思主义哲学的部分观点——等都成为了它们解构的对象。如果说后现代主义在坚持哲学的批判性上有什么不足的话，那就是它们批判、解构得过头、过火了，甚至走向了极端。

第二，后现代主义关注时代、关注现实。马克思说过，哲学是时代精神的精华。马克思主义强调，哲学必须面对现实，必须紧跟时代，因为哲学需要从社会现实中汲取养分，需要在对现实的分析批判中获取灵感、反思自身。而哲学的批判性也要求哲学直面现实、直面生活。如前所述，后现代主义的出现，既源于对西方社会现代化变得敌视人这一状况的愤然不满和激情批判，又是这种激情批判中的理论建立，即后现代主义是在反思资本主义发展的命运、反思现代化过程的利弊，以及反思作为资本主义现代化的理论基础的理性主义和启蒙精神的正确与否的基础上建构起来的。所以，后现代主义既是当代资本主义文化发展的必然产物，更是当代资本主义社会内部诸矛盾冲突的必然结果。因此说，后现代主义具有一定的现实性和时代性。

第三，后现代主义批判了形而上学的思维方式，反对包罗万象的近现代世界观。马克思主义认为，形而上学一方面坚持僵死的“二分”或“二元”，另一方面又因双方的不相容而走向极端——要么全盘肯定，要么全盘否定。所以，一旦是形而上学坚持和主张的观点，就是绝对的客观、公正、正确，就是绝对真理，就是一种包罗万象的存在，因而也就是唯一的和永恒的。后现代主义认为，正是在这种形而上学思维方式的影响下，西方社会在对现代化、现代性和科学的作用等问题的理解上出现了偏差，即总是以“二元对立”和“绝对真理”的视角理解社会及其发展问题，因而出现了令人难以忍受的负面效应。后现代主义的这一批判，动摇了伴随着近代自然科学——近代自然科学开启了西方现代社会的大门，并为西方社会创造了堆积如山的财富，其本身也是西方人引以为自豪的财富——而来的形而上学的根基，也动摇了扎根在人们心中的传统观念。

第四，后现代主义看重被现代性所忽视的一切，看重现代性之后和之外的一切，例如，不确定性、异质性、无序、平面化等，而对于被现代性所看重的一切，如原则、整体性、确定性、权威、统一性、规律等都加以拒绝。应该说，后现代主义抓住了现代主义的问题，击中了现代主义哲学的要害，是对西方哲学发展的一次深刻的理论反省，有助于西方哲学大胆尝试着跳出传统哲学的藩篱，朝着另一个方向发展。①

第五，后现代主义对资本主义社会现实进行批判和鞭笞，对科技理性和工业文明进行质疑和解剖，具有双重的现实意义。一是，后现代主义揭露了资本主义社会的矛盾和危机，戳穿了资本主义社会的伪装和本质，这不仅可以促使资本主义正视自己的弊端，也有利于人们看清资本主义的真面目。二是，后现代主义揭示了资本主义在现代化过程中出现的问题和症状，指出了工业化的误区，这对于正在从前现代化走向现代化的国家无疑具有启示和警示作用，也有可能使这些国家在进行现代化的过程中能够跨越资本主义的"卡夫丁峡谷"，即有可能避免经受资本主义的苦难而利用资本主义的现代化成果，从而使自己完成现代化。

二、后现代主义的失误

如前所述，后现代主义是对传统哲学和资本主义现实的"矫枉"，但"矫枉过正"。正是这种"过正"，又使后现代主义不免带有一定的局限性。

第一，怀疑主义、虚无化。形而上学强调同一性、整体性，但是却抹杀了同一和整体内部的差异性，使同一和整体变成了僵死的、封闭的、毫无生机的"城堡"，如传统哲学中的"原子"、"单子"。"原子"和"单子"是封闭的、不可分的、自本自因的，没有供其他事物进入的窗口（"原子"和"单子"还是传统哲学信奉的"始基"，是"基础主义"的典范）。形而上学也强调事物的本质、基础，强调"主体—客体"、"现象—本质"的"二分"，但是却把本质、基础绝对化、抽象化，变成了如同"单子"般的万事万物的"始基"——万物皆源于此，也复归于此；把"主体—客体"、"现象—本质"的"二分"僵死化、模式化，变成了"敌对"的两极。可以看出，形而上学的错误不在于它承认同一性、整体性、事物的本质、基础及"二分"，而在于它把这一切绝对化、僵死化、封闭化了。后现代主义力图在形而上学封闭的"城堡"上凿出一个窗口，但是却彻彻底底地摧毁了这一"城堡"，使之变成了一堆碎片和一个瓦砾厂，以碎片、差异和多样性代替了形而上学的同一和整体，以反本质、反基础、虚无化代替了形而上学的本质、基础和"二分"，以解构一切、摧毁一切的态势以及"人一次也不能踏入同一条河流"的态度对待一切事物。这样，后现代主义在使被形而上学僵死

① 参见冯俊等：《后现代主义哲学讲演录》，24页。

化、凝固化的世界重新动荡起来的同时，又震碎了、虚无化了这个世界，“作者死了”、“人死了”、“怎么都行”以及“存在就是差异”构成了后现代主义的主旋律，人们在面对这个虚无的、瓦砾般的世界时变得无所适从，几乎也成为了一种虚无。因此，后现代主义走向了另一个极端。

第二，反对理性，消解主体性。自启蒙运动以来，理性得到了长足的发展。尤其是进入20世纪以后，科技理性昂首阔步。科技理性在使社会现代化和带给人们充分、精致的物质享受的同时，却又带来了极为恶劣的负面影响，这主要表现为自然的严重破坏和人的主体性的几乎完全丧失。后现代主义将这一切归罪于理性尤其是科技理性的恶性膨胀和形而上学思维方式对人们的左右，进而主张消解主体，反对理性。德里达说，“文本之外，别无他物”，一切都是游戏而已，而“游戏的规则已被游戏本身替代”。罗蒂指出，“合理性”并不是指人们通常认为的“有条理”或“拥有事先制定的成功的标准”，而是指某种“清醒的”、“合情理的”，是一种“道德德性”。“无根基”、“碎片化”以及“人死了”、“怎么都行”这种虚无主义态度必然导致“理性的丧失”和“主体的消亡”这一结论。

其实，理性本身并没有错，理性也不可能被消解。一是因为理性是人所特有的，二是因为人们仍然只能依赖主体，用理性去纠正理性的偏差、恢复人的主体性。西方学者J. 马什在评论后现代主义对理性的批判时曾说：“我愿意分担后现代主义对资本主义制度的不满，分担它超越这一制度而达到新领域的愿望，分担它对自我中心的、实证主义的和工具性的理性形式的醒悟，分担它关于现代社会病态的苦恼……我同后现代主义者一样愿意推动智力、文化和政治进步，不愿意开倒车或固守现代自由资本主义社会的现状。”但是“能够不用理性方法而进行理性批判吗”①？因此，问题在于如何去恢复人之为人的本质特性，如何使理性健康、有序地——对人和对自然而言都是如此——发展和发挥作用，而不是形而上学式地走向另一个极端。所以，应该说，后现代主义对当代西方社会的把脉是准确的，可惜却开错了药方。

第三，相对主义。后现代主义解构传统哲学的一个最重要、最有效的策略就是把哲学与文学混淆起来，抹平它们之间的界限，把哲学仅仅

---

① ［美］J. 马什：《逃避策略：后现代理性批判的自我参照性悖论》，转引自王治河：《扑朔迷离的游戏——后现代哲学思潮研究》，24页，北京，社会科学文献出版社，1998。

当做一个文本来阅读。不仅如此，后现代主义认为，阅读就是一种误读。因此，每个人都可以读出不同于他人、不同于（上一次和下一次的）自己的东西。此外，后现代主义还摧毁一切标准，奉行"怎么都行"（费耶阿本德语）的主张。这样，后现代主义必然会走向相对主义。其实，正如哈贝马斯所言，共识、规则和标准是存在的，哲学语言也有别于其他的语言。我们也认为，尽管哲学不能永远困守在抽象思维的象牙塔，不能以拥有逻辑概念、自明性意义而过分矜持自傲，但哲学有自己的学术规范，有自己的概念体系，尤其是，哲学自古以来就以揭示事物的本质、寻求共识和一般为己任。而利奥塔、福柯等"极其害怕又陷入某个'主体'的一种元叙述，他们明明属于这个主体的同代人的文化，然而就是不让自己说出'我们'二字，生怕与这个主体认同"①。这是多么得可笑，又是多么得可悲！

第四，局限于知识范围内的批判与解构。后现代主义把现代性（严格地讲，是西方社会现代化进程）引发的一系列的社会问题归罪于现代性观念或西方几千年以来的形而上学思维方式，这样就把一个活生生的现实社会问题简单地等同于一个观念问题或一个哲学问题，等同于一种片面的思维方式。于是乎，后现代主义就针对传统哲学和形而上学思维方式进行近乎"疯狂"的批判和解构，在尼采推倒上帝、福柯推倒"作者"和"人"之后，推倒一切，并主张以一种"怎么都行"及游戏人生的态度和心态对待一切。正因为后现代主义是以知识生活涵盖整个社会生活，或者说仅仅从知识状况出发思考当代社会，所以，后现代主义只是表征着对当代社会的一种知识态度，这也就使得后现代主义在一阵宣泄之后必然是疲惫不堪，并走向分化和衰落。

第五，一种反形而上学的形而上学。后现代主义为了避免重蹈传统哲学的覆辙，为了不授人以把柄，只能是义无反顾地一路拆解下去，甚至是对"我们"二字也避而远之。但是，后现代主义在反对、拆解形而上学和传统哲学上所持有的极端性，并没有使它远离形而上学。因为，后现代主义一方面解构了真理、价值、本原、在场等传统哲学的主要概念，另一方面却又保留、借用了传统哲学的另一些概念；一方面消解或解构传统哲学的"基础"、"逻各斯"、"整体性"、"本质"以及"二元论"，颠覆了等级、结构、权威，赋予意义以不确定性，另一方面却又把非基础、非本质、边缘、碎片化、反理性等推崇为新的"神圣"，赋

① 盛宁：《人文困惑与反思》，256页，北京，三联书店，1997。

予了“意义的不确定性”、非中心等以确定性和权威，建构自己的“后现代”。所以，后现代主义只是以和传统哲学相对立的形而上学代替了传统哲学中的形而上学，走向了另一个极端，成为了一种反形而上学的形而上学。无怪乎，罗蒂在看出了德里达企图逃避传统形而上学的牢笼后指出，德里达不得不使自己也变成一名形而上学家去辩论，“因为除了通过将自身伪装在存在者内以外，存在从来没有一个‘意义’，从来没有被这样思考或言说。而分延在某种很奇怪的方式上却比这个本体论的区分或存在的真理‘更古远’……这个无底的棋盘没有支持也没有深度，存在就是在这个棋盘上介入了游戏”①。这分明是说，在存在的背后仍然存在着一个更深更远的“根”、更加神秘更加难以捉摸的“本”，这就是巨大无际并且抽象的“无”。对抽象的“无”的执著，只会使德里达回到被他解构的形而上学那里。

总之，后现代主义为了一味地批判、解构，把批判和解构这种拆解传统哲学的手段当成了目的本身，不敢轻言“建构”，最终只能是自己设下圈套自己钻，无形中为自己编造了“牢笼”。在这种“自囿”中生存的后现代主义走向衰败，也就成为了一种必然。

① ［法］德里达：《哲学的边缘》，转引自王岳川：《后现代主义文化研究》，225页。

第四章 后殖民主义

在当代西方社会理论中，后殖民主义、后殖民主义理论与后殖民主义批评三个术语相互置换，简称为后殖民理论或后殖民批评。所谓后殖民，可以在三重意义上把握：（1）用以指称曾经沦为殖民地而今已经获得独立的民族国家及其人民，如后殖民国家、后殖民知识分子；（2）用以指称对西方文化殖民的历史事实及其后果的反思、批判和研究，如后殖民理论、后殖民批评；（3）用以指称殖民主义时代结束以来的全球政治、经济和文化格局，如后殖民世界、后殖民时代。概而言之，作为一种理论批评话语和社会思潮，后殖民主义所针对、所反思的就是欧洲殖民主义这一历史事实及其造成的各种后果，它立足于哲学、历史学、文学、人类学、心理学和文化学等学科的交叉研究，广泛涉及文化与帝国主义、殖民话语与西方对东方的文化再现、全球化与民族文化身份，以及国家、种族、阶级、性别间的关系等问题，并对冷战之后的全球关系做出展望。

后殖民主义产生于20世纪70年代末，以萨义德出版《东方学》一书为标志。后殖民主义成为一种影响广泛的西方社会思潮，则是在20世纪80年代末90年代初。随着文化问题在社会生活中的凸显，后殖民主义关于东西方间文化关系的思考获得了越来越广泛的关注，欧美一些国家相继召开了一系列后殖民主义理论研讨会，出现了各种专门从事后殖民文化研究和批评的期刊，大学也开设了有关后殖民文学、批评和理论的课程。后殖民主义已逐渐成为一种独特的文化研究模式，并产生了广泛的社会效应。

第一节　后殖民主义的兴起

和其他社会思潮一样，后殖民主义的兴起绝非空穴来风，而是有其特定的社会历史背景。概括地说，这种背景就是西方对东方的殖民及其后果。殖民主义时代早已过去，但“过去”并不意味着殖民历史在思想和社会空间中彻底消失，相反，它依然在当代的生活中发挥作用。因此，后殖民主义不仅仅是一种“历史”研究，而更重要的是一种“现实”研究。后殖民主义借用的理论资源林林总总，从总体上说，这些理论资源都属于批判理论。就其基本特征而言，后殖民主义是从既有的文学研究、文本研究出发，走向文化研究。而文化研究本身就是当代社会理论的重要组成部分。

一、社会历史背景

概括地说，后殖民主义兴起的社会历史背景主要是：第二次世界大战后东西方国家关系的紧张；具有东方血统和生活经历的知识分子进入西方学术界；冷战结束后民族主义重新崛起；经济全球化时代发展中国家对民族文化独立性的追寻。

1. 第二次世界大战后东西方国家关系的紧张

第二次世界大战结束后，亚非拉一大批过去的殖民地相继获得了政治上的独立，传统的帝国解体了，然而帝国主义并没有立即终止，没有彻底成为“过去”，而仍然是经济、政治与军事关系中最强大的力量。传统的联系仍然将阿尔及利亚和印度这样的国家与法国和英国连在一起。例如，众多来自前殖民地的穆斯林、非洲人和西印度群岛的居民现在住在欧洲宗主国。一些西方人始终坚信自己是现代文明的捍卫者，对全球负有领导责任，不断把自己关于法律和正义的观念强加给世界，惯于在“自由”和“人权”的幌子下干涉他国内政。与此同时，获得独立的国家和地区在经济和社会发展中，也遭遇到各种各样的困难、挫折和失误，这也不可避免地强化了某些西方人的信念，似乎前殖民地国家依然离不开西方的引导，甚至需要再度殖民地化。特别是美国，一直对第三世界进行干涉，从发动战争、策划政变到公开的颠覆，从暗杀到对“反政府军”的财力支持，尽管美国国内不乏反对的声音，但政府、决策者、军方、思想库、新闻媒体和学术界，都极力强调美国干预的必要性和正当性。一代又一代人所使用的为美国在全球扩张势力作辩护的理论几乎没有什么变化。在这样的背景下，如何看待殖民主义时期及其之后的世界，就成为至关重要的理论议题。后殖民主义正是这种理论议题的产物。

2. 具有东方血统和生活经历的知识分子进入西方学术界

世界上存在着各种不同类型的文化，它们奉行不同的甚至是相去甚远的价值观，每一种价值观都有其特定地域、民族、社群的适用性，不能简单地以高下优劣来评判这些文化和价值观，更不能把西方启蒙时代以来培育的价值观视做唯一正确的价值观。这些今天看来是常识性的东西，实际上直到20世纪中期后才逐渐为西方学术界所接受。其结果是，人们不再简单地把西方文化和东方文化的区别看做传统与现代的对立关系，而是承认多元文化的同生共存。特别是在美国这样一个多民族的移民国家，愈来愈多的人开始承认美国社会多种文化并存的事实，开始关注少数民族的生存。与之相应，以少数民族等社会边缘群体为研究对象的学科逐渐得到发展，并成功地在高等学府和科研机构获得立足之地。这些学科试图从边缘的、弱势群体的立场出发，对社会主流文化展开批评。出生于边缘群体、具有社会底层生活经历的知识分子自然就具有优先的发言权。表现在东西方关系研究领域，就是一些具有东方血统并在前殖民地国家生活过的人开始进入美国的学术界，而且获得了比较高的地位。

例如，原创性的后殖民理论家萨义德（1935—2003）生于巴勒斯坦的耶路撒冷，早年在耶路撒冷和开罗就学，后随父母移居黎巴嫩，并在欧洲国家流浪，1951年到美国深造，先后获得普林斯顿大学学士、哈佛大学硕士和博士学位，之后长期在哥伦比亚大学任教，并任《批评探索》、《疆界2》等著名刊物的编委或顾问。斯皮瓦克（1942—）生于印度西孟加拉邦的加尔各答一个都市中产阶级家庭，1959年在加尔各答大学英文系完成本科学业，之后赴康乃尔大学攻读硕士和博士学位，现为匹兹堡大学英语与文化研究系教授。霍米·巴巴（1949—）出生在印度孟买的一个商人家庭，早年接受印度教育，后到英国求学，师从著名的西方马克思主义理论家特里·伊格尔顿。在经历了从边缘到中心的漫长的治学之路后，巴巴于1994年被芝加哥大学聘为客座教授，2000年底任哈佛大学客座教授。这些人的特殊经历使得后殖民主义获得了独特的研究视角和方法，并在广大后殖民国家引起了相当强烈的反响。

3. 冷战结束后民族主义重新崛起

在殖民主义时期，殖民统治者随心所欲地划分边界，其结果或者是不同的部落被强行拼凑在一起，或者是具有同一种文化渊源的民族被拆散。在反抗殖民压迫的过程中，殖民地人民团结一致，共同反对殖民者；而殖民者被赶走之后，殖民地上获得解放的人民就面临自我身份的认定问题，需要协商建立民族国家的条件。这种情况在非洲和中东地区都可以看到。在以美国、苏联为首的两大阵营对峙时期，意识形态的对抗具有首要地位，民族国家内部和民族国家之间的矛盾有所抑制。进入20世纪90年代，随着冷战结束，意识形态对抗退入幕后，世界政治格局和秩序重新组合，民族国家内部及民族国家之间的矛盾再次凸显出来，一些民族国家分裂为相互争斗的种族区域，以民族的同质性为诉求的分裂运动导致了血腥纷争。这些都要求深入研究殖民主义历史和当今民族国家的关系，民族主义文化与前殖民时期的传统，以及民族文化身份的建设等问题。后殖民主义引起广泛的关注，在一定程度上就在于它前瞻性地触及这些问题，而这些问题的愈益重要，又推进了后殖民主义研究的深入。

4. 经济全球化时代发展中国家对民族文化独立性的追寻

20世纪90年代以来，经济全球化作为一种现实的客观进程呈现在世界各国面前。作为世界性生产和交往发展与深化的产物，经济全球化在促进世界市场的进一步形成，自然资源、资金和劳动力在世界范围内的统一配置等方面，都具有毋庸置疑的进步意义，反映了社会发展的客观要求，代表了不可逆转的历史趋势。随着经济的全球化，民族国家之间的差异主要通过其文化表现出来；而经济全球化并不仅仅局限于经济意义，西方发达国家在向全世界传播科学技术和经济管理经验的同时，也在倾销资本主义的价值观和欧洲中心主义的意识形态，试图形成西方文化的全球化，由此，发展中国家如何在经济全球化进程中保持自身文化的独立性，如何在展开东西方文化交流的同时保持民族文化的特色，就成为亟待解决的问题。借着这些问题，后殖民主义的理论思考获得了更为现实的研究目标，具有了更为紧迫的研究价值。

二、理论来源

后殖民主义的理论来源主要是非洲的殖民主义批评话语、马克思主义的民族国家理论、葛兰西的文化霸权思想和福柯的权力话语理论。此外，德里达的解构主义、弗洛伊德和拉康的精神分析学也为后殖民主义提供了重要的理论资源和方法。

1. 非洲的殖民主义批评话语

后殖民主义的理论渊源是20世纪20年代以来兴起于非洲大陆的殖民主义批评话语。殖民主义批评话语是与民族解放运动相伴而生的，在反对西方殖民统治，追求民族独立的过程中，非洲本土的知识分子对西方的“同化”政策展开激烈批判，以呼吁非洲民族意识的觉醒，维护非洲本土文化的尊严。其中特别值得注意并且为后殖民理论家频频称道的，有艾梅·赛萨尔、弗朗兹·法农和希努亚·阿契比等人。

在20世纪30年代末发表的《重归故里》中，赛萨尔就倡导黑人文化传统认同。在1955年出版的《关于殖民主义的话语》中，他揭示了西方文明与殖民主义的内在关联，指出殖民统治等于将人物化，强调黑人文化传统认同精神就是：知道自己是黑人，接受这一事实，维系自己作为一个黑人的命运、历史和文化。他要求认真研究殖民主义是如何将殖民者野蛮化从而使其人格降低的。起初，他把无产阶级革命和殖民地人民的解放视做相关的问题，后来则认为对当今世界的任何分析，都应把种族问题和殖民主义问题放在首位，从而预示了后来的后殖民理论。赛萨尔的思想对法农等人有很大影响。

在《黑皮肤，白面具》、《地球上不幸的人们》、《走向非洲革命》等著述中，法农揭示了心理因素和政治因素的相互作用，阐明殖民主义不仅影响社会，还影响到个人，导致黑人与自我的疏离。这一思想要求认真对待心理分析，注意宗主国的影响会渗透到殖民地人民的头脑和小说中去。他辩证地看待本土知识分子为捍卫民族文化所做的工作，强调民族文化不等同于民俗，为民族文化而战，也就是为民族的解放而战，只有在人民的斗争中，非洲黑人文化才能获得其特质。萨义德指出："法农是第一个认识到正统的民族主义走着帝国主义铺设的道路的重要反帝理论家。这个帝国主义虽然似乎是把权威让给了民族资产阶级，但实际上是在扩张它的霸权。所以，简单地讲述一个民族故事就是在重复、扩大并且制造新形式的帝国主义。"①

在1958年发表的小说《崩溃》中，阿契比以非洲人的视角讲述了一个殖民地遭遇的故事，对一些西方视做理所当然的观点进行了直言不讳的批评，还主张非洲作家有权用英语表达自己的思想。在后来发表的《非洲作家与英国语言》、《非洲的形象：康拉德〈黑暗的心〉中的种族主义》等作品中，他揭露西方文化批评家所谓的普适性概念实际上具有西方的民族性内涵，呼吁非洲文学应拒斥这样的普适性观念。

一方面，强调民族文化的独特性，坚持非洲就是非洲自己，非洲人要从自己的文化源泉中汲取灵感，而不能把西方文化看做普适性的东西；另一方面，又强调决不能为了抵制殖民主义对民族文化传统的篡改而完全转向过去——非洲的殖民主义批评话语，不仅率先从文化角度解读殖民，重视民族文化的建设，而且逐渐表现出超越民族主义的可贵努

① ［美］萨义德：《文化与帝国主义》，390页，北京，三联书店，2003。

力，为后殖民主义提供了思想先导和理论基点。

2. 马克思主义的民族国家理论

后殖民主义的大多数理论家都研究过马克思主义，有些还信仰马克思主义。马克思在《不列颠在印度的统治》、《不列颠在印度统治的未来结果》等文章中谴责英国殖民者摧毁了印度社会的整个结构，使印度斯坦"同它的一切古老传统，同它过去的全部历史，断绝了联系"，"不列颠人给印度斯坦带来的灾难，与印度斯坦过去所遭受的一切灾难比较起来，毫无疑问在本质上属于另一种，在程度上要深重得多"①。马克思指出，英国在印度要完成双重的使命：一个是破坏的使命，即消灭旧的、亚洲式的社会；另一个是重建的使命，即在亚洲为西方式的社会奠定物质基础。由此可见，马克思对英国在印度的殖民统治是辩证地分析的：印度在前殖民时期并不曾有过一个黄金时代，英国则充当了历史的不自觉的工具。萨义德对马克思的第一个判断大加赞赏，却对马克思的第二个判断不无微词，认为马克思也未能摆脱欧洲中心主义的束缚。但无论后殖民理论家对马克思肯定也好，批评也好，都无法忽视马克思对殖民主义历史的批判性思考。

在一些后殖民理论家看来，列宁的《帝国主义是资本主义的最高阶段》是迄今为止对帝国主义阐释最为透彻的经典著作。列宁认为，民族之间并不构成根本性的冲突，只是到了近现代，资产阶级和无产阶级成为社会的两大基本阶级，才形成了两种根本对立的民族观和民族政策——资产阶级民族主义和无产阶级国际主义。在资本主义上升阶段，资产阶级民族主义具有反对封建主义和反对民族压迫的进步性；到了帝国主义阶段，资产阶级民族主义就变成了民族利己主义、大国沙文主义和殖民帝国主义，而被压迫民族的民族主义，则具有反帝、反殖、反对种族冲突的性质和内容。列宁强调，无产阶级事业和被压迫民族的解放斗争是不可分离的，全世界无产阶级同被压迫人民、被压迫民族要联合起来，共同反对帝国主义。以马克思列宁主义为理论指导的俄国十月革命，提供了帝国主义时代建构民族国家的新途径，并从根本上影响、鼓舞和推动了第三世界民族解放运动的发展。

在以美国、苏联为首的两大阵营对峙时期，一些后殖民理论家出于对苏联霸权主义的戒备和反对，以及难以区别马克思主义和苏联奉行的政策，往往讳言对马克思主义民族解放思想和民族国家理论的汲取。冷

① 《马克思恩格斯选集》，2版，第1卷，762、761页，北京，人民出版社，1995。

战结束后，越来越多的后殖民理论家开始坦承马克思主义的现实意义，并试图立足后殖民主义视角来阐释马克思的有关思想。马克思主义对后殖民主义的影响正愈益加大。

3. 葛兰西的文化霸权思想

后殖民主义把研究的重心放在文化问题上，无疑是受到了意大利思想家葛兰西的直接启发。作为西方马克思主义的重要代表人物，葛兰西所思考的是社会主义革命为什么没能在西欧取得成功这一问题。在他看来，社会主义并非自然的、自发的进程，而应通过工人阶级积极参与自身解放的斗争才能实现，这就需要唤起工人阶级的思想觉悟和阶级意识。为此，葛兰西提出了文化霸权（hegemony，也译作领导权）这一重要概念。

所谓文化霸权，就是指在资本主义统治中，文化领域的控制至关重要，而且，统治者对文化和思想观念的全面控制，不是通过外在强制而是通过被统治者的自觉认同来实现的。葛兰西认为，资产阶级维持其统治有两种手段：一是军队、警察和法院等国家机器的强制性，二是学校、家庭、教会和传播媒介等的非强制性。后者通过把统治者的思想方式、价值标准和生活方式制度化为唯一合理、合情、合法的东西，促使被统治者自觉认同统治者。由此，被统治者丧失了对社会压迫的意识，惯于谦卑和顺从，彻底沦为统治阶级的附庸。

葛兰西认为，随着人类历史的不断发展，国家结构中的意识形态及文化领导权会愈益强化，经济和政治利益的冲突往往通过文化的、意识形态的冲突表现出来。在现代社会，如果领导权不首先是文化的、伦理的，从而是政治的，也就不可能是经济的。葛兰西据此提出，无产阶级要想在西欧取得革命运动的成功，就必须通过长期复杂的斗争，分析资产阶级为维护其统治而惯用的语词和思想逻辑，揭露资产阶级非强制性统治的真实面目，促使工人阶级树立对现实社会的批判态度，把文化的领导权掌握在自己手中。

葛兰西主要是围绕统治阶级和被统治阶级、资产阶级和无产阶级的斗争来探讨文化问题的重要性的，其着眼点是民族国家内部的文化斗争。后殖民理论家将葛兰西的文化领导权思想推演到世界范围，认为文化霸权贯穿于殖民主义的整个过程，在后殖民时代，文化控制仍然是帝国主义的重要表现形式，因此，殖民地人民在争取民族独立的过程中，把帝国主义文化霸权转换为自己对于文化的领导权是非常关键的。萨义德强调："葛兰西将这种起支配作用的文化形式称为文化霸权，要理解工业化西方的文化生活，霸权这一概念是必不可少的。正是霸权，或者说文化霸权，赋予东方学以我一直在谈论的那种持久的耐力和力量。”①斯皮瓦克的名篇《属民能说话吗》标题中的“属民”一词，就出自葛兰西，该词除了有“从属”、“低一等”的意思外，还特指那些被压迫、被剥削但又不拥有“自觉意识”的社群。可以说，后殖民理论家分析帝国主义文化霸权的基本模式，主要就是源于葛兰西的文化霸权思想。

4. 福柯的权力话语理论

后殖民主义从福柯的权力话语理论中获益匪浅。福柯在《知识考古学》等著作中提出，不存在绝对客观的知识，知识的生产、传播和消费始终与权力纠葛在一起。福柯所说的权力大体相当于社会地位、政治权势、经济利益等构成知识生产的背景、主体、氛围之类的东西，这些东西构成一种网络，严重制约甚至决定着知识的性质和用途。福柯通过对权力在社会运作中的机制、策略和功能等问题的思考，为后殖民理论家分析殖民地统治结构提供了方法论。他在 20 世纪 70 年代后期对民族国家的分析，对个人身份的辨析，对跨国经济问题的研究等，则直接表现出他对后殖民主义问题的关注。

启蒙时代以来的知识分子希望并且相信，可以把真理与谬误、科学与伪科学、知识与政治绝对区分开来，从而产生一种绝对的科学。福柯在研究了监狱、精神病院、学校和大众传媒等现代社会建制后指出，如果承认知识的作用是使人理解现实生活，确定自己在社会中的位置，选择自己的方向，就不能不承认：知识始终与社会、政治、权力融合在一起的，纯粹的真理是不存在的，所有知识的目的都在于确证统治结构的合法性。福柯提议，具有批判精神的知识分子应借助自己专业领域的研究，对一切理论预设的不言自明的前提提出质疑，动摇人们习以为常的思维方式和行为方式，把所谓天经地义、从来如此、理应如此的“事物秩序”陌生化，重新审视现行社会规范，查找其中的缺陷、漏洞和非人性的东西。后殖民理论家借助于福柯的这些思想，批判了殖民者把自己视做真理化身和上帝使者的虚妄，揭示出殖民者的一切话语都不过是在确保殖民统治的合法性。

福柯认为，语言作为一个社会系统先于个体的存在，个人对于自我的表达，必须立足于特定的语言系统；个人的表达为他人所理解，也是在特定的语言系统进行的，因此，不能过高地估计个人的独立性和独创

① ［美］萨义德《东方学》，9～10 页，北京，三联书店，1999。

性。这也就是说，人们必须借助语言建构自己的身份，但语言永远不会有固定的意义，而且，语词的意义并不与外在的世界一一对应，任何话语都有虚构的成分，虚构可以产生或制造现实。福柯这些思想构成了萨义德《东方学》一书的基本前提。

萨义德坦言："福柯在其《知识考古学》和《规约与惩罚》中所描述的话语观念对我们确认东方学的身份很有用。"①《东方学》一书中所分析的，就是作为一种特定论说方式的东方学如何制约了作为个体的东方学家的研究，西方殖民主义又是如何借助于东方学预设了、虚构了一种关于东方和西方的概念框架，然后再以它来建构东方和西方，最终使得现实的东方和西方符合其原初的虚构。此外，后殖民理论家对东方民族文化身份的研究，对语言在文化建设中作用的强调，对建构性文化认同的阐释，也都充分借鉴、运用和发挥了福柯关于权力话语的分析方法。

三、基本特征

后殖民主义立足于具体文本的分析和研究，重新认识东西方之间的经济、政治和文化关系，并努力超越民族主义的思想传统，表现出和历史上各种反殖民主义思潮不同的理论特征。

1. 开拓东西方文化关系的新视阈

西方学术界对于东西方关系的思考，一向停留在经济和政治领域。一些具有反思和批判精神的思想家，也认识到殖民主义时期西方对东方的控制、剥削和掠夺，并对东方民族在殖民主义时代遭受的压迫表示同情和关注；但对于殖民主义时期的东西方文化关系，西方学术界的观点是比较一致的，即：在西方殖民者入侵之前，东方民族处于蒙昧、原始和落后的境地，是西方人给东方带来了文明和光明，甚至是西方人把东方民族带进了历史。就此而言，可以说，后殖民主义的兴起，打破了长期以来西方学术界对东西方之间文化关系的常规认识，它把殖民主义时代以来直到今天都仍然存在的西方对东方的文化殖民作为研究对象，对文化帝国主义进行解剖和批评，从而开拓出东西方关系特别是文化关系的新视阈。

关于文化帝国主义，有两种不同的认识：一种认识强调经济控制的首要地位，认为文化支配的目的是为了经济控制；另一种认识则强调文

① ［美］萨义德：《东方学》，4页。

化支配的首要地位，认为经济控制的目的是为了文化支配。后殖民主义在这两种认识之间穿梭交织，意在表明：西方殖民者在经济、政治、军事方面的政策直接影响到其文学、文化和历史方面的研究，而任何一种表面上看来是超然的、非政治性的文化原则，也都深深地依赖于西方对东方的殖民进程，并以复杂的形式参与了殖民主义的历史形成。由此，后殖民主义对东西方文化关系的研究，就不仅仅是在政治、经济对文化的制约层面上展开，而是探讨了经济、政治和文化之间错综复杂而又微妙的关系，使东西方关系呈现出一种立体景观。

2. 基于文本分析的多维考察

后殖民主义对东西方文化关系的研究，主要是立足于文本分析。文本的范围远远超出通常所说的著作，它可以指称所有的文字资料，也包括一切渗透着人的活动和价值的事物、产品或作品。称这些东西为文本，一方面是强调它们相对于作者的自主性，重视其独立的内在结构，对其意义的分析可以不依赖作者的身份地位和写作思想；另一方面也强调它们和社会政治总体语境的关系，认为它们的意义依附和从属于社会政治生活。

后殖民理论家依据殖民主义时期西方殖民国家的政府公文、考察报告、探险家日记，以及小说、诗歌等各种档案、材料、文献，广泛探讨了语言学、词汇学、历史学、生物学、政治经济学、文学等学科与帝国主义的内在关系，探究了文化帝国主义的演变、调整、修饰，包括文化帝国主义在殖民主义各个时期以及从殖民时代到后殖民时代的转变，考察了作为个体的西方作家、理论家和文化帝国主义之间错综复杂的关系。这就使得后殖民理论家的研究充分注意到历史的复杂性和各种细节，将文化帝国主义这一文化和历史现象处理为一种有血有肉的东西，一种与现实的人的活动内在相关的东西，而不仅仅是一种冷冰冰的逻辑推理，一种外在于个人思想和情感的历史必然性的产物。

在文本研究的过程中，后殖民理论家着重探讨了文化帝国主义视野中东方形象的演变。通过研究殖民主义时期在西方学院中被研究的东方、在博物馆中供展览的东方、被传教士叙述的东方、在人类学等人文学科中被理论化的东方，后殖民理论家揭示出与西方相对立的东方是如何被制造出来的，被歪曲的东方是如何被虚构出来的，又是如何被展现在西方人和东方人面前的。这就促使人们认识到，作为地域的东方是一种客观实在，文化视野中的东方则有赖于人们的建构。殖民主义以二元对立的方式思考东西方的关系，现在批判殖民主义，就必须摆脱这种思维方式，多维度地、动态地看待不同的地域、民族和国家之间的文化关系。

3. 试图超越民族主义的理论努力

后殖民主义的理论宗旨不同于民族主义。通常所说的民族主义，是指殖民地知识分子为追求和维护民族国家的独立，站在殖民地民族的立场上来批判西方的文化殖民，强调本土文化的优秀传统和积极价值。原创性的后殖民理论家虽然都是东方人的后裔，也都或长或短地在东方生活过，但他们的后殖民主义理论研究都是在美国等西方国家的高等学府里进行的，他们的著作都是以地道的英文写就的，且其设想的读者是西方人，其初衷也是重建西方文化世界中“边缘”和“中心”的关系，而非维护东方国家的民族主义。

后殖民主义的理论议题从根本上说，是研究东西方文化间的差异和对立是如何形成的，这种差异和对立是否可以缓解，如何缓解。后殖民理论家对殖民主义历史的考察，意在通过揭露西方殖民者对东方文化传统的扭曲，强调文化领域里平等对话、求同存异、和平共处的重要性。他们反思文化民族主义的局限，也是出于同样的目的。总之，后殖民主义希望面向未来，在建构性认同中确立民族文化身份，在交流和沟通中展开民族文化建设。

第二节　后殖民主义的主要内容

萨义德 1978 年出版的《东方学》一书拉开了后殖民主义的序幕，揭示了殖民主义及其结束之后西方对东方的文化殖民。萨义德关注中东的历史和现状，斯皮瓦克和巴巴则关注英国在印度的殖民统治。后殖民主义思考的问题包括：殖民者的文化是怎样影响殖民地的？被殖民者视为邪恶、野蛮的东方民族是怎样形成自己的文化身份的？文化差异巨大的两个民族能确立共同的推理和认知形式吗？科学在意识形态中可以保持中立吗？在一个包含几种文化的国家里，一些文化优于另一些文化吗？学校里应该使用何种语言？青少年应该阅读哪些文学作品？等等。

一、对东方主义的批判

在《东方学》中，萨义德批判性地分析了欧洲对东方及其当代命运的表述，区分了东方学依次递进的三层含义，揭示了显在的东方学和隐伏的东方主义之间的内在关联，考察了东方学的地缘政治背景。

1. 东方学与东方主义

在《东方学》一书中，萨义德从三个不同层面揭示了东方学这一概念：

第一，作为一个学术研究门类的东方学，涉及所有与东方有关的领域，从文献的编译到钱币学、人类学、考古学、社会学、历史学、文学和文化学研究，包括从古到今任何已知的亚洲文明和非洲文明。所有以东方为对象从事教学、研究和写作的人，无论是人类学家、社会学家、历史学家还是语言学家，无论思考的是具体的还是一般的问题，都是东方学家，他所从事的事情就是东方学。

第二，作为一种思维方式的东方学，建立在东方和西方二元对立的基础上。这些对立包括：理性、发达、文明、高级的西方与非理性、落后、野蛮、低级的东方；不断进步的西方与永恒如一、始终不变的东方；自我界定的西方与没有能力界定自己的东方；作为主体的西方与作为客体的东方；作为普遍性的西方与作为特殊性的东方，等等。西方的诸多诗人、小说家、哲学家、政治学家、经济学家以及行政官员，都接受了这一东方和西方的区分，并以此为出发点，建构与东方国家和人民的习俗、心性、命运等有关的理论。

第三，作为一种处理东方的机制的东方学，通过做出与东方有关的陈述，对有关东方的事务进行裁断，并以此为理论的、政策的依据，对东方进行殖民统治。在此意义上，东方学是“西方用以控制、规划和君临东方的一种机制”①。萨义德把这一层面上的东方学称做东方主义。

在萨义德看来，东方学的三重内涵具有一种递进关系，即：作为一种处理东方的机制的东方学，依赖于作为一种思维方式的东方学；作为一种思维方式的东方学，又依赖于作为一个学术研究门类的东方学。从关于东方的“学科”到“思维方式”再到“主义”，经历了一个漫长的演化时期。依据萨义德的观点，东方学产生于14世纪初，但直到18世纪晚期，它才具有第三种含义，也就是说，直到18世纪晚期，东方学才演变成东方主义。显然，东方学和东方主义是有区别的：并非所有的东方学都是东方主义的，东方主义只是东方学发展到一定阶段才具有的性质。

2. 显在的东方学和隐伏的东方主义

无论是作为一门学科、一种思维方式还是一种主义，东方学都是经

① ［美］萨义德：《东方学》，4页。

过长期的积累、积淀才得以形成的。萨义德认为，从表面上看，随着东方学的发展，其有关东方的知识始终处于变化之中，但从实质上看，这些变化并未改变或冲击关于东方的惰性、稳定性和连续性的观念。基于此，萨义德提出了“显在的东方学”和“隐伏的东方学”两个概念。

东方学发展到19世纪，开始将有关东方的基本观念，诸如专制倾向、乖戾思维、不求精确、不思进取等凝固为牢不可破的连贯整体，西方读者正是通过这种有关东方的话语来认识东方。在西方读者看来，这种话语真实地反映了东方社会的现状，具有客观性，借助于这种话语就可以准确、完整地了解东方。即使出现了关于东方的新材料，也完全可以在这种话语的框架中加以解释，从而不断地强化这种话语。萨义德发现，19世纪众多学术著作和文学作品都无一例外地使这种话语越来越清晰，越来越详细，越来越透明。在此意义上，萨义德把19世纪西方作家和思想家有关东方观念之间的差异概括为显在的差异，认为它们大多是个人风格和写作形式的差异，在对东方的认识方面没有什么区别，它们都不断证实、增强和深化了东西方之间的不平等关系。

萨义德提出“隐伏的东方学”这一概念，其用意就是说明，东方学者的偏见从根本上说，并非他们个人政治立场的反映，而主要来自东方学这一文化机制本身。萨义德分析了诸多作家和思想家的著作，发现即使是那些具有人道主义情怀的人物，也自觉不自觉地采纳了东方主义的思维方式，他们对东方的关注总是居高临下的，总是把东方看做有待帮助或照料的对象。萨义德甚至认为：“每一个欧洲人，不管他会对东方发表什么看法，最终都几乎是一个种族主义者，一个帝国主义者，一个彻头彻尾的民族中心主义者。”① 在此意义上，把隐伏的东方学改为隐伏的东方主义可能更为合适：显在的东方学是不断变化的，隐伏的东方主义则是经久不变的。

在萨义德看来，作为一种体制化、系统化的学科，东方学同时在东方、东方学家和西方读者三个方面施加压力。东方学家把东方视做有待解剖的生物标本、有待教化的学生、有待审判的嫌疑犯，甚至是有待改造的罪犯，使东方由异于西方的世界变成了有待控制的世界。可以说，正是由于东方主义，东方才被描述为有待研究和评判的对象，有待拯救或照料的事物，有待约束和惩罚的东西，诸如此类，等等。而且，关于东方的这些形象始终是稳定不变的。对东方学家来说，掌握了东方学就

① ［美］萨义德：《东方学》，260页。

是掌握了东方，对东方拥有一种知识即意味着去统治它，对它施加权威。东方学拥有特定的研究范围、特定的论说方式、特定的操作模式，所有这些都构成一个全能的机制，制约着西方人认识东方的视角、方式和观点，使他们确信自己在理性和文化方面的优越，在人种和进化方面的优越，从而一再巩固其关于自我的想象。

依据萨义德的分析，东方主义之所以持之以恒，原因之一是它回应的是西方文化自身的问题。东方学始终把东方作为西方的“他者”来研究，作为西方的反面来研究，作为西方的边缘来研究，这类似于西方人对西方社会中异质成分的研究，这样，东方学家很自然地把东方与西方社会中的某些特殊因素，如罪犯、疯子或穷人联系在一起。这就不难理解，东方学的变化与西方社会内部的变化密切相关。其结果是，“西方已经无所不在，在西方，也在西方之外，在社会的经济、文化结构中，也在人们的思想里”①。换言之，在东方学的视野中，东方作为一种特殊性，不断证实作为普遍性的西方；东方作为一种边缘性存在，不断证实西方的中心位置。

东方学不仅认为东方乃是为了西方而存在，而且认为东方永远凝固在特定的时空之中。在萨义德看来，“东方学描述东方和书写东方取得了如此巨大的成功，以至东方文化、政治和社会历史的所有时期都仅仅被视为对西方的被动回应。西方是积极的行动者，东方则是消极的回应者。西方是东方人所有行为的目击者和审判者”②。其结果是将东方和西方这一区分极端化，东方与西方的距离越来越远，与西方的差距越来越大，与西方的隔阂越来越深。这样，西方越来越局限于自我的虚构，东方也越来越局限于东方学关于东方的虚构，从而形成了两个截然对垒的世界。东方变得更“东方”，西方变得更“西方”，从而在根本上阻碍了东方和西方的平等对话。

3. 东方学的地缘政治背景

东方学作为一个学术研究门类，和政治权力没有直接的对应关系，它直接表达的并不是西方帝国主义阴谋颠覆东方的话语。但是，东方学作为一种文化和政治的现实反映，又不可能从根本上摆脱殖民主义意识形态的框架，它的运作必然通过各种形式与西方对东方的殖民发生互

① Ashis Nandy, *The Intimate Enemy: Loss and Recovery of Self under Colonialism*. p. xii. New Delhi: Oxford University Press, 1983.

② ［美］萨义德：《东方学》，142页。

动。换言之，任何一个东方学文本在表面上与直接的形式上并非是西方文化霸权伎俩的表达，但在单个文本的背后，在这些文本置身的语境中，又的确隐藏着西方操纵、控制甚至吞并东方的企图。萨义德的研究表明，在现代东方学的兴起与英法等西方国家攫取东方大片殖民地之间有着惊人的平行关系。

第一，东方学这一研究领域的兴盛本身即暗示着东方与西方之间的力量对比。自18世纪末期以来，西方有关东方的著作数目非常庞大，远远超出东方人有关西方的著作，与之相应，东方人的西进与西方人的东进无法相提并论。撇开西方军队、传教团体、商人、科学与考古探险的目标一向是东方这一点不说，单是1800年到1900年间从伊斯兰东方到欧洲旅行的人数，就根本无法与从欧洲到东方旅行的人数相比。

第二，东方学在研究机制和内容上获得巨大进展的时期，正好与欧洲急剧扩张的时期相吻合。从1815年到1914年，欧洲直接控制的区域从地球表面的35%扩大到85%左右，地球上所有的大陆都受到殖民者的践踏，并以非洲和亚洲受到的蹂躏最多。在这一时期，两个最大的殖民帝国是英国和法国，东方学也就主要是英国和法国的文化事业。自19世纪早期到第二次世界大战结束，法国和英国一直主导着东方与东方学；自第二次世界大战开始，美国逐步在此领域中占据主导地位，并以和法国、英国同样的方式来对待东方。

萨义德揭示出，在东方学中，亚洲一直被视做遥远、静寂、陌生的异域，伊斯兰被欧洲基督教视做桀骜难驯的敌手，为了征服东方，首先就要认识东方，然后必须入侵和占领它，再由学者、士兵和法官加以改造。由此，现代东方学家认为，他们“是将东方从他所认定的默默无闻、孤立隔绝和奇特怪异之中解救出来的英雄”；“由于将东方带进了现代性之中，东方学家获得了为其方法和立场进行吹嘘的资本，自己仿佛成了世俗的创造者，就像上帝创造旧世界一样创造出了一个新的世界”①。西方殖民者越是要把东方人从所谓的黑暗中拯救出来，东方学中的东方的形象就被涂抹得越黑；而东方学家把东方的形象涂抹得越黑，殖民者也就越是需要拯救东方。二者相辅相成，共同促成了殖民主义的历史。

《东方学》一书开辟了一个新的理论传统。霍米·巴巴在《后殖民批评》（1992）一文中指出，《东方学》开创了后殖民领域。斯皮瓦克也

① ［美］萨义德：《东方学》，157～158页。

有类似的褒扬。《东方学》出版后遭到的批评也很多，甚至是非常激烈的批评。例如，丹尼斯·波特在《〈东方学〉及其问题》一文中提出，萨义德对殖民话语的多样性重视不够，特别是没有重视英国和法国东方主义之间的差异，也不能充分解释帝国文化内部的冲突与矛盾。戴安娜·布赖登在《研究英语新文学的新方法》（1989）一文中认为，萨义德把主要精力用于殖民话语，却忽视了殖民地民族的抵抗，从而不知不觉地又发挥了殖民话语所起的作用。阿赫默德的《在理论内部：阶级、民族与文学》（1992）一书，更是对萨义德提出了五点批评，认为其思想和形式都非常保守，实际上是西方历史上欲凌驾于世界其他地区之上意愿的新的表述。

赞赏也好，批评也好，《东方学》一书的影响是无法抵挡的，该书确立了后殖民领域论争的基本问题。在比较文学、人类学、社会学、地区研究、政治科学等学科中，萨义德的思想都引起了广泛的兴趣。萨义德自己的思想也在不断发展。如果说在《东方学》中，萨义德汲取了大量的人类学、历史学和区域研究的成果，主要涉及中东地区，批判的对象主要是英法等老牌殖民主义国家，那么，在1993年出版的《文化与帝国主义》一书中，萨义德则试图扩充《东方学》的观点，对西方宗主国与它们在海外的领地的关系做出更具普遍性的描述。该书引用了很多欧洲人关于非洲、印度、远东部分地区、澳大利亚和加勒比地区的著作，把这些被称为非洲学家和印度学家的著作，视做欧洲对遥远地域和民族统治企图的一部分。萨义德的方法是集中讨论具体的文学作品，由像笛福、康拉德和吉卜林这些知名的人物研究为起点，转向那些传统上被认为与帝国问题没有明显直接联系的作家。他首先把他们的作品当做具有创造性的伟大想象，然后揭示出它们是文化与帝国主义之间关系的一部分。他承认这些作者并不是机械地为意识形态、阶级或经济利益所驱使，同时又坚持认为，这些作者的确生活在他们自己的社会中，也为他们的历史和经验所塑造。

延续《东方学》一书的观点，萨义德认为，在我们这个时代，直接的控制已经基本结束，但帝国主义像过去一样，在具体的政治、意识形态、经济和社会活动中继续发挥作用，也在一般的文化领域中继续发挥作用。和《东方学》比较，该书更多地探讨了殖民地的抵抗，对在相互承认和尊重的基础上实现东西方的和解也持比较乐观的态度。

二、东方民族文化身份的思考

萨义德揭示了东方主义的基本特征和运作方式，开辟了后殖民主义的理论议程。此后，他的思想不断发展。斯皮瓦克、霍米·巴巴等后殖民理论家和批评家则具体研究了东方民族文化的身份问题，考察了殖民者对殖民地民族文化传统的扭曲，殖民地人民对这种扭曲的反抗，以及东方民族国家中特定群体的文化身份等问题。

1. 身份的内涵

英语 identity 既可以译为“认同”，又可以译为“身份”。所谓文化身份，牵涉三个方面的内容：角色定位；自我的认同；他人的承认。在人类社会中，无论是个体、群体还是一个民族，为了决定取舍，决定何去何从，都需要了解自己在现实生活中的位置，这就要求确定自己的角色和方位。在此过程中，自己通过行动和言词予以表达、自己自觉认同、他人予以承认这三个环节相辅相成，构成了现实的、具体的文化身份。后殖民理论家对东方民族文化身份的研究，就是从这三个环节入手的。

萨义德揭示出，殖民统治者否认东方民族具有自我理解、自我阐释和自我表达的能力。在殖民主义话语中，东方被表述为僵化的东西，需要西方对其加以考察，甚至需要西方提供有关其自身的知识，殖民统治者坚持认为如果没有西方的激发，东方永远只能处于惰性状态。殖民统治者与东方人之间的关系是：前者书写后者，而后者则被前者书写；前者居高临下地观察、研究后者，后者则被动地接受自己的角色。其结果是，殖民者代替殖民地人民发言，撰写殖民地的历史。

事实上，法农就认识到，殖民统治者借助于一种反常的逻辑，曲解、肢解和毁灭殖民地人民的文化传统。他们惯于把殖民地的历史描绘成漆黑一团，认为它是人类进化初期遗留下来的活化石。他们对自己无法理解的东西或者遮蔽，或者压抑，或者视而不见，或者视其为非理性的东西。他们要求殖民地人民认可他们的存在，却又拒绝承认东方具有完整的人性。在殖民主义的文化视野中，殖民地人民总是表现为次等的、不那么开化的原始人。

殖民统治者不但用西方的思想方法去理解东方，而且鼓励东方人用西方的方式理解和解释现实。殖民统治者把西方的价值观念视为唯一可取的价值观，把西方所走过的道路视为人类社会唯一的道路，认为西方代表了人类的“现代”，东方则处于“传统”的地带，东方人除了重复西方的道路外，别无他途。

殖民主义对东方民族文化身份的扭曲，最终有赖于东方人的自觉认同。东方一些民族在反抗殖民压迫的过程中，需要借鉴西方的思想，而东方主义本身就是西方思想的组成部分，这就导致一些东方主义的信条以潜在或变形的形式被接受下来，从而使得东方民族或多或少地认同了殖民者对自己形象的扭曲。例如，一些东方国家在传统和现代的二元框架中认识自己，把自身的发展看做背弃传统的过程，它们所想象的未来基本上是来自于西方国家的现实。萨义德据此提出，“现代东方，参与了其自身的东方化”①。

文化身份的确定总是取决于自我和他人的关系。一个民族如果得不到其他民族的承认，或者得到扭曲的承认，就会扭曲其角色定位，使其处于虚假的、被贬损的存在方式之中。后殖民理论家注意到，这种扭曲在非洲黑人身上表现得非常明显。多年以来，白人社会设计了一种贬抑黑人的形象，对此有些黑人是只能接受而无力抗拒的，结果是将其内化，变成自我贬抑、自我扭曲。这种贬抑构成了殖民压迫最有力的手段。

文化身份是一个非常复杂的问题。法农总是关注被殖民者，早期的萨义德主要是关注殖民者，霍米·巴巴在《他者问题》中认为，殖民者和被殖民者之间的关系比他们认识到的更复杂、更微妙，也更充满政治气息。在殖民话语中，被殖民者既是野蛮人，又是最顺从的仆人，既是神秘、原始、头脑简单的低级动物，又是最世故、老练的说谎者。对霍米·巴巴来说，殖民话语并非总像《东方学》中描绘的那样持续不断、滔滔不绝、高度一致，而是充满矛盾和忧虑。

斯皮瓦克也注意到，东西方间的殖民关系是异质并存、游移不定的，彼此之间并非绝对不同，也并非总是冲突。作为西方“他者”的东方与其说是一个无区别的整体，不如说其内部有多重分界。在《西姆尔的拉尼》（1985）中，斯皮瓦克强调，不能把印度作为东方其他地区的代表，应尊重不同的被压迫者历史经历中的差异。对殖民者来说，某些民族相较其他一些民族更接近欧洲的自我想象，因此，殖民地民族文化身份被扭曲的具体情况还是有一些区别的，需要仔细辨析。

2. 东方民族文化身份的扭曲和重建

后殖民理论家着重探讨了西方文化殖民在语言、翻译和文学领域的

---

① ［美］萨义德：《东方学》，418页。

突出表现。

后殖民理论家强调，语言的选择和运用对人们确定自己在自然和社会中的身份是至关重要的；运用一种语言就是接受一种思想；用一种语言写作的过程，也就是自己被这种语言逐步同化的过程。在殖民地非洲的一些学校中，掌握殖民者语言的好坏是衡量一个学生上进与否的标准，殖民地人民以殖民者的语言和文化来塑造自己的身份，不可能形成关于自身独特性的意识；而在殖民者看来，殖民地本土的人即使进入白人学校接受教育，还是不可能成为文明人。这样，殖民文化和语言使得殖民地民族处于失语状态，使得他们的文化身份暧昧不明。

斯皮瓦克指出："若把语言看做建构意义的过程，那么翻译的政治本身便是一个重要的课题了。"① 译者把一种语言转换成另一种语言，也就是把一种文化转换成另一种文化，这就要求译者在两种不同的语言和文化之间游移跳跃。译者对外国语言和文化知识的把握能力，以及他们对本土文化价值的理解，都决定了翻译文本的选择和思想观念的传达。问题还在于，翻译工作始终是围绕译者所处的文化背景需要解决的问题进行的，翻译的成功与否，主要取决于翻译过来的文本是否能够在译者所处的文化背景中得到理解。因此，翻译是一个不可避免的归化过程。后殖民理论家揭示出，殖民者对殖民地文化的翻译反映的是殖民者自己的政治和文化价值，他们在翻译中再现的殖民地文化，始终是一幅异国他乡的边缘景象。殖民地人民借助于这种景象确认的自我身份，也就不可避免地是一种扭曲了的形象。

在文学领域，殖民主义小说和诗歌叙述了殖民者的奋斗和胜利，维护了殖民者的权威。殖民主义小说所描写的殖民地世界中往往没有本土人，只有殖民者、白人的投机和冒险活动，所有的戏都是他们的戏。即使出现殖民地本土的居民，也只不过是西方人的陪衬而已，他们的出场，只能是更好地突出殖民者的英雄形象。概而言之，殖民主义文学所提供的是这样一幅景象：通过一切可能的冒险和传奇，西方人不断陈述和再现自身的历史和信念，反反复复地断言自己无敌于天下。殖民地人民在阅读这些描写的时候，也就不能不受到其中隐含的价值观的影响，自惭形秽。后殖民理论家博埃默指出："文学文本能够帮助维持殖民想

① ［美］斯皮瓦克：《翻译的政治》，载许宝强等编：《语言与翻译的政治》，277页，北京，中国社会科学出版社，2001。

象，使一个本来就已经封闭的殖民世界得到强化。”①

在《文化与帝国主义》中，萨义德特别讨论了19世纪和20世纪的西方小说，提出小说对于形成帝国主义的态度、参照系和生活经验极其重要。例如，现实主义小说的原型《鲁滨孙漂流记》并非偶然地讲述了一个欧洲人在一块遥远的、非欧洲的岛屿上建立了一个自己的领地，事实上，现实主义小说维持了欧洲社会对向海外扩张的赞同。帝国主义的主要战场当然是在土地的争夺上，但在关于谁曾经拥有土地，谁有权在土地上定居和工作，谁管理过它，谁把它夺回，以及谁在规划它的未来这些问题，在叙事中都有所反映，争论甚至有时被故事所决定。因此，故事是殖民探险者和小说家讲述遥远国度的核心内容，也是殖民地人民用来确认自己身份和历史存在的方式。叙事，或者阻止他人叙事的形成，对文化与帝国主义的概念非常重要。

语言、翻译和文学领域中的殖民化倾向通过对殖民地民族文化历史传统的歪曲、切断和摧毁，在根本上扭曲了殖民地人民对自我形象的认识，这是毋庸置疑的历史事实。但在此过程中，殖民地人民并非是完全的沉默，文化殖民和反殖民的斗争始终在进行：哪里有扭曲，哪里就有维护；哪里有摧毁，哪里就有重建。后殖民批评家德里克提出，在当代意义上，“后”意味着一种表征的风格，一种分析或阅读的模式，一种阅读殖民文本或事件的策略。② 颠覆性地重读和重写欧洲的历史文本和虚构文本，是至关重要的任务，早期的萨义德和霍米·巴巴主要把殖民话语作为自己关注和分析的对象，斯皮瓦克则重视各种反话语，分析了殖民地人民为维护和重建自身文化身份做出的各种努力。

在早期的反殖民主义斗争中，殖民地人民坚持认为，一个民族尽管长期受到压制，但其民族性仍然深深地埋在文化源头上，其本来面貌可以原封不动地予以恢复，殖民主义的劫掠并不能使它变质走样。非洲的本土作家写了一系列寻根小说，描绘自己的祖先，挖掘民族的传统，以重新构筑被殖民统治所毁坏的民族文化。为了维护民族传统的思想和叙事方式，一些非洲人呼吁让非洲人的思想“重新非洲化”。另外，一些本土作家搜集民歌民谣，用以证明本土文化的漫长历史和丰富蕴藏，并提出本土文化有一套殖民者根本无法理解的深层结构。一些后殖民理论家据此认为，所有的第三世界文学都是民族寓言。也就是说，无论第三

① ［英］博埃默：《殖民与后殖民文学》，50页，沈阳，辽宁教育出版社，1998。

② 参见谢少波等：《文化研究访谈录》，22页，北京，中国社会科学出版社，2003。

世界文学叙述的是个人的故事还是国家民族的故事，都无一例外地带有隐喻性，都隐喻了民族文化的不幸遭遇，隐喻了民族的反抗和拼搏。例如，在第三世界文学中，故事的主人公反复提到自己国家的名称，提到“我们”这一集合词：我们应该做些什么？我们应该怎样做？我们不应该做什么？我们如何比其他民族做得更好？

后殖民理论家认为，把民族文化身份定义为享有共同的文化、历史和祖先，在寻求民族独立的斗争中具有积极意义。按照这种定义，文化身份表征了共同的历史经验和共有的文化形态，它可以为一个民族提供稳定、连续的意义框架，可以把一种想象的一致性赋予被殖民统治者肢解的民族文化。但后殖民理论家并没有停留于此，而是进一步追问：对后殖民国家来说，民族文化身份的建设是否仅仅是挖掘被殖民主义摧毁和遮蔽的东西，或者说仅仅是恢复被殖民主义割断的连续性？

以语言为例，后殖民理论家认为，东方民族的语言不可能再返回到殖民化之前的状况。例如，英语曾是殖民者的语言，现在又是美国建立全球文化霸权的媒介，后殖民国家能否由此就拒绝使用英语呢？事实上，英语已经为许多后殖民国家所使用，比如在印度，有2 000万人是讲英语的，英语与地方语言并存，并且相互渗透。后殖民理论家认为，英语已经成为一种混合型的语言，一种在非洲的土地上，由非洲人在讲、在写的语言，这一点就足以表明英语已经不再是一种外来的语言，而成为一种民族化的语言。后殖民理论家阿哈迈德认为，把英语从东方的生活中抽走，既是荒谬的，又是毫无意义的，这就像抵制铁路一样；重要的是通过使用本土的惯用语词，按照自己的需要对英语进行改造，把带有民族特色的节奏感渗透到英语中去，使原本异己的英语变成一种民族性的语言。斯皮瓦克在《后殖民批评》中针对“寻根派”寻求纯粹的、原始的身份形式，指出这实际上意味着抹杀殖民主义的暴力历史。她强调，“印度人”这个词本身就是殖民历史的产物。

对后殖民国家来说，商讨、模拟和混杂是建构民族文化身份的可行之路，在对前宗主国话语有意无意的误读中，可以发展出一套既与其相似同时又不无原创性的变体，达到解构和削弱殖民者话语的效果。斯皮瓦克主张，既要重视殖民主义统治时期的历史文本，揭示殖民者思维逻辑中的悖论，解构殖民话语预设的普适性，又不能简单地制造出反历史的话语，而应全面检视殖民主义时期东西方的文化关系，在异质文化的碰撞和交锋中重建东方民族的文化身份。在《三个女性文本与对帝国主义的批评》中，斯皮瓦克从小人物、次要情节和边缘化的母题中，觉察到思想框架中常常不为人注意的种族化特点，而这些特点在19世纪女性赞美诗文本中发挥了重要作用。对她来说，和“离题的”、“狂放的”、非正式的攻击方式相比，直接的反霸权话语往往更容易被殖民话语消解和挪用，因此，她强调，应与西方文化机制、文本、价值和理论实践采取“协商”（negotiation）的做法，而不是简单拒绝。当然，她对这些机制和实践始终都保持批评的态度。

霍米·巴巴指出，殖民者和被殖民者对语言的共享使得后者无法独立想象自己的身份，在后殖民时期，民族国家的文化身份只能以混杂的形式生成和存在。① 在霍米·巴巴看来，后殖民国家的文化建设一般都要经过三个阶段：首先是对殖民者文化样式的模仿，其次是用本土成分同化它，是殖民者文化变质走样，再次是公开反叛，实现民族文化对殖民者文化的改写。

在后殖民理论家看来，民族文化身份有源有头，也有其发展史，它经历了不断的变化，而不是永恒地固定于某一种本质化的过去。民族文化身份属于过去，也同样属于未来。确定后殖民国家的民族身份，不是也不可能是恢复到前殖民地时期的状况。民族文化的传统仍等待着解释，而这种解释不可能把殖民主义的历史一笔勾销。相反，只能立足于东西方文化的历史纠葛，重构民族的文化身份。这就决定了民族文化身份的建构总是有两个向度：一个是相似性和连续性，一个是差异性和断裂性。前者为人们提供了传统和根基，后者则提醒人们不断地自我超越与重构。后殖民理论家认为，所谓把殖民主义颠倒了的历史重新颠倒过来，所谓恢复殖民主义切断了的文化传统，都只能在修辞的意义上加以理解，而不能把它绝对化。

3. 族裔散居和第三世界妇女等的身份问题

在对东方民族文化身份的研究中，后殖民理论家特别关注族裔散居和后殖民国家的妇女身份。

所谓族裔散居，是指某个种族由于外界原因或自我选择而分散居住在世界各地。散居的族裔身在海外，生活在各自所居处的社会文化结构中，但他们依然保存着对原初集体的记忆，并在想象中创造出自己精神的归宿，这就使得他们成为“想象的社群”。在后殖民理论家看来，西方殖民造成的黑人族裔散居就是“想象的社群”。

---

① Homi Bhabha. *The Other Question：The Stereotype and Colonial Discourses*，Screen Vol 24，p. 20.

在殖民主义时代，黑人被迫离开自己的家园，散居到异国他乡，他们的后裔无姓无名。也就是说，散居黑人始终被看做少数者群体，可以对其视而不见，可以对其不闻不问，他们没有独立的身份，没有自我表达的权利。散居黑人对此的反抗，大都是从同化论的角度表明黑人和白人没有什么区别。后殖民理论家认为，这虽然有助于树立黑人的正面形象，但实质上仍是把白人的文化和价值观念视为普遍性的东西，压抑了黑人的特殊性。而且，同化论也忽视了黑人在阶级、性别等方面的差异，促成了所谓“同质的黑人群体”的观念，一些后殖民国家的官僚精英正是借助于这种观念，压制黑人生活方式的多样性。

在后殖民理论家看来，民族文化不同于民间文化，它也不是自以为能发现一个民族真正本性的抽象的民粹主义，在此意义上，对“身在何处”的追问不同于“从何处来”，对文化身份的寻求并不意味着回到民族文化的源头。身份总是一种“生产”，它永不完结，永远处于过程之中；而且，对同一民族中不同区域、不同阶层、不同年龄的人来说，所谓的民族性是不同的。散居黑人所应注意的，正是通过对殖民主义时代黑人命运的反思，重新建构自己的文化身份。后殖民理论家强调，这是一个多维度的建构过程，应当表达黑人文化在殖民主义时代及其结束之后的复杂性和多样性。

后殖民理论一开始就意识到殖民话语的性别特征。萨义德指出，这一特征鼓励一种独特的男性化的世界观，尤其是东方主义特别关注男性东方学家的研究。事实上，东方主义作为一种由男性从事的实践，具有居高临下的男性视角，在这种视角中，东方总是被建构为被动、性感、沉默和苟且的形象。对于女性在东方主义的建构过程中的作用，一些后殖民理论家和萨义德的看法有所不同。例如，海伦·卡拉韦的《性、文化与帝国》等著述试图恢复西方妇女在帝国事务中的地位，要求承认她们在制造殖民文本中所起的作用。也有后殖民理论家认为，女性的殖民话语和男性的殖民话语是存在差异的。例如，玛丽·路易丝·普拉特在《帝国之眼》(1992) 中谈到，妇女有关非西方世界的游记和男性的游记在形式和关注的主题上截然不同。

为了说明殖民话语和后殖民话语的混杂性，斯皮瓦克非常注重把女性（性别）作为独特的分析类型。在《三个女性文本与对帝国主义的批评》、《帝国主义与性别差异》、《女性话语和错位》等著述中，她分析了第三世界妇女的处境，指出在父权主义、种族主义和资本主义压抑下，第三世界妇女完全丧失了主体地位和自我表述的能力，沦为被动的客体和空洞的符号。这里的第三世界概念，既指殖民地国家，又指获得独立的后殖民地国家。后殖民批评家在研究中发现，妇女在社会中的地位类似于殖民地人民在殖民统治者眼中的地位，即都处于从属的、边缘的位置。例如，在一些殖民主义小说中，殖民地人民常常被描绘成弱不禁风的女性。由此，女性主义和后殖民主义很自然地相遇了，性别问题被纳入后殖民语境中来进行研究，促成了"后殖民女性主义"。

除斯皮瓦克外，贝尔·胡克斯的《革命的黑人女性：使我们自己成为主体》、钱德拉·莫汉蒂的《在西方的注视下：女性主义与殖民话语》、凯图·卡特拉克的《非殖民文化：走向一种后殖民女性文本的理论》等也都致力于从后殖民的角度考察女性主义，探讨第三世界妇女如何建构自己的独特身份。相对于第三世界男性来说，第三世界妇女要多受一重父权的束缚；相对于第一世界的女性而言，第三世界女性又多了一重殖民文化的压抑。后殖民批评家指责说，在西方女性主义研究中，女性被视为一个同质性的群体，这就忽视了第三世界妇女的复杂处境，实际上是以白人女性的特殊性涵盖了第三世界妇女的形象，由此剥夺了她们对自身历史和政治的发言权。第三世界女性的主体建构，必须采取一种异质文化复原的方式，即承认第三世界女性作为一种具有性别的主体，是具有个体性和多样性的主体。第三世界女性只有通过反抗来自各个方面的压迫，挑战基于种族、阶级和性别的传统标准，才能真正建构起自己的身份意识和独特地位。

出于对边缘群体的关注，后殖民理论家还探讨了殖民主义时期由宗主国移居到殖民地国家的白人及其后裔的文化身份问题。如果说在殖民统治时期，这些人有一种文化的优越感的话，那么在殖民统治结束之后，他们则更多地感觉到和当地文化的冲突。他们远离了自己的民族文化，又难以融合到当地文化之中，也难以为当地文化所接纳，因此也有一种身份的焦虑。在后殖民理论家看来，诸如此类的焦虑都是殖民主义遗留的问题，比较复杂，需要认真地研究。

三、反本质主义的价值取向

后殖民主义对文化帝国主义的批判，对东方民族文化身份的研究，都牵涉到现实的政治关怀，表现出反本质主义的价值取向。

1. 拒斥本质主义的民族观

萨义德的《东方学》一书出版后，在东方国家特别是伊斯兰世界引起了强烈反响。一种观点认为，东方学现象是整个西方的隐喻或缩影，它实际上可以用来代表西方对于东方的总体看法，可以说，西方是阿拉伯乃至所有非西方民族的敌人。与之相应，另一种观点认为，一个掠夺性的西方和东方学是对伊斯兰的一种侵犯，伊斯兰本身是完美无缺的。显然，这两种观点都认为《东方学》一书为伊斯兰世界提供了总体性的辩护。

萨义德认为，这些观点完全忽略了他的分析是反本质主义的。他指出，东方和西方作为地域划分当然有其确定的所指，但不能由此认定东方和西方具有固定不变的本质，实际上，关于东方和西方的概念在相当程度上都是经验和想象的混合物。就英国、法国和美国通行的东方概念而言，它在很大程度上来自这样一种冲动：不仅对东方进行描述，而且对其加以控制，并在某种程度上与其相对抗。

萨义德强调，他在《东方学》中试图表明的是，孤立的自我无所谓身份，身份总是在比较中产生的，或者说，身份的塑造有赖于与他人的比较。例如，没有丑就无所谓美，反之亦然。与之类似，每一种文化身份的确定也离不开其他文化形态的存在。而且，这种比较与其说是静态的、客观的过程，不如说是一种阐释的过程，一种动态的、创造的过程。在比较中确定自己的身份，同时也就牵涉对其他文化身份的认识。这样，每一时代和社会都不断阐释和再阐释自己的“他者”。这个过程也不仅仅是一种知识行为、一种文化行为，它在相当程度上是一种政治行为和经济行为，其中渗透着权力的较量，渗透着霸权和反霸权。

基于此，萨义德极力反对把东方和西方截然对立起来的类型化概括，在批判东方主义对东方形象的严重扭曲时，也拒绝求证什么是真正的东方，并对执迷于永恒本质的狭隘民族主义、沙文主义、原教旨主义持批评态度。在萨义德看来，伊斯兰原教旨主义的错误在于它把“原教旨”看做一个非历史性的范畴，认为它不应受到批判性考察并因而可以超越这种批判性考察。萨义德对扬扬自得、毫无批判意识的民族主义持激烈的批评态度，认为过于强调民族的和文明的独特性，就很容易陷入地域狭隘主义、本土蒙昧主义。例如，文化民族主义始终把传统置于现代性之上，以本土为指向，颠倒了传统和现代的二元划分，这样一来，对第三世界来说，传统据说优先于现代性，于是就为以文化民族主义开场的蒙昧立场开辟辩护的空间。萨义德强烈反对极端民族主义和军国主义，提出只有以和平对话的方式才能缓解无休止的战争给阿拉伯和犹太这两大民族所带来的苦痛。

后殖民主义否定本质主义的民族观，并不是要完全否定民族文化之间的差异。后殖民理论家认为，各种文化之间之所以无法进行理性的对话与沟通，主要是因为双方都持有一种本质主义的、非此即彼的自我认同观念；只有提出一种流动的、多重性的复合身份概念，阐明各种不同的文化身份与语境之间的关联性，才能化解而不是加深文化对抗。萨义德反对东方学，正是因为东方学从一种毫无批评意识的本质主义立场出发来看待多元、动态、复杂的人类现实，它既暗示存在一个经久不变的东方，又暗示存在一个尽管与其相对立但却同样经久不变的西方。而把本真性的标准绝对化，必然会引发严重的价值危机与民族对抗。

在《文化与帝国主义》中，萨义德将东方民族的反抗分为两个阶段：民族主义者的反帝国主义阶段和后民族主义的反帝国主义阶段。他指出，民族主义者的反帝国主义文化是以西方和东方的二元对立为基础的，反帝国主义就是民族国家的人民反对西方人和西方文化，民族解放就是恢复纯粹的民族身份和民族文化，排除一切西方因素，建立埃及人的埃及、非洲人的非洲、印度人的印度。问题在于，霸权不仅仅来自于帝国主义文化，还可能存在于民族主义文化中，因此，必须走向后民族主义文化。所谓后民族主义文化，即目前后殖民主义所关注的问题，包括：民族主义作为对抗话语的价值，民族主义转化为国家意识形态并被新的本土压迫形式所利用的可能，殖民结构的隐性或变形存在，等等。

2. 面向未来的民族文化意识

后殖民理论家认为，当今世界多元混杂、异质共存的局面在相当程度上是由帝国主义、殖民主义造成的，但不能由此就把殖民主义批评的任务界定为回到前殖民主义的孤立状态。事实上，现在已经很难想象文化的本真性和语言的纯粹性，构成民族认同的一些基本要素，如语言、习俗等，实际上都已经与“他者”混合，从而呈现出不可避免的混杂性。人们只能在具体的历史语境中，根据具体的情况来建构自己的身份。

这就要求正确看待东西方之间的关系。后殖民理论家认为，东西方之间的差异并不代表一种永恒的秩序，而只是一种历史经验，它们的终结或至少是减弱也许指日可待；文化是多样的，各种文化和文明之间相互联系、相互依赖，任何对其进行一元化或简单化的企图都注定要落空。

后殖民理论家指出，无论是西方还是东方，都不是同质的整体。他们特别揭示了第三世界主体位置的多重性、漂移性和混杂性，认为并不存在统一的第三世界，所谓的第三世界也具有内在的异质性。例如，在非洲，殖民者的入侵造成的是资本主义和部落社会并存的显著现象；在中国和印度，人们看到的则是资本主义卷入亚细亚生产方式的巨大帝国的另一个极其特殊的现象。显然，殖民地国家共有的被殖民、被剥削、被压迫的经历，并未使得这些国家拥有共同的本质。因此，应注意第三世界国家在社会经济制度、文化传统和历史经验方面的明显差异。

后殖民主义强调，必须对东西方之间、不同民族国家之间的差异保持清醒的态度，承认差异的存在，同时又不把差异看做凝固不变的东西；承认差异带来的阻碍，又不能由此认为民族之间无法交流；差异的存在并不意味着敌意和对抗，研究、探讨和描述差异，正是为了求同存异，和平共处。总之，认识差异的目的是为了平等对话而非为了制造新的对抗，是为了寻求价值共识而非加剧价值冲突。

后殖民主义不仅坚持身份政治，还强调人道政治，认为要把尊重文化差异的政治和普及个体权利的政治结合起来，寻求全面的公共认同：一是尊重每个个体的独特认同，而不管他们的性别、种族或人种如何不同；二是尊重下层群体成员的生活方式，诸如妇女、少数民族、移民等。萨义德认为："一方面，必须争取自己代表自己的权利，争取自己的民族精神和特色；另一方面，民族精神必须与目标更广阔的实践联系起来……这种实践就是解放，它必须正视不同阶级或者不同人群之间的关系"①。这也就是说，后殖民主义不仅仅在于反抗西方对东方的文化殖民，更重要的是，它要求对压迫本身进行谴责。这样，后殖民主义不仅反对来自民族外部的压迫，还反对民族内部的压迫；针对来自不同方向的压迫，它不断调整自己的批评对象和批评策略。后殖民主义的意义也就不再局限于对西方文化帝国主义的揭露和抵制，而是具有了更为广泛的批评价值取向，介入现实社会中各种各样的生存斗争。

斯皮瓦克的"策略性本质论"也典型地表现出反本质主义的价值取向。她强调，后殖民主义的任务并不是为某种普遍的"第三世界"主体或历史申辩，而是在现实的历史社会条件下，从具体个人所遭遇的结构性压迫出发，选择自己的角色和身份。为了批评的需要，斯皮瓦克随时选择自己的首要身份，诸如马克思主义者、女权主义者、解构批评家、印度裔少数民族，等等。在回答印度背景在其后殖民批评中所起作用这个问题时，斯皮瓦克说："我不怎么写关于'印度'的书，但我很高兴

① Bruce Robbins. *American Intellectuals and Middle East Politics*: *An Interview with Edward Said*, *Social Text* 19—20 (1988), p. 52.

‘印度’在这里被打上了引号，因为‘印度’对于像我这样的人来说，并不是一个能够真正形成我的民族身份的地方，因为它一直是一个人为的建构物，说到‘印度’，有点像说‘欧洲’一样。例如当一个人谈到某种欧洲特性时，他显然是在针对美国做出反应。”① 她的意思很明确，即：对于印度人来说，作为一个地方的“India”并没有什么意义，只有在需要做出某种针对性的反应以作为另一种观点的对立面时，它才有意义。

第三节　对后殖民主义的基本评价

目前，还无法对后殖民主义做出最后的定论。一方面，后殖民理论和后殖民批评仍在不断发展之中；另一方面，后殖民主义在现实中的意义和作用究竟如何，关键在于人们对它的阐释、理解和运用，阐释的理路不同，理解的视角不同，运用的方向不同，后殖民主义的意义也就有很大的不同。因此，我们目前对于后殖民主义的评价和理解，仍然是暂时性的，有待进一步的调整和完善。

一、理论实质

严格地说，后殖民主义并非是一种“主义”，它没有统一的纲领，没有明确的规划，并且后殖民理论家之间的观点多有冲突。把这些后殖民理论家联结在一起的，主要是共同的研究议题和共同的文化身份。

后殖民主义是后现代主义思想的一种实践和扩展。后现代主义批评了西方社会启蒙以来的宏伟叙事，要求关注长期以来被压抑、被搁置乃至被遗忘的声音、社群和思想，重新认识西方文化和社会内部中心和边缘的关系，关注边缘性的存在。就后殖民主义的基本理路来说，它立足于中心和边缘的结构来阐释西方和东方的关系，可谓是对后现代主义的一种实践。就后殖民主义不再局限于西方文化内部探讨中心和边缘的关系来说，它又是对后现代主义研究范围的扩展。后现代主义耽于西方文化的自我反省，后殖民主义则转向对全球文化格局的审视；后现代主义始终具有比较浓厚的理论色彩，后殖民主义则通过对帝国主义文化霸权的揭露，将批判的矛头指向西方主流文化对东方国家的渗透、控制和扭

① Sarah Harasym ed. *The Post-Colonial Critic Spivak*, New York: Routledge, 1990, pp. 38—39.

曲，具有直接现实的政治意义。

后殖民理论家大都拥有双重身份：既是西方学院里的知名教授，又是后殖民国家的后裔。这种双重身份带来的双重关怀使后殖民主义表现出一种独特的视角：既是东方思想传统的延续，又具有西方思想的视野，从而为全球性思考提供了一个新的出发点。但这只是问题的一方面。从另一个角度来说，后殖民理论家处于一种无根的境地：一方面，作为有着东方血统的知识分子，他们始终与西方的文化传统存在隔膜；另一方面，他们使用纯正的英语写作，与东方的文化传统又处于若即若离的状态。可以说，他们始终是精神上的漂泊者。这在某种程度上造成了后殖民主义的双重效应：在西方国家，它以东方国家的代言人自居；在东方国家，它又被看做西方文化思想的代表。后殖民主义就在这双重效应中不断获得广泛的关注。

从根本上说，后殖民主义是一种产生和兴起于西方社会，同时又不无东方文化和历史背景的学术话语和理论思潮。就后殖民理论家的双重身份来说，后殖民主义的产生本身就是西方殖民主义历史事实的一种后果，关于文化殖民与身份再现，关于文化交流和文化渗透，关于本土局限和全球视野等，所有这些，都是与殖民主义历史息息相关的问题。在此意义上，可以说，后殖民主义正是殖民主义历史及其后果的批判性的理论反映。而且，后殖民主义更多的是提出问题，激发人们的思考，而非提供一种明确可行的方案。

二、社会作用

就积极的方面来说，后殖民主义主要有三方面的作用：

第一，有助于我们深化对马克思主义关于殖民主义、帝国主义和霸权主义的认识。无论是马克思、恩格斯还是卢森堡、列宁和布哈林，囿于当时的时代处境，他们更多地是从政治经济的角度来看待殖民现象。他们分析了“政治经济霸权”产生的原因，阐释了西方资本主义“政治经济霸权”对殖民地造成的政治、经济和社会后果，探讨了殖民地人民的反霸权斗争。从某种角度来说，后殖民理论家们延续了马克思主义关于殖民主义、帝国主义和霸权主义的思想传统，结合当代社会的现状和主题，对东西方之间的文化关系以及西方发达国家的文化霸权行径予以犀利的剖析，扩大了马克思主义在这一方面的理论视阈。我们可以不同意后殖民理论家的基本观点，却不能无视它所具有的解释力和影响力，应批判地予以借鉴，以建构马克思主义的“文化霸权”批评理论。

第二，有助于西方社会对殖民主义历史的再认识。在西方社会，总有一些人为殖民主义做辩护，开脱殖民者的罪责，认为殖民主义有历史的合理性，它为东方民族摆脱传统、走向现代发挥了推动作用；也总有一些人惯于居高临下地评判东方事务，否认东方国家的特殊国情，以西方的价值观压制东方的文化观念。后殖民主义对文化殖民的批判性分析，当有助于西方社会进一步认识殖民主义带给东方民族的心灵创伤和文化伤害，深刻反省殖民主义在政治和经济上向东方扩张的同时，对东方进行文化殖民的历史罪恶，放弃惯于插手东方事物、自以为是、好为人师的思想，平等地看待东方，正确地看待东方的历史和现实，加强东西方的文化交流而非文化渗透。

第三，有助于东方世界对东西方关系的思考和处理。在东方社会，一些人出于对殖民历史的警惕，惯于对抗性思维；另一些人则只注意到西方是现代化道路上的先行者，惯于趋同性思维，把西方的价值作为普适性标准。这两种态度实际上都潜在地接受了二元思维，只不过前者把东西方看做同一空间中的对立面，后者把东西方看做同一时间序列中的先后阶段。后殖民主义关于文化身份建构性认同的思想，既反对把西方作为中心，又反对固执于本土传统的文化保守主义，有助于东方民族历史地认识自己的文化传统。特别是在冷战结束后的今天，随着经济全球化的加速发展，不同民族、不同文化、不同国家之间的交流和互动日益频繁，任何纯粹、静止、绝对的民族文化认同都是不可能的，也是不可思议的。后殖民理论家在这一方面的研究，对东方民族认识和建构多重、复合、灵活的文化身份，当有一定的启示。

三、局限性

在充分肯定后殖民主义的积极意义的同时，我们也必须看到，后殖民理论家和批评家们虽然大都是东方民族的后裔，也大都具有在东方国家生活的经历，但他们的理论积累和学术活动基本上是在美国等西方国家展开的，他们并不真正了解东方民族国家的历史和现状，而且，他们只是研究西方人对于东方的经验、认识和想象，这就造成了后殖民主义过多地停留在学术研究乃至美学想象的层面，缺乏社会研究和历史研究的科学性等明显的局限性。

这种局限性具体表现在：

第一，着重文化批判和话语分析，忽视政治经济分析。

后殖民主义的显著特征在于从文化角度解读殖民现象，希望通过文本批判的方式消解西方的文化霸权，因而强调话语和语言的作用。在他们看来，东方主义是一种话语，文化霸权也是一种话语，要消解东方主义和文化霸权，自然离不开话语和语言分析。语言由此成为独立的王国，似乎可以包揽一切，解决一切问题。马克思仿佛预见到了这一现象，他指出："正像哲学家们把思维变成一种独立的力量那样，他们也一定要把语言变成某种独立的特殊的王国。"① 马克思主义承认语言和话语对于理解和解释现实世界、对于人类的生活和生存具有极其重要的作用，强调语言是"现实的意识"、"思想的直接现实"，它的根源在于物质生产活动和基于其上的社会交往，但是，马克思反对无限夸大语言的作用，更没有用语句的交往取代现实的社会交往。后殖民主义沉溺于话语之中，结果是将政治神秘化和理论模糊化，把社会和政治问题变成为心理问题，以后结构主义语言学的处理方式代替历史和社会解释。

在马克思主义看来，思想文化在社会发展中固然具有重要作用，但它归根到底要受到社会的政治经济因素的制约和决定，文化对社会发展的作用最终要通过政治经济的作用表现出来。后殖民主义把文化和话语从政治经济问题中隔离出来，只能造成对欧洲中心主义的非历史化、非社会化的理解。事实上，要理解欧洲中心主义，必须参照文化之外的因素。文化解放要发挥作用，最终要依赖于政治和经济解放的程度，这就要求回到马克思主义特别是马克思的《政治经济学批判》、《资本论》和《哥达纲领批判》等经典著述，确立一种马克思主义的唯物主义文化理论。

第二，侧重于话语反抗，忽视"革命"和对殖民的有效抵抗。

马克思早就指出，批判的武器不能代替武器的批判，物质力量最终需要物质力量来摧毁。后殖民主义以概念和文本替代真实经验，淡化了物质形式的殖民压迫，也淡化了对殖民权力的有效抵抗。后殖民理论家们很少注意东方学内部反霸权的声音，也不曾注意西方传统的内部可能还存在着反霸权的思想，导致了把西方文化完全等同于霸权的平面化理解。事实上，霸权不是西方文化一以贯之的特性，不是一成不变的，它有一个历史的发展过程。在把东方学本质化的同时，后殖民主义又忽视了第二次世界大战以来东方社会轰轰烈烈的民族解放运动，不仅没有把这些运动视做有意义的历史事件，还往往干脆视而不见，似乎推翻殖民统治的革命从来不曾发生过。后殖民主义的批评矛头还一再指向革命的

① 《马克思恩格斯全集》，中文1版，第3卷，525页，北京，人民出版社，1960。

意识形态，认为后者建构主体和社会身份的努力造成了新的压迫，根本无助于解放。

后殖民理论家们为了寻求开放的政治和思想空间，立足于“混杂”的立场，接受既有的结构差异，试图建构一种面向未来的混合性主体。这是对于全球化时代不同文化间相互交融和渗透的承认和肯定，不无意义，但问题在于，不同文化间的交往是不平等的，文化混杂不能避开这样的问题：如何混杂？按什么条件进行？事实上，所谓的文化“混杂”，往往是西方国家实施霸权主义的一项重要策略，是帝国主义意识形态对非西方社会的渗透。单凭文化的“混杂”无法消除东西方之间的不平等关系，甚至还可能在更大程度上使它进一步普遍化。

第三，忽视阶级，没有指明反殖民的主体。

后殖民主义不仅忽视西方社会的阶级结构，也无视东方社会内部的阶级结构，只是从民族、种族和性别的角度来分析殖民和反殖民的斗争。事实上，后殖民问题也是一个阶级问题，在理解当代文化特别是民族文化问题时，阶级关系继续起着重要作用。无论是西方的政治经济霸权还是文化霸权，霸权的所有者都不是整个的西方社会，而是西方的统治阶级。马克思在揭露西方的政治经济霸权时，批评的是西方资产阶级为了本阶级的利益，向广大的东方社会推行殖民侵略和控制。第二次世界大战以来，尤其是冷战结束以来，西方社会内部的阶级结构发生了一些变化，但资产阶级掌握着政权亦即政治经济和文化霸权的基本态势并没有改变。看不到西方社会的阶级构成，就容易把整个西方社会等同于东方主义和文化霸权，从而难以找到问题的出路。

后殖民主义忽视阶级和阶级斗争，也就看不到反殖民的真正主体，它关注边缘、他者、属下、少数族裔，似乎依靠这些“主体”可以达到反殖民的目的。一位评论家深刻地指出，后殖民主义理论“避免阶级问题——这是历史代理的唯一场所。它如此做的第一步就是将阶级表现为一个过时的观点，然后再以一种合乎潮流的姿态将联盟主体定位在认同政治中。最后，我们得到的是一系列的主体：一个女性主义主体，一个非裔美国人，一个拉美人和一个同性恋主体……这些零零碎碎的主体”①。这些主体都是虚无的。如果不从阶级的立场来确定主体，文化殖民和霸权就不可能彻底摧毁。

综上所述，马克思主义在分析社会历史及民族国家之间的关系问题

① 谢少波等：《文化研究访谈录》，54页。

时，坚持经济对政治、文化的优先地位和决定作用。后殖民理论家们虽然也探讨文化殖民和经济、政治、军事扩张的关系，但常常自觉不自觉地陷入文化决定论，放弃了社会政治经济层面上的思考与实践，把现实社会中的种种问题转化、约减为文化问题。他们所谓的政治性，只是从文化角度所理解的政治性，即“文化的政治性”，着重点是政治性的文化分析，而非政治利益、经济利益、政治权力的政治经济分析。这就无法合理解释：为什么殖民主义会出现？为什么历史上有些西方民族会成为殖民主义者而其他民族则不会？也无法解释：为什么直到今天西方文化仍然具有相当强大的渗透力，后殖民地国家的人才大量向前宗主国迁移而不是相反？另外，后殖民主义忽视了资本主义的全球市场体系对第三世界所造成的严重经济问题，结果就可能是间接地维护欧洲中心主义的文化霸权。总之，后殖民主义着重从文化方面批判欧洲中心主义，具有极其重要的政治意义，但它所主张的解放政治，充其量是一种“政治性文化的解放”，是思想意识的解放，不可能摧毁全球性的政治、经济霸权。

第五章　分析的马克思主义

分析的马克思主义是在以阿尔都塞为代表的结构主义的马克思主义以后，于 20 世纪 70 年代在西方国家（主要是英国和美国）兴起的又一马克思主义思潮。这一思潮的代表人物多是英美一些著名大学的教授，如英国牛津大学政治哲学教授科恩（G. A. Cohen）、美国加州大学戴维斯分校经济学教授罗默（John E. Roemer）、美国芝加哥大学政治学教授埃尔斯特（Jon Elster）、美国威斯康星大学社会学教授赖特（Erik Olin Wright）等人。分析的马克思主义的主要特征是以当代西方分析哲学的方法和社会科学中的方法论的个人主义，重新建构一种分析的马克思主义者所说的既是科学的又是革命的马克思主义，以求对当代资本主义社会存在的种种问题做出合理的回答。

第一节　分析的马克思主义产生的历史背景

分析的马克思主义出现于 20 世纪 70 年代的英国和美国不是偶然的，而是有其深刻的社会历史原因。

第一，分析的马克思主义的出现是随着新技术革命而加剧的当代资本主义社会矛盾发展的产物。第二次世界大战以后，随着新技术革命的迅猛发展，西方发达资本主义国家的生产力水平有了很大的提高，广大劳动人民的生活条件也有了一定程度的改善，但资本主义的基本矛盾依然存在。进入 20 世纪 70 年代以后，整个资本主义世界陷入持续的高失业率、高通货膨胀率和低经济增长率并存的“滞胀”困境，出现了第二次世界大战后最严重的经济危机和社会危机。正是这些危机使得英、美一些左翼知识分子把目光转向马克思主义，以求从理论上说明以社会主义取代资本主义的问题。

对于分析的马克思主义的出现，它的创立者之一科恩有这样一段论述："我认为，当今有三个问题应当引起我们当中那些从事马克思主义传统研究的人的注意。它们是关于反对和推翻资本主义的方案的设计、正确性和策略的问题。第一个问题是，我们想要什么？一般说来，甚至更具体点讲就是，我们所追求的是什么形式的社会主义社会？第二个问题是，为什么我们想要这种社会主义？资本主义究竟错在哪？社会主义又对在哪？第三个问题是，我们怎样才能实现社会主义？现今发达资本主义社会的工人阶级已不是原来的工人阶级，或已不是过去认为的工人阶级，这一事实对于实践意味着什么？"① 大多数分析的马克思主义者的研究成果都是围绕科恩提出的三个问题展开的。由此不难看出，分析的马克思主义的出现说到底是源于当代资本主义社会的基本矛盾，是要对资本主义灭亡和社会主义胜利问题给予更好的回答。

分析的马克思主义者为什么要求助于马克思主义呢？它的另一个创立者罗默在他主编的《分析的马克思主义》一书的"前言"中是这样说的："这是因为在我们这个时代，社会主义的胜利表现出盛衰无常，说资本主义必然衰败的断言令人将信将疑。这种现象无疑是对从 19 世纪继承下来的马克思主义的严重挑战。对于这种挑战有四种反应：一种方式是退回到对马克思的概念进行犹太经典式的辩护，去寻找一种符合既往历史的解释。另一种方式是否认那些看来是历史事实的东西。第三种方式是把马克思主义当做基本错误的东西加以拒斥。第四种方式是承认马克思主义是 19 世纪的社会科学，这样，按照现代的标准，它必然是粗糙的，在细节上是有错误的，甚至某些基本主张也是错误的。但是，在解释某些历史阶段和历史事件时，它又表现出很强的说服力，因而人们就觉得其中必定有一个需要澄清和阐发的合理内核。人们是不会因为一件好工具在某些用场上失灵而把它扔掉，尤其是在没有发现更好的工具的情况下。"② 从罗默的回答可以看出，分析的马克思主义者认为，尽管按现代社会科学的标准来看，从 19 世纪继承下来的传统的马克思主义显得很粗糙，在细节上有错误，甚至有些主张是错误的，但它仍是目前最好的认识社会历史的理论。而他们所要做的事情，就是将传统马克思主义重构为一种严谨的现代社会科学，并进而以重构后的马克思主义去分析现实的资本主义和社会主义。

第二，分析的马克思主义的出现是英、美左派知识分子和广大群众

① ［英］科恩：《历史、劳动与自由》，12 页，牛津，牛津大学出版社，1988。

② ［美］罗默主编：《分析的马克思主义》，1～2 页，剑桥，剑桥大学出版社，1986。

长期斗争的结果。自俄国十月革命胜利以后，在西方资本主义国家先后兴起了几种与苏联正统的马克思主义相对立的西方马克思主义思潮。它们是20世纪20年代初在匈牙利和德国出现的以卢卡奇、科尔施为代表的新黑格尔主义的马克思主义，20世纪20年代末和30年代初在德国出现的以赖希、弗洛姆和马尔库塞为代表的弗洛伊德主义的马克思主义，20世纪50年代初在法国出现的以梅劳·庞蒂、萨特为代表的存在主义的马克思主义，20世纪50年代末在意大利出现的以德拉·沃尔佩、科莱蒂为代表的新实证主义的马克思主义，20世纪60年代中期在法国出现的以阿尔都塞为代表的结构主义的马克思主义。这些思潮尽管在一些问题上有重大分歧，但都具有以下特征：(1) 以各种西方哲学来解释、补充和修正马克思的学说，对马克思主义提出种种与苏联正统的马克思主义不同的新解释；(2) 根据他们所理解的马克思主义，对西方资本主义制度和苏联官僚集权制度的种种弊病进行了深入的批判；(3) 对西方无产阶级和广大劳动群众的解放道路进行了探索。由于这些思潮一方面反对现存的资本主义制度，另一方面又批判苏联的社会制度，因此在其发展过程中就既得不到西方各国资产阶级政党的支持，又得不到当时受苏联影响的西方各国共产党的支持，再加之它们自身的种种缺陷，因而它们在很长一段时间内基本上被局限在学术研究的范围内，社会影响不大。只是到了20世纪60年代中后期，在西欧国家相继爆发的学潮中，它们才被奋起造反的青年学生奉为思想武器，才引起社会的广泛关注。但随着学生造反的失败，上述各种思潮也受到很大的打击。在20世纪70年代以后，它们已开始走下坡路。

在20世纪70年代以前，西方国家的马克思主义的中心一直是在“拉丁语区”，即德国、法国、意大利，而英国和美国却一直没有出现有影响的马克思主义思潮。正因为如此，分析的马克思主义在英、美的出现被一些人视为西方国家马克思主义研究中心的大转移。英、美的马克思主义思潮之所以迟迟没有出现，是同第二次世界大战后形成的冷战的世界政治格局分不开的。在第二次世界大战后的很长一段时间，由于美、苏之间的对峙愈演愈烈，在美国的意识形态中马克思主义一直被视为恶魔和幽灵，特别是在麦卡锡主义横行的时候，不要说马克思主义者，就是一般的民主和进步人士也一直受迫害。英国是一个老牌的资本主义国家，第二次世界大战后在政治上紧随美国，对马克思主义一直持排斥态度。英、美以政治手段压制马克思主义的局面直到20世纪60年代以后才被逐渐打破。在争取民权和反对越战的斗争中，美国一些知识分子在对传统理论和意识形态进行深刻反思的基础上开始逐渐转向马克思主义，试图以马克思的观点去理解和分析美国的社会现象。到了20世纪70年代初，这种风气在美国大学校园迅速扩散蔓延，广大青年学生对马克思主义普遍发生兴趣，各大学开始承认马克思主义是一个合法的研究领域，并纷纷开设马克思主义的课程。这些为分析的马克思主义在美国的出现提供了前提。分析的马克思主义在英国的兴起，是与英国一些在20世纪60年代由新左派创办的激进的左翼刊物对英国传统文化的批判相联系的，其中影响最大的是《新左派评论》。《新左派评论》创刊于20世纪60年代初，它一方面有计划、有步骤地联络一些出版社翻译出版马克思、恩格斯、列宁、毛泽东、托洛茨基等人的著作，另一方面又积极主动地介绍卢卡奇、葛兰西、霍克海默、马尔库塞、德拉·沃尔佩、阿尔都塞等西方马克思主义者的著作和思想，从而在英国引发了一股研究马克思主义的热潮。

第三，分析的马克思主义的产生与流行于英、美的分析哲学的传统和社会科学中的方法论的个人主义密切相关。分析哲学是20世纪30年代以来在英、美占主导地位的一种哲学思潮，西方哲学界一般把20世纪初的英国视为分析哲学的发源地，把英国哲学家罗素在1905年发表的《论指称》一文看做是分析哲学诞生的标志。分析哲学虽然派别众多，观点各异，但都把全部哲学问题归结为语言问题，认为哲学的混乱产生于滥用或误用语言，并进而把哲学的内容或者归结为对科学语言的逻辑分析，或者归结为对日常语言的语义分析。分析哲学家认为哲学不是理论，而是活动，哲学家的任务不是发现和提出新的命题，而是阐述思想，使已有的命题变得清晰。分析的马克思主义产生于英、美与长期流行于英、美的分析哲学的传统有密切的关系，因为分析的马克思主义者普遍认为，马克思本人的著作，以及流行的有关马克思主义的著作给人的一个印象是缺乏概念的明确性和推理的严密性。科恩在谈到阿尔都塞的《阅读〈资本论〉》一书时说："我发现《阅读〈资本论〉》的很多内容极为含混。逻辑实证主义以及它坚持的理智活动的精确性主张，在巴黎从未受到重视，这也许是一件令人遗憾的事……阿尔都塞的含混会给英国的马克思主义造成不幸的后果，因为在英国明晰是一种宝贵的遗产，而且在英国一般都不假定理论陈述必定是一种难以理解的东西。"①

① ［英］科恩：《卡尔·马克思的历史理论——一种辩护》，Ⅱ页，北京，高等教育出版社，2008。

在分析的马克思主义者看来，为使马克思主义成为一种科学的革命的理论，必须运用分析哲学的方法重新建构马克思主义，而分析的马克思主义也正是从分析和澄清马克思的历史唯物主义基本概念和基本理论发展起来的。流行于当代西方社会科学中的方法论的个人主义也对分析的马克思主义的产生有重要影响。方法论的个人主义主张，对所有社会现象的解释最终都必须归结为关于个人的事实。大多数分析的马克思主义者认为，马克思的历史唯物主义只是对社会历史的一种宏观解释，即只是通过对阶级、生产力和生产关系、经济基础和上层建筑或类似的东西的推理解释社会历史现象，这种解释是不充分的，因为它不能说明为什么根据宏观解释必然要发生的事件却没有发生。因此，必须用方法论的个人主义对传统马克思主义的宏观描述做微观分析的补充。

一般认为，分析的马克思主义产生的标志是1978年出版的科恩的《卡尔·马克思的历史理论——一种辩护》。在此后的10多年里，科恩、罗默、埃尔斯特、赖特等人先后出版了20多部分析的马克思主义的著作，发表了上百篇分析的马克思主义的论文。其中，最具代表性的著作有科恩的《卡尔·马克思的历史理论——一种辩护》、《历史、劳动与自由》，罗默的《马克思经济理论的分析基础》、《剥削与阶级的一般理论》、《在自由中丧失——马克思主义经济哲学导论》，埃尔斯特的《弄懂马克思》，赖特的《阶级、危机和政府》、《阶级》等。从1985年起，分析的马克思主义者开始推出反映他们的研究成果的《马克思主义与社会理论研究丛书》，出版了10多部专著和论文集。

分析的马克思主义的出现在西方学术界引起了人们的普遍关注，无论是马克思主义者，还是非马克思主义者或反马克思主义者，都纷纷发表著作或文章，或褒或贬，同分析的马克思主义者展开了激烈的论战。此外，分析的马克思主义者内部的观点也很不一致，论争也很激烈。可以说，自20世纪70年代中期以来，在西方发达国家再次掀起了一股以分析的马克思主义为中心的研究马克思主义的热潮。

第二节　分析的马克思主义的一般特征

一种思潮最初常常是通过它所反对的东西来确定自己的，只是到后来，它才具有自己确定的特征。分析的马克思主义的情况就是如此。最初的分析的马克思主义者是通过反对传统的马克思主义的某些主张和方法来确立他们的观点的，他们在思想上的一致也主要是来自他们所共同反对的东西。

分析的马克思主义所说的传统的马克思主义主要指马克思本人的观点和学说。然而，在如何评价传统的马克思主义的观点的问题上，尽管分析的马克思主义者在一些问题上看法大体一致，如他们之中的大多数人反对劳动价值论，但在其他很多问题上，如有关历史唯物主义的一些问题上，他们之间的看法却往往是不一致的，有时甚至是截然对立的。这样说来，构成分析的马克思主义一般特征的就不是它对马克思哪些观点的拥护和反对。

作为一种思潮，分析的马克思主义具有哪些一般特征？从分析的马克思主义者的论著来看，他们一再声称他们追求的是重构一种既是科学的又是革命的马克思主义理论。他们所谓的科学理论包括两层含义：一是指符合20世纪分析哲学标准的理论，即概念清晰、论证严谨的理论；二是指不但有对社会历史的宏观描述，而且还有对社会历史的微观分析的理论。他们所谓的革命理论，是指有助于人类解放的理论。从他们对科学的和革命的理论的规定出发，分析的马克思主义者认为，尽管传统的马克思主义的基本理论仍有很强的生命力，但存在三个问题：一是概念不清晰，论证不严谨；二是对社会历史问题只有宏观的论述而缺少微观的分析；三是一些理论或者已经过时，或者是错误的。他们提出，要使马克思主义成为科学的、革命的理论，就必须运用分析的方法对它进行重构、修正和补充。然而，在传统的马克思主义中哪些理论已经过时，哪些理论是错误的，以及哪些理论需要修正和补充的问题上，分析的马克思主义者之间存在很大分歧。这样一来，分析的马克思主义的一般特征就集中体现在用分析的方法对马克思主义进行重构上，体现在它重构马克思主义时所采用的分析的方法上。

分析的马克思主义所说的分析的方法指的是什么？从他们自己对这一问题的说明来看，所谓分析的方法，指的不仅是分析哲学的使表述更为精确、论证更为严谨的方法，还包括在西方非马克思主义的社会科学中发展起来的方法论的个人主义。一般认为，分析的马克思主义所说的分析的方法主要来源于这样三种方法：一是分析哲学的逻辑和语言分析的方法，这种方法是从20世纪主要流行于英语国家的实证主义和后实证主义哲学中发展起来的；第二种是西方经济学的分析方法，这种方法最初来自亚当·斯密和大卫·李嘉图，后被瓦尔拉[①]和马歇尔[②]开始的新古典经济学赋予了严格的数学形式；第三种是描述选择、行为和策略的各种方法，这些方法产生于新古典经济学，后同新古典经济学一道发展起来，这些方法也就是西方学术界现在所说的“决策理论”、“博弈论”，以及更一般意义上的“理性选择理论”。分析的马克思主义者认为，用这些在非马克思主义哲学和社会科学中发展起来的分析的方法重新阐述马克思的思想是可行的，因为这样做非但不会歪曲马克思的思想，反而会使马克思的思想变得更为清晰、精确，更有说服力。分析的马克思主义之所以被人们称为“分析的”马克思主义，其原因就在于此。

概括说来，分析的马克思主义具有以下两个特征：

第一，推崇分析哲学的方法，反对辩证法。分析的马克思主义者认为，传统的马克思主义中有很多地方在表述上存在概念不清晰、论证不严谨，而要使马克思主义成为科学的、革命的理论，就必须用分析哲学的方法对马克思的思想进行重构。对此，科恩在他的成名之作《卡尔·马克思的历史理论——一个辩护》一书中开宗明义地提出：“本书为历史唯物主义辩护，辩护的方法是提供有利于它的论证，但更多地是以一种我希望的吸引人的形式介绍这一理论。在介绍该理论时考虑到两方面的制约：一方面是马克思所写的东西，另一方面是标志20世纪分析哲学的那些明晰和严格的标准。目的是要建构一种站得住脚的历史理论，而且这一理论要与马克思对这一问题的论述明显一致。马克思当然会发现一些随之而来使他觉得陌生的东西，但希望他能承认，这些东西是对他的思想的合理、清晰的陈述。这不是一种自命不凡的希望。马克思是一个永不满足的、具有创造性的思想家，他在不少方面提出了许多思想。但他没有时间，或没有意愿，或没有书斋的宁静，把这些思想全都整理出来。因而，声言对他的一些主要思想提出比他本人提供的更有条理的表述，这不是自命不凡。”[③] 这段论述表明，科恩之所以要为历史唯物主义做辩护，是因为在他看来，由于受各种条件的限制，马克思本人在世时对历史唯物主义的表述只是粗略地表达了他的思想，因而还没有达到20世纪分析哲学的清晰和严谨的标准。科恩认为，一种理论只

① 瓦尔拉（1834—1910），法国经济学家。

② 马歇尔（1842—1924），英国经济学家。

③ ［英］科恩：《卡尔·马克思的历史理论——一种辩护》，Ⅰ页。

有达到分析哲学的标准，才称得上是科学，如此说来，马克思有关历史唯物主义的论述在很大程度上还处于前分析的阶段，因而还不能说是严格意义上的现代科学。由于力求再现一种他们所说的科学的马克思主义理论，每一个重要的分析的马克思主义者都强调，在他们的理论追求中最为重要的是清晰和严谨。这样说来，分析的马克思主义最初来自分析哲学就不会使人感到奇怪了，因为后者主要是以清晰的论证来规定自己的。

从重构他们所说的科学的马克思主义出发，分析的马克思主义者极为强调对基本概念的精细阐述。在分析的马克思主义者的论著中，人们可以看到他们对生产力、经济结构、剥削、阶级结构、拜物教、经济基础和上层建筑、国家这类概念的煞费苦心的阐述，而这在传统的马克思主义那里是没有的。他们的这种做法常常使人感到过于抽象和过分拘于细节，但分析的马克思主义者认为，没有对基本概念的彻底澄清，任何理论都不能成为科学。与这种对概念的精细阐述相伴的是坚持系统而严密地论证各个概念在理论上的逻辑关系。分析的马克思主义者认为，不严格的论证绝对会使理论探讨出问题，这种认识从一个方面解释了分析的马克思主义者为什么偏爱形式逻辑和数学模型，同时也解释了分析的马克思主义者为什么常常使用明显编造的假设的例子来阐明某种理论的含义和检验某种理论的正确与否。

从推崇分析哲学的方法这一信念出发，所有的分析的马克思主义者都反对传统的马克思主义所坚持的辩证法。在分析的马克思主义者看来，马克思主义并不拥有自己独特的和有价值的方法，而传统的马克思主义者则认为它拥有这样的方法，并把这种方法称为辩证的方法。分析的马克思主义者认为，虽然“辩证的”这个词在被使用时并不总是没有明确的含义，但在用来表示一种与分析的方法相对应的方法时却从不具有明确的含义，因而对辩证法的相信只能在一种不清楚的思想环境中存在。在他们看来，那种认为辩证法构成推理的可靠的方式，并认为从阐明社会理论的目的来看辩证法是优于形式逻辑的想法，既是错误的又是有害的。他们认为，把矛盾作为解释的基本概念模糊了正确的和不正确的推理模式之间的区别，并认为这种来自黑格尔主义的影响削弱了马克思主义的可理解性，使一些不能成立的论证混入了理论论争，因而造成大量复杂的、广为流传的混乱，抑制了马克思主义的发展。

第二，推崇方法论的个人主义，反对方法论的整体主义。分析的马克思主义者认为，任何一种理论要成为现代意义上的科学，都不能仅仅停留在对事物和现象的宏观描述上。他们说，知道钠和氯构成盐是一回事，知道它们是怎样构成盐的和为什么会构成盐是另一回事；说资本主义必定要崩溃并且必然要为社会主义所取代，并没有表明个人的行为将如何导致这一结果，而只有个人的行为才能导致这一结果，因为从最终的分析来看，任何结果都是由个人的行为构成的。正是在这种意义上，分析的马克思主义者认为，传统的马克思主义的粗糙程度同前现代化学很类似，因为二者都没能把宏观层次的统一体描述为由它们的更为基础的组成部分构成的排列组合。分析的马克思主义的另一个创立者埃尔斯特则更明确地指出，传统的马克思主义虽然对社会现象作了整体的描述和说明，但从现代科学理论的要求来看，对社会现象仅有整体上的描述和说明是不够的。他说道："简单地以对一个群体的利益去说明集体行为会招致各种各样的问题，特别是这样一个问题：为什么即使是在集体行为对某一群体的人有很大益处的时候，这种集体行为却常常未能发生。在个人层次上的解释应当根据以下具有启发性的原则来建构：首先假设，行为既是出于理性的又是自私的；如果这行不通，就假定至少是合理的：只有在这也行不通时，人们才能假定个人参加集体行动是非理性的。最后，应当在心中始终记住不成熟的简化论的危险。对现阶段可以应用的在个人层次上的解释来讲，集体行为简直可以说是太复杂了。"① 这表明，在埃尔斯特看来，仅仅在社会历史的宏观水平上通过对群体利益的推理去解释历史现象是不充分的，因为这种宏观的解释不能说明为什么根据宏观解释必然要发生的事情却没有发生，因此，必须对传统的马克思主义的宏观描述作从个人出发的、微观分析的补充。正因为如此，分析的马克思主义者大多拒绝这样一种观点，即：把社会形态和阶级描述为按照规律行为的整体，而不是描述为构成它们的个人的行为的功能。一些持更为极端态度的分析的马克思主义者甚至提出，任何令人满意的解释都必须来自完全由个人特性构成的社会现象。

基于只有作为个人才能行为这样一种思想，分析的马克思主义者把个人视为极其重要的分析单位，认为所有社会科学的解释都应还原为（至少在原则上可以还原为）对个人行为的可能的说明。在他们看来，对任何社会事件的令人满意的解释都必须说明为什么卷入事件的那些个人会那样行动。他们的这种主张被人们称做理性选择的方法论的个人主义，即以分别构成整体的微观成分和构成总体转变过程基础的微观机

① ［美］埃尔斯特：《弄懂马克思》，359页，剑桥，剑桥大学出版社，1985。

制，去说明宏观现象的那种倾向。在分析的马克思主义者看来，所有社会现象最终都必须通过作为个人的人的特性，如人的动机的形成、价值观、感情、能力、洞察力及知识等来说明。

从方法论的个人主义出发，分析的马克思主义者反对把社会形态和阶级描述为具有它们自身发展规律的方法论的整体主义的观点。在他们看来，方法论的整体主义把个人的特性归结为各种类型的集体的存在，并因此赋予后者对它们的组成者在解释上的优先权。但人的思想产生于个人的心中，行为是个人的能力，而且仅仅是个人的能力，因此，就解释社会行为而言，无论对于马克思主义还是其他主义，个人都应是社会理论的逻辑起点。整体的行为说到底只是构成它们的个人行为的体现，是个人行为的功能。一些分析的马克思主义者还把方法论的个人主义同创立马克思主义的推论形式的努力联系起来。罗默提出，有关个人的假设不仅是唯一可能的基础，而且只有从这种方式出发，马克思主义者才有可能得出定理式的观点，这样才能大大提高马克思主义理论的魅力和可信性。

不过，并不是所有的分析的马克思主义者都绝对赞成方法论的个人主义。一些分析的马克思主义者，如莱文（A. Levine）、索伯（E. Sober）和赖特就对方法论的个人主义的科学价值提出了疑问。在他们看来，宏观现象并不总能以有关个人的假设来解释，有时个人特性相当不同的分布却可以产生同样的宏观现象。不过，他们虽然对把方法论的个人主义作为一种解释原则表示怀疑，但却肯定微观解释对于解释宏观现象的重要性，并赞同通过有关个人的假设去解释宏观事件的努力。

分析的马克思主义者对上面所说的方法的信奉是绝对的。在他们看来，对这些方法的赞同反映的只不过是对理性本身的赞同。因此，他们反对任何削弱对清晰的陈述和严谨的论证的要求，认为抵制分析的推理只能是无理性的蒙昧主义的表现。这样，在分析的马克思主义的著作中，作为探究对象的就总是马克思主义而不是分析的方法，而分析的方法则被运用于对马克思主义的探究。通过对马克思主义的分析，分析的马克思主义者抛弃了传统的马克思主义的很多论点。但他们认为，虽然他们抛弃了传统的马克思主义的许多观点，但却保留了传统的马克思主义的核心问题，保留了它的价值取向。他们还认为，由于通过了分析方法的严格检验，所保留下来的那些观点比以前更有力了，而被抛弃的观点从理智上讲是不能再保留了。

从上述主张出发，分析的马克思主义者进而反对这样一种认识，即：马克思主义者只能采用一种独一无二的方法，这种方法与其他社会科学家所用的方法截然不同。他们认为，使马克思主义与众不同的不是它的方法，而是它的大量的有关社会历史发展的观念。强调只采用一种独一无二的方法，会使马克思主义者同那些为其他社会科学家所发展的有益的方法隔绝开来，从而阻碍对错误的理论的修正和对正确理论的发展。为此，分析的马克思主义者大胆使用了由当代社会科学发展而来的各种方法，如博弈理论、线性规划理论、结构方程模式、程式逻辑等。传统的马克思主义反对使用这些方法的原因之一，是把它们视为资产阶级的社会科学的产物。分析的马克思主义者则认为，资产阶级社会科学和资本主义社会之间的关系是复杂的，资产阶级社会科学的研究成果并不总是维护资本主义制度的，或者说，并不总是表明其他的经济制度是行不通的。为此，一些分析的马克思主义者抛弃了“资产阶级社会科学”这一概念，认为它会损害建立科学的马克思主义的努力。

第三节　分析的马克思主义的主要代表人物及其主张

同以往各种西方马克思主义思潮相比，分析的马克思主义的研究领域更为广泛。前者的研究领域主要限于哲学，或者说主要是从哲学方面研究马克思主义。后者虽然也涉及哲学问题，特别是历史唯物主义的一些问题，如历史发展的动力、历史发展的规律性等问题，但涉及更多的是经济学、政治学、社会学方面的问题，如剥削、阶级、社会公正、社会道德等问题。

虽然分析的马克思主义者的研究领域更为广泛，但他们在对待传统马克思主义理论的态度上却存在重大分歧。他们之中的一些人侧重于运用分析的方法为传统的马克思主义的某些观点做辩护，另一些人则侧重于运用分析的方法对传统的马克思主义进行修正和补充。最能体现分析的马克思主义研究成果的是科恩对历史唯物主义的发展命题和首要性命题的论证，罗默的非劳动价值论的关于剥削的一般理论，以及赖特的当代资本主义社会阶级结构的理论。

一、科恩对历史唯物主义的发展命题和首要性命题的论证

在分析的马克思主义者中，科恩是人们公认的分析的马克思主义的创立者和具有重要影响的代表者之一。科恩于 1941 年生于加拿大蒙特

利尔一个犹太工人的家庭，其父母都信奉共产主义。他于1961年在加拿大麦吉尔大学获文学学士学位，同年前往英国牛津大学新学院读研究生。从1963年到1985年，科恩在伦敦大学任教，先后任助教、讲师和副教授。在此期间，他曾于1965年和1975年到加拿大麦吉尔大学和美国普林斯顿大学做访问副教授。从1985年起，他被聘为牛津大学万灵学院政治哲学教授和研究员。科恩的研究领域很广，就分析的马克思主义而言，他的代表作主要有两部：一是1978年出版的《卡尔·马克思的历史理论——一种辩护》，二是1988年出版的《历史、劳动与自由》。

作为分析的马克思主义的创立者和重要代表人物之一，科恩的地位在于他首次运用分析哲学的方法为马克思的历史唯物主义理论进行辩护。在他的成名之作《卡尔·马克思的历史理论——一种辩护》一书中，科恩公开宣布："我要辩护的是一种老式的历史唯物主义，一种传统的观念。在这一观念中，历史从根本上讲是人类生产能力的增长，社会形态依它们能够实现还是阻碍这一增长而兴起和衰落。"① 在这部著作及其他论著中，科恩运用分析哲学的方法，对历史唯物主义的一系列基本范畴，如生产力、生产关系、生产方式、经济基础、上层建筑进行了澄清，并对历史唯物主义的一些基本原理进行了与众不同的辩护。

科恩为历史唯物主义基本原理的辩护主要体现在他所提出和论证的两个命题上：发展命题和首要性命题。发展命题从人具有理性和理智以及自然环境不能满足人的需要出发去说明生产力发展的内在趋势。首要性命题则运用功能解释的方法说明在生产力和生产关系、经济基础和上层建筑的相互关系中生产力和经济基础在解释上的首要性。

1. 发展命题

发展命题是科恩提出的一个重要命题，这一命题讲的是生产力的发展趋势贯穿整个历史。科恩之所以要提出和论证这一命题，是因为在他看来，这一命题是马克思的历史唯物主义中最基本的命题，但这一命题在马克思本人及后来的马克思主义者的著作中却缺少严谨的论证。

为什么生产力会趋于不断发展呢？对此，科恩从三个方面做了论证：第一，人所处的历史环境是一种物质生活资料匮乏的环境。在这样的环境中，没有人的努力，自然是不会为人提供丰裕的物质生活资料的。这意味着，人的需要不管在历史发展过程中表现为什么，很少是完全由自然供给的。虽然人类数个世纪以来一直在努力，但到目前为止，

① ［英］科恩：《卡尔·马克思的历史理论——一种辩护》，Ⅲ页。

仍没有改变物质生活资料匮乏的情况，或者说，仍然没有达到物质生活资料丰裕的程度。在既定的外部自然的这一特征和人类可达到的生产力条件下，人类中的绝大多数人只有把他们更多的精力用于从事或多或少是令人厌恶的劳动上，才能满足他们的需要。第二，人类具有发现新资源、发明提高生产力的技术和工具的智力和其他能力。第三，人类有足够的理性抓住他们在劳动中创造的解决匮乏问题的机会。具体说来就是，"理性的人知道如何去满足他们具有的强制性的需要，他们会倾向掌握和使用满足那些要求的工具，就这一方面而言，人当然在某种程度上是有理性的，而且它在这里是一个相关的方面"①。简言之，在人类是有理性的和他们面对险恶的自然环境的前提下，他们将不会无限期地放弃不断出现在他们面前的发展生产力的机会。生产力的发展将解决物质生活资料匮乏的问题，人类是有理性的生物，有强烈的动机去克服匮乏。因此，生产力具有发展的趋势，并贯穿整个人类历史。

为了使人们准确把握他所说的发展命题的含义，科恩还从以下三个方面对发展命题做了进一步的说明。

第一，生产力的发展趋势是自律的，"它独立于社会结构，它植根于人的本性和人的处境这些根本的物质事实"②。科恩强调，在他对发展命题的论证中，用来支持发展命题的东西都是非社会的物质事实。所谓非社会的物质事实，指的是与社会结构无关的事实。像人类能够牺牲眼前的利益以追求更进一步地满足这种一般的事实，以及欧洲人在1250年可以利用的生产资源保证了欧洲绝大部分的劳动是农业劳动这种个别的事实，都是非社会的物质事实。科恩指出，不能否认，生产力的发展在一些特殊情况下会由于非社会方面的原因而无法实现。例如，一场大地震的破坏，或生产力发展所需的能源已耗尽，或由于一种特殊的、不是先前需要的但为现在进一步发展所需的资源的匮乏（某种特殊的金属）。这些可能阻碍生产进步的情况的共同特征是：在每种情况中，进步被阻碍的原因都是与占统治地位的社会结构无关。如果这样的非社会方面的阻碍是非常普遍的，那假定生产力发展的持续趋势就是不恰当的，但我们假设它们不是非常普遍的。简言之，提出非社会的前提是想要确立生产力的正常发展趋势，这种趋势也许没能实现，但不是因为社会方面的原因而不能实现。

① ［英］科恩：《卡尔·马克思的历史理论——一种辩护》，182～183页。

② ［英］科恩：《历史、劳动与自由》，84页。

针对科恩的上述论证，一些学者提出，生产力的发展是离不开生产关系的，这样，科恩的发展命题只有在假定生产关系始终是有利于生产力发展的情况下才是可能的。这样说来，生产力发展的根本原因就在于存在有利的生产关系。对此，科恩反驳说，生产力的发展当然离不开有利的生产关系，但这种有利的生产关系只是生产力发展的外在条件，而不是生产力趋于发展的内在根源。从生产力只有在有利的生产关系下才能发展这一命题出发，得不出生产力发展的根源是有利的生产关系的结论。他举例说：一个小孩有自律地成长的趋势，这种成长的趋势是他内在地具有的，而不是由他的父母外在地灌输给他的，但由此不能得出结论，即由于他具有自律地成长的趋势，他不依赖父母和其他人的帮助就能成长。生产力自律的发展趋势与此类似。造成这一趋势的最终原因不在于生产关系，而在于那些与人性有关的非社会的事实，即：人是有理性的，有革新精神和受着匮乏的折磨。当然，由此不能得出生产力的发展无须社会关系的帮助。生产力的发展趋势要通过有利的生产关系才能实现，与生产力自律的发展趋势是植根于与人性相关的非社会的事实并无矛盾，相反，有利的生产关系的流行恰恰是因为生产力存在一种自律的发展趋势，因为是这种自律的发展趋势使有利的生产关系得以流行或者说被选择。总之，生产力的发展要通过有利的生产关系来实现，并没有取消生产力的自律的发展趋势。

第二，生产力趋于发展的根本原因是人们要通过提高生产力来解决匮乏问题。科恩指出，根据对发展命题的论证，人类是面临匮乏问题的有理性的和富有创新精神的动物，他们通过改进他们的生产力来设法减缓匮乏问题。然而，他在《卡尔·马克思的历史理论——一种辩护》中却讲过，人们采用更高级的生产力是为了减轻他们自己的劳动负担，即个别生产者或他们合作的群体努力提高他们的技能和改进生产手段，以减轻他们的劳动负担的程度。在这一论述中，普遍的生产的进步被归结为这些若干努力的聚合的结果。科恩承认这一说法是有问题的。因为，这样说来，生产力的发展趋势就是同特定阶级的理性相连的，因而失去了其自律的特征。这实际上是混淆了生产力发展的根本原因与具体原因。科恩说，不能否认，理性的生产者采用先进的生产力是为了减轻他们自己的劳动，但这只能构成生产力发展的一个具体的原因，而不能构成生产力发展的根本原因。生产力发展的具体原因可以是为了减轻劳动负担，也可以是别的。例如，如果一个自食其力的农民采用了更先进的犁，可以说他这样做是为了减轻他必须投入的劳动负担；如果一个资本家采用了更先进的生产设备或方法，则可以说他这样做是为了保护或增加他的利润，而不是为了减轻任何人的劳动负担。生产力趋于发展从根本上讲是因为这种进步减少了人们在物质生活资料方面的匮乏。在生产力发展的具体原因起作用的情况下，生产力发展的根本原因也仍然起作用。例如，资本主义生产在一定时期的流行是因为它对于征服匮乏做出了巨大的贡献，无论这一结果与改进生产力的资本家的动机之间相距有多远。

科恩承认，他在《卡尔·马克思的历史理论——一种辩护》中还相当草率地提出，只要匮乏存在，人们就倾向于抓住任何存在的机会去发展生产力，因为如果他们不这样做，他们将是非理性的。的确，这种说法也有问题。实际上，理性并不总是赞同生产的革新，即使在有可能实现这种革新的地方。牢牢控制着生产过程的统治阶级有时也许会有很充足的理由不允许生产的革新，而且引入革新有时还会产生有害的后果，因而可以说，在一定的情况下，引入革新是非理性的。但科恩又指出，即使承认这些情况，人们仍可以坚持认为：首先，这种革新有时会是理性的，因而有时会被采用；其次，因为理性和惯性，已取得的革新几乎不可能消失，除非它们被更高级的技术所取代。虽然人们不总是在关注生产的改进以至抓住每一个促使它改进的机会，但当他们实际上已经实现了生产的改进的时候，他们是不会轻率地放弃这样的改进的。因而，其结果就是在每一个社会，生产的改进都是一个趋势，即使这种趋势本身不是在每一个社会的每一时期都表现出来。

第三，生产力的发展趋势是普遍的，它贯穿作为一个整体的人类历史，更进一步讲，贯穿每一遭受匮乏的社会的历史。科恩承认，因为停滞的（例如文化的）环境，一个社会即使是在匮乏的情况下，也会缺少一种对生产进步而言的内在的发展（即不是通过与其他社会交往而导致的）趋势。然而，在所有的社会中，只要环境不总是不利的，进步总将会在某些地方发生，它的成果将被保留。由此可以得出结论：将会存在一种普遍的进步的趋势，一种在作为一个整体的世界中的进步的趋势，即便不是每一个社会都具有这样一种趋势。这里所说的普遍的进步的趋势是从元素的意义上讲的，即：无论在世界的哪个地方发生了什么，都是发生在作为一个整体的世界中，即使当它发生在某地时没有对别的地方产生影响。但进步的社会很可能通过征服和其他影响形式建立起对落后者的霸权，当这导致后者结合到前者中的时候，就出现了一个更大的、社会整体的进步。最后，这一进步可能的确体现在那一更大的整体中。如果这种情况的发生是有规律的，那么人们会在新的基础上承认：在每一社会中都存在生产力发展的趋势。

科恩认为，生产力发展趋势的普遍性无须表现为每一社会生产力的发展都要经历从最低级到最高级的发展过程。相反，可以存在一种“火炬接力”的模式：一个从前处于领先地位的社会，在生产力达到一定水平以后，会退下去以有利于另一它影响过的社会，后者将使生产力得到进一步的发展。先进的火炬携带者很可能把头等重要的地位让与从前落后的社会，这些社会没有必要重复它们效仿的社会经历的所有阶段。火炬转移给新的携带者，部分是由于从前先进的国家或地区倾向于将自己封闭于曾是先进的经济结构，这就丧失了它的领导地位。

2. 首要性命题

首要性命题是科恩提出的又一重要命题。这一命题讲的是生产力对生产关系和经济基础对上层建筑在解释上的首要性。

科恩认为，马克思在《〈政治经济学批判〉序言》中对其创立的历史唯物主义做了经典的表述，这就是：“人们在自己生活的社会生产中发生一定的、必然的、不以他们的意志为转移的关系，即同他们的物质生产力的一定发展阶段相适合的生产关系。这些生产关系的总和构成社会的经济结构，即有法律的和政治的上层建筑竖立其上并有一定的社会意识形式与之相适应的现实基础。物质生活的生产方式制约着整个社会生活、政治生活和精神生活的过程。不是人们的意识决定人们的存在，相反，是人们的社会存在决定人们的意识。社会的物质生产力发展到一定阶段，便同它们一直在其中运动的现存生产关系或财产关系（这只是生产关系的法律用语）发生矛盾。于是这些关系便由生产力的发展形式变成生产力的桎梏。那时社会革命的时代就到来了。随着经济基础的变更，全部庞大的上层建筑也或慢或快地发生变革”①。他指出，马克思在这里提出了生产力、生产关系（经济基础）和上层建筑三个历史唯物主义的基本概念，并使用了一些解释性的词语来说明它们之间的关系，这就是：生产关系与生产力的发展水平相适应，法律和政治的上层建筑建立于经济基础之上。在这两种情况中，马克思都区分了两个子项，前者是生产关系和生产力，后者是上层建筑和经济基础，并断言第二项以某种方式解释第一项，即生产力以某种方式解释生产关系，经济基础以某种方式解释上层建筑。但马克思在这里和别的地方都没有说明他采用

① 《马克思恩格斯选集》，2版，第2卷，32～33页，北京，人民出版社，1995。

的解释方式是什么。

通过对马克思的《〈政治经济学批判〉序言》和其他相关论述的分析，科恩提出，历史唯物主义的核心命题有两个：

（1）生产关系的本质由生产力的发展水平来解释。

（2）上层建筑的本质由经济基础来解释。

他认为，对这两个命题都只能作功能解释，因为否则就无法使它们同《〈政治经济学批判〉序言》和其他相关论述中包含的历史唯物主义的另外两个命题统一起来，这两个命题是：

（3）生产关系制约着生产力的发展。

（4）上层建筑有助于经济基础的稳定。

科恩指出，第三个和第四个命题讲的是生产关系对生产力的发展有作用，上层建筑对经济基础的稳定有作用。但这两个命题本身却不包含生产关系和上层建筑是由这些作用（功能）来解释的意思。因为虽然A也许对B起作用，但A的存在是因为它对B起作用这一说法也许是不正确的。例如，我的鼻梁对我的视力有作用，因为它有助于我戴眼镜，但它与我的右眼不同，它不是因为对我的视力起作用而存在。但如果将命题（3）和（4）与命题（1）和（2）联系在一起，那就迫使我们必须把这些命题视为功能解释，因为没有别的解释方式能够维持生产力对于生产关系在解释上的首要性与后者对前者有重大影响之间的一致，以及经济基础对于上层建筑在解释上的首要性与后者对前者的重大影响之间的一致。换句话说，由于马克思要求加以解释的现象对他所说的解释它的现象有重要作用，这就出现了一个问题：如何使构成原因的被解释现象的作用与其在解释顺序中的第二的地位即被解释的地位一致起来？科恩认为："如果采用的解释是功能解释，我们就在A对B的影响与由B来解释A二者之间确立了一致性。我不知道还有什么其他方法能使历史唯物主义协调一致。"①

什么是功能解释？科恩说，极为粗略地讲就是"被解释的东西的特征是由它对解释它的东西的影响决定的"②。为了使人能理解和掌握功能解释，科恩举了两个例子：（1）鸟长有空心骨是因为空心骨有利于飞行；（2）制鞋厂进行大规模生产是因为大规模生产会带来经济效益。他指出，在这两个例子中，鸟长有空心骨要由空心骨有利于飞行来解释，

① ［英］科恩：《历史、劳动与自由》，8页。

② ［英］科恩：《卡尔·马克思的历史理论——一种辩护》，317页。

制鞋厂进行大规模生产要由大规模生产会带来经济效益来解释。这样的解释就是他所说的功能解释。为了使人们能准确把握功能解释，他还用分析哲学的语言对其做了严格的说明。他说，假设E是原因，F是它的结果，我们以E具有这种作用来对它做功能解释。以E的发生是由于F的发生来解释是错误的，因为这是用后出现的结果来解释先出现的原因，这样一来，功能解释就与通常的因果解释相矛盾了。以E的发生是由于它引起了F的发生来解释也是错误的，因为当E引起F时，E已经发生了，因而它引起F这一事实也不能用来解释它的发生。唯一可选用的解释是：E的发生是由于它会引起F，换句话说就是，E的发生是由于这样一种情况，即事件E会引起事件F。用符号来表示就是（E→F）→E。科恩强调，这种功能解释与通常的因果解释并不矛盾，它不过是后者的一种特殊形式。

科恩说，如果他对功能解释的上述说明是正确的，那马克思有关生产力和生产关系的相互关系、经济基础和上层建筑的相互关系的论述就都是功能解释，尽管马克思本人没有自觉地意识到并清楚地指明这一点。

科恩对生产力和生产关系相互关系的功能解释是这样的："流行的生产关系之所以会流行，原因就在于它们是促进生产力发展的生产关系。现存的生产力水平决定什么样的生产关系将提高其水平，那类提高其水平的生产关系因而就流行起来。换句话说，如果K类型生产关系流行，那是因为就现存的生产力发展水平来看，K类型生产关系适合这一生产力的发展。"①

科恩说，在他的解释中包含着三个命题：

（1）生产力的发展水平解释为什么某种生产关系（而不是其他生产关系）会促进生产力。

（2）促进生产力的生产关系的流行，是因为它们促进生产力。

由这两个命题可以得出：

（3）生产力的发展水平解释生产关系的性质。

科恩强调，在这三个命题中，只有命题（3）赋予生产力在解释上的首要性。无论命题（1）还是命题（2），分别来看，都无法确立命题（3）。命题（1）没有把对生产关系的解释的首要性赋予生产力，因为它没有讲哪种生产关系事实上将流行。命题（2）也没有赋予生产力发展

① ［英］科恩：《历史、劳动与自由》，10页。

水平在解释上的首要性。命题（2）没有做到这一点的原因，也即为什么命题（2）不足以确立命题（3）的原因，是因为命题（2）可与非命题（1）的生产关系必须具有促进生产力发展特征的解释是一致的，这将使命题（3）无效。例如，非命题（1）的解释可以是：

（4）占统治地位的意识形态（不是由生产力的发展水平解释的），决定什么样的生产关系将会促进生产力进一步发展。

科恩还设计了一个图表，以说明命题（3）是如何来自命题（1）和命题（2）的：

——————命题（2）——————

生产力的发展水平　解释　K类型生产关系会提高这一生产力的水平　解释　K类型生产关系的流行

——————命题（1）——————

他指出：命题（1）说，生产力的发展水平解释为什么K类型生产关系会提高这一生产力的水平。命题（2）说，K类型生产关系会提高这一生产力发展水平的论据解释为什么正是K类型生产关系流行。命题（3）是通过先去掉前两个命题中的重合部分，即“K类型生产关系会提高这一生产力的水平”，再对这两个命题中的其余部分加以综合，即由命题（1）的“生产力的发展水平解释”和命题（2）的“K类型生产关系的流行”合并而成。它在命题（1）和命题（2）既定的情况下，通过解释上的递推而得到证明。

科恩还对命题（3）中的生产力的首要问题作了进一步的说明。他说道：“经济结构促进生产力这一简单明了的事实并不损害生产力的首要性，因为生产力是根据经济结构促进发展的能力来选择它们。”[①] 这就是说，尽管生产关系具有促进生产力发展的能力，但这种能力的实现却是生产力对其进行选择的结果。换句话说，哪种生产关系能够促进生产力的发展并不取决于生产关系本身，而是取决于生产力的发展水平。科恩自己也感到，把生产力对生产关系的首要性仅仅归结为前者对后者的选择显然还有些牵强，因为选择往往可做双向的理解，“如果高技术排除奴隶制，那奴隶制也排除高技术”[②]。因此，要使生产力的首要性得以成立，就还得补充某种东西，这种东西就是前边讲的发展命题——“生产力的发展趋势贯穿整个历史”。根据发展命题，生产力具有不断向前发展的趋势，这会使原来适应生产力发展的生产关系变为不适应，这

① ［英］科恩：《卡尔·马克思的历史理论——一种辩护》，192页。

② 同上书，158页。

种不适应的情况不会长久维持下去，最后会出现生产力对生产关系的新的选择，因而总是生产力选择生产关系而不是相反。科恩认为，这样一来，生产力对生产关系具有首要性的问题就基本解决了。他对经济基础对上层建筑的首要性的论证与对生产力对生产关系的首要性的论证基本相同。

二、罗默关于剥削的一般理论

如果说科恩是致力于运用分析哲学为传统的马克思主义辩护，那么分析的马克思主义的另一创立者和主要代表人物罗默则热衷于对传统的马克思主义的修正。罗默认为，在为人们所接受的传统的马克思主义原理中没有哪一部分是神圣不可改变的，为此，他积极着手修正那些在他看来已经过时或错误的原理，以求把传统的马克思主义重新改造为在逻辑上具有严谨性，但仍具革命性的学说。

罗默于1945年生于美国一个亲共产主义的家庭，1966年以优异的成绩毕业于美国哈佛大学数学系，获学士学位。大学毕业后他曾做过一段时间的中学数学教师，后又到加州大学深造，于1974年获加州大学经济学博士学位。此后，他先在加州大学戴维斯分校任经济学教授，现在耶鲁大学任政治学教授。他的主要的研究领域是马克思主义经济学、最优化经济学、微观经济学和分配正义问题，其代表作有1981年出版的《马克思主义经济理论的分析基础》，1982年出版的《剥削与阶级的一般理论》和1988年出版的《在自由中丧失——马克思主义经济哲学导论》。这三部著作运用新古典经济学的分析方法和博弈论，对传统马克思主义关于剥削和阶级的理论进行了大量的修正，提出了不少新见解，其中最有影响的是他的关于剥削的一般理论。

1. 对剥削概念的技术性定义

剥削是马克思主义的一个重要范畴，以罗默为代表的分析的马克思主义者对它进行了深入的讨论和重新解释，对此有人评价说："剥削概念的复兴和对它的重新解释的确是分析的马克思主义的一项重大成果。"①

资本主义经济为什么存在剥削？马克思运用劳动价值论对这一问题做了解释。根据劳动价值论，作为商品出卖的工人的劳动力，其价值也

① ［美］迈耶：《分析的马克思主义》，80页，加利福尼亚，哲人出版社，1994。

是由再生产它的社会必要劳动时间决定的。工人获得的工资，只是劳动力价值的货币表现。资本家对工人的剥削不是发生在流通领域即劳动市场上，因为资本家是按照劳动力的价值付给工人工资的。资本家对工人的剥削发生在生产领域，因为工人一旦将自己的劳动力出卖给资本家，就要在资本家的监督下从事生产，而工人生产出的产品的价值是大于资本家付给他的工资的。这样，资本家就获取了工人创造的超出其劳动力价值的剩余价值，从而剥削了工人。

与一些西方经济学家一样，分析的马克思主义者也认为劳动价值论本身是有问题的。其重要代表埃尔斯特认为，劳动价值论不能说明为什么有些产品的生产不需要任何劳动投入也能按照固定的比例进行交换，例如在一个完全自动化的资本主义经济体系内就是如此。罗默说："事实上，劳动价值论是一个从供给方面讲的理论，在这一理论中价格被认为是完全由它们的劳动成本决定的；相比之下，强调商品满足欲望、需求或福利的程度在决定其价格上的重要性则是从需求方面讲的。正确的市场价格理论必须既考虑供给也考虑需求。"① 如果劳动价值论本身就有问题，那马克思的资本主义剥削理论也就难以成立。

但与那些西方经济学家不同，分析的马克思主义者认为，虽然马克思用来作为其资本主义剥削理论基础的劳动价值论不能成立，但他所讲的资本主义剥削还是存在的，问题是要为这种剥削以及在其他社会存在的剥削提供一个新的理论基础。正是基于这一考虑，罗默首先对剥削概念提出了他的技术性定义。

什么是剥削？罗默认为，"剥削"（exploitation）这一英文概念在马克思的著作中既有"非技术性"含义，也有"技术性"含义。所谓"非技术性"含义，指的是剥削概念在日常用语中的含义，例如，它可指利用某物，或指不公正地欺骗某人。所谓"技术性"含义，指的是剥削这一概念在科学用语中的含义，用罗默的话来讲就是："在既定的经济中，如果某些成员必须从事超过社会必要劳动时间（即多于社会必要劳动时间）的劳动才能挣得他们所需的消费品集，而其他人以少于社会必要劳动时间的劳动就能挣得他们的消费品集，那就可以说剥削将会存在。"② 换句话说，当一个人的收入（工资，利润及其他个人收入）所

① ［美］罗默：《在自由中丧失：马克思主义经济哲学导论》，55 页，北京，经济科学出版社，2003。

② 同上书，23 页。

能购买的商品中所包含的劳动少于他在生产活动中所花费的劳动，他就受了剥削，反之，他就剥削了他人。

由于运用的是新古典经济学的分析方法，罗默对剥削概念的技术性定义也是以市场经济、资本与劳动的替代性和理性人的最优化选择的存在为前提的。这里所说的市场经济，指的是存在商品交换的经济；这里所说的资本与劳动的替代性，指的是在生产相同数量的某种产品时，人们既可选择较少资本与较多劳动组合而成的劳动密集型技术，又可选择较多资本和较少劳动组合而成的资本密集型技术；这里所说的理性人的最优化选择，指的是人具有理性，他们可以选择使自己获得最大经济效益的做法。罗默认为，在市场经济中，只要存在资本稀缺和资本分配的不平等，一部分成员的劳动时间就会超过社会必要劳动时间，而另一部分成员的劳动时间则会少于社会必要劳动时间，这样，他们之间就会存在前者被后者剥削的关系。

从其定义的剥削概念出发，罗默解释了资本主义剥削发生的机制。罗默认为，在资本主义市场经济条件下，经济当事人追求的是他们最大的经济效益，而如何实现他们的经济效益，则受他们所拥有的财产的制约。资本家雇用工人生产，是因为他们占有大量生产资料，雇用工人可以使他们获得最大的经济效益。工人出卖他们的劳动力，是因为他们不占有任何生产资料，出卖劳动力是他们获得最大经济效益的必然选择。由于工人所得工资所能购买的商品中包含的劳动少于他在生产活动中花费的劳动，因而他们受了资本家的剥削。由于资本家所得利润或利息所能购买的商品中包含的劳动多于他们在生产活动中花费的劳动，因而他们剥削了工人。在罗默看来，在资本主义市场经济中，剥削必然会产生，造成这种情况的根本原因是最初的财富的不平等分配。

罗默提出剥削概念的技术性定义在很大程度上是为了论证资本主义剥削源自财产占有的不平等而不是劳动市场，并进而表明绕开劳动价值论也可以解释资本主义的剥削。为了进一步说明这一问题，罗默假设了只存在劳动市场和只存在信贷市场的两种不同的经济模型。

（1）只存在劳动市场的经济。假定在这一经济中存在300个生产和消费谷物的成员，他们每人每月要消费2单位谷物；这个社会存在两种生产谷物的技术，一种是资本密集型技术（1单位谷物加上5天劳动可以生产出2单位谷物，即纯收入1单位谷物），另一种是劳动密集型技术（10天劳动可以生产出1单位谷物，但不需要任何谷物的投入）；在这300个当事人中，有10个人每人拥有30单位作为资本的谷物，其他

290 人除了自己的劳动力以外一无所有；存在劳动市场，均衡工资率是每 10 天 1 单位谷物；社会必要劳动时间是 15 天。

在这一经济中，10 个拥有 30 单位谷物的有产者每人可以雇用 15 个无产者从事 10 天劳动。在此期间，每个无产者利用有产者提供的 2 单位谷种和资本密集型技术，生产出 4 单位谷物。这 4 单位谷物中的 2 单位谷物用来补偿谷种的投入，1 单位谷物用来支付工人的工资，剩下的 1 单位谷物是有产者的利润。这样，每个有产者投资 30 单位谷物，得到 15 单位谷物的利润，利润率为每月 50%。150 个出卖自身劳动力的无产者在获得 1 单位谷物的工资后，还必须利用劳动密集型技术再从事 10 天劳动生产另 1 单位的谷物，以满足他每月 2 单位谷物的生计需求。这样，他们每月共从事 20 天的劳动。另外 140 个无产者则完全利用劳动密集型技术进行独立的生产，他们虽不受雇于那 10 个有产者，但他们也要劳动 20 天以生产出他们每月所需的 2 单位谷物。罗默指出，剥削在这一劳动市场经济中的存在是十分明显的。290 个无产者，不论他们是否出卖自己的劳动力，都受到剥削，因为他们每月劳动 20 天，而社会必要劳动时间是 15 天。10 个有产者显然是剥削者，因为他们每人都不从事任何劳动，但却获得 15 单位谷物的利润。

（2）只存在信贷市场的经济。现在假设在上述其他条件不变的情况下用信贷市场替代劳动市场。在这一经济中，10 个有产者借出谷物而不是雇用劳动者，290 个无产者既可以采用无须谷种的劳动密集型技术，也可以利用从有产者那里借来的谷物采用资本密集型技术（但要向有产者支付利息）。10 个有产者每人借给 15 个无产者 30 单位谷物，借贷谷物的均衡利息率为每月 50%。150 个无产者每人利用借入的 2 单位谷物从事 10 天资本密集型技术的劳动，生产出 4 单位谷物。这 4 单位谷物中的 2 单位谷物用来偿还他所贷的本金，1 单位谷物用来支付利息，剩下的 1 单位谷物供他消费。这样，每个有产者贷出 30 单位谷物，获得 15 单位谷物的利息，获利率为每月 50%。那 150 个无产者在获得 1 单位谷物后，还必须再利用劳动密集型技术劳动 10 天以获得每月所需的另 1 单位谷物。另外 140 个无产者则利用劳动密集型技术劳动 20 天，生产出其所需的 2 单位谷物。剥削在这一信贷市场经济中的存在也是十分明显的。10 个有产者显然是剥削者，因为他们每人都不从事任何劳动，但却获得 15 单位谷物的利息。290 个无产者，不论他们是否向有产者借贷，都受到剥削，因为他们每月劳动 20 天，而社会必要劳动时间是 15 天。

罗默认为，以上两个模型表明，信贷市场经济下的剥削与劳动市场经济下的剥削是相对应的。10个谷物贷出者与10个劳动力雇用者一样，不从事任何劳动就获得了15单位的谷物。150个谷物借贷者与150个劳动力出卖者一样，都要劳动20天才能获得所需的2单位谷物。另外140个无产者在两种经济下的情况则完全相同。从这两个模型可以看出，信用市场经济和劳动市场经济之间存在着极强的类质性，因此可以认为，即使不存在劳动市场，也可以存在资本主义的剥削，因而资本主义剥削的存在只与生产资料的最初的不平等分配相关，与劳动市场存在与否没有必然联系。

2. 财富、阶级与剥削对应的原理

在对“剥削”做了技术性的定义之后，罗默进而提出了他的财富、阶级与剥削对应的两个原理，即“阶级—财富对应原理”和“阶级—剥削对应原理”。

罗默的两个原理也是运用新古典经济学的分析方法推出来的。罗默说，在市场经济条件下，经济当事人都要追求他们自己的最大效益，都要根据他们拥有财富的情况做出最优化的选择。他们可以选择雇用他人为自己劳动，也可以选择向他人出卖自己的劳动力，还可以选择只为自己劳动。由于至少要选择这三种中的一种人们才能生存，并且由于没有人能够既出卖他的劳动的同时又雇用别人劳动，这样一来，当事人的不同选择就会产生出五种不同的社会集团，即五个不同的阶级。它们是：雇用劳动力的纯粹的资本家（或地主）阶级；既雇用劳动力又为自己工作的半资本家（或富农）阶级；只为自己工作的独立手工业者（或中农）阶级；既为自己工作又出卖劳动力的半无产者（或贫农）阶级；只出卖劳动力的工人（或雇农）阶级。罗默承认他的研究成果同传统的马克思主义的观点有密切关系，他说：“括号中的名称是作为一种历史的珍品而加上的：它们是列宁和毛泽东赋予农民中的五个阶级的名称……这些作者定义这五个阶级的方法是这样的——例如，贫农是那些在自己的土地上劳动但也出租自己的人；富农是在自己的土地上劳动但又雇用其他人的人；地主则只雇用其他人；等等。对于列宁和毛泽东来讲，这里列出的五个阶级的顺序是依据财富程度来排序的，因此也是依据农民中各种阶级的剥削程度来排序的。”①

从以上对财富与阶级地位关系的说明入手，罗默推出了他的财富、

① ［美］罗默：《剥削与阶级的一般原理》，73页，波士顿，哈佛大学出版社，1982。

阶级与剥削的两个“对应原理”。

第一是“阶级—财富对应原理”。这一原理认定，如果把所有生产当事人从富到穷排列出来，那最富的是纯粹的资本家（地主），接下来是半资本家（富农）、独立的手工业者（中农）、半无产者（贫农），最穷的是工人（雇农）。生产当事人的财富状况决定他们所处的阶级地位。

第二是“阶级—剥削对应原理”。这一原理认定，只要他是资本家或稳定的半资本家，都是剥削者；只要他是半无产者或无产者，都是被剥削者；独立的手工业者可以是剥削者，也可以是被剥削者，或两者都不是，这要取决于他们的财富。

罗默的这两个原理看起来虽然简单，但分析的马克思主义者却认为，这两个原理证明了传统马克思主义的范畴之间的一种关系，这种关系在更早的马克思主义的著作中只是一种简单的假定。由于那种假定，罗默的这一原理并没有使人感到惊奇。然而它是一个绝好的成果，因为它揭示了一种内在的机制，即在市场经济中，是人们拥有的财富和他们对最优化选择的追求将他们区分为不同的阶级，这种机制展现了为什么事情必然会朝直觉告诉人们的那个方向发展。分析的马克思主义者认为，这一成果具有“所有真正科学的明显的客观的特征”，因为它使某种通常被认为是理所当然的事有了一种严格的逻辑上的证明。

3. “退出博弈”的剥削理论

罗默认为，马克思的剥削理论主要阐明的是以自愿交换为基础的经济制度中的剥削，即资本主义剥削，而他的目标是要确立一种超出各种具体剥削形式的一般剥削理论。为此，他又提出了一种被人们称为“退出博弈”的剥削理论。

为了说明他的“退出博弈”的剥削理论，罗默设想了一个博弈的社会经济体，在这一社会经济体中，任何一个群体都可以参与该经济，也可以退出该经济。而所谓“退出博弈”的剥削理论是说，如果一个群体携带按人均分配的财产“退出”某一经济体并单独进行生产，其成员的收入都有所提高，那该群体的成员在原经济体中就是被剥削者，如果其成员的收入都有所降低，那该群体的成员在原经济体中就是剥削者。

罗默还用他的“退出博弈”的剥削理论分析了三种不同形式的剥削——封建的、资本主义的和社会主义的剥削。封建剥削：在封建经济中，人们拥有的财产主要是一定数量的土地。如果佃农群体携带他们人均应拥有的土地退出封建经济，其成员的生活会过得更好，这表明他们在封建经济中是被剥削者。如果地主群体携带他们人均应拥有的土地退出封建经济，其成员的生活会过得更糟，这表明他们在封建经济中是剥削者。资本主义剥削：在资本主义经济中，人们拥有的财产主要是可转让的生产资料，如土地、设备、厂房等。如果工人群体携带他们人均应有的财产份额退出资本主义经济，其成员会过得更好，这表明他们在资本主义经济中是被剥削者。如果资本家群体携带他们人均应有的财产份额退出资本主义经济，其生活会过得更糟，这表明他们在资本主义经济中是剥削者。社会主义剥削：在社会主义经济中，生产资料是公有的，因而人们拥有的主要财产是不可转让的技能。罗默说："在可转让资产被平均分配之后，如果一个联合体携带其人均社会不可转让财产退出而能改善自己的命运，那么它就受到社会主义剥削。尽管执行这种技术的再分配也许是不可能的，或至少会碰到棘手的问题，但稍有一点经验，这种计算便可确立起来。"①

4. 社会必要剥削

根据马克思主义理论，随着人类社会的发展，剥削现象最终将被消灭。这也就是说，剥削在一定历史时期的存在具有历史必然性。罗默把其存在还具有历史必然性的剥削称做"社会必要剥削"。

是什么使得一种形式的剥削成为"社会必要剥削"？罗默认为，当消灭这一形式的剥削的企图将损害被剥削者而不是对他们有所帮助时，这种剥削就是社会必要剥削。剥削可以在两种不同情况中成为社会必要剥削。一种情况是，如果消灭某种剥削将造成对经济激励机制的严重破坏，从而使生产者的状况在短期内恶化，那么这种剥削就是社会必要剥削。另一种情况是，如果消灭某种剥削将使技术或其他生产力丧失进一步的发展，那么这种剥削也是社会必要剥削。例如，在早期资本主义社会，资本主义剥削对于生产力的发展和技术革新还起促进作用，如果这时工人群体带着人均生产资料退出该社会而单独进行生产，那他们的生产很快就会落后于资本主义生产，他们的生活也不会有所改善。因而，就早期资本主义剥削对提高生产力和提高工人的生活水平而言，这种剥削就是社会必要剥削。在社会主义社会中，由于劳动技能的差别而存在的剥削也是社会必要剥削。

罗默的社会必要剥削概念强调，消灭剥削并不是一个决心或道义方面的问题。然而，认识到一种剥削是社会必要剥削，并不意味着要赞赏它或对它可以采取完全消极的态度，相反，应当在条件具备时采取尽快

① ［美］罗默主编：《分析的马克思主义》，109页。

的和阵痛最轻的方式消灭它。

三、赖特的当代资本主义社会阶级结构的理论

在分析的马克思主义者中，赖特也是一个重要代表人物。赖特1947年生于美国加州伯克利市。1964年进哈佛大学学习社会学，1968年获文学学士学位。大学毕业后曾到英国牛津大学搞过两年研究。1971年进加州大学攻读社会学博士学位，1976年完成博士论文《阶级结构和收入不平等》。赖特现在任美国威斯康星大学任教，是社会学系的教授。他的代表作是1985年出版的《阶级》一书。在分析的马克思主义者中，赖特是对资本主义社会阶级问题研究最多的人，在这一领域的影响也最大。

传统的马克思主义认为，随着资本主义的发展，资本主义社会的阶级结构将趋于两极化。一极是人数越来越多的受剥削的无产阶级，另一极是人数越来越少的剥削人的资产阶级。然而，第二次世界大战后，随着科学技术和产业结构的变化，在当代资本主义国家出现了越来越多的既非纯粹的无产阶级又非纯粹的资产阶级的中间群体，如众多的经理和高科技人员。这种情况对传统马克思主义的阶级理论提出了挑战。对此，赖特讲了这样一段话："过去一百多年的历史已经使许多马克思主义者相信，资本主义社会中的阶级关系走向极端两极分化的普遍趋势的观念是不正确的……在工资收入者当中，专业的和技术岗位的增加，以及大型企业和政府内管理阶层的扩张，至少已造使简单的两极分化的结构产生了巨大松动。"① 为了对这一问题作出新的说明，赖特提出了以下两个理论：

1. 基于三种剥削形式的当代资本主义阶级结构

在剥削与阶级的关系问题上，赖特汲取了罗默有关财产、剥削和阶级相互关系的观点，也认为财产的不平等是剥削的存在及阶级划分的基础。但他对什么是财产，以及由他所讲的财产所导致的剥削形式又作了进一步的说明。

赖特认为，剥削存在的根源是财产分配上的不平等，但财产不仅表现为生产资料的财产，还包括劳动力财产、组织财产和技能财产。他指出，在封建社会，不平等分配的主要财产是劳动力，封建地主占有多于一单位的劳动力，而农奴占有少于一单位的劳动力，这导致了地主对农

① ［美］赖特：《阶级》，10页，北京，高等教育出版社，2006。

奴的剥削。在资本主义社会，不平等分配的主要财产是生产资料，资本家占有大量生产资料，而工人一无所有，这导致了资本家对工人的剥削。在国家官僚主义的社会主义社会，不平等分配的主要财产是对生产活动的组织，经理或官僚组织生产活动，而非组织者则无权过问，这导致了经理或官僚对非组织者的剥削。在社会主义社会，不平等分配的主要财产是技能，专家拥有技能，一般人不拥有技能，这导致了专家对一般人的剥削。

在赖特看来，在当代资本主义社会，财产的不平等分配虽然主要表现为生产资料财产的不平等的分配，但同时也存在组织财产的不平等分配和技能财产的不平等分配。与后两种财产的不平等分配相对应，在资本主义社会也存在由这两种财产的不平等分配导致的剥削关系和阶级结构。他根据这三种财产在资本主义社会中的不平等分配，划分了资本主义社会中的两大类12种人。第一大类是生产资料财产的占有者。它由三种人构成：一是拥有足够的资本雇用工人而自己不劳动的资本家；二是拥有足够的资本雇用工人但自己必须参加劳动的小雇主；三是拥有足够的资本从事为销售而进行的生产但不雇用工人的小业主。第二大类是非生产资料财产的占有者。它由九种人构成：一是拥有较多技能财产和较多组织财产的专家经理；二是拥有较多技能财产和较少组织财产的专家管理者；三是拥有较多技能财产和不拥有组织财产的非管理专家；四是拥有较少技能财产和较多组织财产的中级技能经理；五是拥有较少技能财产和较少组织财产的中级技能管理者；六是拥有较少技能财产和不拥有组织财产的中级技能工人；七是不拥有技能财产但拥有较多组织财产的无技能经理；八是不拥有技能财产但拥有较少组织财产的无技能管理者；九是既不拥有技能财产又不拥有组织财产的无产者。

赖特认为，资本主义社会的阶级结构就是由这三种剥削形式交叉构成的两大类12种人构成的。这一结构中最主要的是生产资料财产占有者与非生产资料财产占有者之间的划分。前者又可根据他们拥有生产资料的数量而不是根据组织财产或技能财产作进一步的划分。赖特不认为组织财产和技能财产以及由它们导致的剥削与生产资料财产占有者的阶级地位相关，但认为它们确实将非生产资料占有者划分为九个不同的阶层。

赖特还根据上述资本主义阶级结构的理论框架组织了对瑞典和美国情况的调查，以表明瑞典的资本主义和美国的资本主义在阶级结构上的差异。根据他的调查材料，上述12种人员在美国和瑞典所占的比例分别是：资本家，美国 1.8%，瑞典 0.7%；小雇主，美国 6.0%，瑞典 4.8%；小业主，美国 6.9%，瑞典 5.4%；专家经理，美国 3.9%，瑞典 4.4%；专家管理者，美国 3.7%，瑞典 3.8%；非管理专家，美国 3.4%，瑞典 6.8%；中级技能经理，美国 6.2%，瑞典 4.0%；中级技能管理者，美国 6.8%，瑞典 3.2%；中级技能工人，美国，12.2%，瑞典 17.8%；无技能经理，美国 2.3%，瑞典 2.5%；无技能管理者，美国 6.9%；瑞典 3.1%；无产者，美国 39.9%，瑞典 43.5%。①

2. “中间阶级”理论

赖特对当代资本主义阶级结构的分析是要表明它并不存在两极分化的趋势。他还进而提出，处于资本家和无产者之间的 10 个“中间阶级”是理解全部资本主义阶级结构的关键，并对“中间阶级”做了这样的界定，即他们处于这样一种地位：从某一方面看，他们剥削别人；从另一方面看，他们又被剥削。非管理专家就是其中的一个典型，由于他们不拥有资本，所以他们受到资本家的剥削，但因为他们拥有技术财产，所以他们又剥削别人。另一个典型是无技能经理，他们也不拥有资本，因而受资本家的剥削，但由于他们拥有组织财产，所以他们又剥削别人。“中间阶级”的这种既受剥削又剥削别人的情况使得它们处于剥削关系中的矛盾地位。

赖特认为，“中间阶级”的矛盾的阶级地位对于历史变革具有重要意义。因为在他看来，任何社会革命都不能同时消除所有形式的剥削，而只能一次消灭一种特定的剥削。由此说来，社会革命的主要受益者不会是原有社会结构中受剥削最深重的阶级，而可能是具有矛盾的阶级地位的阶级。他以反抗封建剥削的革命为例，指出在这一革命中主要受益者不是被剥削的农奴，而是资产阶级，即在封建社会中处于矛盾的阶级地位的阶级。

赖特提出“中间阶级”理论是要表明，资产阶级的最可怕对手并不是只受剥削的无产者，而是既受他人剥削同时又剥削他人的拥有组织财产或技能财产的“中间阶级”。此外，资本主义社会之后的社会形态也不是社会主义，而是存在组织财产剥削和技能财产剥削的类似苏联的国家社会主义社会。根据同一逻辑，对在国家社会主义社会中占统治地位的官僚阶级而言，其最主要的对手也不是工人阶级，而是具有矛盾阶级地位的专家阶级，因为后者在完全的社会主义社会中将成为剥削阶级。

① 参见［美］赖特：《阶级》，169 页。

第四节　对分析的马克思主义的评价

同以往出现的各种西方马克思主义思潮一样，分析的马克思主义也有它的积极方面和消极方面。因而，我们对它既不能全盘肯定，又不能全盘否定，而应作客观的、实事求是的评价。

它的积极方面主要在于：第一，它的出现推动了马克思主义在西方国家特别是在英美地区的传播，扩大了马克思主义在西方学术界的影响。长期以来，马克思主义在西方国家，特别是在英国和美国，一直受到统治阶级的敌视，其传播和发展也因此受到种种限制。在英国和美国，马克思主义在学术界很难有立足之地，很难登上大学的讲坛。分析的马克思主义的出现在一定程度上改变了上述局面。它的代表人物都是英、美一些著名大学的教授，他们的论著对学术界产生了很大的冲击。可以认为，它的出现使马克思主义在英、美学术界和大学有了一定的地位和影响。第二，它对马克思主义的一些基本概念和原理的分析和阐述并非全无道理，因而在一定意义上深化了马克思主义的研究。分析的马克思主义者强调，马克思主义要有说服力就必须概念清晰、论证严谨，为此，他们以当代分析哲学和社会科学的方法对马克思主义的一些基本概念和原理进行了澄清和阐述，并取得了一定的成效。尤其是科恩，他在《卡尔·马克思的历史理论——一种辩护》一书中对历史唯物主义的生产力、生产关系、生产方式、经济基础、上层建筑、社会形态等基本概念的澄清和论证，在很多方面纠正了人们过去的模糊认识，提高了历史唯物主义的科学性。第三，它探讨了现今资本主义社会的新情况和新问题，对资本主义制度的不合理做了较为深刻的揭露和批判。分析的马克思主义不是纯学院派的马克思主义，它十分关注当今资本主义的新变化，并由此出发，提出了不少直接针对这些新变化的新理论，如前边所述的罗默的阶级与剥削对应的原理、赖特的资本主义阶级结构的理论。尽管这些理论都存在这样或那样的问题，但由于分析的马克思主义者具有明确的价值取向——反对资本主义，提倡社会主义，因而他们的论著都从不同角度揭露了现存资本主义的种种弊端，并对如何以社会主义取代资本主义提出了新的设想。这对自20世纪70年代以来走向低潮的世界社会主义运动来讲，无疑也具有一定的意义。

它的消极方面在于：它的一些基本主张是错误的，它的大量具体结论也是站不住脚的。在基本主张上，分析的马克思主义的一个明显的错误是反对辩证的思维方法。分析的马克思主义强调马克思主义理论的清晰性这点没有错，强调运用分析哲学的方法澄清马克思主义的基本概念和原理也没有错，但它以此为由提出的反对辩证的思维方法的看法是错误的。众所周知，辩证的思维方法是马克思主义的一个重要方法，对此马克思和恩格斯在其著作中曾多次谈到。辩证的思维方法不但不会损害理论的清晰性，相反，它还会使理论的表述更为准确和清晰。对这一问题最有说服力的就是马克思在《资本论》中对辩证逻辑的运用。正是由于以分析的方法反对辩证法，以形式逻辑反对辩证逻辑，分析的马克思主义的一个致命的弱点就是只能对社会结构和社会历史做静止的分析，而无法说明它们的运动、变化和发展。分析的马克思主义的另一个明显的错误是提倡方法论的个人主义。分析的马克思主义者强调对马克思主义做微观分析的补充，这从原则上讲也没有错，但他们为此所采用的方法论的个人主义却是错误的。因为方法论的个人主义说到底就是要从孤立的个人出发，说的再具体一点就是从个人的不变的人性出发，去解释和说明社会历史的变迁。而他们所说的个人的不变的人性无非就是那么几条：人是有理性的、自利的，人生来就不愿受苦，等等。马克思主义坚决反对以不变的人性去说明历史的变迁，这既是因为这样做无法科学地说明历史的变迁，又是因为这样做的结果最终必然导致资本主义应当永远存在的结论。分析的马克思主义者的大量个别结论也有很多是站不住脚的，他们对马克思的劳动价值论的否定就是一个突出的例证。

第六章 生态社会主义

生态社会主义产生于20世纪70年代的西方绿色运动，并在20世纪90年代成为引人注目的左翼社会思潮。这一思潮作为当代西方新社会运动和社会主义思潮结合的产物，反映了马克思主义对当代西方社会主义思潮的影响，揭示了当代生态危机的解决与社会主义的必然联系，也深化了当代西方社会主义者对社会主义的认识。它提出了一整套以建立维护生态平衡为基础、以满足新型需要为目标的人与自然和谐发展的未来社会理论，并试图寻找一条通向生态社会主义的现实道路。这股社会思潮被一些西方左翼理论家视为21世纪社会主义的希望。

第一节 生态社会主义的崛起与发展

生态社会主义的产生与迅速发展不是偶然的，是有其深刻的社会历史原因和理论背景的。当代西方资本主义使人与自然的矛盾日益尖锐，造成了全球性的生态危机，是生态社会主义思潮崛起的社会历史根源。随着20世纪70年代西方绿色运动的兴起，越来越多的人对现存资本主义制度不满，特别是要寻求从根本上解决生态问题的途径，这是生态社会主义思潮产生的直接原因。而马克思关于人与自然关系的理论，当代西方生态学、系统论及未来学理论，法兰克福学派的理论，是生态社会主义思潮的理论来源。

一、生态社会主义产生的社会历史背景

生态社会主义思潮的出现，与当代资本主义造成的全球性生态危机有关，与苏东社会主义模式也没能避免生态环境问题有关，更与20世纪70年代全球绿色运动的兴起直接相关。因此，我们必须从当代世界的整体走向出发，来考察生态社会主义思潮产生的社会历史背景。

1. 当代资本主义矛盾的发展导致全球性生态危机

当代资本主义矛盾的发展引发了日趋严重的全球性生态问题和生态危机，直接威胁着人类的生存与发展。生态社会主义是当代资本主义矛盾发展的产物。

资本主义的基本矛盾随着当代西方资本主义国家经济的迅速发展而有了新的变化。以往这一矛盾的表现形式是：单个企业生产的有组织性和整个社会生产的无政府状态之间的矛盾，资本主义生产无限扩大的趋势和劳动人民有支付能力的需求相对缩小的矛盾。当这一矛盾激化和尖锐时，必然导致经济危机的爆发。资本主义的基本矛盾在当代社会生产力充分发展，经济全球化速度加快，西方国家普遍实现了现代化的背景下，有了新的、更加复杂的表现形式。其中，资本主义生产无限扩大的趋势与自然资源有限的矛盾尤为突出。发达资本主义国家凭借强大的经济、科技和军事实力，控制着世界的主要资源，其对全球资源的掠夺性开发，造成了全球生态环境的恶化。

一方面，资本主义对全球性自然资源的掠夺性开发，造成大量不可再生的自然资源的短缺和枯竭。占世界人口26%的发达资本主义国家，不仅消耗着世界75%以上的能源和80%以上的资源，而且还利用它在资本和科技方面的优势，对本国自然资源实行保护，对发展中国家的自然资源进行“竭泽而渔”式的掠夺性开发。另一方面，资本主义生产方式的全球性扩展，造成全球性生态失衡和环境污染。生态失衡主要表现为温室效应、水土流失、土壤沙化和物种灭绝等。环境污染主要有水污染、空气污染、固体废物污染以及农药和其他工业化学用品的污染。如在空气污染方面，发达资本主义国家所释放的工业废气占世界总排放量的2/3。其生产带来的大量废气、污水、废料、尘埃、噪音、电波、废热、辐射和重金属等，严重威胁着人类的生存与健康。发达国家为了缓解国内的压力，将高消耗、高污染的产业向发展中国家转移，把危害人体健康的工业废料倾倒在穷国的土地上，造成不发达国家和地区生态环境的恶化。发达国家以技术优势、资源优势和市场优势在境外掠夺资源、制造污染，不仅导致了南北发展的严重失衡，而且带来了全球性的资源耗竭、环境污染、生态破坏等一系列生态危机。随着资本主义体系的全球发展，一系列影响人类共同命运的全球性问题接连出现，最突出的是人类与自然关系的严重失衡。正如美国学者阿尔文·托夫勒所说的，“可以毫不夸张地说，从来没有任何一个文明，能创造出这种手段，不仅能够摧毁一个城市，而且可以毁灭整个地球”①。尽管第二次世界大战后，资本主义较好地利用了科学技术的成果，并在资本主义制度范围内进行了大幅度的自我调整、自我改善，包括借鉴社会主义的一些做法，从而使发达资本主义国家国内阶级矛盾和社会矛盾在一定程度上得到了缓解。但是，这种资本主义的自我调整是以对全球性自然资源的掠夺性开发和牺牲环境为代价的，是以世界上绝大多数人贫困、少数人富裕为基础的。

随着生态危机的日趋严重，这一重大社会问题日益成为世界关注的焦点，引发人们去思考和寻找解决办法。生态社会主义正是从资本主义社会制度与生态的矛盾入手，对生态危机进行深入思考的产物。著名的生态社会主义者戴维·佩珀认为，资本主义追求利润最大化的内在逻辑造成社会不公和生态失衡，只有消除资本主义，解决社会公正问题，才能解决全球生态危机问题。

2. 苏东社会主义模式也没能避免生态环境问题

生态社会主义认为，只有社会主义，才能从根本上解决生态危机；只有社会主义，才能解决资本主义社会的基本矛盾。但苏东社会主义模式不仅存在着严重的生态问题，也没有摆脱生态危机的威胁，因而无力承担消除资本主义、解决全球性生态危机的历史重任。这是生态社会主义产生的又一重要历史背景。

第一，苏东社会主义模式在建设社会主义的历史进程中没有解决好人与自然的关系。苏东社会主义实践曾极大地改变了世界的历史进程，也推进了这些国家的社会进步。但苏东国家没有处理好发展与生态的关系，造成了许多严重的后果。苏联和东欧等社会主义国家对以工业化为核心的经济现代化比发达国家有着更为迫切的社会与政治需求，这本来是无可厚非的，因为社会主义国家大多在落后国家产生，必然面临要把发展放在首位的问题，特别是处在与资本主义长期对峙阶段时。但是，由于忽视了人与自然的关系问题，几乎所有的社会主义国家都对工业化采取了无条件肯定的态度，因而在实践中出现了不少严重的生态问题。例如，苏联从20世纪70年代中期开始承认中亚地区、贝加尔湖、波罗的海等地的水污染问题，1986年的切尔诺贝利核电站泄漏事故更是令世界震惊。在波兰，由于政府长期坚持以经济增长为核心的发展战略和以重工业为主导的产业结构政策，造成了极为严重的生态环境问题，工

① ［美］阿尔文·托夫勒：《第三次浪潮》，128页。

业化的发展使饮用水源严重污染，1/4 的耕地因过度开发不再适于农业生产。

第二，苏东社会主义模式对生态问题的忽视，促使了这些国家中的持不同政见者以此向政府发难。到 20 世纪 80 年代，捷克斯洛伐克、波兰、罗马尼亚等国成为欧洲环境污染最严重的地区。在西方绿色运动的影响下，1980 年，波兰一些知识分子、科技人员建立了“波兰生态俱乐部”，他们揭露国家环境恶化的状况，抨击经济技术发展导致了生态失衡，组织公民开展反对破坏环境的抗议活动，这是在苏东社会主义国家最早产生的绿色组织。1981 年，波兰团结工会建立了“人与环境委员会”，迅速将这一生态组织和生态问题政治化。1988 年，波兰首创了东欧第一个绿党。这些生态环境团体的“绿色运动”带有明显的反对传统社会主义制度的特征，并对这些国家的转制起到了一定的作用。

第三，苏东社会主义模式的封闭发展，使它无法超越当代资本主义体系，承担起解决生态危机的重任。苏东社会主义模式一直致力于构建一个与资本主义相对立的平行市场，这种封闭性体系不但使经济发展与外部世界割裂，而且要以很高的代价开发资源才能换取经济的快速增长。这使得一些人对苏东社会主义模式产生怀疑，甚至加以否定。早期的生态社会主义者大多是从东欧社会主义国家出逃的思想家。

3. 20 世纪 70 年代“绿色运动”的兴起

20 世纪 70 年代西方“绿色运动”的兴起，直接促成了生态社会主义的产生。要了解生态社会主义产生的直接原因，就必须了解西方的新社会运动，特别是绿色运动。生态社会主义思潮是当代西方绿色运动发展的产物。

对生态破坏、环境污染的反对与抗议在西方国家已有很长历史。1953 年，美国学者博尔丁就提出过“生态革命”的主张。1962 年，美国生物学家雷切尔·卡森著名的《寂静的春天》一书，详细描写了农药、杀虫剂等化学制品的使用对生物、环境和人类造成的毁灭性的破坏，从而拉开了西方资本主义国家绿色生态运动的序幕。进入 20 世纪 70 年代以后，面对当代资本主义新的危机，新社会运动应运而生，主要包括反战运动、反核运动、和平运动、民权运动、绿色运动、女权运动等。在新社会运动中，绿色运动抓住了西方社会公众关注的焦点，使生态问题成为最具政治意义并直接关系人类命运的社会问题。绿色运动从本质上说，是一场抗议资本主义制度，旨在防止生态灾难、维护人类生存环境的群众性运动。在绿色运动中，人们纷纷走上街头，要求政府采取有力措施治理和控制环境污染；著名学者发表文章，谴责掠夺自然、破坏生态环境的行为；有识的科学家不断揭露污染环境的公害事件。到20世纪80年代，绿色运动波及所有资本主义国家，成为西方新社会运动的重要组成部分。

由于绿色运动的主要矛头指向反人道、反自然的资本主义制度，反映了以生态问题为核心的各阶层群众对资本主义的不满、怀疑与失望，并寄希望于新型社会主义社会，这使得生态社会主义应运而生。面对伴随绿色运动而出现的不同政治流派的绿色主张，面对生态问题已经成为全球性的政治问题，生态社会主义从思考生态危机的根源入手，指出生态危机是资本主义制度造成的，摆脱生态危机的根本道路只能是生态社会主义——一种新型的社会主义。

由于生态社会主义旗帜鲜明地称自己是“红色绿党”，主张通过生态社会主义解决生态危机这一时代难题，因此它成为绿色运动中最有理论影响和社会影响的一支力量。

二、生态社会主义产生的思想渊源

生态社会主义的思想渊源，概括起来主要是三个方面：一是马克思关于人与自然关系的理论；二是当代西方生态学、系统论及未来学理论；三是法兰克福学派的理论。

1. 马克思关于人与自然关系的理论

许多生态社会主义者都将马克思关于人与自然关系的理论作为研究和解决生态问题的出发点，都或多或少地受到马克思主义思想的影响，特别是受到马克思早期著作《1844年经济学哲学手稿》的影响。

生态社会主义对马克思关于人与自然关系理论的继承与借鉴主要涉及以下几方面内容：

一是马克思以“人类尺度”认识人与自然关系的方法。与一般生态主义者不同，生态社会主义者宣布坚持马克思的人类中心主义思想，即人类在解决生态危机、重新认识人类对世界的态度时，不应放弃“人类尺度”。德国著名生态马克思主义学者瑞尼尔·格仑德曼认为，与以往的哲学不同，马克思早在《1844年经济学哲学手稿》中，就明确提出了“社会是人与自然的完整统一体”的思想，强调要关注人类世界，关注现存世界。在现存世界中，自然界具有“优先地位”，但这个自然界已不是原生态的自然界，而是“人类学的自然界”。在现存世界中，自然与社会相互制约、相互渗透。通过实践，人类不仅改造自然存在，而且自身也进入自然存在之中，赋予自然存在以新的尺度——社会性。对人与自然关系的辩证理解，是构建生态社会主义的理论前提。

二是马克思将社会问题与自然问题联系起来考察的思想。马克思在《资本论》中就是将环境问题与当时的社会矛盾联系在一起，认为人对自然的“支配”不是生态问题的“原因”，生态问题只是由对待自然的“特殊的社会方式”所引起的。因此，有必要把自然问题与资本主义基本矛盾联系起来考察。马克思在《哥达纲领批判》中进一步提出资本主义制度是生态危机的根源，生态恶化是资本主义固有的逻辑，解决生态问题的出路就是要打碎这一逻辑，代之以社会主义。

三是马克思关于技术进步有助于人的自然解放，并促进人的社会解放的思想。在马克思的论述中，人对自然的支配并不是统治，即所谓的征服与破坏，而是人类对自身与自然关系的集体的、有意识的控制。科学技术的发展和社会生产力水平的提高可以使人们更好地实现对自然必然性的把握，有更多的时间从事创造性的活动，实现真正的自由。而未来社会在社会关系方面对资本主义私有制的克服，使人们可以自主地控制人与自然的关系。人类自由的真正实现和人与自然的历史性统一是未来社会主义社会的两个基本方面。

当然，在生态社会主义者看来，虽然马克思早在一百多年前就充分论证了资本主义社会中人与自然的矛盾，但是由于当时资本主义生产还不发达，人类对自然资源的开发仍还很有限，人与自然的矛盾还未激化，因而马克思的生态思想还不够完整、系统。

2. 生态学、系统论及未来学理论

当代西方生态学、系统论及未来学理论的产生与流行，为生态社会主义的产生提供了重要的理论启迪，并扩大了其理论空间。

生态学是研究生物与自然环境相互关系的科学。人类很早就开始关注生物（包括人自身）与自然环境之间的关系。比如，中国古代的“天人合一”、“道法自然”的思想就已涉及如何正确处理人与自然关系的问题。随着近代大工业的出现，环境保护和生态平衡开始为科学家所关注。1866 年，德国动物学家海克尔首次提出了“生态学”这个概念，它含有研究有机体生存环境之意。20 世纪初，生态学成为一门独立学科。当代生态学家奥德姆认为，生态学是研究生物个体或群体与其环境之间关系的学科，是研究生态系统的结构与功能的学说。20 世纪 60 年代末，“生态学”开始成为西方社会的流行话语。由于生态学十分强调把人类与自然环境的关系作为一个整体考察，因此为生态社会主义的兴起提供了重要的思想方法。在此基础上，生态社会主义致力于生态学与社会主义的结合，从而形成一种独立的生态学思想流派。

生态社会主义的理论兴起，还与系统论的发展有关，特别是与生态科学同系统科学相互渗透、紧密结合的发展趋势有关。系统论的创始人贝塔朗菲认为，系统是由若干相互作用、相互依赖的要素组成的具有一定结构和特定功能的有机整体，一般具有整体性、联系性、目的性、环境适应性、层次性等特征。1935年，英国生态学家坦斯利提出“生态系统”的概念。他认为，生物机体与自然环境相互依赖、相互作用，形成有机的自然系统。第二次世界大战后，科学技术的高速发展，使世界各国成为一个不可分割的整体，生态危机的加剧使得生态学和系统论成为人们认识世界环境危机的重要方法。在这一背景下，系统原则成为20世纪70年代绿色运动的一项“新政治学原则”，它将整个自然界看做是一个由无数相互联系、不断发展的子系统构成的大系统，即生态系统。该系统是一个不可分割的整体，而人类只是其中的一部分。这种观点导致了西方生态主义的出现，后者要求在生态系统中要以自然为中心，要服从自然对人的要求，要给自然以伦理道德。这种关于人与自然关系的理解，一方面促进了生态社会主义从生态系统的角度思考生态危机的根本原因，另一方面也促进了生态社会主义重新思考以什么尺度来考察人与自然的关系。

20世纪70年代以来的未来学也是生态社会主义的重要理论来源之一。首先，未来学首创对当代威胁人类生存的全球问题的研究，强调生态危机的全球性和普遍性。其中以“罗马俱乐部”的《增长的极限》（1972）等系列研究报告最为著名。“罗马俱乐部”的研究报告运用定量分析手段，对人类的困境，特别是生态危机的性质和内容，进行了分析，提醒人们关注对人类生存造成威胁的全球问题，呼吁各国合作共同解决生态问题。这些分析都对生态社会主义者深有启发。其次，未来学主张通过技术手段的调整，来完善资本主义现代化面临的新问题。乐观主义的未来学者舒马赫在《小即最美：对经济学的估价》一书中，从改良资本主义的角度提倡一种小规模技术，来消除现代工业社会生产高度集中的特征，并认为人的生活目标不应是无止境地获得商品，而应是寻求需求与消费的协调，建立“稳态经济”。这一思想启发了生态社会主义者，加拿大学者本·阿格尔指出，“通过使舒马赫的观点激进化，我们就可以发现小规模技术的社会政治意义了”①。

3. 法兰克福学派的理论

生态社会主义的产生还与法兰克福学派的有关理论密切相关，后者对前者的兴起有着很大的理论推动作用。生态社会主义对法兰克福学派理论的借鉴与继承可以从四个方面来看：

第一，法兰克福学派对人与自然关系的探讨，对生态社会主义产生了重要影响。在西方马克思主义中，法兰克福学派较早注意到了生态环境问题。一方面，他们把分析生态危机与对资本主义的批判联系起来。其主要代表人物马尔库塞在20世纪60年代末即敏锐地意识到生态问题与资本主义制度之间的内在联系，在《论解放》（1969）一书中，他认为当代资本主义在压抑人的同时也压抑着自然，在造成人的异化的同时也造成自然的异化；生态危机已不是一个纯粹自然的、科学的问题，它实质上是资本主义的政治危机、经济危机和人的本能结构危机的集中体现。在《反革命与造反》（1977）一文中，马尔库塞提出了“自然的解放”的理论，认为“自然的解放是人的解放的手段”，“自然的解放力量及其在建设一个自由社会时的重要作用的发现将成为推动社会变化的一支新力量”②。另一方面，法兰克福学派强调对马克思的生态思想的研究。法兰克福学派的其他代表人物，如霍克海默和阿多诺的《启蒙的辩证法》（1947），A. 施密特的《马克思的自然概念》（1960），都从人与自然关系的角度，研究了马克思的生态思想，力图借助马克思《1844年经济学哲学手稿》中的异化分析方法，去批判当代资本主义的“自然异化”现象。他们认为，人对人的统治是以人对自然的统治为基础的，而人的自由解放以自然的解放作为前提条件。在现存社会中，人与自然的关系处于异化的状态中，人类凭借科技进步，使用技术手段，将自然作为征服、掠夺的对象，从而导致严重的生态危机；而在未来的自由社会中，将发展一种新型的人与自然关系，从而避免生态危机。这些观点对生态社会主义产生了重要的影响。

第二，生态社会主义基本继承了法兰克福学派的自然观。在人与自然关系以及二者谁具有“先在性”问题上，法兰克福学派认为，自然是

① ［加］本·阿格尔：《西方马克思主义概论》，500页，北京，中国人民大学出版社，1991。

② ［美］马尔库塞：《反革命与造反》，见《工业社会和新左派》，127页，北京，商务印书馆，1982。

一个社会范畴，任何社会发展阶段的自然总是跟人相关的，由社会决定的；同时，人与自然不是对立的，而是统一的，不能脱离人的社会劳动、人的一切实践对自然进行解释，因而自然具有社会历史属性。

第三，生态社会主义还借鉴了法兰克福学派的“异化理论”。法兰克福学派在批判资本主义对人性的压抑和异化的同时，也批判了资本主义对人与自然的关系的扭曲。马尔库塞强调被异化的自然成为统治者的工具，而屈从于资本主义现实合理性。因此，生态问题从根本上说是资本主义的制度问题，是制度造成的自然污染。生态社会主义继承了这一思想，始终致力于将生态问题与资本主义制度联系在一起。如马尔库塞的学生莱易斯运用“异化理论”，在《自然的控制》（1972）、《满足的极限》（1976）等书中，着重分析、批判资本主义的消费异化现象，认为消费异化是导致生态危机的一个主要原因。

第四，法兰克福学派强调自然的解放和人的解放，以及人与自然的协调发展是社会主义的基本特征。马尔库塞将自然的解放作为人的解放的手段和前提，自然的解放包括属人的自然（即人的理性和本能）和外部自然（人的存在环境）两个方面的解放。自然的解放是人的解放的现实基础，只有当人的理性和本能以及自然环境都获得解放，人类才有可能获得人的解放。因此，立足于现实，首先要寻求人的自然的解放途径。生态社会主义不但继承了这一思想，而且更加关注现实，致力于寻求现实的生态问题的社会主义解决方案。

三、生态社会主义思潮的发展阶段

生态社会主义产生于20世纪70年代，到20世纪90年代成为引人注目的一股社会思潮。它的发展迄今大致经历了三个发展阶段。

1. 20世纪70年代——生态社会主义“绿色”的兴起阶段

在绿色运动兴起时，生态社会主义还只是其中力量较为弱小的一个派别，它的影响不太大，在绿色运动中的地位也不太重要，被形容为“万绿丛中一点红”。此时的生态社会主义几乎与绿色运动没有多大区别。但是，绿色运动一出现，一些具有生态意识的西方马克思主义者就敏锐地注意到绿色运动的政治方向，主张将保护生态环境与争取实现社会主义结合起来，并从理论与现实不同的角度开始介入绿色运动。

这种介入表现出两种趋势：一种是侧重从理论方面介入绿色运动，其代表人物是法国的安德烈·高兹（Andre Gorz）。他较早开始研究生态运动与政治斗争的关系。在《生态学与自由》（1977）等著作中，他从生态学的角度批判了当代资本主义，提出生态运动必须成为一个更广泛的斗争的一部分，而不应把它看做目的本身；当代资本主义的生态危机，既可以按照民主的、社会主义的方式加以解决，又可以按照独裁的、资本主义的方式加以解决。他相信，人类完全可以建立起一个在民主的和非集权的技术基础上的、促进个人自主的、同自然合作的生态社会主义社会。另一种是侧重从实践方面介入绿色运动，其代表人物是鲁道夫·巴罗、亚当·沙夫等原东欧新马克思主义者，他们从绿色运动兴起之时就成为生态运动的组织者。他们不但先后加入绿党，参与"罗马俱乐部"关于人类生存的探讨，而且谋求"绿色"（生态运动）与"红色"（社会主义运动）两股政治力量的联合，推动反对资本主义的社会力量的联盟。

这一时期，生态社会主义还没有完全从法兰克福学派的影响中脱颖而出，也未从绿色运动中分化出来，与绿色运动内部其他派别的区别不明显。由于20世纪60年代末新左派运动的失败，人们对绿色运动的兴趣远高于对社会主义的兴趣，所以这一时期生态社会主义在绿色运动中显得势单力孤，不但没有形成系统的理论，而且偏重于对生态危机及其恶果的批判，对理想社会的构想则描述不足，即："破"有余而立不足。

2. 20世纪80年代——生态社会主义"红绿交融"的转折阶段

20世纪80年代是绿色运动发展的鼎盛时期，许多国家的绿党在大选中接连得手，绿党在英、德、法等国议会及欧洲议会中均占有席位。绿色运动开始向北美洲、亚洲、大洋洲扩展，并建立了绿党组织。1980年，德国绿党最先将生态社会主义纳入其政治纲领，生态政治原则和生态社会主义运动原则交相融合。1987年，国际绿党大会的召开标志着生态社会主义运动已经成为国际政治舞台上一支重要的力量，生态社会主义运动以一种崭新的面孔进入了世界性政治视野。伴随着绿色运动的发展与扩张，生态社会主义的理论特征凸显出来，开始将越来越多的"绿色"理论注入了"红色"理论的内涵。

生态社会主义发生转折的重要标志是本·阿格尔在1979年出版的《西方马克思主义概论》。他在书中讲到了生态马克思主义的产生，并介绍了当时还鲜为人知的生态马克思主义者莱易斯的著作《自然的控制》、《满足的极限》，引起了西方左翼力量的广泛关注。以阿格尔、莱易斯为代表的生态马克思主义者，旗帜鲜明地主张用马克思主义透视绿色理论，致力于马克思主义与生态问题的结合，在20世纪80年代获得了迅速发展，成为西方左翼生态运动中具有较大影响、最激进的流派。在他们的带动下，欧洲一批学者也加入了生态社会主义的行列，形成了一支壮观的理论队伍。这一时期出版的著作有：阿什顿的《绿色之梦：红色的现实》(1985)，博克金的《走向一个生态的社会》(1980)、《当代危机》(1986)，哈维的《资本的极限》(1982)，佩珀的《当代环境主义的根源》(1984)。

这一阶段生态社会主义者在理论方面的发展主要表现在：首先，他们注重对马克思主义的继承，公开地、明确地自称"马克思主义者"。莱易斯强调对马克思异化理论的继承，着重批判资本主义的消费异化现象，认为消费异化是导致生态危机的一个主要原因，并预言社会革命的导火线将出现在消费领域而不是生产领域。阿格尔、博克金强调危机理论，认为当代资本主义的危机是"生态危机"，并试图以此去"补充"马克思主义的经济危机理论。其次，他们开始注重有关生态社会主义模式的构想，在构建未来社会的理论中，明确提出了生态社会主义的经济、政治、社会生活、意识形态等方面的要求。在经济方面，要求实现"稳态经济"，即经济的零增长，使经济生活从现在的单纯追求量的增加变成追求质的提高。在政治方面，生态社会主义要求实现分散化与非官僚化。分散化不仅指生产的小规模化，还指政治权力为众多的小群体所分享；非官僚化即民主化，不仅包括工人对生产过程的直接管理，而且包括小群体的自治。在社会生活方面，生态社会主义要求全面消除人的异化，使人得到全面的发展，获得前所未有的自由。在意识形态方面，生态社会主义主张马克思主义与现实结合，形成一种全新的社会主义意识形态。

以上情况表明，20世纪80年代的生态社会主义已形成了区别于绿色运动其他各派的政治理想、奋斗目标，以及经济、政治和社会纲领，生态社会主义在理论上趋于成熟。与此同时，生态社会主义对绿色运动其他派别的影响也逐渐增大，许多派别都不同程度地接受了生态社会主义对资本主义危机所作的马克思主义分析。有人形象地将这一时期的绿色运动比做西瓜——外"绿"内"红"："绿"色的外表掩盖着"红"色的内容。

3. 20世纪90年代——生态社会主义的"红色"独立阶段

20世纪90年代以来，生态社会主义进入了新的独立的发展时期。无论是在理论建树方面，还是在实际影响方面，都与前两个阶段不同。

20世纪90年代以来，生态社会主义的独立发展是与苏东剧变以及此后的社会主义运动状况直接相关的。从现实角度看，一方面，苏联东欧社会主义国家的剧变，引起了资产阶级意识形态大肆喧嚷“社会主义终结论”，一些人对社会主义丧失了信心。社会主义究竟还能否担当起取代资本主义的历史重任，引发了西方左翼理论家对社会主义问题的大讨论。在这场大讨论中，生态社会主义因其对人类面临的日益恶化的生态环境的关注，对社会主义的独特见解而备受人们的重视，它的发展前景也被普遍看好。另一方面，它也是20世纪80年代以来西方社会主义“绿化”趋势的一个结果。20世纪70年代初，当绿色运动兴起时，并未受到各派社会主义力量（共产党、社会党）的重视，一般将它看做是一种赶时髦的东西。进入20世纪80年代以后，一方面由于绿色运动发展迅猛，另一方面由于欧洲政治风向的右转，左翼力量受挫，在这种情况下，欧洲的一些共产党、社会党采取了与绿色运动（绿党）结盟的政策。如意大利共产党提出共产党、社会党、社会民主党、绿党和生态运动应该联合起来。有的国家的共产党还直接与绿党结盟，如荷兰共产党与激进党、和平主义社会党组成“绿色联盟”。在社会党方面，在1985年的比利时地方选举中，社民党与生态党联盟组成市政府，开“红”、“绿”联合掌权之先例。20世纪80年代中后期，在德国等国的地方政府中，也出现不少“红”、“绿”联合掌权的例子。西方各种社会主义的“绿化”（“红色”的绿化），在客观上起到了抬高生态社会主义的作用。

对此，意大利社会主义理论家卢西那·卡斯特林那在为“处在21世纪前夜的社会主义”讨论会撰写的论文《为什么“红的”必须是“绿的”》中就认为，关于“红”、“绿”关系问题的争论，“无疑代表了我们这个世纪的最后年月里马克思主义发展的一个新阶段”。他甚至提出，必须把“红”的看做就是“绿”的，它可以赋予我们的社会主义以崭新的内容和特质。

从理论影响的角度看，20世纪90年代生态社会主义的重要发展，还表现在马克思主义对绿色运动的影响的扩展上。这一时期，生态社会主义注重对生态运动进行马克思主义的改造。其主要代表作有格仑德曼的《马克思主义和生态学》(1991)、佩珀的《生态社会主义：从纵深生态学到社会主义》(1993)、萨特金的《当代政治意识形态》(1990)、奥康纳的《生产的外在自然条件》(1991)、高兹的《资本主义、社会主义和生态学》(1994)、威尔德的《现代欧洲社会主义》(1994)、怀尔德的《资本主义、社会主义与生态》(1995)、奥康纳的《自然的理由》(1997)、福斯特的《马克思的生态》(2000)、克沃尔的《自然的敌人——资本主义的终结还是世界的终结》(2002)等。这些著作不但推动了对当代生态学、生态主义的理论改造，而且比20世纪七八十年代更加强调马克思主义与生态社会主义的渊源关系，更加强调生态社会主义是以马克思主义为其理论基础的。这一时期的绿色运动发生了分化，主张以马克思主义为核心探讨生态社会主义未来的思想趋势、政治要求乃至价值观念，不同程度地为其他绿色运动派别所接受，因而出现了“绿色红化”的景观。在此前两个阶段，生态社会主义基本上是接受主流绿党所提出的“新政治学原则”（即生态学、社会责任感、基层民主和分散化、非暴力等所谓“四大支柱”）。这些原则基本上属于一种生态中心主义。20世纪90年代的生态社会主义在理论上重返人类中心主义，更多地关心现实社会、政治问题（即广义的“环境”问题，而不仅仅是“狭义”的自然环境问题），考虑诸如社会平等、社会正义、民主、全球化等问题。用戴维·佩珀的话来说，生态社会主义的政治学需要从“纵向生态学”向“社会主义”过渡。生态社会主义理论家达成了基本共识：只有马克思主义能够使生态社会主义脱离生态中心主义，完成理论创新。正是在这个意义上，大卫·佩珀称：“马克思主义对于生态社会主义犹如一剂‘解毒药’，它对于消除将导致断送生态社会主义事业的理论上的含混不清、自相矛盾、枯燥无味等毒素，是必不可少的。”①

第二节　生态社会主义的基本主张

生态社会主义自称以马克思主义和社会主义为理论基础，以生态学和系统论为指导思想，主张以马克思主义的方法重新检讨人类与自然界的关系以及生态问题与资本主义制度的关系，寻求生态社会主义实现的现实方案和途径，以建构人类社会与自然和谐发展的新型社会主义社会。

一、人与自然应和谐统一

在当代绿色运动中流行两种自然观：一种是生态中心主义，强调人类应顺应大自然，对大自然“毕恭毕敬”，人类的一切活动都必须服从大自然，因为自然界先于人类存在，自然高于人类；另一种是技术中心主义，认为人类是自然的主人，应当并完全可以征服自然，因为人居于

① ［英］大卫·佩珀：《生态社会主义：从纵深生态学到社会主义》，93页，伦敦，洛特雷出版社，1993。

超自然的地位，人类高于自然。

针对绿色运动中流行的两种不同的自然观，生态社会主义者提出，人类在解决生态危机、重新检讨人与自然的关系时，不应放弃“人类尺度”，但要立足于人与自然的和谐统一。

第一，人与自然具有共同的自然本质和社会本质。早期的一些生态社会主义者曾一度追随生态中心主义的观点，强调“自然优先性”。20世纪90年代以来的生态社会主义者认为，自然界先于人类存在，人类自身的确依赖于自然界生存，人类是自然的一部分。但是，自然只有在与人类的共同存在以及相互转化中才具有意义，自然没有独立于人的存在价值。自然界只有通过人的开发才能获得现实性，通过人的实践活动，自然就具有了社会性。因此，自然又是社会的一部分，自然在本质上是一个社会历史范畴。

第二，人与自然在相互交往中走向统一。生态社会主义者认为，生态问题不是自然的问题，而是社会的问题，其根本原因就在于人与自然是通过人的实践而形成的整体性存在。格仑德曼认为，人类的生存状态是以不得不存在于、依赖于自然为特征的。但是，人类是通过技术手段改造自然来达到自己的目的。技术是中介环节，人类因此实现他们与自然的交往。一方面，社会和自然不是对立的，社会是自然的一部分，自然又是社会化（人化）的自然。另一方面，社会和自然又是互相作用的，自然制约并改变着社会，反过来社会也在改变着自然，被改变了的自然又反过来影响社会的进步，如此往复，构成了人与自然日益走向统一的历史过程。

第三，人类在自然界有特殊地位，这种特殊地位是以人对自然的支配为标志的。格仑德曼认为，这是考察自然与生态问题的出发点。自然为什么是美的？自然为什么应当是“平衡”的？那是由于人类赋予它定义。生态主义则把“人的尺度”纳入自然体系中，从而导致人与自然的分裂、主体与客体的分离。生态社会主义不仅指出生态中心主义在方法论上的错误，还明确了在人与自然的关系中人的特殊地位。各种关于自然问题的解决方案，都必然与人的利益相关。因此，人类能够懂得自己创造的世界比自然给予的更好。通过人类的创造，人类在与自然的对立统一中必然能够建设一个“第二自然”。人类越是把第一自然转化为第二自然，就越是能够成为自己命运的主人。

第四，人与自然应和谐统一。生态社会主义认为，按照人与自然互相统一的历史关系，当代生态危机的出现，不是由于自然具有优先性，而是由于人类社会缺乏对自然的支配或控制，或者说现行人类对自然的统治方式导致了人与自然关系的对立。人对自然的支配（domination），不同于人对自然的统治（mastery），对自然的支配是要求对自然进行“人道地占有”，即“把自然界改造成为符合人的本质的环境世界”；要求“按照美的法则来塑造对象性的自然界”；要求人通过劳动建立起人与自然的和谐关系。人与自然的和谐关系是人通过劳动建立的。由于社会历史原因，资本主义的生产方式使劳动异化，加剧了人与自然的矛盾。解决这一矛盾的唯一前景，是要把人对自然的支配、人与自然的关系同共产主义目标结合起来。共产主义社会是第一个人类有能力充分实现自我的社会，不仅能够使人类获得对社会生活的共同控制，而且能够使人类获得对自然的控制。他们认为，正如马克思指出的，人类自由的真正实现和人与自然的历史性的统一是未来社会主义社会的两个基本方面。人们对人与自然辩证关系的自觉意识与深刻把握，必然导致创建一个新的社会主义社会，即一个新的、绿色的社会主义社会，从而实现人与自然的高度和谐统一。尽管生态社会主义者对社会主义的理解不尽一致，但他们都赞同社会主义是一种比资本主义更高级的社会形态，是对现存资本主义的一种超越，是一种人类与自然处于和谐关系的生态社会。在新的生态社会主义社会中，人与自然的关系将实现统一。

简言之，生态社会主义强调，以“人的尺度”考察人与自然的关系的历史性、统一性，就会发现当代生态问题不是自然的问题，而是社会的问题。解决环境污染并不是一个纯粹的自然过程，而是一个社会过程，是社会问题的解决。

二、资本主义制度是生态危机的根源

坚持对资本主义制度的批判，深刻认识生态危机的社会根源，揭示资本主义生产方式造成生态危机的必然性，是生态社会主义的重要的理论内容。尽管早期生态社会主义在寻求生态危机的原因方面曾深受生态中心主义的影响，将工业制度作为直接的批判对象，但总体上，越来越多的生态社会主义者强调，要深刻认识生态危机的社会根源，必须把批判的矛头直接指向当代资本主义制度。

1. 全球性生态危机是资本主义生产方式的必然产物

关于生态危机产生的原因，一般的绿色运动与绿色理论将当代全球性生态危机的原因归于科学技术、工业化、人的自私品性，以及基督教和传统观念，如原罪、人是自然的主人，等等。对此，生态社会主义者则主张透过人与自然的表面冲突，深入把握其根本。他们认为，现代环境问题的根源绝不仅仅是人的落后观念或工业主义造成的，最根本的原因还是资本主义制度。如莱易斯的“异化消费论”、高兹的“生态危机论”、基尼乌的“生产力论”、奥康纳的“双重危机论”等，从不同的角度揭示了生态危机是资本主义生产方式的必然产物。佩珀与格仑德曼则强调从深入研究马克思的人与自然关系的理论出发，来深刻揭示资本主义与生态危机的关系。生态社会主义一般是从两个方面揭示资本主义与生态危机的关系的：

首先，生态危机是资本主义无限追求利润最大化的必然结果。生态社会主义认为：一方面，生态危机是资本主义过度生产和过度消费造成的。因为资本主义的生产目的和动机是追求尽可能多的剩余价值，这一生产目的决定了它对自然采取敌对的态度，把自然视为掠夺并获取利润的对象，从而在不断强化资本对人的剥削的同时，也强化了资本对自然的剥削。莱易斯在《自然的控制》一书中指出，资本不断扩张的内驱力驱动着资本家不断扩大生产规模，以满足不断扩大的商品市场的需求。即使在平均利润下降的趋势下，也要借助科学技术对自然资源进行过度的掠夺与开发，以保证其利润的实现，即“制度不断地吞噬着它赖以存在的自然基础”。资本主义生产的唯利是图造成了社会生产的无政府状态，造成了过度生产和过度消费，造成了自然资源的浪费，从而导致人的异化和自然生态系统平衡的破坏，引起了生态危机。莱易斯的观点对生态社会主义的影响很大。美国的维克托·沃尔斯认为：“当前全球严重的生态问题完全是资本主义国家，特别是西方发达资本主义国家无节制的生产和无节制的消费造成的。”① 德国的雅各布·莫内塔强调：“为超额利润而生产、为过度消费而生产是资本主义生产方式的两根支柱”，“解决全球生态问题的根本途径是节制资本主义国家的生产和节制资本主义国家的消费，而这是资本主义做不到也不愿意做到的”②。奥康纳则进一步分析了经济危机与生态危机是资本主义全球化不可避免地面临的双重危机，他不仅认为马克思的经济危机理论没有过时，还从资本积累的角度分析了经济危机与生态危机之间的本质关系，揭示了全球化资本主义生态危机的内在矛盾。约翰·贝拉·福斯特更是从资本主义的生产目的、生产方式的特点和资本主义的世界观与价值观等三个方面指出

①② 转引自陈学明主编：《苏联东欧剧变后国外马克思主义趋向》，396页，北京，中国人民大学出版社，2000。

生态和资本主义是相互对立的两个领域，资本主义制度具有反生态性质。他在《生态危机与资本主义》中直接指出，资本主义制度对待生态环境的种种弊端，在当今我们通常称之为“环境危机”的领域里是显而易见的。

另一方面，生态危机是资本主义生产方式牺牲环境、保证利润的结果。资本主义的生产是尽可能降低本企业的成本，而不管可能让社会承担多少成本。这种生产方式竭力将“成本外在化”，即由社会来承担环境破坏的生态恶果。这注定了资本家不可能牺牲企业利润去保护环境。生态社会主义者认为，激烈的市场竞争要求企业努力降低生产成本，因而企业会尽可能地把一部分生产成本推向它的外部，转嫁给社会、转移给后代。尽管在某些条件下，企业也会投资治理污染，但有两个前提：其一，利润持续增长；其二，治理环境的行为更能提高企业的利润。资本主义对环境的改善必须服从或服务于它对利润的追求。

对此，高兹提出了资本主义存在着经济合理性与生态合理性的矛盾的观点。所谓经济合理性，是指追求利润的最大化，同时要求生产效率的最大化、消费的最大化、需求的最大化。而生态合理性是指生活得更好而劳动和消费更少的目标，追求生态利益的最大化。这两个合理性在资本主义制度下是不相容的。资本主义的生产目的和动机就是追求利润的最大化。尽管当代资本主义正在不断地将环境保护容纳进资本主义体制，寻求资本主义生态现代化，甚至发展高赢利的生态商业，按照新的污染标准，采取不同的资本密集型技术生产可循环的工业品。但从根本上说，这只是扩展了资本的经济合理性，甚至会带来生态技术的法西斯主义，改变不了资本主义制度的基本趋向。佩珀认为，资本主义生产方式对利润的无限追求使所谓的资本主义的可持续发展、绿色资本主义不可能实现。因为追求个体利益最大化的生产者出于自身利益的考虑，不可能着眼于集体和人类长远利益进行生产经营。佩珀主张要深挖生态危机的根源，他反对把资本主义社会中人与自然的矛盾凌驾于社会矛盾之上，或把这两个矛盾视为半斤八两的观点，明确指出是资本主义追求利润最大化的内在逻辑造成了生态危机。资本主义生产方式不仅决定着资本主义社会中人与人之间的关系（即剥削与被剥削的关系），也决定着人类与自然之间的关系（即资本主义对自然的掠夺）。因此，生态社会主义认为，如要改变现时的资本主义的“人—自然”关系模式，使自然生态系统免受资本主义生产方式的破坏，就不但要改变人们的观念，改变资本主义的意识形态，而且更为重要的是要改变资本主义生产方式、资本主义经济关系。

其次，生态危机是资本主义生产方式全球化的必然结果。生态社会主义强调生态危机的出现，是资本主义危机空前广泛和深刻的反映，是资本主义生产方式扩大到全球的结果。由于资本主义的生产目的是追求利润的最大化，它就必然不断地扩大其市场范围，通过全球化的资源配置，以其经济和技术的优势，最大限度地占有全球性资源，对人类有限的、稀缺的资源实行生态帝国主义式的掠夺。哈维指出，资本主义生产是"以无限价值扩张为目的的，它丝毫不考虑这种扩张所带来的政治的、经济的、地理或生态的后果"①。随着资本主义生产方式在全球的扩展，资本主义通过推行生态帝国主义（即对发展中国家进行"生态掠夺"和向发展中国家转嫁生态危机）直接导致了全球性环境的恶化，从而威胁着人类的生存与发展。

生态社会主义认为，为了保护本国的利益，几百年来资本主义国家一直在对落后国家进行生态掠夺。这种掠夺是通过直接的掠夺和间接的掠夺两种方式进行的：

直接的掠夺，即发达国家将一些高耗费、高污染、劳动密集型的企业迁到发展中国家，甚至把发展中国家当成垃圾场，直接掠夺那里的土地、劳动力和自然资源。如同发达国家是建立在发展中国家"不发达"的基础上，发达国家的生态城市也是建立在使更多的发展中国家城市污染的基础上。发达国家享有的环境质量是一种不平等的特权，是通过对发展中国家的掠夺达到的。佩珀指出，"环境的质量与一个社会物质财富的丰裕或缺乏是紧密相关的，西方资本主义国家正是通过对第三世界国家的掠夺来维持和改善自己的环境，使之成为全世界羡慕的对象"②。这深刻地揭露了资本主义对发展中国家的剥削与掠夺。

间接的掠夺则是指借助"结构性暴力"实现的掠夺。美国的罗伯特·海尔布隆纳指出，由于资本主义的内在矛盾，资本的国际化是一种必然趋势。强大的发达国家的资本迫使发展中国家制定各种政治、社会、经济政策，对农民施加"结构性暴力"，迫使发展中国家农村大量的公有土地被私有化并被带入资本主义世界市场。农民为了在所剩不多的土地上求生存，不得不对土地进行过度耕种，从而导致土地的贫瘠甚至沙化。同时，在市场开放的情况下，发达国家以其技术和市场优势迅

① ［英］哈维：《后现代化的条件》，180页，剑桥，波力第出版社，1990。

② ［英］大卫·佩珀：《生态社会主义：从纵深生态学到社会主义》，95页。

速控制农产品市场，迫使发展中国家为降低农产品成本而加剧对有限的土地进行掠夺性开发。资本主义生产方式对发展中国家进行的间接的掠夺，造成了发展中国家环境的急剧恶化，迫使发展中国家为了生存，不得不牺牲本国的环境与资源。因而，发展中国家的生态问题同样是资本主义生产方式造成的。

生态社会主义对资本主义制度与生态危机间内在必然性的揭示，正确地阐发了当代世界性的生态危机的根本原因——是资本主义生产方式的内在矛盾造成了全球性的生态危机。这既是生态社会主义理论立足的核心，又是其主张最闪光之处。

2. 生态危机是当代资本主义社会的主要危机

生态社会主义在一定程度上抓住了当代资本主义社会的新现象、新变化、新矛盾，提出生态矛盾已成为当代资本主义社会的主要矛盾，生态危机已成为当代资本主义的主要危机，生态危机是当代资本主义危机的新的表现形式。

如何看待当代资本主义的新变化以及新矛盾？生态社会主义者一般认为，马克思主义关于资本主义生产方式存在内在矛盾的理论依然有效，因为资本主义的内在矛盾依然存在。但是，随着当代西方工业社会的发展，马克思关于资本主义由于经济危机而必然崩溃的预言并没有应验，而生态危机却正在日益威胁着人类的生存与发展。生态社会主义者主张要面对现实，从资本主义生产的无政府状态给自然环境和生态平衡所带来的严重后果出发，重新分析资本主义的危机问题。

他们认为，生态问题已成为当代资本主义社会的主要矛盾。考察当代资本主义，不仅要看到资本主义固有的矛盾，更要看到发达资本主义在加深人的异化、加剧人与自然的矛盾方面的新变化、新趋势。在莱易斯看来，当代资本主义生产已导致两大社会问题："过度生产"和"过度消费"。过度生产是由资本主义生产目的造成的，过度消费则是资本主义使人异化的结果。二者相互促进，既造成了人的异化，又造成了人与自然关系的异化，成为当代资本主义无法解决的主要的社会矛盾。

他们还认为，生态危机已经取代经济危机而成为当代资本主义的主要危机。在莱易斯看来，当代资本主义与早期资本主义有两个显著区别：一是资本家操纵了消费，使人们产生一种被强加的需要或虚假的需要，从而推动"过度生产"。它表现为以追求利润为动机，推动技术规模越来越庞大，能源的需求越来越多，生产和人口越来越集中，职能越来越专业化。二是为延缓经济危机而力图歪曲满足需要的本质，诱使人们在市场机制作用下把追求消费当做真正的满足，从而导致“过度消费”。它表现为人们往往根据消费的多少来衡量自己幸福的程度，其结果是造成这种需求超出自然界所能承担的限度。对消费的操纵成为维持和提高利润率及实行社会控制的重要手段。不但资本主义生产过程中存在着根深蒂固的矛盾，而且生产过程同整个生态系统相互作用的方式也存在着根深蒂固的矛盾。阿格尔认为，“生态学的马克思主义包含了两种分析观点：一方面，它认为资本主义商品生产的扩张主义的动力导致资源不断减少和大气污染的环境问题；另一方面，它力图评价现代的统治形式——人类在这种统治形式下从感性上依附于商品的异化消费，力图摆脱独裁主义的协调与异化劳动的负担”①。也就是说，要从根本上解决生态危机，必须从转变社会制度入手。

他们进一步得出结论：当代资本主义用高生产、高消费延缓了经济危机，并延缓了资本主义的寿命。但是，经济危机并没有消失，而是转变为生态危机。阿格尔指出，“历史的变化已使原本马克思主义关于只属于工业资本主义生产领域的危机理论失去效用。今天，危机的趋势已转移到消费领域，即生态危机取代了经济危机”②。生态危机使“社会变革的动力就植根于人的需求与商品的相互作用的过程中，而这种过程是由有限的生态系统确定的”③。他认为，一些“马克思主义者由于坚持把重点放在生产领域中的危机上，因而未能看到危机已转移到消费领域，而未能看到资本主义已用生态危机取代了经济危机”④。生态社会主义者甚至认为，生态危机是发达资本主义在工业繁荣和物质丰裕的历史条件下发生的供应危机，自然资源系统已经无法适应资本主义的生产。这就导致人们对发达资本主义社会的期望破灭，重新思考满足需要的可能性，重新组合其价值和欲望，重新评价满足的手段，重新构造人类对美好的生活的本质和素质的期望。

总之，生态社会主义强调资本主义生产方式的内在矛盾是造成生态危机的根本原因，因此，解决生态危机必须与反对国际资本主义的斗争结合起来。这是生态社会主义者与绿色运动的不同之处。生态社会主义者认为，资本主义最初发展了生产力，但是现在它阻碍了生产力的非异

① ［加］本·阿格尔：《西方马克思主义概论》，420 页。

②③　同上书，486 页。

④　同上书，499 页。

化的、理性的发展，因此，它应该被社会主义所取代。

三、绿色社会是社会主义的本质特征

生态社会主义不但立足于对当代资本主义的批判，指出只有废除资本主义制度，才能从根本上解决生态危机，拯救人类的生存，而且致力于生态原则与社会主义的结合，要求超越当代资本主义与现存的社会主义模式，构建一种新型的人与自然和谐相处的社会主义模式。它与传统社会主义理论最大的不同之处就是，它强调社会主义应该而且必然是绿色社会，而绿色社会的实现又必然有赖于社会主义。由此，生态社会主义赋予了社会主义以新的理论内涵，也赋予了生态学以革命的意义。

1. 生态社会主义是绿色社会

生态社会主义者强调要对社会主义的内涵进行“重新定义”，并从理论和现实两个方面论证了未来社会为什么是绿色社会。

从理论上看，他们认为，设计未来社会的理论前提是对马克思主义关于人与自然关系理论的正确把握。根据这一理论，未来社会将形成一种全新的人与自然的和谐关系，将是符合生态原则的绿色社会。所谓人与自然的和谐关系，是指人类从社会利益出发，按照理性的方式合理地、有计划地利用自然资源发展生产，从而满足人类全面而自由地发展的需求。社会主义将是人与社会、人与自我、人与自然都和谐发展的社会，而绿色社会是社会主义内涵中的应有之义。

从现实来看，他们强调，未来社会主义是绿色社会的构想，既不同于当代生态主义的告别物质主义的绿色社会，又不同于当代资本主义致力于的生态现代化。当代生态主义也要求构建绿色社会，但在这个社会中，自然是人类的导师，生态先于一切，在人与自然的关系中，自然居于中心的地位，人类的一切行动都应当适应自然和自然法则。对此，佩珀指出，“生态社会主义是一种人类中心主义（当然不是资本主义技术中心主义意义上的）和人道主义。它反对生物道德论和自然神秘论，以及各种可能导致反人道主义的体制。它强调人类精神以及人类与其他自然物的非物质性交往的重要性。人类并非天然地就是自然界的污染物，人类的天性也非生来就是傲慢、贪婪、好斗、竞争、野蛮和凶残的；如果人类沾上了这些‘罪恶’，并非遗传或‘原罪’所致，而是现存的社会经济制度造成的”①。在他看来，绿色的社会主义社会将极大地改变

① ［英］大卫·佩珀：《生态社会主义：从纵深生态学到社会主义》，232页。

人与自然对立的关系，人们的思想意识也将发生根本的变革，人性将更全面、更美好。绿色的社会主义社会也不同于所谓的资本主义的生态现代化。随着绿色运动的发展，传统的资本主义意识形态也开始强调生态意识，寻求生态问题的解决。但是，这种对资本主义的绿色改良，仍然建立在人主宰自然，人是自然的主人，自然是人类征服、掠夺的对象基础之上。正如高兹指出的，资本主义无法摆脱其内在的矛盾，生态合理性无法取代经济合理性，因而也就无法实现绿色社会。

具体地说，生态社会主义所构建的绿色社会有三方面内涵：第一，这个社会克服了人与自然关系的对立。在这个社会，资本主义条件下存在的人与自然关系的矛盾随着人与人关系的矛盾的克服而得以解决，对自然生态的破坏已不存在，即使存在，也是偶尔的、可以很快得到解决的。第二，这个社会是有条件的绿色社会。它对自然生态和生物物种的珍视或道德意识最终是出于人类的目的，是维护人类社会的利益。第三，这个社会是人类物质与社会自由充分实现同时又符合生态原则的绿色社会。科学技术的发展和社会生产力水平的提高，可以使人们更好地实现对自然必然性的把握和支配，尽管物质性的被迫性的劳动仍然存在，但人们将有更多的闲暇时间从事创造性的活动。社会关系上对资本主义私有制的克服，使人们可以自主地控制自己和自然的关系，最大限度地减少对自然环境的破坏。

2. 生态社会主义是生态现代化的社会

生态社会主义认为，当代欧洲解决生态问题不外乎有两种思路：其一是生态资本主义的思路，主张以资本主义的方法解决生态问题，在现有制度的框架内，进行某些社会制度的改良、技术的改进，以满足生态环境的暂时需求。其二是生态社会主义的思路，主张废除资本主义，代之以一种新的、建立在人与自然和谐关系基础上的生态社会主义。生态社会主义强调，只有实现生态社会主义，而不是对资本主义社会进行生态改造，才是人类获得解放的唯一出路。生态社会主义认为，新的生态社会主义模式将是对传统工业主义的超越。工业主义是指人类在工业化的历史进程中和工业社会生活中形成的思维定式，重视物质价值、经济增长、技术进步，强调经济理性高于一切。对传统工业主义的超越，实现社会主义的生态现代化，即“生态重建”，是生态社会主义的一个重要内容。

所谓社会主义的“生态重建”，是指对工业社会体系进行生态现代化的变革，按照社会生态标准对生产、交换、消费进行彻底的改造。生态社会主义认为，利润最大化的经济标准要服从于社会生态标准，是社会主义生态现代化的核心，也是生态社会主义与以往的社会主义模式的最大的不同。高兹认为，强调生态现代化，是要使人们对社会主义有更新的认识。当代社会主义必须回答怎样使经济的发展、社会的发展与生态的发展一致起来、协调起来的问题。在生态社会主义者看来，要从三个方面致力于社会主义的生态现代化，即实现经济发展、社会发展、生态发展的统一：

第一，重新定位经济理性。生态社会主义认为，利润最大化的资本主义经济逻辑不仅导致经济的总体浪费和生态危机，还导致社会的两极分化。取代资本主义的社会主义是要以符合社会生态要求的“生产的更少但更好”的原则取代利润最大化原则。高兹认为，社会主义的生态现代化是在克服了资本主义社会追求利润最大化与生态的矛盾的基础上产生的，它将继续坚持经济效率，但要尽可能使经济的合理性服从于社会生态的合理性，在保证经济增长与发展的同时实现生态合理性的目标。所谓生态的合理性，是指以尽可能少的资源投入，采取尽可能好的生产方式和手段，并尽可能提高生产品的使用价值和耐用性，来满足人类的物质需要。它的目标是建立一个人们在其中生活得更好然而劳动和消费更少的社会。这是一种具有新的理性的生态现代化，它从新的生产目的出发，在生态合理性的基础上保证经济上的合理性，即从人类整体经济利益出发，杜绝经济总体的浪费、劳动的异化和生态环境的破坏。高兹认为，这实质上涉及整个生产范式的更新。按照新的“生产的更少但更好”的生态合理性原则，就要减少经济合理性和商业交换适用的范围，并使之从属于非定量的社会和文化目标以及个人的自由发展，使经济理性服务于对创造性劳动的激发，并服务于人类的精神生活。

第二，强化社会理性。生态社会主义在构建未来生态现代化的理论思考中，认为民主、法制等社会理性的进一步健全是实现社会主义生态现代化的基本手段。一些生态社会主义者提出，未来社会是建立在严格的契约关系的基础上的，即不仅在经济领域、政治领域建立严格的契约和制度，在人与自然关系方面也要以契约加以规范，在契约的约束下合理地利用和开发自然。但是，生态领域的契约不同于经济、政治领域的契约，它不仅包括我们这一代人与自然的契约，还包括我们与下一代人的契约，这是一种潜在的契约，是一种超时空的契约。因为如果上一代破坏了生态环境，下一代就将无法生存。这种社会理性的构建只能有赖于社会主义。①

第三，健全生态理性。生态现代化的社会主义反对人们无限制地追求高消费、把消费同满足或幸福等同起来的传统观念，主张实行劳动闲暇一元论，即劳动是建立人与自然和谐关系的中介。健全的生态理性，要求人们在劳动中寻求快乐和满足，或者说注重提高生活质量，不仅要有物质生活，还要注重精神生活，学会从创造性劳动而非异化劳动中获得幸福，从而保证生态合理性与经济合理性的内在统一。高兹试图论证生态合理性与经济合理性、社会合理性是一个整体，而要健全生态理性，就必然涉及每一个人的需求，涉及每个人的自由解放，这是人类获得自由的唯一道路。

3. 生态社会主义是全面发展的社会

在生态社会主义者看来，当代资本主义是一个全面异化、压抑、畸形的社会，必须用一个新的、健全的社会来取代；而苏东社会主义模式不过是发达工业社会的变种，同样存在不自由、异化、生态失衡的问题。因此，从整体的角度构建未来社会主义社会是至关重要的。而要从生态的角度重新定义社会主义，使经济发展与社会发展、生态发展一致起来，那未来的社会主义社会就不可能再是以往我们所熟悉的模式，而是一个真正实现人与社会、人与自我和人与自然的历史性统一的社会。

在经济方面，生态社会主义主张用“社会生态经济”模式取代现行的“市场经济”模式，建立一种以保护自然和理智地使用自然资源并为后代人着想为特征的经济制度。这种经济制度从人类的长远利益、后代人的利益出发，从人性的全面恢复和发展出发，把符合社会生态标准的“生产的更少但更好”的原则作为经济发展的主要杠杆。生态社会主义认为，在评价一种经济制度和经济活动是否有效和合理时，不仅要看它是否为大多数公众服务以及它所带来的直接经济效益，更重要的还在于要考虑它所带来的社会效益和环境成本。

就经济制度角度而言，生态社会主义主张克服资本主义私有制，实行社会主义的社会占有制。佩珀强调，所谓的社会占有制，是生产者以联合的形式实现对社会生产资料的重新占有，即对人与自然关系实行集体的、自主的、自觉的控制，这样可以使社会生产真正符合多数人的利益，并保证大多数人的长远利益特别是生态利益，而这也是绿色经济发展的根本保障。克沃尔则主张建立以使用价值为生产目的的集体所有

① 参见陈学明主编：《苏联东欧剧变后国外马克思主义趋向》，408页。

制，对地球、对生态只有使用权，而没有所有权，从而取代资本主义的建立在交换价值基础上的所有制。

就经济体制角度而言，早期生态社会主义者强调实行小规模、分散化、低污染或不污染的、调动人的聪明才智的生产运行机制，从而使社会生产既可满足人的需要，又不破坏生态系统，实现人与自然之间的和谐一致。20世纪90年代的生态社会主义者则指出，由于经济全球化和南北两极分化趋势的加剧，小规模、分散化的经济是不现实的。比如，让发展中国家实现零增长或不发展，在南北两极分化严重的世界经济格局中，无异于置其于死地。因此，他们主张以满足人的需要（而不是利润）为目的的经济适度增长。社会主义经济将随着人们需求的增长而增长，增长是理性的，是为了每一个人平等的需求有计划的发展，但有计划不是高度集权化。生态社会主义认为，除了市场经济和中央计划经济，还有第三条道路。格仑德曼认为，传统社会主义主张消灭市场、货币和国际交换的观点是不现实的。他主张实行计划与市场相结合、集中与分散相折中、中央政府与地方政府相互作用的生态计划经济。这种经济模式强调国家计划及其调节，但不排斥个人在生产生活领域的自治与自由和对现代经济运作手段（如市场）的利用。和高兹一样，他也主张在未来社会中对市场的经济调节功能和国家的社会管理职能都要有所保留。政府的经济职能应当是行政管理、计划、协调，即用计划与管理等方式，按照人的理性合理地、有计划地利用自然资源发展生产，使人们在普遍满足真正物质需要的同时实现丰富多样的需求的满足，最终摆脱经济合理性对人的制约。劳伦斯·怀尔德主张的第三条道路是，将市场逻辑所体现的经济理性限制在社会主义的法律和制度所允许的范围内，使整个受经济理性支配的经济活动服务于社会化的个人本身，并从属于人的解放。科沃尔甚至详细论证了在资本主义全球化背景下如何实现生态社会主义的全球化问题，并设想以“世界人民贸易组织”（WPTO）取代“世界贸易组织”（WTO），从而实现生态社会主义的制度设计。

在政治方面，生态社会主义者主张在经济、政治、生态相互统一的基础上实行自下而上和自上而下相结合、分散化与整体化相结合、区域化与国际化相结合的新型民主政治体制。首先，他们认为不能全面否定现代民主政治，但要对现代国家的民主制度进行改造。怀尔德在《资本主义、社会主义与生态》一书中指出，社会主义并不意味着废除经济制度和行政管理制度，而是要把它们限制和约束在人的生活世界内，从而将它们与自治的社会形式和个人形式的生活结果协同起来。这种民主既不是专家治国式的，又不是专制式的，而是以保障个人的完整性和集体利益为核心的民主。它通过自下而上的民主自治、民主参与，为人的全面自由的发展服务。其次，他们强调政治民主的国际性。20世纪七八十年代的生态社会主义者从绿色运动的政治主张中接受了基层民主的原则，强调政治过程的分散化、非官僚化，从而实现了以工人自治为特征的基层民主。20世纪90年代的生态社会主义者认为这一原则不切实际，无助于生态问题的解决。他们提出，由于所有的生态问题都已成为全球性的问题，现代社会的政治、经济及生态问题是不能在地方民主层次上得到解决的，必须将这一问题的解决上升到区域的、国家的以至国际的层次上。有些生态社会主义者甚至主张，用"欧洲生态共同体"取代"欧洲联盟"；以生物区的分布取代民族国家；建立保护自然的世界政府，在"忘掉祖先的纠纷，忘掉意识形态的竞争，共同超脱西方和东方之间的对抗"的基础上，建立"新的国际组织"。再次，他们在某种程度上承认国家或类似的组织在经济与社会管理中的必要性，未来的理想社会虽然是民主的、非集中的，但不可能是完全分散的、地方自治的。在这种政治结构中，基层民主和参与民主是重要的，与此同时，国家将长期发挥社会生活管理的作用。①

在社会生活方面，生态社会主义主张建立以人的全面自由发展为目标的新的生活方式。他们认为，每个人都有个人的自由、平等、身体健全和自决的权利，只有社会主义才能使人们的这些权利变为现实。因为社会主义能够通过有助于个人解放和发展的社会凝聚力和社会生活，使每个人在社会的舞台中自觉地团结、自愿地合作，充分地发挥个人的能力，成为新社会的创造者。在新的社会生活方式中，人们可以自由地选择工作时间，劳动成为自由自主的活动，每个人都能将劳动与快乐、劳动与自我实现结合起来，挖掘自我的潜力，充分感受到生活的意义和工作的快乐。

四、知识分子是实现生态社会主义的领导力量

如何实现社会主义同样是生态社会主义者关注的重要问题。他们认为，生态社会主义的实现要通过阶级斗争和集体行动，工人阶级是其中的主体力量，而领导者则是具有革命激情、生态意识、善于实践的、成

① 参见［法］安德烈·高兹：《作为政治学的生态学》，15页，伦敦，伦敦出版社，1980。

熟的知识分子。

1. 知识分子将成为革命的领导力量

生态社会主义者基本继承了“法兰克福学派”对工人阶级历史地位和政治态度的观点，认为当代工人阶级已被资本主义的消费社会“一体化”，失去了革命性、批判性、否定性。究竟谁能担当资本主义掘墓人的历史使命？20世纪七八十年代的生态社会主义者的看法是，只有那些还没被资本主义的异化消费所毒害、又关心社会主义前途的人，才能充当未来社会革命的领导人。这些人是以中小资产阶级、知识分子和青年学生为主体的“中间阶级”。20世纪90年代，随着苏东剧变和中间阶级右转，一些生态社会主义者又提出不能事先设定哪个阶级为革命的领导力量，革命的领导力量应在现实斗争的实践中形成，由实践中的主客观因素决定。有些社会阶层平时可能默默无闻，但当某种革命激情爆发，便会产生极大的革命力量，从而充当革命的领导力量。因而，革命的领导力量在很大程度上取决于主观条件的成熟程度。总体而言，生态社会主义者倾向于具有“生态意识”、热衷于生态运动、关心社会主义前途、掌握马克思主义方法的知识分子是实现生态社会主义的领导力量。

2. 工人阶级是参与社会变革的主体力量

20世纪90年代以来，生态社会主义者开始强调工人运动和工会组织在社会变革中的作用。他们意识到，尽管工人阶级缺乏“生态意识”，但他们直接从事生产劳动，直接与自然打交道，在生产和生活中受环境污染最为深重，因此存在着巨大的革命潜力，是未来社会变革的主体力量。如英国的佩珀、法国的高兹都提出，不应将工人阶级排斥在革命之外，同时要把工人阶级、中产阶级、小资产阶级和知识分子联合起来，把生态运动、女权运动、民权运动、和平运动等各种形式的新社会运动与工人运动联合起来，把发达国家的反资本主义运动与发展中国家反生态帝国主义的运动联合起来，形成一支全球性的反资本主义体系的力量，掀起全球性的反“生态帝国主义—国际资本主义”的革命。

3. “非暴力”是社会变革的主要途径和策略

早期生态社会主义者曾深受绿色运动的“非暴力”理论的影响。20世纪90年代以来，生态社会主义者则强调“非暴力”只能是一种斗争的策略，如果把它变成一种绝对的、神圣不可侵犯的意识形态，那只能使人们在反对资本主义制度的斗争中遭到大量的不必要的牺牲，因为反动阶级绝不会因为人们放弃暴力而不使用暴力的。佩珀认为：“在资本家仍然控制国家的情况下，试图用暴力推翻资本主义几乎是不可能的。所以首先应接管国家，并将其改造成以某种方式为全体服务的机构。必须将此目标的手段限定在这种范围内，即用教育和示范生活的方法去提高群众的革命觉悟。必须认识到用管理资本主义生产的方式无法根本解决环境危机。"① 简言之，通过"教育"、"示范生活"，如建立自治性的生态区域示范区，就可为人们展现一种崭新的绿色生活，实现逐步变革资本主义社会的目的。

第三节　生态社会主义评析

研究生态社会主义思潮及其走向，有助于我们分析当代资本主义的走势，以及未来社会主义的发展前景。生态社会主义虽然还未形成系统的理论体系，但它对当代资本主义生产方式的批判具有积极的意义，对社会主义的探索也具有一定的价值。

一、积极意义与理论成就

生态社会主义是当代西方社会中的一股左翼思潮，也是一种新的社会主义思潮。它在当代资本主义的大背景中产生，在绿色运动中兴起。它致力于生态运动与社会主义运动的结合、生态理论与马克思主义理论的结合，其反对资本主义和倡导社会主义的立场是十分鲜明的。

在理论方面，生态社会主义接受马克思主义的影响，运用马克思主义关于人与自然关系的理论，分析当代资本主义的生态危机，描绘未来社会主义的前景。与其他的绿色主张相比，生态社会主义不但具有革命性和进步性，而且取得了一些新的理论突破。

第一，生态社会主义运用马克思主义人与自然关系的理论，强化了对资本主义的整体批判。具体地说，从人与自然的角度，强化了在新的社会发展的条件下对资本主义生产方式的系统的、整体的批判，并提出了一些有价值的新见解和理论上的新概括。在人与自然关系问题成为当代世界理论热点的背景下，生态社会主义强调以马克思主义为方法，坚持以"人的尺度"来认识自然环境问题，这在理论上是值得肯定的。所谓"人的尺度"，是要求在分析生态问题时，不是简单地将人与自然对立起来、割裂开来，而是要统一起来，将自然与人、自然与社会问题联

① ［英］大卫·佩珀：《生态社会主义：从纵深生态学到社会主义》，232页。

系起来。这正是生态社会主义与流行的各种生态主义、绿色主张的不同之处。生态社会主义者透过生态环境问题，看到了资本主义制度对人和自然的严重损害，并对资本主义社会的这些罪恶进行了谴责。

生态社会主义还正确揭示了造成生态危机的根源是资本主义追求利润最大化的内在逻辑。以利润为生产目的，必然导致对自然资源的掠夺性开发和生产的无政府状态。资本主义不但在以往的发展中欠下了巨大的生态债务，而且在当代仍在继续制造着危及人类生存的生态危机及新的生态问题。生态危机是资本主义生产方式的必然产物。应该说，生态社会主义对生态问题的社会与历史的分析是深刻的。

生态社会主义揭示出，资本主义生产方式不仅实现了对人的统治、对科学技术的统治，还实现了对自然的全面统治，而对人的统治是以对自然的统治为条件的。在这一方面，生态社会主义表现出与其他社会主义流派的不同之处。以苏联为代表的社会主义注重社会革命，流行于当代发达资本主义国家的民主社会主义则主张社会改良，而生态社会主义展示了自然革命的要求，即社会主义的实现，不仅有赖于社会革命，还有赖于自然革命，或者说自然的解放。莱易斯认为，对自然控制的加强不是转移或是削弱对人的统治，而是加剧了对人的统治。将对人与自然关系的批判纳入对资本主义生产方式的批判视野，并与资本主义制度相联系，可以说是生态社会主义理论的独特之处。

生态社会主义还从理论上对当代资本主义的新变化做了说明：一方面，资本主义生产方式对自然控制的能力增强，人化自然扩大；另一方面，资本主义生产方式对人的奴役加深，人的生存环境日益缩小。随着资本主义在当代的发展，资本主义对社会的统治更加成熟，更加趋于整体化、一体化。其中不但存在着法兰克福学派早已指出的意识形态的一体化、技术统治的一体化、大众文化的一体化、心理机制的一体化，而且更主要地表现出资本主义生产的一体化。资本主义生产方式通过异化消费及对人的爱好和消费的操纵，用以维持和提高利润率及对社会与自然进行控制。因此，他们认为人与自然的关系是资本主义生产方式无法协调的关系。这一观点反映了当代资本主义的现实，并且有助于对社会主义理论的新探索。

生态社会主义还把资本主义生产方式的现实表现形式与生态问题的全球性联系起来，从而进一步揭示了资本主义制度与全球环境恶化的内在联系。20世纪90年代以来，生态社会主义不断触及生态的南北问题，并指出这是资本主义对不发达国家的掠夺和剥削的结果，是继商品输出、资本输出的掠夺方式之后新的生态掠夺，或称之为“生态帝国主义”的掠夺。正如佩珀指出的，“环境的质量与一个社会物质财富的丰裕与贫乏是紧密相关的，西方资本主义国家正是通过对第三世界国家的掠夺来维持和改善自己的环境，使之成为全世界羡慕的对象。它的一些新建的绿色生态区只是这样的一些特权地区”①。

生态社会主义还认为，西方的工业化社会出现了精神衰退和精神贫困，解决这一问题是生态社会主义的重要任务。用生态社会主义的理论方法观察世界、改造世界，才能最终以生态社会主义的价值观取代资本主义的价值观。资本主义的价值观是相信社会生活就是为生存而竞争的观点，相信大量消费就可以导致经济无限增长的观点，以及相信宇宙是一种机械系统、人也是一种机器的观点。这种观念使人在占有、享受和无止境的消费欲望中失去了自我，成为单向度的人。生态社会主义提出应使人们实现生活观念的转变：从对物质的需求到对精神的需求，从对生活物品数量的追求到对生活质量的关注，从对生活享受的满足到对身心健康舒畅、与大自然和谐一致的全面追求。这些思想深化了对资本主义的整体批判。

第二，生态社会主义根据当代特别是 20 世纪 90 年代以来国际格局的新变化，对社会主义的前景与发展作了新的探索和展望，提出了一些值得思考的理论问题。

生态社会主义最大的贡献是在理论上展示了社会发展与生态问题的内在关系，并强调它是社会主义不可缺少的内涵。在社会主义理论发展史上，马克思和恩格斯在现代文明史上最早批判了破坏生态的资本主义社会发展观，提出要对社会发展和自然生态系统进行全面的整体把握。生态社会主义继承了马克思主义的有关思想，把人与自然、社会发展与自然系统相协调的社会发展观作为新的社会主义理论——生态社会主义理论的基础，为我们提供了一种新的社会主义理念。

生态社会主义在经历了 20 世纪 70 年代资本主义的新变化，特别是 20 世纪 90 年代社会主义的挫折后，特别关注社会主义与生态问题的关系，进而要求从人与自然关系的角度重新把握社会主义的内涵，具有重大的理论贡献。与传统社会主义立足于所有制的社会变革不同，生态社会主义的理论目标不仅是要摈弃资本主义所有制，以获得社会解放，以及不仅要消除资本主义的异化劳动和异化的生活方式，以获得人的解

① ［英］大卫·佩珀：《生态社会主义：从纵深生态学到社会主义》，96 页。

放，还要实现人与自然的和谐一致，以获得自然的解放，建立一个绿色的、公平的社会。它从经济的发展、社会的发展和生态的发展三个方面，为我们从整体的角度理解社会主义增加了新的内容，提供了更大的理论空间，对我们现实的社会主义实践极具启迪意义。

二、历史的局限性

生态社会主义作为一种左翼思潮，尽管在理论上具有重要的积极意义，但也存在明显的历史局限性。

第一，生态社会主义并没有将马克思主义的人与自然关系的理论贯穿于其理论的全部，在对资本主义的整体批判和对社会主义的整体把握中，存在理论上的混乱和自相矛盾。尽管生态社会主义将社会主义的内涵扩展到人与自然的关系层面，但由于它视生态问题为核心，从而导致在理论上以所谓“生态危机”取代“经济危机”，并最终导致用人与自然的矛盾取代资本主义社会的基本矛盾，淡化了资本主义社会的阶级矛盾。如阿格尔认为，生态危机取代经济危机是由于社会历史的变化，因为在当代社会变革的动力就植根于人的需求与商品的相互作用的过程之中，而这种过程是由有限的生态系统确定的。这导致他们将生态社会主义的实现首先寄托于“思想的启蒙”。在他们看来，在未来生态社会主义社会，随着人与自然关系的改变，人性中的傲慢、贪婪、好斗、竞争、野蛮和凶残将为谦虚、和平、友善、团结、理性等取代。显然，依靠思想的启蒙来实现理想的社会，在实践中注定只是一种幻想。由于存在着孤立地看待人与自然关系的倾向，早期生态社会主义者在分析全球生态问题时，往往以一种欧洲中心主义来要求广大的发展中国家，在强调产品质量和经济的“零”增长时，没有考虑发展中国家在南北差距不断拉大、人口不断增长的条件下如何生存的问题。

第二，在社会主义理论的探索方面，生态社会主义的未来社会方案仍然是薄弱的，甚至是空想的。其一，在实现社会主义的动力方面，生态社会主义强调革命动力来自于人的需求，而不是阶级的对立。由于将人与自然的关系问题放在首要地位，从而淡化了资本主义社会的阶级矛盾。很多生态社会主义者都将资本主义的生产目的归因于市场经济和竞争，认为是市场逻辑导致了资本主义收益最大化的逻辑。这种结论显然是将市场经济与资本主义私有制等同起来，将市场理性的变革作为社会主义构建的起点。这就使生态社会主义在探索实践生态社会主义道路时，只以人的需求为动力，即只有当人们发现资本主义制度的要求与维持生活的要求不相容，并且威胁到生活的基础，威胁到使生活具有意义时，消灭资本主义才会被认为是一项紧迫的任务。其二，在实现社会主义的领导力量方面，生态社会主义将历史的重任放在了那些还没有被资本主义的异化消费所毒害、具有强烈的“生态意识”、具有极大的革命激情、既热衷于生态社会运动又关心社会主义的前途的人的身上。这显然是经不起社会主义实践的检验的。其三，在社会变革的途径和策略方面，生态社会主义与其他的生态主义以及民主社会主义没有什么不同，也主张非暴力。尽管生态社会主义并不反对马克思主义的阶级斗争理论，同意将某种形式的阶级斗争（如罢工）作为其他政治斗争方式的补充，但是在现实途径的选择上，生态社会主义与民主社会主义没有根本的区别。生态社会主义主张将革命的手段严格限定在“教育”和“示范生活”的范围，反对暴力革命，与传统的费边主义、民主社会主义如出一辙。因此，无论在理论上还是在实践上，生态社会主义都没有提出切实可行的方案。

第七章 女权社会主义

形成于20世纪60年代末70年代初的女权社会主义思潮是当代西方一股有较大影响的社会思潮，它包括马克思主义女权主义和社会主义女权主义两个流派。这一思潮作为当代西方国家中女权主义思潮与社会主义思潮结合的产物，反映了马克思主义对女权主义的影响，反映了女权主义运动与社会主义运动的联系。考察这一思潮，对于我们了解当代西方妇女运动及相关社会思潮的走向，了解当代西方国家中的社会主义思潮及其发展，具有重要的意义。

第一节 女权社会主义的兴起

女权社会主义思潮的产生有其社会根源、时代背景和思想渊源。包括广大妇女在内的受压迫者在阶级社会特别是资本主义社会中所受的压迫和剥削，是女权社会主义思潮兴起的社会根源。20世纪60年代西方资本主义社会的危机动荡和新社会运动的兴起，特别是西方女权运动的兴起和发展，是女权社会主义兴起的时代背景。而社会主义运动和女权运动中的妇女解放思想，是女权社会主义思潮的思想来源。

一、女权社会主义产生的社会根源和时代背景

女权社会主义思潮是女权主义思潮与社会主义思潮结合的产物，它的产生既与女权主义思潮的社会根源和时代背景有关，又与社会主义思潮的社会根源和时代背景有关。而事实上，这两个方面的根源和背景是密切联系着的，它们共同构成了女权社会主义思潮产生的社会根源和时代背景。因此，我们必须同时考察这两个方面及其联系。

资本主义社会中存在的剥削和压迫现象，是女权社会主义思潮兴起的社会根源。一方面，资本主义社会存在着男子对妇女的压迫，从而有

着产生女权主义思潮的根源；另一方面，资本主义社会存在着资本家对工人阶级的剥削和压迫，从而有着产生社会主义思潮的根源。这两个方面的根源是相互联系的，比如，女性工人既受着来自男性的压迫，又受着来自资本家的剥削。因此，资本主义社会严酷的剥削和压迫的现实，不仅可以产生单独的女权主义思潮和社会主义思潮，还可以产生将二者结合起来的女权社会主义思潮。

在资本主义社会的发展过程中，被压迫和被剥削群众争取自身解放的斗争，特别是女权运动和社会主义运动的兴起和发展，是女权社会主义思潮兴起的时代背景。女权主义思潮与社会主义思潮都是资本主义社会的产物。尽管妇女受压迫是由来已久的历史现象，但在资本主义社会之前并没有也不可能产生以争取妇女解放为目标的女权主义思潮和女权运动。同样，真正意义上的社会主义思潮和运动也是出现在资本主义社会，是以资本主义的一定发展为条件的。大规模的女权主义运动与社会主义运动，都出现在 19 世纪中叶。从那时以来，它们都经历了高潮与低潮的交替，而且在许多时期有着相近或相同的遭遇。因此，女权主义运动和社会主义运动的兴起，它们在发展过程中的相互影响以及相互接近的趋势，为女权社会主义思潮的产生提供了直接的时代背景。

19 世纪中叶兴起的女权运动被称为第一波女权运动，或第一次女权运动高潮。它的高潮时期一直延续到 20 世纪 20 年代末。这是妇女争取与男子同等的政治法律权利的运动。斗争矛头指向资本主义国家，指向那些将妇女排斥在受教育权、就业权、参政权以及其他权利之外的国家法律。美国女权运动开始于 1848 年 7 月的《妇女伤感宣言》。从 1890 年开始，美国女权主义者全力组织妇女参加争取参政权的运动。1917 年，美国妇女运动团体“妇女国会同盟”和“妇女党”组织了对白宫的连续 24 小时的示威。1919 年，美国国会通过了《〈宪法〉第 19 号修正案》，明确规定妇女享有选举权和被选举权。这次妇女运动取得了丰硕成果，到第一次世界大战结束时，欧美不少国家的妇女赢得了选举权、财产继承权和接受高等教育的权利。值得注意的是，第一次女权运动高潮的时期，大体上也是资本主义国家中社会主义运动蓬勃发展的时期。科学社会主义产生于 19 世纪中叶，马克思和恩格斯的《共产党宣言》发表于 1848 年 2 月，略早于美国女权主义者的《妇女伤感宣言》。后来的巴黎公社斗争，各国无产阶级政党的建立及联合，特别是 1917 年的俄国十月社会主义革命，都标志着社会主义运动的高潮和巨大成果。

从20世纪30年代起，西方妇女运动进入沉寂时期。随着资本主义经济出现大萧条，欧美各国对妇女就业的偏见激增。希特勒在德国上台后，疯狂向外扩张，发动第二次世界大战，将一些欧洲国家的妇女组织破坏殆尽。第二次世界大战结束后，以美国为首的资本主义国家推行反共的“冷战”政策，妇女运动与工人运动一样遭到压制。特别是在20世纪50年代，反女权运动在美国达到了高潮，妇女参与公共生活遭到强烈反对。一代年轻的美国知识女性纷纷放弃学业和事业，再一次把“幸福的家庭主妇”当做人生的最高追求。妇女运动的势头至此彻底消退。与此同时，资本主义国家的工人运动也走向低潮。虽然俄国十月革命的成功鼓舞了欧洲一些资本主义国家的无产阶级革命斗争，但这些革命相继都失败了，随之而来的是资本主义国家对无产阶级运动的镇压。特别是第二次世界大战后，资本主义发生了很大的变化，西方国家通过推进新科技革命，调整经济、政治等各方面政策，缓和了阶级矛盾，使经济得到了巨大的发展。这样，西方资本主义国家中传统的工人运动普遍走向衰落，工人阶级争取社会主义的斗争走入低潮。

20世纪50年代末60年代初，美国等西方资本主义国家开始进入一个动荡不安的时期，出现了反抗资本主义现实的新社会运动，也出现了妇女运动的第二次高潮（或称第二波女权运动）。第二次世界大战后资本主义的变化并没有消除资本主义固有的基本矛盾。资本主义社会的弊病，如经济长期滞胀，国民经济军事化，政府财政赤字和国债居高不下，两极分化加剧，社会畸形发展，道德沦落，犯罪增加，贩毒吸毒严重，性病流行，迷信盛行，种族歧视根深蒂固，生态日益破坏，环境不断恶化，官僚主义泛滥，军备竞赛不断升级，核威胁加剧，等等，都无法克服，并不断给广大群众带来苦难。正是随着这些社会矛盾和社会危机的尖锐化，反抗资本主义现实的斗争才又活跃起来。当然，这些斗争具有与传统的工人运动不同的形式和特点。比如它的社会基础广泛而复杂，具有松散性和不稳定性，没有政治思想上的统一，组织形式也杂乱无章、变动无序，而且缺少长远目标，阶级倾向性也不明显。参加运动的人分属不同的阶级、阶层和政党，只是为了实现某项具体的社会目标而斗争，所以并不表现为某一阶级或阶层的独有的运动。比如种族民权运动、反战和平运动、新左派运动、新女权运动和生态运动等，它们在西方国家广泛兴起和日益扩展，形成一浪接一浪的“新社会运动”。

在西方新社会运动中，新女权运动是很重要的一个。新女权运动是从新左派运动中形成和分化出来的。在美国爆发的大规模群众性运动中，以大学生和青年知识分子为主体的新左派十分活跃，成为美国20世纪60年代令人瞩目的政治和文化特征。他们声援黑人，积极参与民权运动，反对侵越战争，反抗学校当局，猛烈抨击美国的社会制度。这些左翼学生运动激发了妇女为自身解放而斗争的愿望。妇女们积极参加了这些活动，她们希望在新左派运动中找到自己的位置。但事实使她们失望，因为新左派运动中有浓厚的大男子主义。新左派的首领们把妇女当花瓶，或让她们端茶送水做杂务，甚至公开表示"在学生非暴力委员会中，妇女的地位只能如此，说卑躬屈膝也可以"。这就更激起新左派女性的不满，痛感"解放妇女是比解放黑人更迫切、更为紧要的任务"，认识到妇女需要一个自己的运动。

1967年8月，在美国新左派"全国新政治大会"上，女性成员要求宣读一篇阐述妇女问题的讲稿，遭到负责人拒绝。一个星期后，她们在芝加哥单独举行大会，发表了《告左派妇女书》，号召姐妹们团结起来，开展一场新的"妇女解放运动"。这样，第二波女权运动于20世纪60年代中期在美国爆发，而后波及西欧以及整个资本主义世界。1968—1970年，英国的新女权运动已遍及全国各地，法国更由于1968年"五月风暴"的洗礼，使新女权运动进入一个新高潮。此外，北欧的丹麦、挪威的新女权运动也蓬勃开展，各种妇女解放组织如雨后春笋。这次女权运动的目标和范围涉及妇女权益的方方面面，在广度和深度上都超过了第一波女权运动。如果说第一波女权运动致力于争取妇女的普选权等政治法律权利，那么第二波女权运动的斗争则是全方位的，包括政治、经济、教育、文化等诸多领域，涉及社会、家庭和学校等诸多方面。而且，第二波女权运动更为激进，它不是要求在现有制度下通过修改法律来改良社会，而是主张彻底变革社会制度，为妇女解放创造条件。

女权社会主义思潮正是在第二波女权运动中形成的。这次运动中出现了许多不同的理论流派，如自由主义女权主义、激进女权主义、马克思主义女权主义和社会主义女权主义等。后面这两个流派，就是本章所讲的"女权社会主义思潮"。

二、女权社会主义思潮的思想来源

女权社会主义的思想来源很庞杂，概括起来主要是两个方面：一是社会主义运动中有关妇女解放的思想，二是女权主义运动中的有关思想。

1. 社会主义者的妇女解放思想

19世纪三大空想社会主义者圣西门、傅立叶和欧文，第一次明确地将妇女解放问题与社会主义联系在一起。他们在抨击资本主义现实和倡导社会主义理想的过程中，鲜明地提出了妇女解放的思想。圣西门提出，一个社会如果不关心占人口一半的妇女的安全，这个社会是不合理的。傅立叶认为，一个历史时代的发展水平，总是可以由妇女走向自由的程度来确定，因为“妇女解放的程度是衡量普遍解放的天然标准”①。欧文批判了资本主义社会的婚姻形式，提出男女平等的思想，并力图付诸现实。为减轻妇女的家务劳动，他创办了世界上第一所幼儿园。空想社会主义者在妇女解放问题上的探索，不仅是马克思主义妇女解放理论的重要来源，还是女权社会主义思潮的思想来源之一。

马克思主义妇女解放理论是女权社会主义思潮的重要思想来源。大多数女权社会主义者的思想都与马克思主义有或多或少、这样那样的联系。她们有的是马克思主义者，致力于用马克思主义的基本观点考察资本主义社会的妇女解放问题；也有的不是以马克思主义者的身份来研究女权问题，而且还对马克思主义有关妇女解放的观点提出批评。但是，无论是继承还是借鉴，赞成还是反对，女权社会主义者的概念、思路和思想，都与马克思主义传统有一定关系。

女权社会主义对马克思主义观点的继承和借鉴主要涉及两方面的内容：一是马克思主义在社会历史观方面的一些基本观点和方法，比如，马克思主义唯物史观，马克思主义的经济理论和经济分析方法，阶级理论和阶级分析方法，以及人的本质及其异化的观点等。这些理论和方法虽然不是直接阐述妇女问题的，但可以运用于这样的目的。二是马克思主义关于妇女问题和妇女解放的思想。从马克思的《1844年经济学哲学手稿》到恩格斯的《英国工人阶级状况》，从马克思和恩格斯合著的《德意志意识形态》到《共产党宣言》，从马克思的《资本论》到恩格斯的《家庭、私有制和国家的起源》等，马克思主义经典作家的许多作品都在某种意义上涉及了妇女问题，对资本主义社会中的妇女状况特别是劳动妇女受剥削的状况作了分析，提出了有关妇女解放的重要思想。比如，恩格斯在《家庭、私有制和国家的起源》一书中，比较系统地阐述了马克思主义关于妇女解放的思想。他明确指出：“只要妇女仍然被排

① 转引自李银河主编，《妇女：最漫长的革命——当代西方女权主义理论精选》，11页，北京，三联书店，1997。

除于社会的生产劳动之外而只限于从事家庭的私人劳动，那么妇女的解放，妇女同男子的平等，现在和将来都是不可能的。妇女的解放，只有在妇女可以大量地、社会规模地参加生产，而家务劳动只占她们极少的工夫的时候，才有可能。而这只有依靠现代大工业才能办到"①。

德国社会主义者对妇女解放做了较多的论述。德国社会民主党领导人倍倍尔在《妇女与社会主义》一书中，第一次比较系统地探讨了妇女解放问题与社会主义的关系。该书揭示了妇女受奴役地位的社会根源，从妇女的生理、心理、文化教育、婚姻家庭、职业、道德等方面系统地考察了妇女在不同历史时期所受的奴役。倍倍尔指出，在资本主义社会中，特别是在有产阶级的家庭里，妇女往往被贬低为生产合法子女的机器、守家妇或荒淫毁身的丈夫的女看护。只要资本主义社会继续存在，金钱婚姻、杀婴、堕胎、离婚率上升、卖淫嫖娼等就会存在下去，甚至更为恶化。但是，"妇女完全解放、男女完全平等，是我们文明发展的目的之一，地球上没有任何势力能够阻止这一目的的实践"②。社会主义作为消灭资本主义制度并建立新制度的运动，是与妇女解放直接联系在一起的。"未来属于社会主义，而首先属于工人和妇女。"③德国社会主义女活动家克拉拉·蔡特金第一个举起无产阶级妇女解放的旗帜，投身社会主义运动。她提出，妇女千百年来社会地位低下的原因，不能在"男人制定"的法律中寻找，只能在经济状况和财产关系中寻找。妇女要想得到解放，必须走出家门，参加社会生产，参加工人运动和社会主义运动。妇女的解放和人类的解放一样，最终必将是劳动从资本中解放出来的事业。无产阶级只有不分性别地团结在一起，才能获得解放。社会主义事业只有吸收广大妇女参加，才能取得胜利。

2. 女权主义者的妇女解放思想

女权主义是现代西方一股具有广泛影响力的社会思潮。它围绕妇女在社会中的受压迫、不自由、不平等的地位和根源展开理论探讨，并致力于争取妇女的权利和解放。女权社会主义从女权主义思想中吸取了许多东西。自由主义女权主义思想、波伏娃的女权主义思想以及激进女权主义思想等，都是女权社会主义的思想来源。

自由主义女权主义是以资产阶级自由主义为理论依据的女权主义思

① 《马克思恩格斯选集》，2版，第4卷，162页。

②③ ［德］奥古斯特·倍倍尔：《妇女与社会主义》，471页，北京，中央编译出版社，1995。

想。该流派从渊源上可以追溯到18世纪玛丽·沃斯通克拉夫特的《女权的辩护》。19世纪60年代英国约翰·斯图尔特·穆勒的《妇女的屈从地位》是自由主义女权思想的经典作品。而这一流派在20世纪的代表主要有美国著名女权主义者贝蒂·弗里丹等人。弗里丹在1963年出版的《女性的奥秘》一书，成为继法国女作家西蒙娜·德·波伏娃的《第二性》之后的又一部西方女权主义运动的经典之作。自由主义女权主义崇尚欧洲启蒙运动的自由主义原则，以个人自由、独立、天赋人权以及理性的意义等为依据来解释妇女解放。它认为女人同男人一样，生来就具有理性，具有发展和完善自己的无限潜力，只要有同等的机会，她们也能发挥出与男人同等的智慧和才能。男女角色与地位的差异，妇女与男子不平等的地位，根源于法律和政治上的不平等。这种不平等是不公正的，妇女要组织起来进行斗争，以争取政治上、法律上的平等权利。只要获得了这种平等权利，妇女就可以靠自己的努力得到解放。自由主义女权主义是第一波女权运动的主流思想，在第二波女权运动中也有一定影响。女权社会主义在对其有所借鉴的同时，较多地对它采取了批判的态度。

波伏娃的《第二性》被誉为女权主义的“圣经”，对西方女权运动产生了巨大影响，为妇女运动奠定了理论基础。女权社会主义者也都这样那样地受到该书的影响。波伏娃深刻分析了妇女的生存处境，猛烈抨击资产阶级加深了对妇女的压迫。她从生理、心理、经济、历史等各个方面探究妇女的真实状况，大胆地提出了妇女面临的许多社会和人生问题。她的“女人不是生成的，而是造就的”这一名言，在女权主义史上具有破天荒的意义。她认为，社会造成了男女差别，而这是妇女从属地位的主要根源；女人要获得自由和人的尊严，就要消灭这种人为的差别。《第二性》问世于1949年，是处于两次女权运动高潮之间的低潮时期。这使该书成为第一波女权运动的理论总结和第二波女权运动的理论准备。波伏娃对妇女问题的分析，明显受到了马克思主义思想方法的影响。她所具有的批判性态度和社会历史视野，对当代西方女权主义理论的发展方向产生了重要影响，女权社会主义正是具有这样的特点。因此，有人把波伏娃看做是女权社会主义的先驱。

激进女权主义是20世纪60年代末在第二波女权运动中形成的女权主义流派。该流派与女权社会主义几乎同时存在并相互影响。其主要代表作有凯特·米丽特的《性政治》和费尔斯通的《性别辩证法》。激进女权主义者认为，妇女是一个单独的阶级，而且是最受压迫的阶级；男人对女人的压迫是社会中最基本的压迫，是其他社会压迫的基础和核心。她们不同意自由主义女权主义关于妇女受压迫的根源是缺少政治权利和公民权利的观点，也不赞成马克思主义女权主义者关于妇女受压迫的根源是阶级压迫的观点，而认为妇女受压迫的根源在于父权制。所谓父权制，就是一种主张男人统治女人的制度。这种制度以权力、统治和等级制为特征。它早于资本主义社会而产生，并在资本主义社会中继续存在和发挥作用。该理论认为，父权制最初起源于两性分工，是生物学上的原因最终导致了妇女受压迫的命运，因此主张通过科学技术使妇女摆脱“生育和养育孩子的”任务，通过发展人工生殖技术，把生育和养育任务扩大到全社会，从而使妇女获得解放。有的激进女权主义者甚至主张消除性别区分，建立阴阳同体的文化，采取性分离主义，拒绝异性恋，提倡女同性恋等。这种激进的女权主义思想，尽管由于走极端而在妇女中影响不大，但它关于父权制的思想对女权社会主义产生了重大影响。

此外，“西方马克思主义”思潮的某些思想也是女权社会主义的思想来源。比如，霍克海默、阿多诺、马尔库塞对晚期资本主义公共领域和私人领域的批判，葛兰西关于“文化领导权”的思想等。

三、女权社会主义的兴起和发展

女权社会主义作为一种思潮，兴起于 20 世纪 60 年代晚期。20 世纪七八十年代，女权社会主义随着第二波女权运动的发展而不断扩展自己的关注领域，深化自己的思想。在理论形态上，女权社会主义表现为两个流派，即：马克思主义女权主义和社会主义女权主义。尽管马克思主义女权主义的思想和社会主义女权主义的思想并不完全相同，但它们的差异却远不如它们的共同信念那样重要。自形成之日起，它们便以其与马克思主义无法割裂的联系以及独特的理论观点和政治策略而与其他女权主义理论迥然有别，共同的思想来源、共同的理论基础和共同的策略组织观点，让它们分享了比其他派别更多的一致性。因此，将这两个流派当做一个思潮来考察是合理的。

马克思主义的女权主义流派主要是一些信奉和研究马克思主义的女学者，用马克思主义的观点来阐述女权问题。主要代表有：加拿大的玛格丽特·本斯顿（Margaret Benston，代表作为 1969 年发表的《妇女解放的政治经济学》）；佩吉·莫顿（Peggy Morton，代表作为发表于 1970 年的《妇女的活儿永远干不完》）；意大利的玛莉亚罗莎·达拉·

科斯塔（Mariarosa Dalla Costa），代表作为1972年发表的《妇女和社区的颠覆》；美国的莉丝·沃格尔（Lise Vogel），代表作为1983年出版的《马克思主义与女性受压迫：趋向统一的理论》等。她们把马克思主义的妇女解放理论作为自己的思想源泉，认为马克思和恩格斯当年关于妇女的社会历史地位、妇女受压迫受歧视的原因和妇女解放的途径的论述值得研究。她们继承马克思主义注重经济分析和阶级分析的传统，着力于妇女经济地位和经济利益的分析，倾向于关注与工作有关的妇女问题。特别是她们用马克思在《资本论》中分析资本主义商品经济的方法，来分析妇女所从事的家务劳动问题，并从恩格斯的《家庭、私有制和国家的起源》关于家庭和妇女问题的论述中汲取营养。这样，她们就通过对家务劳动的分析，从另一个方面揭示了妇女受压迫的根源，并提出了妇女解放的相应策略。

社会主义的女权主义流派在接受马克思主义女权主义者的一些观点和方法的同时，吸取激进女权主义关于父权制的理论观点，并致力于把二者结合起来，以解释妇女的状况和解放问题。主要代表人物有：英国的朱丽叶·米切尔（Juliet Mitchell，代表作有1966年发表的《妇女：最漫长的革命》和1971年出版的《妇女地位》），美国的奇拉·艾森斯坦（Zillah Eisenstein，1978年主编了社会主义女权主义论文集《资本主义父权制和社会主义女权主义问题》）、海迪·哈特曼（Heidi Hartmann，代表作有1976年发表的《资本主义、家长制与性别分工》和1979年发表的《马克思主义与女权主义的不幸婚姻：朝向更有进步意义的联合》）、艾里斯·杨（Iris Marion Young，代表作为1981年发表的《超越不幸的婚姻——对双重体系理论的批判》）、阿莉森·贾格尔（Alison Jaggar，代表作为1983年出版的《女权主义政治与人的本质》）等。社会主义女权主义与马克思主义女权主义相比，在理论来源上更驳杂一些，其理论倾向有时也显得更为模糊，与马克思主义的联系不像后者那样明显和单纯。

20世纪80年代末，资本主义经济开始大踏步向全球化发展，这不可避免地影响了妇女的地位，使性别压迫同民族压迫、种族压迫一样成为全球化时代的突出问题。同时，社会政治运动趋向平稳，妇女运动也似乎进入了一个衰退的困难时期，妇女解放向何处去的问题日益凸显。在这样的新语境中，女权运动进入了一个新的阶段，女权社会主义也有了新的变化和发展。这一时期后现代主义等思潮泛滥，学者、学生、媒体甚至某些左翼人士都表现出一种后现代的敏感性，认为马克思主义根本无助于当代妇女的解放事业。女权社会主义者对此给予了坚决的反击，其中的主要代表人物有美国的马撒·吉梅内斯（Martha Gimenez，代表作为2005年发表的《资本主义和女性受压迫：重新解读马克思》）、特瑞萨·艾伯特（Teresa Ebert，代表作为2005年发表的《女权主义重新唯物主义化》）等。她们运用马克思主义的方法分析当代社会妇女的日常生活经验和情感，分析女权运动新阶段中出现的各种女权主义思潮。这些女权社会主义者并不主观臆断马克思主义的任何一个观点是正确的，但她们认为，为了更深刻地理解资本主义基于性别及性倾向基础之上的多种压迫方式，对马克思主义理论和观点采取开放态度是至关重要的。她们强调，资本主义进程影响着世界工人阶级尤其是占据工人阶级相当比重的妇女的命运，而马克思主义则与理解资本主义进程有着确定无疑的、持续不断的理论关联和政治关联。

四、女权社会主义思潮的基本特点

首先，女权社会主义思潮是一种以女性为主体的思潮，具有明显的性别倾向性。女权主义作为一种女性的思潮，不但在思想观点上代表着女性的利益并为妇女争取权利，而且表现为持有这种观点的人也大多数是女性。因此，女权主义是一种妇女自己的思潮和运动。有的女权主义者甚至认为，虽然也有男性作家和社会活动家主张男女平等和妇女解放并为此而作出一定贡献，但他们只能成为女权主义的支持者，而不能成为女权主义者。从现实中来看，包括女权社会主义在内的女权主义思潮的主要代表人物都是女性作家、学者和活动家。

其次，女权社会主义既是一种理论思潮或流派，又是一种现实的妇女运动。女权社会主义思潮产生于新女权运动之中，并作为该运动的一种理论而对运动起着推动作用。女权社会主义的代表人物虽然多是一些知识女性和学者，她们从不同的方面和角度对妇女问题进行学术研究，并为当代妇女学的创立和发展作出了贡献，但她们同时也往往是活跃的社会活动家，积极倡导和参与妇女争取自身权利的活动，有的甚至站在斗争的最前列。因此，不能仅仅从思想理论的角度来考察这一思潮，而必须与当时的妇女运动联系起来加以考察。

最后，女权社会主义思潮体现了女权主义思想与社会主义思想、女权主义运动与社会主义运动的结合，因而与那些相对来说比较单一的流派或思潮相比有不同的特点。女权社会主义思潮具有二重性，它既可以说是一种女权主义思潮，又可以说是一种社会主义思潮。由于它从两个不同的来源汲取理论营养，力图把两种分析方法和成果结合起来，因而在女权社会主义者的论述中，往往可以看到一些不能完全一致或协调的情况。有的人侧重于马克思主义和社会主义的方面，有的则更突出女权主义的方面。在同一个人那里也有类似情况，有时对问题的提法和分析更接近于马克思主义，而有时又更接近于女权主义。对此，我们应该辩证地把握。

第二节　女权社会主义的基本主张

女权社会主义思潮内部有各种差异，比如：前期的女权社会主义者关注的是对家庭经济领域的分析，而后期的女权社会主义者则更关注对意识形态等非经济领域的分析；美国的女权社会主义者较多地从事探索性的宏观研究，英国的同行们则一般遵循马克思主义的传统；等等。尽管如此，女权社会主义的基本立场和观点有一定的共同性和延续性。总的来说，女权社会主义主要是围绕以下几个问题而展开的：

一、妇女在现代资本主义社会依然没有摆脱受压迫的处境

女权社会主义者的研究往往是从妇女的处境开始的。她们考察了妇女在历史上，特别是在现代资本主义社会中的地位和状况，认为尽管妇女作为人类整体的一半是人类不可替代的基础，但她们在经济、政治和社会中的作用却被忽视，并长期处于与男子不平等的低下地位。虽然资本主义社会中工业和技术的发展为妇女的解放准备了前提，虽然妇女解放运动也使妇女争得了法律和政治上的平等权利，但妇女在资本主义社会中并没有摆脱受压迫的处境。妇女所受的压迫是一种在社会范围内广泛存在的、综合性的压迫，这些压迫有形或无形地存在于社会生活的方方面面。海迪·哈特曼在《资本主义、家长制与性别分工》等著作中对此做了有力的证明。

首先，妇女的主要活动范围仍然局限于家庭之内。女权社会主义者指出，人类社会长期以来被分成两个大的领域：一个是社会生产和公共生活的领域，这是男人的世界；另一个则是家庭和私人生活的领域，这是女人的世界。社会公共领域被看做是更为重要的领域，而家庭和私人领域则被看做是次要的甚至边缘的领域。男人和女人似乎是两个不同世界里的人类，有着不同的社会地位。男人从事着对社会来说似乎更为重要、更为显赫的事情，不但有更多的经济收入，而且有更高的社会声

望；而女人则只能从事似乎无关紧要的家务劳动。妇女的活动范围非常狭小，没有机会冲破家庭的束缚而进入广阔的社会领域，没有机会从事享有较高社会声望的社会公共事务。虽然随着市场经济的发展，妇女有了更多的就业机会，但是大多数妇女以家庭为全部或基本的活动范围的情况并没有根本改变。一些妇女虽然从事着一定的社会职业，但她们并没有摆脱和放弃家务劳动，而且事实上承受着家庭劳动和社会劳动的双重负担。

其次，在家庭范围之内，妇女也处于从属地位。女权社会主义者描述了妇女在家庭中的处境，认为男性仍然是一家之主，他要求甚至命令妇女从事家务劳动。男性在外面做完工作回到家里时，就以家中的皇帝自居，认为自己有权力要求妻子提供周到的家庭服务。尽管有的丈夫在家里也做一些家务活，但他不是把这看做义务，而不过是兴之所至。就是妻子本人，也把家务活看做自己分内之事。有的家庭还存在着丈夫对妻子的暴力行为。朱丽叶·米切尔写道，社会上长期以来有一种错误的信念：真正的女人和真正的家是和平与富有的象征，家庭给这个原子化的、混乱的世界提供了一块坚不可摧的净土，在这里，人们相亲相爱，安全祥和，但事实上，家庭中的妇女既是暴力的承受者又是绝望的承受者。①

最后，妇女即使有了参加社会工作的机会，在劳动力市场中仍然处于不利地位。女权社会主义者对参加社会工作的妇女的状况做了分析，认为资本主义社会中虽然有大批妇女已经进入雇用劳动力的队伍，但她们仍处在社会经济的边缘，处境并不比家庭妇女好。因为在劳动力市场上也存在着两性分工，妇女只是进入了一个特定的“女性劳动市场”。她们集中在某些被视为典型的女性职业岗位上，如护士、小学教员、秘书、售货员等。妇女的工作往往是她们家庭角色的延伸。例如，妇女从事的小学教师这一职业，实质上反映了她们在家庭内照看孩子的角色。妇女工作的报酬也明显低于男性，有的只有男性工人工资的一半。哈特曼指出：“在劳动力市场中，男人的支配地位得到性别分工的维护。妇女的劳动被认为缺少技术，报酬很低，所行使的权力和监督也少……妇女在劳动力市场的从属地位加剧了她们在家庭内的从属性，在家里的从属性反过来又加剧了她们在劳动力市场的从属地位。”②

① 参见李银河主编：《妇女：最漫长的革命——当代西方女权主义理论精选》，9页。

② 转引自上书，61页。

二、妇女受压迫的根源在于资本主义与父权制的结合

女权社会主义者不仅描述了妇女在资本主义社会中受压迫的状况，还进一步分析了妇女受压迫的根源。

1. 妇女受压迫的根源不在于生理方面，而在于社会方面

女权社会主义者不同意那种认为妇女体力弱小是她们受压迫根源的观点。米切尔指出："大部分古典理论的探讨均假定妇女无力承担繁重的体力劳动，认为这是导致女性处于从属地位的关键因素。但事实上，这一假定过于简单化了。"① 因为这一假定没有看到社会压迫与基于生理能力的劳动分工之间的相互作用。事实上，妇女之局限于家庭之内，并不是自然的现象，而是文化的结果，是社会压迫的结果。"并不是她体力的弱势将其排除在生产活动之外，而是她的社会劣势使其沦为社会的奴隶。"② 因此，尽管资本主义机器生产的发展使劳动者的肌肉力变得不那么重要了，尽管现代新科技的发展改变了重体力劳动的面貌，但妇女们并没有像人们期望的那样得到解放。

女权社会主义者也不同意把妇女的生理结构看做她们受压迫的根源。激进女权主义者认为，妇女之所以处于从属地位，归根到底是由于她们的生理结构使她们担当起生育的责任，甚至是由于女人与男人在性别上的不同，因而要想解放妇女，就必须通过现代生物技术使妇女摆脱生育的责任，甚至消除男女性别。女权社会主义者批判了激进女权主义者的上述观点，认为妇女的生理特点固然使她们有可能担当不同于男子的社会分工，但这并不必然意味着妇女因此就要受到压迫。事实上，只有在社会的压迫结构和关系中，妇女的生理特点才使她们处于从属地位。

女权社会主义者坚持从社会结构、社会制度方面寻求妇女受压迫的根源。比如，吉梅内斯认为，男女不平等的关系必须在特定的历史语境比如资本主义条件中来考察。在资本主义制度下，再生产相对于生产和资本积累处于从属地位，资本主义生产决定着几乎别无选择的无产阶级男子和无产阶级妇女（即那些没有生产资料从而必须出卖劳动力以赚取工资的人）的再生产，从而也决定了男女之间的关系，决定了妇女处于受压迫的从属地位。资本主义生产关系使相当多的无产阶级（包括男子

---

① 转引自李银河主编：《妇女：最漫长的革命——当代西方女权主义理论精选》，17页。

② 转引自上书，61页。

和妇女）无法获得报酬优厚的工作，从而严重损害了他们自己的再生产能力和未来一代的发展，也使得他们的从属地位长存不废。从这一点看，妇女的贫困是一种更普遍现象的一个方面：越来越多的无产阶级（男子和妇女）无法获得最低限度的再生产的必要条件。妇女的贫困和她们的受压迫都是资本主义生产关系的结构性后果。① 特瑞萨·艾伯特也将社会性别和生理性别置于劳动和资本的世界历史进程之中来讨论。她并不否认人们在性别上存在差异，但她认为这些差异不是独立存在的和内在的，而是由阶级差异—也就是说财产关系—决定的。艾伯特认为，如同种族歧视并不仅仅是非对称的权力一样，性别歧视也不是。权力是生产资料所有制的社会和政治表现形式，它总是在生产这一点上产生的，它的结果也只能在生产关系中得到考察。换句话说，种族歧视不仅仅是压迫（白人实施统治黑人的权力），性别歧视也不仅仅是压迫（男性实施统治女性的权力），它们事实上都是剥削的结果，是资本主义制度下雇用劳动和资本之间的对立所造成的必然后果。②

2. 妇女受压迫的社会根源不是单一的，而是整体的

由于受到马克思主义传统的影响，女权社会主义者都比较重视妇女受压迫的经济根源的分析，把妇女在经济收入上对男人的依赖看做是导致她们社会地位低下的关键因素，但她们并不把经济因素看做是妇女受压迫的唯一根源。除了对经济原因的考察以外，女权社会主义者还从政治、文化和意识形态以及社会日常生活等方面，寻找妇女受压迫的原因。有的致力于对家庭这样的私人生活领域进行政治学分析，力图揭示导致妇女受压迫的权力关系。有的致力于对受压迫的原因作文化和意识形态的分析，把传统的或资本主义意识形态的影响看做导致妇女受压迫的重要因素。也有的把家庭和社会生产联系起来进行整体性分析，比如米切尔在探索妇女受压迫的根源时提出了"社会总结构"概念。她认为妇女在资本主义社会中所受的压迫是整体性的，社会压迫的机制包括四个方面：生产、生育、性和儿童社会化。其中，生产主要是在家庭之外的经济领域，而生育、性和儿童社会化则是构成家庭的几个方面。她认为，要揭示妇女受压迫的根源，除了考察社会生产领域之外，还必须深

① 参见［美］马撒·吉梅内斯：《资本主义和女性受压迫：重新解读马克思》，载《科学与社会》，2005 (1)。

② 参见［美］特瑞萨·艾伯特：《女权主义重新唯物主义化》，载《科学与社会》，2005 (1)。

入研究家庭结构，考察构成家庭的几个部分之间的联系和结合模式。①

3. 妇女受压迫的重要原因在于她们再生产劳动力的家务劳动的价值不被承认

女权社会主义者帕迪·奎克最早提出“劳动力再生产是妇女受压迫的根源”。她认为，在劳动力再生产过程中，即在妇女生育的孕期、产期、哺乳期以及此后的抚养期中，男女按性别进行分工，造成了妇女受压迫和受歧视的加重。沃格尔进一步解释，社会再生产需要有充足的劳动力，劳动力再生产因而成为生产的前提条件。劳动力再生产当然可以通过很多方式来实现，不过工人不可能永远活着，那些因劳累和死亡而无法继续劳动的劳动力，必须要由新的劳动力来补充。补充劳动力的方式有很多种，在劳动力通过代际更替—也就是说现存工人被下一代新工人代替—得以更新时，生物意义上的再生产就必须介入，人类开始分成两种在生物上有区别的群体：女性和男性。在采用代际更替方式补充劳动力时，妇女具有特殊的作用，而这种在劳动力再生产中的独特作用，正是她们在阶级社会中受压迫的基础。②

女权社会主义者还套用马克思《资本论》的基本理论和方法，对资本主义社会的劳动力再生产问题，对资本主义生产方式下家庭劳动的地位和作用问题，进行了分析，揭示了妇女受压迫的经济原因，即妇女的生育劳动的价值没有得到应有的承认和报酬。

她们认为，工业资本主义的出现，需要把社会生活划分为“公共领域”和“私人领域”。因为，雇用劳动必须经过生育、抚养和社会化的过程，而这些过程在唯利是图的公共领域内无法有效地进行，于是主要由家庭来完成。与此同时，基本劳动过程也被分成产业劳动和家务劳动两个互不相关的部分，两部分的性质有着根本的不同，家务劳动为劳动力市场再创造劳动力，而产业劳动为商品市场提供商品和服务。这种劳动过程的划分导致了劳动力的划分基本上以性别为标准，妇女从事家务劳动，男子从事产业劳动，后者的劳动是资本主义生产，前者则是劳动力的再生产。妇女的家务劳动在资本主义劳动力再生产中起着至关重要的作用。

① 参见李银河主编：《妇女：最漫长的革命——当代西方女权主义理论精选》，16～30页。

② 参见［美］莉丝·沃格尔：《马克思主义与女性受压迫：趋向统一的理论》，第十章，北京，高等教育出版社，2009。

她们认为，家庭主妇再生产劳动力的家务劳动也是一种创造价值的劳动。用工资购买的商品，如房屋、食品、衣物等，并不能自行进入劳动力再生产过程，并转化为劳动力。为此还需要附加必要的劳动即家务劳动。当家庭主妇直接作用于工资购买的商品，并在必要时改变其形式的时候，她的劳动就成了必要劳动的一部分，而且当劳动力作为商品在市场上被出卖时，她所创造的价值也得以实现。然而，在现实社会中，工资却似乎只是对产业工作地点内完成的劳动的报酬。之所以会出现这种假象，是因为产业工人作为独立的代理人站在前台直接面对资本，而再创造他的劳动力的家务劳动却处在幕后不被人发现。实际上工资并不是对产业劳动的报酬，而是对再生产整个劳动力的劳动的报酬。女权社会主义者认为，马克思揭露了工资欺骗性的一面，却无意中忽视了工资欺骗性的另一面，即模糊了家庭主妇对整个资本主义生产过程的贡献。家庭主妇被排除在工资交易之外，并继而被彻底推向后台，她的劳动被当成非真正的劳动。由于家庭主妇的价值是隐藏的，她不能得到工资来证明其存在，因此，她的劳动和她本身无法得到表现。这使得她在物质上完全依赖丈夫，靠丈夫提供给她必要的钱来维持她的生活，失去了独立性和自主性。

4. 妇女受压迫的根本原因在于资本主义与父权制的结合

马克思主义者认为妇女受压迫的根源在于资本主义，激进女权主义者认为妇女受压迫的根源在于父权制。女权社会主义者把二者结合起来，认为妇女受压迫的根源不仅在于资本主义，还在于父权制，在于资本主义与父权制的结合。而关于这种“结合”，女权社会主义者大致有两种不同的理解。一种是把资本主义和父权制看做并存的两个东西，认为它们各自的作用加在一起，造成了妇女所受的深度压迫。这种观点被称为“双重体系理论”。另一种理解是认为资本主义和父权制结合为一个东西，成为“资本主义父权制”或“父权制资本主义”。这种观点被称为“单一体系理论”。

主张“双重体系理论”的女权社会主义者认为，父权制和资本主义是社会关系和利益体系的不同形式，它们在现代社会中是并存的、各自起作用的。父权制在历史上早就存在，在资本主义社会中仍然继续存在并产生影响。父权制的影响和资本主义的影响重合，加剧了妇女受压迫的状况。持这种观点的女权社会主义者主张，在分析妇女受压迫根源的时候，必须把父权制和资本主义看做是彼此区分而又相互关联的现象。海迪·哈特曼和朱丽叶·米切尔都主张“双重体系理论”，实际上是把父权制与资本主义看做在两个不同领域起作用的结构：父权制在家庭之内存在和起作用，而资本主义则在家庭之外存在和起作用。在家庭领域中，用性别压迫即男性对女性的压迫来说明问题；而在家庭之外的社会领域特别是经济领域中，则用阶级压迫即资本家对工人的剥削和压迫来说明问题。在这两个领域的分析中，她们的分析重点和独特之处在于对父权制的认识。海迪·哈特曼将父权制看做是具有一定物质基础的社会关系结构，认为父权制的基础在于男子控制了妇女的劳动力。这种控制表现为限制妇女得到重要的经济来源和不允许妇女控制自己的生育能力。男子对妇女劳动能力的控制在不同的社会和时代有所不同。在西方资本主义社会，男性统治表现为很具体的形式，主要是通过一夫一妻制婚姻、女性负责生育和抚育孩子、女性承担家务劳动以及妇女在经济上依赖于男子等社会体制来实施的。① 与哈特曼不同，朱丽叶·米切尔主要从女性生物社会学和意识形态批判两个方面来揭示父权制。她认为，妇女的家庭生活的某些方面无疑是经济和生产方式变革的产物，但家庭也是女性生物社会学机理的产物。不论生产方式发生怎样的改变，家庭的生物社会性的方面和性别观念的方面都保持不变。因而她更重视对家庭进行意识形态批判，认为家庭意识是妇女被驯化的重要原因。她主张借用弗洛伊德的精神分析来考察两性关系及其观念。② 可见，米切尔的父权制概念主要是意识形态方面的，这种意识形态似乎具有超历史、超时空的特点，不随生产方式的变化而变化。

艾里斯·杨和阿莉森·贾格尔主张"单一体系理论"。她们反对把资本主义和父权制看做两个不同的东西，认为当代资本主义社会是一种整合的"资本主义父权制"或"父权制的资本主义"。在她们看来，资本主义和父权制已经融为一体，不可分割，应该用一个统一的根本性的概念来作统一的理解。这个根本性概念不是"阶级"，因为阶级是一个无视性别的概念。

艾里斯·杨用"性别分工"来取代阶级。她认为，与阶级分析相比，进行性别分工分析能更好地解释为什么通常妇女服从命令、从事单调乏味的工作并得到较低的收入，而男子却发布命令、从事有刺激性的

---

① 参见李银河主编：《妇女：最漫长的革命——当代西方女权主义理论精选》，46～75页；[美]詹妮特·A.克莱妮等编著：《女权主义哲学——问题，理论和应用》，573～584页，北京，东方出版社，2006。

② 参见李银河主编：《妇女：最漫长的革命——当代西方女权主义理论精选》，8～41页。

报酬较高的工作。杨指出，资本主义是历史上第一种这样的经济制度，其本质规定不是所有潜在的生产者都会被雇用，并且被雇用的人数比率需要上下波动，换言之，资本主义需要有剩余劳动力，这些剩余劳动力的数量根据资本主义生产的需要而不断变动。这种制度需要确定一种标准，以将主要工人同次要工人区别开来，这种标准就是性别分工。而这种标准的确立同父权制的存在是密不可分的，父权制“为性别成为划分劳动的最自然的标准起了作用”①。当社会中出现了种族因素时，资本主义也利用种族标准来区别劳动力，但是性别划分始终是最明显、最持久的标准，超过了其他所有因素。根据这种标准，资本主义把工作场所和家庭分割开来，把男子作为首要劳动力送到工作场所，而将妇女作为次要劳动力限制在家中，男女之间开始确定了一种新的定位，妇女变成了劳动力的后备军，妇女劳动被边缘化。同时，资本主义意识形态—比如，广为流传的妇女的天职是母亲以及家庭妇女的主张—又不断巩固并加剧了妇女劳动边缘化的状态。

阿莉森·贾格尔也提出了不同于阶级的概念，即“异化”。贾格尔认为，传统的马克思主义的异化观点应该被扩展，因为它是对只存在于资本主义社会中的人们生活境况的描述，凡是没有直接处于资本主义生产模式下的人都不会异化。而在贾格尔看来，异化是当代资本主义社会中妇女的普遍体验和基本体验，“在当代社会中，妇女在其生活的各个方面都被异化了”②，更为重要的是，这一异化采取了独特的性别形式。比如，在性体验方面。妇女为了生存，不得不将自己置于通过性来取悦男性的处境中；她们并不被看做是拥有多重欲念、多样兴趣、多种能力的完整的人，而仅仅被当作性行为的对象；而且，妇女为博得男性的性关注而相互竞争，这使得她们无法意识到她们之间事实上存在的潜在的共同利益，如同雇用工人无法意识到与同事之间存在着共同利益一样。再比如，在母职方面，妇女也处于异化状态。首先，妇女无法控制是否生育，到底生多少孩子，是成为母亲还是不成为母亲，这些都不是妇女自己能够决定和控制的；其次，妇女无法控制生育过程，生育的妇女们更多地被看做是提取“产品”的原材料，而不是有思想有感受的独立个

① 转引自李银河主编：《妇女：最漫长的革命——当代西方女权主义理论精选》，93页。

② ［美］阿莉森·贾格尔：《女权主义政治与人的本质》，453页，北京，高等教育出版社，2009。

体，“在这种境况下，是内科医生而不是妈妈自已生下了孩子”①；再次，妇女无法控制抚养过程，儿童发展“科学”的进步使得母亲对子女在抚养上的监控程度大为降低，母亲们日夜辛劳，战战兢兢，只是为了按照所谓专家的要求而不是自己的方式来抚育自己的子女。除了上述异化之外，妇女所受的教养还使她们对自己不自信，不敢在公众面前表达自己的想法，在精神智力方面存在异化，而这一点更具破坏性。贾格尔指出，妇女异化是资本主义社会的特殊历史状态，其根源在于一些具体的、历史的资本主义社会的特征，比如，拜金主义的膨胀，实证科学的发展，家庭与工作场所的分离，等等。

总之，不管用什么概念进行分析，主张“单一体系”理论的女权社会主义者已经不再追问“是父权制导致了资本主义还是资本主义导致了父权制”这样的问题，她们认识到，在当代资本主义国家中，由男人主导的核心家庭和由政府管理的官方经济二者间具有极大的相似性，并且彼此相互强化。

5. 意识形态的影响也是导致妇女受压迫的不可忽视的原因

女权社会主义者认为，在人类历史上，父权制思想与资本主义思想的结合长期存在，并成为一种强大的观念力量，它广泛渗透在社会生活的所有领域，渗透于人们的思想和心灵，成为一种维护男性统治女性的社会现实的巨大力量。这种意识形态为妇女受压迫的现状进行辩护，为两性不平等的现象提供某种合理性的证明。在这种意识形态中，关于“女性气质”的思想观念是一个重要内容。长期以来，社会就有一种对男女两性角色的划分，人们总是认为男人就应具有“男性气质”，而女子应当具有“女性气质”。这似乎成了天经地义的事情。女权社会主义者认为，所谓“男性气质”和“女性气质”，并不是男女两性天生具有的，而是后天强加于人们的。儿童从小就受到社会关于男性气质与女性气质的教育，社会告诉男孩子要独立、勇敢、坚强和取得成功，而告诉女孩要温柔、安静和顺从。这种意识形态成为整个社会中弥漫的观念，几乎无所不在，并为人们所认同。不仅多数男性持有如此观念，就是女性自身也深受这些观念的影响。正是这种关于“女性气质”的教育和意识形态影响消弭了妇女的进取性格和独立性，削弱了她们的自我意识，使她们自觉或不自觉地顺从男人。

① ［美］阿莉森·贾格尔：《女权主义政治与人的本质》，459页。

另外，在现代资本主义社会意识形态中，还充满着对妇女的消费误导，即事实上向妇女们灌输一种异化的消费观念。轻视女性的文化意识渗透在商品消费领域，通过各种途径牵着妇女的鼻子走。从服装、鞋袜到发型和化妆品等，无一不是为了把妇女定格于性的对象和目标而设计的。广告中大量地充斥着对华丽商品的夸张宣传，引诱妇女去追赶时髦；资本家用“理想的女人”、“理想的家”来引诱广大妇女追求许多不必要的消费。这种消费不仅是一种直接的经济剥削，还是一种阻碍妇女觉醒的手段。

三、妇女解放是以经济解放为主的整体性解放

女权社会主义者所说的妇女解放具有多方面的含义，它不是单一的，而是整体性的全面的解放。如果说在第一波女权运动中，女权主义者所理解的妇女解放主要是政治上的解放，即在国家范围内争取到政治上的权利，如选举权等，那么第二波女权运动中的女权主义者，特别是女权社会主义者，已经认识到妇女解放不只是政治权利上的解放，而是包括经济领域在内的全面的解放。

米切尔着重从四个方面考察了妇女解放的整体性质。在她看来，妇女受压迫的状况是由生产、生育、性和儿童社会化这四大结构所造成的。这四个部分密切结合在一起，共同决定了妇女的地位和处境。“如果改变其中一个结构，则会被另一个结构的加强抵消掉，结果只是改变了剥削形式。”① 因此，“只有在影响剥削妇女的全部结构的战略中才能找到总的解决办法”②。这就“必须在对各种结构的不平衡发展进行分析的基础上开展革命活动，攻击这种结合中最薄弱的环节。只有这样，才能从根本上分裂其结合，完成一次大的转变”③。米切尔认为，性是四大结构链条中的薄弱环节，而且成为各种矛盾的焦点，可以从这个方面开始突破。但也不是仅仅通过一个环节就可以解决问题，而且事实上如果这一个方面的革命走得太远，也会带来消极后果。

女权社会主义者所说的妇女的全面解放包括许多方面，大体上可以概括为经济解放、政治解放和思想解放。经济解放主要是使妇女从所受的或明或暗的剥削中解放出来，获得经济上的独立。政治上的解放不仅是获得法律上平等的政治权利，以及这些权利在现实政治生活中的落

① 转引自李银河主编：《妇女：最漫长的革命——当代西方女权主义理论精选》，31 页。
② 转引自上书，37 页。
③ 转引自上书，32 页。

实，还包括在社会政治领域之外的一些领域，比如家庭这样的私人领域中，从暗含着的父权制的权力支配关系中解放出来。思想文化上的解放则是使广大妇女摆脱长期以来束缚和支配着她们头脑的父权制思想，使她们意识到自己的能力和力量，并且确立起自尊、自信和自强的意识。

在妇女整体解放中，经济解放具有特殊重要的意义。米切尔强调，在社会整体结构中，经济结构是最终决定性的。因而，任何解放运动，包括妇女解放运动的主要锋芒应该集中于经济方面。女权社会主义者所提出的妇女解放的经济方面，是让妇女摆脱经济上依赖于男子的状况，其实现的途径有以下几种：

（1）妇女进入劳动力市场。马克思主义认为，妇女突破家庭的束缚而参加社会生产是她们获得解放的重要途径。一些女权社会主义者继承了马克思主义的这一观点，主张妇女进入劳动市场，参加一定的社会工作。随着资本主义发展对妇女劳动力的需要，西方社会中一些妇女相继进入劳动力市场。妇女就业成为妇女的重要权利，也成为她们争取解放的一种象征。妇女就业确实在某种程度上使妇女的地位有所提高：一方面，一定的社会职业使妇女有了一定的经济收入，从而在经济上不再像过去那样完全依赖丈夫，进而也提高了她在家庭中的地位；另一方面，妇女参加社会工作也开阔了她们的眼界，使她们的见识不再局限于传统的家庭事务。但是，也有一些女权社会主义者发现，妇女参加社会工作和进入劳动力市场并没有真正使她们得到解放，因为在劳动力市场上妇女仍然处于不利地位，与男性劳动者的工资并不平等。

（2）家务劳动工资化。一些女权社会主义者提出家务劳动有偿化和工资化的主张。她们认为，家务劳动本身就是社会劳动中不可缺少的一部分，离开这一部分社会生产就是不可能的。家务劳动与家外劳动没有重要与不重要之分。问题不在于妇女是否应该放弃家务劳动而从事社会劳动，而在于争取得到家务劳动所应该得到的工资，从而使人们承认家务劳动的价值。

玛莉亚罗莎·达拉·科斯塔和塞尔玛·詹姆斯提倡妇女家务劳动有偿化，要求社会充分认识家务劳动与雇用劳动在本质上的相同，并发给从事家务劳动的妇女工资。她们认为，支付这份工资的不应是男人个人（丈夫、父亲或男友），而应是资本家。因为，妇女的家务劳动作为劳动力再生产的过程，并不是为自己丈夫劳动，而是为资本家劳动。如果资本家不支付这份工资，那就由国家支付。因为归根到底是资本主义国家从妇女的家务劳动中获得了益处。家庭劳动工资的数量也应该与家外劳动有相同的标准，不能把家务劳动看做是廉价的劳动，而只给一点象征性的工资。有的女权主义者计算过家务劳动的工资价值，认为一位有两个孩子的妇女的家务劳动每年价值达一万英镑。当然，家务劳动的报酬可以不必采取工资支付的形式，而采取向妇女提供福利补贴或为负担过重的母亲提供子女免费保育的形式。女权社会主义者认为，如果国家拒绝支付这种报酬，妇女就有权利在劳动力再生产上进行“罢工”，比如离婚、避孕以及堕胎等。①

不过，也有一些女权社会主义者看到了家务劳动工资化运动的局限，认为争取家务劳动的工资化将使妇女从事家务劳动合法化，使妇女继续待在家里，与外界隔绝，很少再有从事其他工作的机会，从而强化了性别分工。

（3）家务劳动社会化。玛格丽特·本斯顿认为，家务劳动社会化是比妇女参加社会公共劳动更有效的解放途径。家务劳动社会化应该先于妇女参与社会事务。当然，她也承认，家务劳动社会化，也可能导致妇女继续从事这些已经社会化的家务劳动。但她认为，即使这样也是一种进步。家务劳动社会化的意义并不在于使妇女彻底摆脱这种劳动，而是要使每个人都认识到这种劳动对社会的重要意义。而一旦人们认识到家务劳动有多么困难，社会就不会认为妇女的劳动价值低而歧视她们。②

四、开展多种形式的反对资本主义和父权制的斗争

1. 在家庭内开展一对一的反抗父权制的斗争

女权社会主义者认为，由于社会实际上被分裂成家庭内和家庭外两个不同的领域，所以妇女争取自身权利的解放活动，也分为家庭内和家庭外两个方面。这两个方面具有不同的特点和要求。由于妇女的活动领域主要在家庭，所以家庭是妇女为争取自身解放而进行斗争的主要战场。

妇女在家庭内的斗争是单个妇女所进行的反对父权制的斗争。海迪·哈特曼和安·马克森在她们合著的《当代马克思主义理论与实践：女权主义者的评论》一文中写道：“由于妇女是在孤立的状态下，因此在消灭父权制的斗争中，要求用不同于反对资本家的组织策略。这种策略的根本特点，就是每个妇女要一对一地和掌握父权的男子斗争。正像

① 参见［美］罗斯玛丽·帕特南·童：《女性主义思潮导论》，157～158页，武汉，华中师范大学出版社，2002。

② 参见上书，156～157页。

吉尔曼·格丽尔曾经提到的，革命在全国的每间卧室里进行着。”① 妇女反抗父权制的斗争，主要是要求掌握人口生产的生产资料的斗争，正像工人的斗争是争取掌握物质生产资料的斗争一样。“在家庭范围内，妇女不顾丈夫的意愿，要求有流产和节育的权利；在邻里的范围内，她们运用邻里保健所和父权制所控制的医疗制度作斗争。”②

女权社会主义者认识到，家庭内反对父权制的斗争尽管是每个妇女各自为战的，但妇女们也应该采取共同的策略。由于父权是一种制度，如果妇女们不采取这种共同的策略，单枪匹马地斗争，就不可能取得胜利。妇女们应该在各自的斗争中相互支持。比如，丈夫在遇到妻子的反抗时，有可能为了维护自己的特权而同另一个妇女组织家庭，这等于“开除”一个工人，“雇用”另一个工人，从而使在家庭中斗争的妇女陷入困境。在这样的情况下就特别需要其他妇女的支持。就像一个工厂内的工人的罢工需要得到其他工厂工人的支持一样。家庭妇女的斗争还需要得到妇女团体和组织的支持和帮助。“妇女的政治组织的主导作用有别于工人的组织。妇女政治组织的宗旨应该是制定一个大家都同意的策略，对一切在家庭中进行斗争的妇女予以支持，并向各个民间和国家部门提出要求，不再支持父权制。”③

2. 在家庭外开展有组织的反对资本主义的斗争

尽管女权社会主义者认为工厂和国家只是妇女们反抗斗争的辅助战场，但事实上她们也很关注社会，重视进行社会政治斗争。这些斗争大体可以分为经济斗争、政治斗争和文化斗争几个方面。

在经济斗争方面，主要是争取经济上的平等权利。比如，争取妇女与男子同工同酬的权利，结束对妇女的行业歧视，在工厂中争取产假和产期前后灵活的工作时间等。女权社会主义者开展了争取平等的工作权利的斗争，致力于打破工资等级制度。因为当女性进入劳动力市场之后，只被当做二等劳动力来对待，即使她们所从事的工作与大多数男性所从事的职业要求同样的知识、技能和责任心，也只能得到男性工资的一半。这一工资制度的辩护者说，市场将高工资报酬付给那些做了最有价值工作的人。女权社会主义者反驳说，很难说市场是否真的是将最高

---

① 转引自中国妇女出版社编：《外国女权运动文选》，28页，北京，中国妇女出版社，1987。

② 转引自上书，28页。

③ 转引自上书，29页。

报酬给了最有功劳的人，而且谁也搞不清一种工作的价值何以比另一种工作的价值高出那么多，况且即使女性工作的价值与男性有所差异，也不应因此妨碍女性得到像样的工资，因为只有这些工资才可以使她像一个人那样生活。女权社会主义者所参加的反对和废除工资等级制度的斗争事实上是反对资本主义的斗争，因为在她们看来，这种工资等级制度是资本主义的一部分。

在政治斗争方面，既包括一些争取社会改良的活动，又包括一些激进的革命性的主张。有的女权社会主义者致力于一些争取社会改良的活动，比如，要求增加工资、提高社会保险、给予生育自由和免费堕胎，以及从法律上和道德上认可家庭形式的多样化等。还有的女权社会主义者主张以集体或个人身份参加广泛的劳工运动，并逐步消除工人中的大男子主义。有的主张进行一些日常性的反抗，即微观政治活动和区域性的反抗。这些活动往往以社区为基本单位，并局限于一定的社区之内。有的女权社会主义者反对依靠改良主义来实现妇女解放，主张进行激进的政治斗争。比如，米切尔指出："当代左派改良主义者的论述，态度温和，完全脱离了对妇女状况的基本的批判精神，几乎没有什么进步性内容。"① 持有这种主张的女权社会主义者认为，女权运动要开展积极的政治斗争。这种斗争既可以是有严密组织的，又可以是没有严密组织的。如果说家庭内的斗争可以没有组织地进行，那么为了同资本主义制度和国家机器斗争，同组织严密的专业化的机构进行斗争，就需要一个严密和高效率的组织来动员并领导妇女。有人主张建立团结的、革命的妇女团体，并与其他被压迫者的团体和组织乃至政党建立广泛的联系。她们主张妇女们只有组织起来，并同其他被压迫阶级和阶层的团体团结一致，共同推翻旧制度，才能实现妇女的解放。当然，妇女组织与工会、政党不同，它们的活动也不同于工会和政党的活动。事实上，第二波女权运动中建立的妇女组织往往只限于通信或联谊，传递有关妇女运动的信息，交流新的见解和看法，离真正革命意义上的团体还有相当大的距离。

在文化斗争方面，女权社会主义者致力于批判资本主义和父权制的意识形态。她们认为，妇女在政治、经济上的解放是基础性解放，而思想文化领域的解放才是深层次的解放。这涉及深刻的思想变革，是更为艰巨的任务。她们主张批判资本主义文化，批判使妇女长期处于二等性

① 转引自李银河主编：《妇女：最漫长的革命——当代西方女权主义理论精选》，37页。

别的文化观念，批判阻碍妇女提高觉悟的异化消费的观念。提倡在日常生活中以女权社会主义的价值观来看待平等、自由、合作、共享和政治责任。她们要求在文化、教育领域中工作的女同胞尽可能地著书立说，从理论上批判资本主义文化，倡扬女性的价值观。也有的女权社会主义者提出，在反抗资本主义主流意识形态的同时，还可以有限度地利用这一意识形态。比如，女性工人可以利用“女性气质”的说法来反抗管理性控制，进行意识形态斗争。

此外，也有一些女权社会主义者认为，在资本主义社会中争取妇女权利的政治法律变革和斗争具有局限性。马撒·吉梅内斯指出，这种局限性是因为资本主义制度下存在着潜在的历史性结构条件，从而造成了阶级区分。尽管在表面上，更多的男人开始做家务看孩子，妇女的收入逐渐增加，妇女开始从事以往被男人所统治的工作、职业、事业，但这种潜在的历史性结构条件并未改变。虽然妇女的政治斗争、经济斗争、人权斗争很重要，但她们在这些斗争中的成功却并未改变引发这些斗争的物质基础，而且这些变革在政治上取得的成就也很有限，并没有相应地改变或影响大多数妇女的生活状况。吉梅内斯认为，在资本主义制度下，男女之所以不平等，是因为再生产相对于资本主义生产和资本积累的从属地位使得不平等不可避免，“只要资本主义制度存在，无产阶级妇女就仍将被压迫”①。因此，要彻底解放女性，必须着眼于改变造成男女不平等的社会结构，改变资本主义制度。

第三节　女权社会主义思潮评析

作为当代西方社会的一股左翼思潮，女权社会主义在反抗资本主义、争取妇女解放方面具有积极的意义。它在理论上的探索，不论是对于妇女科学的形成，还是对于马克思主义理论在妇女问题上的运用，都具有一定的价值。

一、女权社会主义的社会性质和现实作用

女权社会主义是当代西方社会的一股左翼思潮。女权社会主义是在西方新社会运动中出现的，这些运动是小资产阶级和下层群众反抗资本

① ［美］马撒·吉梅内斯：《资本主义和女性受压迫：重新解读马克思》，载《科学与社会》，2005（1）。

主义制度的左翼社会运动。新女权运动作为新社会运动之一，尽管与传统的左翼组织和新左派保持一定的距离，公开批评这些组织中的大男子主义，但它仍然与左翼有相近的政治立场，属于其中比较激进的部分。特别是女权社会主义，它本身就是社会主义思潮与女权主义思潮的结合，具有社会主义的倾向。

女权社会主义扩大了马克思主义的影响。在包括新女权运动在内的诸多西方新社会运动中，马克思主义有着广泛的影响。许多激进的知识分子和青年学生从马克思主义那里寻找思想灵感和理论指导。也正是在这样的背景下，一些先进的知识女性接受了马克思主义的分析方法，并用以分析资本主义条件下的妇女问题。不论她们的分析是否真正掌握了马克思主义的精髓或体现了马克思主义的精神，都在客观上扩大了马克思主义在当代西方思潮中的影响。

女权社会主义在揭露、抨击和反抗资本主义方面起到了积极作用。该思潮比较全面地揭露了西方资本主义发达国家中普遍存在的妇女受压迫的状况，揭露了资本家无偿占有工人阶级创造的剩余价值，也无偿占有家庭妇女在劳动力再生产中的劳动的事实，并把资本主义剥削作为妇女受压迫的重要根源。女权社会主义者还揭露了资本主义国家意识形态在控制和压迫妇女方面所充当的角色，并进行了各种形式的反抗资本主义制度和现实的斗争。

女权社会主义在维护妇女利益、推动妇女解放方面起到了积极作用。女权社会主义者致力于争取和维护广大妇女的权益，特别是她们的视野能够超出白人中产阶级的范围，关注西方国家中的黑人妇女、工人阶级妇女和其他处于社会底层妇女的状况，以及第三世界广大妇女的状况。她们积极参加各种妇女组织和各种争取女权的活动，不仅用她们的笔，而且用实际行动，为争取妇女解放而努力。在西方各种思潮中，女权社会主义具有突出的政治性、群众性和斗争性，它在妇女解放运动中所起的作用是其他流派不能相比的。

女权社会主义把妇女解放与社会主义前途结合起来，具有积极意义。女权主义与社会主义的结合有其一定的历史必然性。社会主义的目的是无产阶级的解放，也是全人类的解放，妇女解放是题中应有之义。社会主义运动从一开始就包括妇女运动问题，并在它的发展过程中不断探索妇女解放的道路。具有左翼色彩的新女权运动，与社会主义运动有较多的联系。她们认为，“马克思主义与女权主义在概念上和目标上有显著的一致性，这种一致性提供了在妇女运动与左派之间建立强有力联盟的前景，并作出努力使这两种意识形态融为一体”①。女权社会主义者希拉指出，妇女运动提出了某些重新开展强大的和群众性的社会主义运动的途径。女权社会主义把妇女的彻底解放与社会主义前途联系起来，是非常正确的，体现了女权主义发展的正确方向。

当然，尽管女权社会主义者力图把女权主义与社会主义结合起来，但从她们的理论阐述和实际活动来看，并没有真正做到这一点。社会主义的目标和实现社会主义的道路的问题，在她们那里仍是比较模糊的。

二、女权社会主义的理论成就和局限性

女权社会主义受马克思主义的影响，并运用马克思主义分析妇女问题，是值得肯定的。米切尔明确提出要用科学社会主义来分析女权问题，对女权问题做出马克思主义的回答。正是由于受到马克思主义理论的影响，女权社会主义与女权主义其他流派相比，有更强的理论性，也更为深入和系统地分析了妇女解放的问题。比如，比较广阔的社会视野，分析问题的经济视角，具体地看待社会问题的眼光，以及对意识形态的比较透彻的理解等，都使女权社会主义者超出其他女权主义者。再比如，在对家庭的批判方面，其他流派的女权主义者谈论一般的家庭，而女权社会主义者则认为这种所谓的一般家庭实际上主要是中产阶级的白人家庭，即经济情况相对富裕的、双亲的、异性的白人家庭。仅仅考察这样的家庭是不够的，还应考虑到阶级、种族、民族方面的差异。比如，工人阶级和大多数黑人母亲并不认为做家庭主妇是受压迫，相反，她们作为长期从事两班倒工作的母亲，认为做家庭主妇是可望而不可即的理想。而对于黑人妇女来说，种族歧视似乎比性别歧视更为迫切。对未婚母亲来说，贫困或没有时间则是比性别分工更为迫切的问题。此外，还有同性恋家庭等。也有的女权社会主义者对“女性气质”这一概念提出质疑，比如，格林丝认为，“女性气质”的提法绝不适用于少数民族妇女，她们的优先定位是生产中的劳动者，其次才是家庭角色。黑人家庭内男女间的经验更多地表现为合作而不是冲突，这样的家庭是反抗社会政治和意识形态压迫的阵地。

女权社会主义的积极探索为我们提供了有益的启示。该思潮考察了当代妇女的困境和所面临的一些问题，从经济、政治、历史、文化乃至生理诸方面探讨了妇女受压迫的原因，提出了妇女解放的许多实际策

① 转引自中国妇女出版社编：《外国女权运动文选》，16页。

略，并在有些方面做了相当深入的分析。比如，她们运用马克思主义的生产和再生产理论，分析论证了家庭主妇角色是保证资本主义以最低费用再生产劳动力和为资本家提供廉价机动的劳动力后备军的有效机制，并且认为这种机制通过女性对男性工资的依赖而导致了妇女对男子的依附。这可以看做是进一步推进马克思主义理论的有益探索。她们重视文化和意识形态的影响，把意识形态看做是妇女受压迫的重要原因，并提出反对“看不见的奴役”，这都是有积极意义的探索。

但是，女权社会主义者的分析也存在许多问题。首先，在对待马克思主义理论方面，女权主义者是各取所需，为我所用。有的只是借用马克思主义的术语装点女权主义，有的是与马克思主义的研究路向反其道而行之，有的甚至对马克思主义特别是马克思主义妇女观公开提出批判。女权社会主义力图用女权主义来补充和修改社会主义理论。莉丝·沃格尔指出，一般而言，社会主义女权主义者认为，社会主义理论必须用女权主义理论和实践所提供的深刻见解加以扩展深化，甚至完全改变。[①] 艾里斯·杨认为，社会主义女权主义的特点就在于“把 60 年代至 70 年代发展起来的女权主义理论新潮中的精华‘嫁给’马克思主义理论以改造这个理论”[②]。女权社会主义者一方面试图用马克思主义的理论和方法来深化女权主义，分析妇女受压迫的具体形式，另一方面又用激进女权主义者关于父权制的一套理论来分析问题，补充甚至代替马克思主义的分析。对于这两套不同的理论系统如何实现有机结合，并在研究问题的过程中相互补充，她们并没有真正弄清楚。正如她们自己所说，女权社会主义是“介于马克思主义传统和新女权主义的观点之间，介于阶级与性别、生产与再生产之间，是在公众和私有王国之间结合而成的，具有二重性的混合物”[③]。女权社会主义者提出的一些所谓的新范畴，也明显无法承担起她们所希望的分析妇女受压迫现象的责任。比如，阿莉森·贾格尔用“异化”这个马克思在其成熟时期已然弃用的概念来做理论框架的基础，使得自己的分析有时显得力不从心，她自己也承认并不确定这种异化分析适合所有妇女。而艾里斯·杨完全抛弃阶级范畴，采用性别分工范畴来对妇女在资本主义社会中的地位和处境进行

① 参见［美］莉丝·沃格尔：《马克思主义与女性受压迫：趋向统一的理论》，第二章。

② ［美］艾里斯·杨：《超越不幸的婚姻——对双重体系理论的批判》，85 页，波士顿，南区出版社，1981。

③ 转引自中国妇女出版社编：《外国女权运动文选》，14～15 页。

阐述，也无法解释不同阶级的妇女所受的不同性质的压迫。

其次，女权社会主义者的许多论述在逻辑上不成立，在分析上有缺陷，这使得她们的许多具体结论是不正确的。比如，“双重体系理论”的代表人物哈特曼对父权社会的分析就犯了逻辑错误。她将父权制和资本主义制度作为两种不同的体系，但她对父权社会的分析是以男性控制女性劳动力为基础的，而这原本就是生产的一部分，是属于她所谓的应该在资本主义制度这个体系中进行分析的部分，哈特曼将这样的父权制与资本主义制度割裂开来，免不了在逻辑上陷入混乱。

最后，女权社会主义者的许多探讨脱离实际，有很大的空想成分，因而她们提出的许多理论没有充分的依据，许多措施在实践中是行不通的。比如，在妇女与生产的关系问题上，朱丽叶·米切尔将生产作为一个自有阶级社会以来就禁止妇女进入的结构，尽管资本主义略微改善了这种状况，但变化极小。可是事实上，妇女在许多阶级社会中都参与了生产活动。在分析四种结构的现状时，米切尔武断地声称，生产、生育和儿童社会化在今天的西方或多或少是稳定的，它们 30 年来或在更长的时间内都没有改变。但是毫无疑问，即使在她发表该文的 1966 年，这一观点也严重地歪曲了英美社会的现实，歪曲了第二次世界大战后的历史，并且极不符合 20 世纪资本主义的发展。

第八章 市场社会主义

市场社会主义是一种试图将生产资料公有制与市场经济结合起来以实现社会主义的理论。它出现于20世纪30年代，由旅美波兰经济学家奥斯卡·兰格首次系统加以表述。在20世纪50年代到80年代苏联东欧社会主义国家的经济体制改革中，市场社会主义理论为这些国家的经济学家进一步发展，并成为这些国家进行经济体制改革的理论基础。20世纪80年代初，西方一些左翼学者在探讨发达资本主义国家如何走向社会主义的问题时，受苏联东欧社会主义国家正在进行的市场走向的经济体制改革的影响，也开始关注市场社会主义理论，并提出了一些力求适合发达资本主义国家情况的市场社会主义模式。20世纪80年代中后期，苏联东欧社会主义国家先后解体，但西方左翼学者对市场社会主义的研究却没有因此销声匿迹。相反，一些主张市场社会主义的左翼学者在深刻反思苏联东欧社会主义失败的教训的基础上，提出市场社会主义是发达资本主义国家走向社会主义的唯一可行的方案。自20世纪80年代以来，西方这些主张市场社会主义的左翼学者纷纷著书立说，提出了各种各样的市场社会主义模式，从而形成了一股新的市场社会主义的思潮。本章所要论述的，就是这一自20世纪80年代以来在西方发达资本主义国家出现的市场社会主义思潮。

第一节　市场社会主义的由来和发展

一、什么是市场社会主义

是谁最早提出市场社会主义这一概念？目前，国内外学者尚无一个统一的说法。人们通常认为，市场社会主义这一概念最初出现在20世纪五六十年代一些美国学者的论著中，例如，加尔布雷恩的《波兰和南斯拉夫旅行》（1958），沃德的《伊利里亚的企业：工团社会主义》（1958）和《马克思主义——霍尔瓦特主义：南斯拉夫的社会主义》（1967），以及美国学者A·伯格森在《政治经济学杂志》1967年第5期发表的一篇题为《市场社会主义考察》的文章。上述文献都直接或间接地使用了“市场社会主义”概念。

自市场社会主义概念出现以后，国外学者虽然经常使用这一概念，但在使用中往往赋予其不同的含义。以20世纪80年代以来西方学者对市场社会主义的解释为例：美国著名经济学家保罗·格雷戈里和斯图雷特按照所有制、决策机制、调节机制和激励机制四个要素，把市场社会主义定义为以“生产要素的公共所有制为特征的经济体制，决策采取分权制并通过市场机制加以调节，兼用物质鼓励和精神鼓励来推动参与者实现这一体制的目标”①。英国的市场社会主义者则是从手段和目的的角度来定义市场社会主义，认为市场社会主义就是“运用市场来实现社会主义的目的”②。曾任美国比较经济学会主席的林德布洛姆对市场社会主义的定义则是基于对生产的两种最终控制形式，即消费者偏好和政府偏好，他主张要以消费者主权或是计划者主权作为划分的标准，并参照私人所有制和国家所有制两种所有制形式，把市场社会主义定义为以公有制为基础的消费者主权的市场制度，即公有企业的市场导向制度，以区别以私有企业为基础的市场制度，以及以公有企业为基础的计划者主权的经济制度。而颇有权威的《新帕尔格雷夫经济学大辞典》则对市场社会主义做了这样的解释：“市场社会主义是一种经济体制的理论概念（或模式），在这种经济体制中，生产资料共有或集体所有，而资源配置则遵循市场（包括产品市场、劳动市场和资本市场）规律。对于现有的种种社会主义经济来说，这一名词往往是更广地用于概括两种体制：在严格意义上趋于接近这一定义的那种体制（像南斯拉夫在1965年后所形成的体制），以金融调节和种种刺激作为中央计划的手段来替代命令和对生产商品进行实物分配的那种体制（即受调节的市场，像匈牙利1968年改革后的‘新经济机制’）。”③

从以上有关市场社会主义的各种定义可以看出，国外学者一般都把

① ［美］格雷戈里等：《比较经济体制学》，20页，上海，三联书店，1988。

② ［英］索尔·埃斯特林、尤里安·勒·格兰德编：《市场社会主义》，1页，北京，经济日报出版社，1993。

③ ［英］约翰·伊特韦尔、默里·米尔盖特、彼德·纽曼主编：《新帕尔格雷夫经济学大辞典》（III），363页，北京，经济科学出版社，1992。

市场社会主义说成是一种既不同于以美国为代表的"市场资本主义"，又不同于以原苏联为代表的"计划社会主义"的社会经济体制，其基本特征是实行生产资料公有制（主要是集体所有制）和把市场机制作为资源配置的手段。国内学者目前一般都是沿用西方学者的上述用法。具体说来，市场社会主义作为一种理论具有以下三个特征：

第一，把资源配置形式与社会制度分离开来，即把计划机制或市场机制与社会主义或资本主义分离开来。在传统的马克思主义看来，资源配置形式，无论是计划机制还是市场机制，都是与社会制度的性质密切相关的，是社会制度的本质表现之一。因此，计划经济是社会主义的本质表现，市场经济则是资本主义的本质表现。在古典的西方经济学看来，市场经济只能在生产资料私有制条件下运行，因此，要实行市场经济，就必须同时实行生产资料私有制。在这一问题上，市场社会主义既不同于传统的马克思主义，又不同于古典的西方经济学，它认为市场与计划都是资源配置的手段，与社会制度的性质无关，社会主义可以实行市场经济，资本主义也可以搞计划。

第二，主张实行生产资料的公有制。市场社会主义之所以被称为社会主义，其根本原因在于它主张实行生产资料公有制，反对生产资料私有制的存在。对此，牛津大学政治哲学教授、分析的马克思主义的重要代表人物科恩有这样一段论述："市场社会主义是社会主义，是因为它克服了劳动和资本的分离。在市场社会主义中，不存在一个与不拥有资本的劳动者相对立的资本家阶级。"① 当然，不同的市场社会主义者对公有制有着不同的理解，有的把公有制说成社会所有制，有的把公有制说成为各个企业的劳动者共同所有的集体所有制，还有的把公有制说成全民的股份制。

第三，主张以市场作为资源配置的主要手段。这是市场社会主义的另一重要特征，也正因为如此，它才被人们称为市场社会主义。不过，对在多大范围、在什么样的程度上以及采取哪种形式以市场作为资源配置的手段这些问题上，不同时期的市场社会主义者，或同一时期的不同的市场社会者，又往往持有不同的看法。

二、市场社会主义发展的三个阶段

市场社会主义出现于20世纪30年代，到目前为止，它的发展可以

① ［英］科恩：《关于市场社会主义的几个问题》，载《中国人民大学学报》，2000（5）。

说大体经历了三个阶段。

第一阶段是20世纪30年代到50年代在西方国家出现的以旅美波兰经济学家奥斯卡·兰格为代表的早期的市场社会主义理论。这一时期的市场社会主义主要是从理论上论证市场与社会主义结合的可能性和合理性。导致它出现的直接原因是20世纪20年代至30年代西方经济学界发生的一场关于社会主义经济核算问题的论战。

随着十月革命的胜利和世界上第一个社会主义国家的出现，社会主义经济制度运行的可行性问题开始引起人们的关注。1920年4月，当时担任维也纳大学经济学教授，后来被视为新奥地利学派的"最高典范"的米塞斯发表了《社会主义的经济核算》一文。在这篇论文中，米塞斯根据当时俄国实行的"战时共产主义"的经济现实，提出在社会主义经济制度下不可能存在合理的经济核算。他是这样论证的：市场及市场价格是实现资源优化配置的唯一有效的工具，而"市场及其形成价格方面的功能是不可能和一基于生产资料私有制的社会的作用相分离的"①，他认为，"社会主义社会除了将资本的支配权交由国家掌握，或者确切地说，交由那些作为管理当局而执行国家事务的人掌握以外，别无他法可行。而这就意味着消除市场，事实上，这也正是社会主义的根本目的"②。由于社会主义不存在对资源进行配置的生产资料市场和市场价格，因而不能对生产要素规定正确价格，从而也就失去了合理配置资源的客观依据。总之，社会主义与市场是不能兼容的，"市场是资本主义制度的核心，是资本主义的本质；只有在资本主义条件下，它才是可行的；在社会主义条件下，它是不可能被人为地制造的……问题是两者必居其一，要么是社会主义，要么是市场经济"③。

20世纪30年代中期，另一位新奥地利学派的著名代表哈耶克主编了《集体主义经济计划》一书，书中重提米塞斯的观点，并对米塞斯的观点做了一些"修正"。与米塞斯不同，在哈耶克看来，社会主义经济核算，即合理的社会主义经济在理论上是可以设想的，但在实践上却是不可能的。哈耶克认为，在运用联立微分方程表示的经济均衡过程中，一个集权的中央经济计划机构，在理论上是能够对社会资源进行最优配

① 转引自［美］莫里斯·博恩斯坦主编：《比较经济体制》，16页，北京，中国财政经济出版社，1988。

② 转引自上书，64页。

③ 转引自上书，165页。

置的；但是，在实践中，要解出这一经济均衡的方程必须具备两个条件：一是必须有完备的市场机制，二是必须掌握产品的质量、价格、生产系数及物品、劳务一系列经济要素的动态数据，即必须有一个准确、及时传递和反馈市场信息的系统。由于社会主义经济实践无法满足这两个条件，因而依靠中央计划机构来实现社会主义经济中资源的合理配置，并不具有现实的可能性。

1934—1937年间，一些马克思主义的经济学家，以及一些同情社会主义制度的左翼学者，对米塞斯和哈耶克的理论进行了反驳。旅美波兰经济学家兰格在美国《经济研究评论》第四卷第一期（1936年10月号）、第二期（1937年2月号）上发表了一组题为《社会主义经济理论》的文章。在这组文章中，兰格对米塞斯和哈耶克的观点做了批驳，对社会主义经济运行做了新的探讨，提出了后来被称为"兰格模式"的市场社会主义理论。

兰格模式的主要内容有：(1) 实行生产资料公有制，但小型工业和农业可保留私有制；(2) 建立不完全的市场体系，具体说来就是，存在消费品市场和劳动服务市场，但不存在生产资料市场和资金市场；(3) 实行多重决策体系，即中央计划决策、企业决策和家庭决策的三层决策体系；(4) 实行双重价格定价体系，即消费品和劳动力价格通过市场来定价，生产资料价格则由中央计划机关采用模拟市场竞争的试错法来定价。

兰格模式的提出具有重要的理论意义。第一，兰格论证了市场与社会主义是兼容的。他提出，社会主义的资源配置与资本主义纯粹市场竞争的资源配置实际完全相同，二者都是按边际成本价格决定生产规模，按最低成本组合生产要素。他还说，"生产资料公有制的事实本身不决定分配消费品和分配人民各种职业的制度，也不决定指导商品生产的原则"①。这就暗示了市场机制是可以同所有制相分离的中性的资源配置的手段。第二，兰格论证了计划可以和市场并存。他认为，社会主义经济是计划与市场相结合的经济，中央计划部门是运用市场价格行使市场作用，中央银行可以通过模拟市场来投资、制定利率和分配资金。这就打破了市场与计划相对立的观点。第三，兰格论证了效率与平等是相一致的。兰格指出，社会主义取消了私有制经济固有的分配方式，创造了

① ［波］奥斯卡·兰格：《社会主义经济理论》，9～10页，北京，中国社会科学出版社，1981。

比资本主义更公平的消费财富的分配，从而保证了会取得比资本主义更大的效率。在社会主义中，消费财富的分配由工资和社会分红两部分构成。工资由市场关系决定，它同劳动者自由选择的产业部门或职业部门的边际产值和边际效应的高低密切相关，这反映了市场的效率原则；社会分红由生产资料公有制关系决定，这反映了社会主义的平等原则。因而，效率与平等是相一致的。

兰格模式虽然还带有明显的计划经济的特征，但它标志着市场社会主义的形成。人们普遍认为，兰格模式确定了现代经济学中关于市场社会主义的观念，并成为以后“一些试图在理论上结合计划工作和市场机制者的理论基础”①。

第二阶段是20世纪50年代到80年代在苏联东欧社会主义国家出现的以南斯拉夫的霍尔瓦特、波兰的布鲁斯和捷克斯洛伐克的锡克等人为代表的市场社会主义。这一时期的市场社会主义是伴随着这些国家经济体制的改革而展开的，其基本主张是在计划经济的框架内充分发挥市场机制的作用。

在这一阶段最早提出市场社会主义理论的是南斯拉夫的经济学家。早在1949年，作为南斯拉夫重要领导人和理论家的卡德尔就批判了苏联模式的国家所有制，要求扩大企业自治。1950年，经济学家基德里奇提出，发展社会自治必须解放社会主义商品交换规律，使其发挥作用。此后，在南斯拉夫出现了以霍尔瓦特为代表的“市场学派”。这一学派认为，经济的快速发展只有建立在市场基础上才有可能，并提出市场定价系统有平衡供求、合理分配稀缺资源、使经济行为合理化和公平化以及选择最优经济结构四大功能。1961年，波兰经济学家布鲁斯出版了《社会主义经济的运行问题》一书，较为系统地阐述了他的市场社会主义理论。布鲁斯从社会主义分工和价值规律的内在联系出发，认为商品货币关系是社会主义资源分配的积极工具，因而社会主义经济运行机制应是有调节的市场机制。他还首次提出了“有调节的市场机制的计划经济模式”，在这一模式下，企业之间的关系是市场关系，企业活动的目的是获取最大限度的利润。但布鲁斯同时指出，在社会主义制度下，经济活动完全由自由的市场机制调节是不现实的，因为市场机制自身有很多难以克服的缺陷，因而有必要对市场机制进行调节，以避免其

① ［英］克里·特纳、克莱夫·科利斯：《计划经济学》，18页，北京，商务印书馆，1982。

消极作用。捷克斯洛伐克经济学家锡克在1964年出版了《社会主义下的商品货币关系》一书，他在书中从对社会生产的宏观不平衡和微观不平衡的分析入手，论证了市场机制在社会主义制度中的重要作用，提出应以市场机制调节微观的不平衡和以计划机制调节宏观的不平衡的主张。这一主张后来发展成为捷克斯洛伐克的“分散的市场经济的单一控制模式”。市场社会主义理论在作为计划经济体制化身的原苏联发展得较晚，但也不是没有发展。原苏联经济学家列昂节夫、康尼克、列别尔曼和利希奇金等人在20世纪60年代曾提出了“社会主义商品生产论”，认为社会主义经济是有计划的商品经济，因而必须充分利用市场机制，并通过市场来实现计划的目标。这些观点显然具有市场社会主义理论的特征。

第三阶段是20世纪80年代以来在西方资本主义国家，主要是英国和美国出现的市场社会主义理论，其主要内容是论证市场社会主义是发达资本主义国家走向社会主义的唯一可行的途径。

第二节　市场社会主义的三种模式

20世纪80年代以来，随着苏联东欧各国社会主义制度的相继解体，西方一些资产阶级政客和右翼学者纷纷宣告“社会主义已彻底失败”，宣称“社会主义无论是在现实中还是在理想中都不复存在了”。面对资产阶级政客和右翼学者对社会主义的大肆攻击，西方一些左翼学者予以了坚决的反击。美国左翼经济学家、分析的马克思主义的重要代表人物约翰·罗默在其1994年出版的《社会主义的未来》一书中指出：“苏联和东欧的共产主义制度的崩溃支持了一些旧论点，也产生了一些新论点，认为社会主义不论在当今世界或作为一种理想都不能存在。我则希望阐述理由证明，社会主义仍是一种值得追求的理想，而且在现实世界也是可能的。我认为，赞成社会主义经济的论点需要在构成社会主义成分的基本观点方面进行某些修正。毋庸置言，苏联模式的社会主义社会是垮了，但这不意味其他的、尚为尝试的社会主义形式也应该为它殉葬。”① 在坚决反击那些资产阶级政客和右翼学者的谬论的同时，这些左翼学者开始重新思考社会主义的理论与实践，并在认真总结苏联东欧社会主义制度失败的经验教训的基础上，对发达资本主义国家如何才

① ［美］约翰·罗默：《社会主义的未来》，1页，重庆，重庆出版社，1997年。

能实现社会主义的问题进行了探讨。20世纪80年代以来的市场社会主义就是在这一背景下出现的。在这一时期提出的种种市场社会主义模式中，影响较大的是由英国学者戴维·米勒提出的“合作制的市场社会主义”、美国学者约翰·罗默提出的“证券的市场社会主义”和美国学者戴维·施威卡特提出的“经济民主的市场社会主义”。

一、米勒的“合作制的市场社会主义”

戴维·米勒（David Miller）现任英国牛津大学纽菲尔德学院社会学和政治学教授，是英国市场社会主义的主要代表人物之一。他有关市场社会主义的主要论著包括：《一个市场社会主义方案：它意指什么？为什么要倡导它？》（1987）、《市场、国家和社会：市场社会主义的理论基础》（1989）、《一种市场社会主义构想：它的运作及其问题》（1991）、《平等和市场社会主义》（1993）等。在这些论著中，米勒提出了一种被人称为“合作制的市场社会主义”理论，其主要主张如下：

1. 市场是组织经济活动的一种手段，社会主义需要市场

米勒是一个政治哲学家，他提出市场社会主义的目的不是要制定一个如何实施市场社会主义的具体方案，而是要从理论上为市场社会主义做辩护，以反对传统的社会主义者对市场社会主义提出的批判。

米勒在他那篇《一种市场社会主义构想：它的运作及其问题》的论文中一开始就说道：“苏联东欧共产主义制度的瓦解再次提出了这样一个问题，即在发达的社会，是否存在一种可以接受并得到广泛支持的社会主义形式。极为坦率地讲，共产主义的经验教训使人想到，这样一种制度必须依赖市场机制。”① 社会主义能够依赖市场吗？对此，米勒指出，在传统的社会主义者的心目中，社会主义就是要消灭市场经济。从某种意义上讲，这种见解不足为怪。因为在当代资本主义社会中，大肆鼓吹市场经济的优越性的往往是政治上的新右派，而且这些人通常是以鼓吹市场经济的优越性来为撒切尔首相和里根总统的政策作辩护。因而，人们常常将左派和右派之争等同于反对市场派与拥护市场派之争。右派的主张实际上是立足于玩弄花招之上的，这表现在，他们把作为组织经济活动的一种一般手段的市场等同于资本主义。毫无疑问，资本主义是依赖市场的，但资本主义的特点主要在于生产资料所有权集中在一小部分人手里，而其余大多数人只能作为领薪者被他们雇用。但一些左

① ［美］《争鸣》，1991年夏季号，406页。

派却看不出这一点。实际上，人们完全可能创建反对资本主义的市场。举例来说，当某个记者在莫斯科看到一家基于市场机制从事经营的食品合作社时，他首先会问：这怎么能算社会主义呢？对这个问题的回答也很简单：如果该合作社是以民主的方式经营，其资产又由社会所有，它又怎么能不算社会主义呢？从米勒的论述可以看出，他认为市场不过是一种组织经济的手段，它与社会制度的性质无关，资本主义可以利用它，社会主义也可以利用它。社会主义与资本主义的区别不在于是否实行市场经济，而在于生产资料归谁所有。

社会主义为什么需要市场？对此，米勒从三个方面做了论证：

第一，市场可以为人们提供更多更好的物质福利。米勒指出，市场中的价格机制既是一种信息体系，又是一种激励制度。它一方面向商品供应者发出消费者对不同商品的需求是什么的信号，另一方面又给予商品生产者某种激励以促使他们生产供不应求的商品。需要强调的是，价格机制的这两种功能是可以分离的。因为即使是那些有很高的社会责任感、不需要什么利己的动机使自己去从事最有益的职业的人，也需要有某种机制来告诉他什么才是最有益的职业。如果放弃市场的信息功能，那就得寻找别的途径来协调生产者和消费者的关系，而在当今的工业化的社会里，唯一可行的办法就是国家计划，即由计划部门为各个企业配置劳动力，规定产品的种类和数量，并为企业提供商品和服务定价以使供求相符。但实践经验证明，计划经济在实际中是很难解决这些问题的。原苏联东欧国家的经验已证明了这一点。至于资本主义中存在的福利分配方面的不平等，那是资本主义的问题，而市场社会主义者所要纠正的也正是这方面的问题。

第二，市场可以为人们提供更多的自由。米勒认为，社会主义的自由观以有效选择为核心，即一个自由的人应有许多选择，而且这些选择必须是实质上的而非形式上的。一个社会的自由程度是与该社会资源配置的方式密切相关的。在一个以自由为目标的社会里，市场必然起着重要的作用，因为市场允许人们对那些适合其特殊生活方式的资源做不同的选择。只要供应者对市场刺激做出反应并提供必要的商品，人们就可以想穿什么衣服就穿什么衣服，想听什么音乐就听什么音乐。除此以外，市场还能为人们提供就业选择的自由和言论自由。市场社会主义的目标是以比资本主义可以允许的更高程度来扩大这些自由。而无市场的或仅有有限市场的社会主义经济，则不能保障这些自由。

第三，市场可以促进更大的民主。米勒认为，民主可分为两类：工业民主和国家民主。工业民主的含义是各企业的成员对生产什么、怎样生产等问题拥有决策权。只有在市场经济中，各企业成员才可能拥有这种自主权，而在计划经济中，则不可能拥有这种自主权。当然，市场使工业民主成为可能，但不是必然。其可能的程度取决于企业的结构，其中最民主的形式是工人合作社。当然，工人合作社这种企业结构对各种企业来说未必总是一种最佳的选择，因为人们在经济效率和工业民主之间做取舍时并不都以工业民主为首要的取向，但市场社会主义经济无疑会为那些高度重视工业民主的人提供一个民主的工作环境。

总之，米勒认为，市场社会主义在经济效益上并不比当代资本主义差，在平等、自由和民主方面却比当代资本主义和苏联模式的社会主义都强得多，因此，它是替代当代资本主义和苏联模式的“国家社会主义”的可行方案。他提出市场社会主义至少要实现这样四个目标：在生产中运用市场机制以获得经济效益；限制国家的作用，使民主切实可行；实现初次分配的更大的平等；保护工人的自治。为了达到这些目标，米勒设计了一个“合作制的市场社会主义”模式。

2.“合作制的市场社会主义”模式

在米勒设计的“合作制的市场社会主义”模式中，占主导地位的生产企业是工人的合作社。合作社在一个开放的市场上出售它的产品，并以它们卖出产品的收入支付工人的工资。合作社实行工人民主管理，它自行决定生产什么和如何生产，决定收入如何在其工人中的分配，决定用多少资金在哪一领域投资，决定产品的价格，以及有关其本身的其他一切事务。在市场社会主义条件下，一个工人的收入完全取决于他的合作社的经济效益。合作社的生产资金最初来自由国家设立的公共投资部门。这些公共投资部门掌握着社会拥有的资金，各企业可以从这些投资部门借贷资金进行经营。这些公共投资部门有权决定对哪些项目予以支持以及收取多少利息。

米勒还详细地说明合作制企业所需遵循的基本原则：第一，资本运作原则。企业以固定利率从公共投资机构有条件地借贷资金。企业对借贷资金有使用权，但没有完全的所有权。这意味着要求企业必须认真维护固定资产，资本不能被用做收入而分掉，也不能重新贷给别的企业。第二，破产原则。不能为其成员提供维持生活最低水平收入的企业要宣告破产，其工人要转移到别的企业中去。第三，企业的民主原则。每个企业必须实行民主管理，每个工人都有平等的权利。如果企业要扩大规模和吸收新的工人，必须得到企业全体工人的一致同意。当然，企业也可以自己确定内部的民主管理机构，例如，小型企业可以由全体工人参加的企业大会决策；大型企业可以设立复杂的决策机构，如专家委员会、执行委员会等。

在米勒的“合作制的市场社会主义”模式中，虽然工人合作社始终占有优势，但其他各种形式的生产企业也必须同时存在，因而国家将起重要作用。国家所起的作用具体说来包括：第一，负责调节资金。这由国家设立的公共投资机构（银行）来完成。银行向现有的和新成立的企业提供资金，其投资决策不仅要从企业的商业可行性方面考虑，还要考虑到其他广泛的因素，如保持经济竞争、避免市场权力集中、维持就业的区域间的平衡等。此外，投资机构还要发挥这样一些作用，如为企业提供价格、市场趋向等方面的信息，在需求旺盛的领域或地区发起成立新企业，等等。第二，负责确定工人收入的最低标准，要求每个企业至少在短期内保证提供这样的收入，从而使新企业的建立和发展或旧企业的改组得以正常进行。第三，负责制定税收政策，调整收入分配，以实现分配的公正。第四，国家还要负责提供福利等公益事项，以满足公共利益。米勒强调，他的“合作制的市场社会主义”模式并不盲目崇拜和完全依赖市场，而是要明确哪些生产和服务要由市场来调节，哪些生产和服务要由国家来调节。

3. 市场社会主义是实现社会主义价值目标的切实可行的途径

米勒认为，他提出的市场社会主义模式是忠实于并且力求巩固社会主义的核心价值的。他指出，传统的社会主义者对一些价值目标的追求有时是盲目的和幻想的。他们追求对社会活动的自觉控制、民主、平等、自由和共同体的价值。但他们忽略了两个方面的问题，第一，这些不同的目标之间存在着矛盾的关系。例如，对社会活动的自觉控制需要一个单一的控制中心，这就与社会主义者要求的广泛的民主发生冲突；社会主义者的个人自由信念也与共同体的价值不相容，因为共同体的目标需要有一个共同的、普遍遵守的道德价值。第二，没有一种社会主义模式能够完全体现上述五种价值目标并把它们摆到相同的位置。因此，倡导和认同各种市场社会主义模式的人必须清醒地看到，当他们赋予民主、自由和效率等目标优先地位时，他们同时必须放弃另一些价值目标的优先地位。而米勒之所以要提出“合作制的市场社会主义”，就是要力图解决上述价值目标之间的冲突，寻求切实可行的实现社会主义核心价值的途径。对此，他做了如下的说明：

关于民主。“合作制的市场社会主义”把工人合作社作为企业的组织形式，在其内部实现广泛的经济民主，这种民主和国家的指导协调起来，就体现了民主和自觉控制的统一。具体说来就是，企业运作的整体框架是由国家自觉控制的，如企业组织形式、投资政策、社会整体平衡等都是国家的自觉决策，而企业具体的经济活动，如生产什么、生产多少等，则由工人通过市场自行决定。

关于共同体的价值。米勒认为，市场社会主义不仅不否定共同体的价值，反而能够提高其程度。所谓共同体的价值，指的是社会关系应以合作和个人从属集体为特征，而不应以冲突和竞争为特征。米勒认为，共同体的价值是实现经济民主和集体决策的基础，但这种共同体并不是“共产主义者”强调的社会完全一致，或铁板一块的集体认同。市场社会主义是一个复杂的社会，与此相应，人们之间必然会存在各种不同的共同体关系，因而共同体的价值将会通过邻居、企业、社会等不同层次表现出来。

关于平等。米勒认为，市场社会主义追求的平等目标是“社会平等”，即不仅仅限于经济上的平等。平等关系不是用诸如基尼系数那样的量的关系来衡量的。社会平等指的是地位的平等，即人们在社会中拥有平等的起点和机会。在“合作制的市场社会主义”中，企业内部成员之间、企业与企业之间存在着经济收入上的不平等，但这种不平等体现和反映的是人们对经济活动贡献的大小，因而是合理的。当然，这种不平等不能发展到当代资本主义社会的程度，不能危及社会平等。市场社会主义消灭了资本主义的私人所有制，消灭了依靠资本所有权的收入，同时，工人在企业内的分配是民主决定的，因而不会产生太大的经济收入上的差距。因此，在真正实现平等方面，市场社会主义较之资本主义和原苏联东欧的“官僚国家社会主义”更具优越性。

关于公正。针对有人提出的市场社会主义存在着不公正的批评，米勒争论说，社会公正指的不是严格意义上的经济上的平等，而是指每个人得到他应当得到的东西。一个公正的经济制度应基于以个人贡献的大小来付酬。在市场社会主义条件下，每个人的所得都是与他对社会的贡献成比例的，而且对个人贡献大小的计算是公开的、非任意的和易于操作的。如果出现少数人的经济报酬极度背离个人应得的情况，社会主义的国家会进行干涉并加以纠正。

关于效率。采取合作制形式组织社会生产能不能取得较高的经济效率呢？这是西方经济学家争论不休的问题。一些人认为，合作制的企业只适于家庭手工业生产，不适合现代社会化大生产；另一些人认为，合作制企业会妨碍技术创造和革新，导致生产停滞。对此，米勒论证说，当代资本主义社会中，有的合作制企业规模在500人以上，其经营的效果也很好，这表明合作制企业可以是有效率的。此外，当代资本主义社会中大的联合企业的成立往往不是因为企业内部扩大规模，而是通过企业间的联合形成的。在联合企业内部，原来的企业仍可以是自治的生产单位，这表明合作制企业也适用于现代社会化大生产，因为它并不妨碍企业间的联合。至于技术创新问题，米勒说，那些指责合作制企业内部缺乏创新机制的人是把技术创新仅仅归结为个人的事情了。实际上，在合作制市场社会主义中，有才能的个人在技术上的创新和发明会给企业内所有成员带来经济效益，大家会一致赞同和支持他（她），他（她）也会得到更多的尊重，因而合作制企业中仍然存在着技术创新的激励机制。

二、罗默的"证券的市场社会主义"

现为耶鲁大学教授的约翰·罗默是美国著名的左翼经济学家，也是"分析的马克思主义"的重要代表人物。苏联东欧剧变后，他坚持为社会主义辩护，并提出了一种独具特色的市场社会主义理论。他在这方面的代表作是1994年出版的《社会主义的未来》。

在罗默看来，苏联东欧社会主义国家失败的一个重要原因是实行高度集中的计划经济，而当今造成发达资本主义国家各种不公正现象的根源是私有制，因此，理想的社会主义模式应是对资本主义私有制和苏联东欧社会主义计划经济的否定，或者说是使公有制和市场经济相结合，因为公有制可以保证社会公正，市场经济可以维持经济效率。罗默说，苏联东欧社会主义社会与西方资本主义社会相比有三个基本的不同：政治上的专政；配置资源上的集中和生产资料的公有制。从理论上和近期的历史来看，这种特殊的结合在经济上是无效率的，在政治上是不稳定的，在道德上是灾难性的。但它们没有表明生产资料公有制如果与民主政治和市场上分散的资源配置结合起来也是不可行的和不符合需要的。他还在一本与巴德汉合编的论文集的"绪言"中指出："在很多人看来，共产主义（共产主义在这里被理解为一种政治经济制度，这一制度缺少竞争的政治制度，国家直接拥有和控制企业，在很大程度上缺少市场）在东欧和苏联的垮台肯定了这样一种观点，即对经济的发展而言，资本主义仍是唯一最好的政治经济制度。然而在从前那些共产主义国家眼里，资本主义的优势一直是不稳定的和靠不住的。在这本书中，我们希望重新引起人们对市场社会主义研究的兴趣，市场社会主义是这样一种经济制度，正如它在实践中所表现出来那样，它在很多方面是对资本主义和社会主义的超越。”① 正是基于这种想法，罗默提出了他的“证券的市场社会主义”模式。他从以下几个方面对这一模式做了论证：

1. 社会主义是一种平等主义，国家所有制对于社会主义是不必要的

无论在20世纪30年代兰格的市场社会主义理论中，还是在20世纪50年代至70年代苏联东欧的市场社会主义理论中，社会主义都被认为是建立在生产资料公有制特别是国家所有制基础上的社会。对此，罗默提出了不同的看法。他认为，赞成社会主义的论点需要对社会主义的某些基本观点进行修正，其中最为重要的是：“社会主义的目标最好被考虑成一种平等主义，而不是被考虑成一种具体财产关系的实施。换句话说，我的意思是，社会主义者评价财产关系必须根据这些财产关系提供平等主义的能力。”②

把社会主义理解为一种平等主义的含义是什么？对此，罗默没做正面的论述。他只是说，社会主义者需要的是在自我实现和福利、政治影响及社会地位三个方面的机会平等，这意味着，社会主义社会应是在这三个方面实现了机会平等的社会。而所谓机会平等，在非常一般的意义上讲，就是要求对那些由于自身无法控制的因素引起不利条件的人给予补偿，因为这些不利条件不是由这些人自身造成的，而是由他们自身无法控制的因素造成的。

为什么要把社会主义理解为一种平等主义呢？罗默认为，传统的社会主义对资本主义的谴责是以对剥削的谴责为基础的，而这样的谴责实际上是基于一个自我所有制的命题，即一个人用其劳动生产的财富按正当理由应属于该人。他问道：是只有那些生产财富的人才有正当权利得到财富呢，还是每个人都应该得到财富？如果从自我所有制的命题出发，那结论只能是前者，但这一命题与现代自由主义的原理如出一辙。社会主义者要求的是每一个人都应得到财富，因此，社会主义唯一正确的论据是一种平等主义。

从社会主义是一种平等主义出发，罗默批评了那种把社会主义同国家所有制的公有制联系起来的观点。他论证说，既然社会主义的目标是

① ［美］P. 巴德汉、约翰·罗默编：《市场社会主义论文集》，3页，牛津，牛津大学出版社，1993。

② ［美］约翰·罗默：《社会主义的未来》，113～114页。

实现平等，那么对所有制形式的选择就完全是一个手段问题，因此，国家所有制的公有制对于社会主义制度而言不是必不可少的。“在对待财产关系的态度上，社会主义者应该是折中主义者：可能有许多所有制形式比传统的生产资料国家所有制形式更服从于社会主义的目标。”① 到底哪种所有制形式更能促进他所说的社会主义的目标呢？罗默说：“种类繁多的财产形式在现代资本主义社会（而不是在社会主义社会）中已经变得随处可见：非营利企业、有限责任公司、合作企业、独资企业、公有企业、社会—民主财产、劳动管理企业，以及社会—共和体财产的其他形式。最能促进社会主义目标的财产形式，可能只是淡淡地涉及生产资料的直接民众控制或国家控制。”② 这里所说的“生产资料的直接民众控制或国家控制”说到底还是公有制的形式。可见，罗默讲的国家所有制对于社会主义是不必要的，只是就苏联模式的国家所有制而言，而不是说公有制对于社会主义是不必要的，尽管他强调平等主义是社会主义的目的，而公有制不过是实现这一目的的手段。

2. 市场体制与资本主义没有必然联系，而且可以用来实现社会主义目的

罗默在《社会主义的未来》一书中宣布：“这本小册子的任务，是提出和捍卫一种把市场体制的力量和社会主义的力量结合起来的新模式。这种模式既要考虑效率又要考虑平等。”③ 从这段话可以看出，他认为市场体制只与效率相关，而社会主义只与平等相关。这也就是说，市场体制与社会制度的性质无关，它既可以同资本主义结合，又可以同社会主义结合，这也是所有市场社会主义者立论的基础。为了强调这一问题，罗默又从新的角度做了论证：

首先，当代资本主义在经济增长方面的成功不是由于资本主义私有制，而是由于产生竞争的市场机制。罗默说：“我们现在对私有财产与市场的不同作用只有一个模糊的概念，因为迄今两者实际上总是一块出现的。但我们确实有几个例子——现代企业以及或许还有中国的乡镇企业——使我们开始理解，经济发展的许多方面，以前被普遍接受的理论归因于私有财产无限积聚的权利，事实上可能归因于竞争和市场。”④

① ［美］约翰·罗默：《社会主义的未来》，6页。

② 同上书，21页。

③ 同上书，2页。

④ 同上书，114页。

就也就是说，市场的作用与资本主义私有制的作用是两回事。

其次，苏联的失败不应归因于社会主义制度，而应归因于取消了市场。针对一些人提出的苏联的解体是因为没有像资本主义那样解决好委托—代理问题的观点，罗默指出，苏联在 20 世纪 30 年代期间以及第二次世界大战后大约 20 年的时间里，其经济的增长是相当可观的。如果这是事实的话，那就不能简单地归因于委托—代理问题作为这种经济在 20 世纪 80 年代失败的解释。在 20 世纪 60 年代到 80 年代，经济福利的增长更多地依赖经济革新的能力，即采用新技术的能力，在这一点上，苏联型经济令人沮丧地失灵了。而之所以会出现这种情况，其根本原因就是“没有市场提供的竞争——国内的和国际的——企业就没有进行革新的压力，而没有竞争的动力，革新就不会发生，至少达不到市场经济引发的那种速度”①。所以，苏联经济失败的根本的原因不在于其社会主义制度，而在于没有实行市场经济。

为什么只有通过市场体制才能实现社会主义呢？罗默认为，如果社会主义不能为其公民提供差不多同资本主义一样的丰富多彩的生活方式，那么这种社会将是不稳定的。而除了市场体制以外，人们目前还不知道有什么其他体制能做到这一点。这样一来，社会主义者面临的问题是能否设计出一种经济体制，在这种体制下，技术革新将会产生，但资本主义特有的收入分配不平等将不会发展，这样的体制只能是市场社会主义体制。市场体制解决效率问题，社会主义解决平等问题，市场社会主义就是效率加平等。

这里需要指出，罗默并不认为市场社会主义就可真正实现他所说的那种平等。他说：“我不把下面这种制度当作一种公正的制度加以辩护：在这种制度里，人们领到的工资同他们所具有的技能成比例，技能的分布具有不平等的机会，而且在未来几十年或者几个世纪中仍像以前的结构一样具有不平等的机会。突出的问题是，从资本主义到社会主义的长期目标之间存在着一个比某些类型的市场社会主义更好的阶段吗？我认为没有。”② 这就是说，尽管市场社会主义还没能实现作为社会主义长远目标的平等，但它是唯一能够逐步接近社会主义最终目标的经济体制。

3. 证券的市场社会主义模式

什么是市场社会主义？罗默对此的回答是：“所谓市场社会主义，

① ［美］约翰·罗默：《社会主义的未来》，39 页。

② 同上书，107～108 页。

我指的是大多数物品包括劳动通过价格系统来分配，企业（不管是否由工人管理）利润在居民中非常公平地进行分配的各种各样的经济安排。关键的问题是通过什么机制才能实现利润的这种分配，同时又不至于在效率方面造成不可接受的损失。”① 为了论证市场社会主义的可行性，罗默设计了一种被人们称为证券的市场社会主义的模式，这一模式具有以下五个基本特征：第一，国家的所有公司的全部股票都被重新分配，以便从一开始就给每一成年公民一份按人头计算的股份，一份股票的有价证券，使他们有权获得一份其持有股票的公司的红利。当他们去世后，股票要退还给国家。这些股票一旦被获得，就可以与其他股票进行交易，但它们不能被出售以换取现金。这样富人就不可能购买穷人的股票并获得对其经济利益的控制。为了保证这一制度的实施，罗默提出要设立两种货币，即现金货币和证券货币。现金货币用于日常商品买卖，不能用来购买企业股票；证券货币则只能用于购买企业股票，不能兑换成现金。“证券的市场社会主义”便是由此得名的。第二，所有的银行都是国有化的，这些银行从私人储蓄者那里集聚资金，并向企业发放贷款，其运营的原则与资本主义银行没有什么区别。第三，公司的经理不是由国家而是由公司的董事会决定的，后者由公司借以获得资金的主要银行的代表构成，他们是企业工人的代表，也是股票持有者的代表。第四，政府保证有重大意义的投资计划，运用不同的利率去鼓励或阻止某些特殊的投资。第五，允许资本主义企业的存在，即使是由个人创办的企业。但这种企业一旦达到一定的规模，或一旦企业的创办者去世，就得实行国有化（予以赔偿的），它的那些股份要被重新分配给一般大众。

罗默强调，证券的市场社会主义模式在经济上是可行的，它使中央计划经济模式的基本矛盾得到了解决。在这样的经济中，企业是在市场的环境中相互竞争（包括与外国企业），这样一来，信息和激励机制的问题就解决了。这一模式也不存在集权主义的倾向，因为不存在所有企业都依赖其好处的中央计划机构。企业革新的问题也从两个方面得到解决：一方面，竞争迫使公有的企业注意开发和填补新产品和新技术；另一方面，经济中有资本主义企业家的一席之地，尽管这一席之地还没有大到使他们占主导地位的程度。

罗默认为，他的模式还解决了资本主义经济存在的两个最基本的问

① 转引自中央编译局世界社会主义研究所编：《当代国外社会主义：理论与模式》，299页，北京，中央编译出版社，1998。

题：经济上的不平等和投资上的不合理。关于经济上的不平等的问题，由于大幅度缩减了资本家凭借对生产资料的所有获得的收入，经济上的不平等明显地减少了（尽管还没有消除）。全体公民大体上平等地享有社会的集体财产，因而也大体上平等享有来自生产剩余的所有利益。由公民交易其股票而出现的对财产所有的不平等，不允许超出一个人的有生之年，它们不能像在资本主义制度下那样积累和集中。关于投资的不合理问题，他的模式明确承认市场在做出使经济长远健康发展的投资决定方面不是一种有效的机制。政府的“看得见的手”必须用来补充亚当·斯密的“看不见的手”。他说，国家干预投资计划“只是由于两个理由：在市场经济中，要求有效地配置投资的市场并不存在，以及投资具有很多无法用市场很好管理的外部影响（更恰当地称为外在因素，它的一个消极例子是污染）”①。不过，“看得见的手”也要依靠对利率的控制。

三、施威卡特的“经济民主的市场社会主义”

在20世纪80年代中期以来出现的各种市场社会主义模式中，美国罗耀拉大学哲学系教授、著名左翼学者戴维·施威卡特在其1993年出版的代表作《反对资本主义》一书中提出的“经济民主的市场社会主义”，也是一种颇具代表性的模式。他是从以下几个方面对这一模式作论证的：

1. 为什么要实行市场社会主义

像20世纪80年代中期以来所有的市场社会主义者一样，施威卡特也把目光集中在发达资本主义国家如何才能实现社会主义的问题上，也认为发达资本主义国家只有通过市场才能实现社会主义。对此，他有这样一段话：“近些年来提出了各种各样的市场社会主义的理论模式，但所有的市场社会主义的倡导者都同意这样四个观点：（1）市场不应被等同于资本主义。（2）中央计划作为一种经济机制有极大的缺陷。（3）不存在任何可以替代市场社会主义的可行的、合乎要求的社会主义形式；这就是说，在短缺的情况下，市场是组织一种可行的经济的必不可少的（尽管不是完美的）机制。（4）市场社会主义的一些形式在经济上是可

① 转引自中央编译局世界社会主义研究所编：《当代国外社会主义：理论与模式》，18～19页。

行的，并且远比资本主义更可取。”[①] 他对为什么要实行市场社会主义做了如下论证：

第一，市场不等于资本主义。为了说明这一问题，施威卡特将市场社会主义与资本主义做了对照。在他看来，资本主义经济是一种以生产资料私有制和雇用劳动为特征的市场经济。具体说来就是，社会绝大部分经济交易是由看不见的供求之手——市场来掌握的；社会的绝大部分生产资料归私人所有；绝大多数人是为了工资而工作的雇用劳动者。市场社会主义经济与资本主义经济不同，它虽仍然保留了能够协调绝大多数经济活动的市场机制（尽管会对其做比资本主义条件下更多一些的限制），但以某种形式的国家所有制或工人的集体所有制取代了资本主义私有制，“国家的基本的财产被视为集体的财产，但它们是由利用它们的劳动者来控制的”[②]。与此相应，工人的所得不再是契约工资，而是一个企业纯收入的特定的份额，工人的劳动因而不再具有雇用劳动的性质。总之，在施威卡特看来，社会主义和资本主义的区别不在于实行计划经济还是市场经济，而在于是公有制还是私有制。由此他进而强调：“把资本主义等同于市场是保守的自由放任主义的辩护者和大多数市场改革的左翼反对者的致命错误。”[③] 右派在为资本主义辩护时，往往强调市场的长处和中央计划的缺陷而回避雇用劳动和生产资料私有制的问题。这是他们的一种有效的策略，因为为市场辩护要比为雇用劳动和生产资料私有制辩护更容易。左派对市场社会主义的批判也把注意力集中在市场上，但集中在市场的弊病和不合理上。实际上，攻击抽象的市场同为抽象的市场做辩护是一样容易的，因为市场既有长处又有缺陷。资本主义的辩护者强调的是市场的长处，而市场社会主义的批判者强调的是市场的缺陷。

第二，苏联东欧的中央计划经济是一种有着极大缺陷的经济体制。施威卡特认为，“中央计划经济是这样一种经济，在这种经济中，一个中央计划机关决定这一经济应生产什么，进而再指令企业去生产一定数量和一定质量的这样的商品。这样的经济面临四个明显的问题：信息的问题，激励机制的问题，集权化倾向的问题和企业革新的问题”[④]。

---

① ［美］伯特尔·奥尔曼主编：《市场社会主义——社会主义者中的论争》，7页，北京，新华出版社，2000。

② 同上书，15页。

③ 同上书，7页。

④ 同上书，9页。

中央计划经济存在的首要的问题是信息的问题。施威卡特指出，苏联的经济以及以苏联经济为模式的经济总是遇到效率的问题，而且这一问题随着经济的发展变得越来越糟。这是因为，当所生产的商品数量相对说来还不多的时候，当商品的数量重于质量的时候，信息问题还容易解决。当要求生产更多、更好的商品的时候，信息问题就变得不好解决了。因此，“所有的中央计划经济一旦达到一定的发展水平就不得不被迫引入市场的改革，这不是没有理由的”①。中央计划经济还存在激励机制的问题。苏联的经验表明，如果产品是由计划机关确定的，那企业就没有动力去生产那些消费者真正需要的东西；如果投入和产出都是由计划机关确定的，企业就会倾向于低报其能力而高报其需求，以便更容易地完成计划；如果就业是有保证的，而且收入与企业的行为无关，工人就没有动力去工作；如果计划部门是对整个经济负责，它就没有任何动力去关闭无效率的单位，因为这或者将增加失业，或者必须为失业的工人寻找新的工作。中央计划经济还存在集权化的问题，因为计划者必须握有大权，这必然与民主发生矛盾。最后是企业创新的问题。在计划经济下，企业没有竞争的压力，因而也没有进行革新的动力。它们从不担心是否跟上了新技术的步伐，是否会丧失它们已占领的市场。

第三，在人类发展的现阶段，市场社会主义既是唯一可行的社会主义形式，又是唯一合乎需要的社会主义形式。施威卡特认为，即使在发达的资本主义国家，经济的发展也远没有达到可以实行按需分配的程度。既然苏联东欧的经验已表明中央计划经济是行不通的，那就只能实行市场经济。人们也许会说，市场经济的存在必然会导致竞争的存在、不公平的存在和失业的存在，这能说是社会主义吗？对此，施威卡特的回答是：“社会主义并不等于共产主义的高级形式。社会主义是从资本主义的母体脱胎而来，带有其由以产生的旧社会的痕迹。它不是一个完美无缺的社会。它是一个非资本主义的经济制度，它保留了资本主义取得的最好成就，克服了资本主义的最坏的弊病。”② 市场社会主义是社会主义，因为它是坚决反对资本主义的。它是基于这样一种基本的洞察，即在当代世界，作为资本家的资产者其作用已经过时。现在已不需要资本家去筹集资本、管理工业、创造新产品或开发新技术。实现这些功能已有了其他的更好的方式。市场社会主义不但坚决反对资本主义，

---

① ［美］伯特尔·奥尔曼主编：《市场社会主义——社会主义者中的论争》，10页。

② 同上书，20页。

而且体现了社会主义传统的最美好的理想和价值，对经济由生产者来控制而不是生产者受经济控制的理想而言，它是可信的。市场社会主义不是“乌托邦”社会主义。它承认至少在我们发展的现阶段，我们的价值不会完美地实现，这里实际存在不得不做出权衡的问题。但这完全是好的马克思主义的常识。相比之下，非市场的社会主义形式或者在经济上是不可行的，或者从标准上看是不合需要的，而且常常同时两者都是。

第四，市场社会主义的一些形式在经济上是可行的，并且远远比资本主义更可取。市场社会主义，至少它的某些形式，如罗默的证券的市场社会主义，就是一种大大优于资本主义的可行的经济体制。

2. 经济民主的市场社会主义模式

施威卡特把他的市场社会主义模式称为“经济民主的市场社会主义”，因为这一模式“把工人的自我管理置于这一制度的核心”。他认为，他的经济民主的市场社会主义与罗默的证券的市场社会主义的不同就在于，后者强调的是平均主义的生产资料所有制，而前者强调的是工人的自我管理。具体说来，经济民主的市场社会主义具有以下三个特征：

第一，实行生产资料的集体所有制和工人的民主管理。与罗默的证券的市场社会主义不同，在经济民主的市场社会主义中不存在股票，因而也不存在股票市场。在这里，国家的基本的财产被视为集体的财产，由利用它们的劳动者来掌握的。与此相应，每一个企业都是民主管理的，工人合法地拥有一人一票的选举企业经理的权利。企业的最终权力属于企业的全体工人。对经济民主的市场社会主义下的企业而言，一个企业并不是由它的工人所有的物，而是由他们控制的联合体。除实行直接选举经理的小型企业外，在所有大、中型企业中，工人将选举代表以组成工人委员会，再由委员会选举和监督企业的经理。

第二，实行投资的社会控制。在投资资金的来源上，与罗默的证券的市场社会主义不同，施威卡特的经济民主的市场社会主义依赖的不是私人的储蓄，而是来自企业的税收。在经济民主的市场社会主义下，每一企业都必须根据它所掌握的资本财产纳税。这种税可被认为是付给社会的用于增加社会集体财产的租金。从经济上看，这一税收是作为资本的利率而起作用的——这样就避免了向私人储蓄者支付利息的必要。通过向企业收税而不是通过“诱使”个人储蓄来产生投资资金，不仅消除了资本主义不平等的主要根源，即向作为私人的个人支付利息，还使这一经济摆脱了它对储蓄者和投资者的依赖。与此相关的是，经济民主的市场社会主义不允许企业将它们的“利润”重新投资，“全部利润”都要返还给工人。简言之，用于投资的所有资金都是来自企业的纳税。经济民主的市场社会主义下的再投资的机制不同于资本主义下的再投资机制。因为投资资金要返回以每个人为基础的共同体（因为每个人都有权利），这样资本也就流向了人民。人民不是被迫追随资本的流向的。一旦投资资金到了共同体，那时它们就要“贷”给共同体的企业，或“贷”给想要开办新企业的集体。这种“贷款”是通过公共银行网进行的，并要根据两个原则来进行：规划的效益和职业的提供。市场的原则只是在这一阶段起作用，而且即使在这一阶段上，它们也不是仅有的原则。

第三，只存在商品和服务市场，不存在资本和劳动力市场。在经济民主的市场社会主义中，企业不能用其利润进行新的投资，这样一来，虽然仍存在“资本资产”，即由一个企业的工人控制的生产的物质资料，但不存在一种具有自我增殖趋势的抽象的价值。此外，企业的社会投资来自税收，而这一税收是由民主制定的，不是由市场强制的，这就是说，有关再投资的总体比率是在自觉控制之下的，是服从于民主的讨论的。这样也就不存在资本市场。在这一模式中也不存在劳动力市场，因为工人获得的不是契约工资，而是企业利润的一部分。这里需要强调的是，严格说来，在工人自我管理的企业中不存在“工资”。所有的工人，包括管理者，得到的只是一份“利润”，而不是契约工资或薪水。这些“利润”的计算方法在经济民主的市场社会主义条件下是不同于资本主义条件下的。在这两种条件下，利润都是销售收入和成本的差额，但在经济民主的市场社会主义条件下，工人的收入不是成本，它是那种剩余，即在所需投入的物资被购置、折旧费用被留出和纳税以后的剩余。这样一来，经理也就不能强制工人接受低工资以增加企业的利润，工人也不能坚持高工资以至消除利润，因为那些利润就是构成他们的“工资”的东西。

施威卡特概括说：“总之，经济民主的市场社会主义可被视为有着三个基本结构的经济制度，这三个基本结构是：企业的工人自我管理、投资的社会控制、商品和服务的市场。这些不同于资本主义的确定的组成部分：雇用劳动，生产资料私有制，商品、服务、资本和劳动力的市场。”①

① ［美］伯特尔·奥尔曼主编：《市场社会主义——社会主义者中的论争》，16 页。

3. 经济民主的市场社会主义的可行性和优越性

施威卡特认为，他的经济民主的市场社会主义在经济上是可行的。从企业方面来看，由于实行集体所有制和工人的民主管理，企业实际上是一个合作的组织，这种合作的性质保证了企业的效率。因为大量经验证明，合作企业几乎总是同类似的资本主义企业一样有效率，而且常常是更有效率。从企业之间和企业与消费者之间的相互关系来看，由于处在市场经济的大环境下，因而不会出现那些与中央计划相联系的信息的问题和激励机制的问题。从经济的长期发展来看，投资机制考虑到了那种与市场要求相一致的计划，这种计划是优于不受限制的市场力量的。企业创新的问题也解决了，因为竞争的压力将迫使现存的企业与其领域内的技术发展同步前进。此外，工人在一个企业内将得到更多货币收入、缩短劳动时间或获得更好的劳动条件的可能性也为创新提供了一种积极的激励机制。

施威卡特还详细论证了经济民主的市场社会主义在方方面面都优于资本主义。首先，它更为平等，因为它消除了依靠财产获得的收入，消除了资本家。其次，它更为民主，因为它把民主向下延伸到工厂，向上延伸到宏观经济发展政策的制定。具体说来，工人对所在企业本身拥有一人一票的最终权力，如果经理不能胜任其工作可以被“罢免”；工人作为公民，对国家制定的投资规模和构成都拥有民主的权利，因而对经济的整体发展方向拥有民主的权利。再次，它还充分克服了当代资本主义的一个最具毁灭性的特征：资本的过度的流动性。随着最新的技术和政治的发展，资本现在拥有历史上前所未有的更大的流动能力，可以迅速涌向世界上任何可望得到最高回报的地方，这导致了工作的不安全感、共同体的毁灭和大量漂泊不定的移民。经济民主的市场社会主义将从根本改变这一现象。因为工人管理的企业不会投票搬迁到本国或世界的低工资的地区；来自公众的资金不会跨越国界去寻求更高的回报；置于法律管理之下的由税收而来的投资资金要返还共同体。

第三节　对市场社会主义思潮的评析

20 世纪 80 年代以来在西方国家出现的市场社会主义思潮是在苏联东欧社会主义制度解体的大背景下出现的，是西方左翼学者对资产阶级右翼学者和政客的一种反击。苏联东欧社会主义制度解体以后，一些资产阶级学者大肆鼓吹资本主义是历史的终点，认为社会主义无论在现实还是在理想中都没有存在的价值了。面对这些资本主义辩护者的狂言，西方国家一些左翼学者和马克思主义者予以了坚决的反驳，市场社会主义者就是参加者之一。从前边的介绍可以看出，无论哪种市场社会主义模式，都一致认为苏联东欧社会主义的解体并不能证明资本主义社会就是好的社会，相反，它们都认为现今的资本主义社会是一个不平等、不合理的社会，认为社会主义社会才是当今人们追求的理想社会。各种市场社会主义理论或模式的提出无不具有鲜明的社会主义的价值取向。在世界社会主义运动处于低潮的情况下，市场社会主义在西方发达资本主义国家的再度兴起，在一定程度上增强了各国人民对于社会主义必将取代资本主义的信心。

市场与社会主义的关系问题一直是社会主义理论与实践中的一个重大问题。20世纪80年代以来，各种市场社会主义理论对市场能否与社会主义结合以及如何结合的问题做了有益的探索。针对传统社会主义的市场不能与社会主义相结合的观点，市场社会主义者从三个方面进行反驳和论证：第一，他们提出市场和计划都是手段，社会主义才是目的；第二，市场和计划都是中性的，它们既可为资本主义服务，又可为社会主义服务；第三，苏联东欧的历史教训表明，在现今的历史阶段，市场是优于计划的。他们还对市场如何才能同社会主义结合提出了种种设计，提出了各种具体的市场社会主义模式，力图使市场社会主义由理论变成现实。

然而，这些市场社会主义者虽然坚持社会主义的价值取向，并对市场能否与社会主义结合以及如何结合的问题进行了有益的探讨，但他们对什么是社会主义却缺乏科学的认识。他们虽然都认为社会主义必须实行公有制或必须以公有制为主，但在实行什么样的公有制问题上却有较大的分歧。此外，他们中的一些人把社会主义理解为一种更为民主的制度，另一些人则认为社会主义是一种平等主义，还有一些人虽然是以马克思有关社会主义的论述为依据，但其理解与马克思的论述却相距甚远。由于缺乏对社会主义的正确理解，这些市场社会主义者虽然都描绘了各自的市场社会主义的美好前景，但都没有提出如何才能实现他们的理想社会的可行的途径和方法，都没有找到实现这一社会的主体力量，因而都仍是“乌托邦”。

了解和研究20世纪80年代以来的市场社会主义思潮具有重要的理论意义和实践意义：

第一，这将有助于我们从理论上进一步弄清市场与社会主义的关系，加深对邓小平有关市场与社会主义关系的论述以及这些论述对马克思主义的发展的理解。目前，我国还处于由传统的计划经济向社会主义市场经济的转变过程中，而要顺利完成这一转变，就有必要从理论上搞清楚市场与社会主义的关系。在这个问题上，我们在很长一段时间受传统的观念束缚，把市场经济等同于资本主义，把计划经济等同于社会主义。邓小平的南方谈话虽然明确指出这种观念是错误的，但如何从理论上进一步对邓小平的论断做出系统和科学的说明却还没有真正完成。至今仍有很多人对市场与社会主义能否结合充满疑虑。就这一点而言，深入研究 20 世纪 80 年代以来的市场社会主义思潮，了解各种市场社会主义模式是如何解决这一问题的，无疑可以开阔我们的思路，给我们提供一个研究问题的新视角。

第二，这有助于我们在实践上借鉴西方市场社会主义者的积极成果，促进我国社会主义市场经济体制的建立和形成。毫无疑问，20 世纪 80 年代以来西方市场社会主义者提出的种种模式与我国目前正在实现的社会主义市场经济有着本质的不同。这种不同不仅表现在对社会主义的不同理解上，还表现在他们探求的是发达资本主义国家如何实现市场与社会主义的结合，而我们探求的是在社会主义初级阶段如何实现市场与社会主义的结合。然而，这些不同并不意味着他们提出的那些模式没有任何值得我们借鉴的东西。相反，由于双方都面临市场和社会主义如何结合的问题，因而他们的各种模式都有一些值得我们借鉴的东西。由于我国目前仍处在由传统的计划经济体制向社会主义市场经济体制的转变过程中，我国的社会主义市场经济体制还正在确立之中，因此，借鉴他们的积极成果无疑会拓宽我们的思路，对我国社会主义市场经济体制的确立起促进作用。

第三，这有助于我们正确认识苏联东欧剧变后社会主义运动在世界上的新变化，增强社会主义必将战胜资本主义的信心。对 20 世纪 80 年代以来西方发达资本主义国家的市场社会主义理论的了解和研究，会使我们进一步看到，苏联东欧社会主义国家的解体并没有表明资本主义制度就是好的，社会主义社会仍是很多人包括发达资本主义国家的人民追求的理想的社会，市场社会主义思潮的出现就是一个有力的证明。可以认为，市场社会主义的出现从某种意义上讲是社会主义运动从低潮走向高潮的一个征兆，它表明社会主义仍有着强大的生命力。

第九章 民主社会主义

民主社会主义又称社会民主主义，是当代发达资本主义国家的社会民主党、社会党和工党（一般统称社会党）的思想体系的统称。在当代西方社会中，民主社会主义是与新自由主义并驾齐驱的两大主要社会思潮，在世界范围内有着广泛的影响。

民主社会主义作为典型的社会党的意识形态和思想体系，正式出现于 1951 年成立的社会党国际（Socialist International）宣言《民主社会主义的目标与任务》（又称《法兰克福宣言》）中。作为一种西方左翼改良主义思潮，它始终与共产主义相对抗，又与新自由主义相区别。它既对现存资本主义制度持批判态度，又反对运用革命手段改造资本主义制度。它主张在资本主义议会民主制度的框架内，通过政治民主、经济民主和社会改良的途径，逐步克服资本主义的弊端，渐进地实现民主、平等、团结互助等民主社会主义的基本价值。

现代民主社会主义的产生与发展，始终与现代世界政治格局的分化与变迁相联系，大体上经历了第二次世界大战后期至社会党国际建立（1951 年）的形成期、20 世纪 50 年代初至 80 年代末的发展期和 20 世纪 90 年代以来的调整期三个主要阶段。

第一节　民主社会主义的产生与发展

一、民主社会主义的发展历程

尽管民主社会主义思潮源远流长，但现代意义上的民主社会主义产生于第二次世界大战以后。第二次界大战后期，随着德意法西斯的失败，战争中遭到极大挫折的欧洲社会民主运动开始恢复起来，一些原属于社会主义工人国际（伯尔尼国际和维也纳国际）的社会党提出了重建社会民主党国际组织的要求。在各国社会党中，英国工党最为积极，1944 年 9 月，英国工党举行了不列颠帝国各国社会党代表会议，首次提出了重建社会党国际的倡议。然而重建社会党国际并非易事，各国社会党由于在如何解决思想原则、组织原则等关键问题上存在严重分歧，使得国际的筹建进展缓慢。在思想原则方面，最大的分歧在于如何界定国际的指导思想问题，法国社会党、德国社会民主党等认为应当将马克思主义作为未来国际的指导思想，而英国工党、荷兰工党等则明确反对。在组织原则方面也形成了两种意见：一派是以法国、奥地利、比利时等国的社会党为代表，他们强调要按照“所有成员党必须履行国际组织的决议”这一战前社会主义工人国际的组织原则来重建国际；另一派以英国、北欧各国社会党为代表的社会党，他们不愿意被国际的决议所束缚，主张在推行自己政策时享有充分的自由，要求建立一个松散的、没有约束力的国际组织。1945 年 3 月至 1951 年 3 月，各国社会党曾经先后召开了七次国际会议，来解决筹建过程中的分歧，商讨筹建社会党国际组织的具体问题。在 1951 年 3 月的伦敦会议上，各国社会党最终接受了英国工党的主张，就国际的组织原则和思想原则达成一致，确立了创建一个比其前身社会主义工人国际更加松散的国际组织的共同目标。

1951 年 6 月，各国社会党在法兰克福召开了第八次国际社会党代表会议，有 34 个党派的 106 名代表与会，会议宣布本次会议为社会党国际第一次代表大会。大会讨论并通过了社会党国际的原则声明《民主社会主义的目标与任务》（通称《法兰克福宣言》）和社会党国际章程，并选举了领导机构。《法兰克福宣言》将民主社会主义规定为社会党国际的指导思想，声明这种社会主义是既不同于资本主义又不同于共产国际的新制度。以《法兰克福宣言》为标志，民主社会主义正式成为当代各国社会党基本纲领和思想体系的固定用语。

社会党国际成立后一直到 20 世纪 70 年代末这段时间，是各国社会党在政治上最辉煌的时期，也是民主社会主义发展史上的鼎盛时期。各国社会党在本国的政坛竞争中或长期执政，或成为议会中的最强大力量，先后有 40 多个工党、社会党、社会民主党通过议会民主竞选上台，或单独执政或联合执政。各国社会党在政治上的辉煌成就，也直接促进了民主社会主义理论的发展与成熟。在这一时期，民主社会主义思想的发展主要体现在以下两大方面：

一是在意识形态方面继续通过对共产主义和资本主义的批判强化自

己的身份特征。第二次世界大战结束后，由于不同历史时期民主社会主义面临的主要矛盾不同，因此在意识形态领域批判的主要对象也不同。在20世纪60年代中期以前，由于冷战时期的意识形态对立以及欧洲整体对美国的依赖等原因，民主社会主义的批判对象主要是以苏联为代表的共产主义，并将东西方对抗的主要责任归之于共产主义；20世纪60年代中期到70年代中期，在马歇尔计划的帮助下，欧洲经济迅速复兴，使得西欧主要资本主义国家不再甘心依附于美国而呈现出独立自主的倾向，在这样的背景下，民主社会主义更多地表现为对资本主义进行批判，尤其是对美国的批判。特别是在1973年美国策划推翻了智利社会党阿连德政府以后，社会党国际更是将批判的矛头直指美国。从20世纪70年代中期到80年代末，由于西欧新自由主义席卷重来，英国、德国等国的欧洲八个主要社会党沦为在野党，为了扭转这一局面，民主社会主义将批判的重点转向新自由主义。

二是根据时代的变化不断丰富民主社会主义的理论体系，增强民主社会主义对于选民的吸引力。20世纪50年代，民主社会主义理论体系调整中最为重要的就是解决了与基督教的关系问题。社会党国际于1953年通过了《社会主义与宗教》的决议，宣布“社会主义本身既不是宗教的，也不是反宗教的；它是一种变革社会的政治运动”①，希望以此来增强自己对基督教信徒的吸引力。在20世纪60年代，各国社会党着重强调民主社会主义的各项原则的运用，努力“全面实现社会民主主义的社会秩序”②。20世纪70年代以后，社会党国际及其成员党开始走出欧洲，积极参与国际事务，反对霸权主义，支持民族民主运动，积极推动南南合作和南北对话。另外，在这一时期，由于绿色运动、女权主义等新社会运动的崛起，所以民主社会主义也对这些新兴社会思潮给予了高度关注，并不失时机地把这些思潮的一些主张纳入自己的纲领和政策当中。

20世纪90年代以后，随着苏东剧变和冷战的结束，原苏联东欧的九个共产党全都改名换“姓”，成为了社会党或社会民主党。同时，在这些国家还新建了一些社会党组织。苏东剧变似乎为民主社会主义的发展提供了新的机遇和空间，然而事情的发展却出乎人们的意料，由于苏东剧变后西方舆论普遍右转，反共反社会主义逆流席卷欧洲，右翼势力

① 《社会党国际文件集》，42页，哈尔滨：黑龙江人民出版社，1989。

② 同上书，225页。

把对共产主义的否定延伸到对民主社会主义的摒弃。另外，由于外部的压力加上传统福利政策所暴露出来的局限性日益明显，西欧社会党的民主社会主义在苏东剧变之后的最初几年里又陷入了困境。1990—1995年间，德、英、法、意等国的社会党相继在大选中失利，纷纷沦为在野党。面对这样的局面，社会党国际一些主要成员党，如英国工党和德国社会民主党，开始对民主社会主义思想体系进行重大调整，倡导所谓的“第三条道路”这一主张，以使其能够适应时代的变化。

“第三条道路”由美国民主党在20世纪90年代初率先提出，后由英国工党大力倡导，接着有德国社会民主党、荷兰工党、意大利左翼民主党等纷纷响应。随着英、德、法等国工党、社会党、社会民主党的先后上台执政和这些党的领导人在1997年至1999年间三次召开“第三条道路”研讨会的炒作，“第三条道路”的思想原则被广为传播或付诸实施，产生了较大影响。围绕着“第三条道路”，在西欧政坛上形成了一个较为强大的群体。“第三条道路”在西欧已被称为“新欧洲道路”，引起世人关注，其调整的主要内容包括淡化意识形态色彩、重新定位国家与社会的关系、更加关注制约人类生存发展的深层矛盾和问题，等等。社会党人希望通过这样的调整，能够与共产主义摆脱关系，缩小与右翼势力的分歧距离，找到一条既不同于传统左翼，又不同于右翼的另外一条道路。应当讲，民主社会主义思潮的这次调整在很大程度上迎合了处于彷徨中的选民的心态，加上新上台的右翼势力在取代社会党后纷纷取消社会补贴制度，使社会保障体系遭到破坏，引起了人们的不满，这些为社会党重返政坛提供了契机。1997—1999年间，德、英、法、意等国的社会党又相继赢得大选，西欧政坛再度出现所谓“粉红的玫瑰色”。

进入新世纪以后，由于左右两种政治力量的政治主张和综合实力都出现逐渐相互接近的倾向，因此欧洲整体上又呈现出社会党和右翼势力轮流交替执政的局面。但从整个世界的范围看，社会党和民主社会主义的影响仍在持续扩大，在亚洲、拉丁美洲、非洲等地区不断有新的社会党组织出现，在2008年六七月间召开的社会党国际第23次代表大会上，国际的成员组织已发展到170个，其中，正式成员党115个，咨询成员党26个，观察员党16个，兄弟组织3个，联系组织10个。这些政党和组织分布在世界各大洲的123个国家和地区，拥有近4 000万党员和3亿多选民，其中，执政或参与执政的党近1/2。社会党国际虽不是一个严格统一的国际组织，但共同的价值理念仍将众多社会党联合在了社会民主主义的旗帜下，使之成为当今世界成员最多、规模最大、影响最广的国际性政党组织。其成员组织数、拥有的党员和选民数，大约相当于右翼政党三个国际组织（国际民主联盟、基督教民主党与中间民主党国际、自由进步党国际）的总和。可以说，社会党及其所主张的社会民主主义，已经成为当今世界最重要的政治力量和社会思潮与运动之一，是唯一能够与右翼保守势力相抗衡的中左力量，对世界各国特别是现代民主国家政治发展的走向具有举足轻重的影响。

二、民主社会主义的理论来源

严格地说，民主社会主义思潮并不具有一个严密统一的理论体系，它是一个庞杂的思想体系的统称，这种庞杂性主要体现在它的理论来源的多样性上。总体而言，其理论来源包含以下三个方面：

1. 基督教伦理、人道主义和古典哲学

众所周知，与科学社会主义不同，民主社会主义否认社会主义的实现是资本主义自身矛盾发展的必然结果，而是主张实现自由、平等、团结等道德诉求，因此将民主社会主义称之为伦理社会主义是不为过的。那么，民主社会主义当中伦理因素又来源于哪里呢？

首先，基督教伦理。基督教教义认为，尘世间所有的人，不管他们地位、身份和财富如何，在上帝面前都是兄弟，都处于平等的地位。民主社会主义从基督教伦理中汲取养料，把自己的基本价值定义为自由、公正、团结、互助。由于吸收了基督教伦理，民主社会主义的基本价值呈现出一种明显的超阶级特征。其次，人道主义。人道主义的基本思想是提倡以人为中心的人文主义，反对以神为中心的神道主义，其社会含义乃是从抽象的人出发，主张保护个人的权利和人格，要求社会道德摆脱基督教禁欲主义的规范，反对封建制度对人性的束缚。启蒙运动和资产阶级革命使人道主义以“天赋人权”的形式得到广泛的发展，进而形成声势浩大的自由主义运动，在政治上提出“自由、平等、博爱”的要求。民主社会主义接受了启蒙运动的主张，把“自由”、“公正”、“团结”作为“基本价值”。再次，古典哲学。德国社会民主党1959年的《哥德斯堡纲领》中所指古典哲学大概包括康德主义、马赫主义以及马克思主义等哲学流派。康德哲学主要体现为康德的伦理观，这一伦理观经19世纪末的新康德主义者进一步鼓吹并提出伦理社会主义主张，认为应把“人”当做目的，而不应该当作实现目的的手段，依靠人在道德上的自我修养和日趋完善，就可以使社会摆脱弊病和灾难，就可以进入社会主义，社会主义就是“道德人的交往团体”所组成的法权国家，否认社会主义是社会发展的客观规律的结果。民主社会主义完全接受了这种伦理社会主义的主张，其纲领性文献一再宣称，社会民主党致力于建立一种符合自由、平等、团结这些道德观念的生活秩序。对于马赫哲学，民主社会主义主要吸收了它的经验论。马赫认为，经验是与客观存在无关的人类体验、人类感觉的总和，并且试图证明没有主体世界，就不可能有客体世界，自然和社会规律不是客观地存在的，客观真理也是不可能有的，只有感觉才提供人类知识的全部内容。社会党人把马赫的经验论吸收到民主社会主义的理论体系中。以此为指导，民主社会主义否认社会主义必然要代替资本主义是客观规律的要求，而认为社会主义只是通过充满政治责任感的社会民主党人按照自己的感觉进行长期而艰苦的努力才能实现的伦理价值。所以，社会主义只能是一种现实的、渐进的改良运动，而不是社会发展的必然要求。另外，马克思的社会分析方法，也被社会民主党人看做古典哲学的一个组成部分。但是，社会民主党人感兴趣的并不是马克思的唯物辩证法、马克思的革命思想，而是注重马克思的具体思想，诸如马克思对资本主义社会及其弊端的揭露和批判，马克思早期著作中按照古典人道主义哲学传统阐述的对人及人的解放的信念和对民主、平等、自由、幸福的渴求等。

2. 社会主义运动史上的改良主义、修正主义理论

作为一种改良主义政治思潮，民主社会主义可以说与历史上的改良主义和修正主义传统一脉相承。

历史上的改良主义大体上可以分为三类：一是 19 世纪中期的科学社会主义以外的其他社会主义流派；二是第二国际时期的修正主义；三是两次世界大战之间的改良主义。19 世纪中期的科学社会主义以外的社会主义流派主要包括英国的工联主义、法国的路易·勃朗主义和德国的拉萨尔主义。英国工联主义热衷单纯的经济斗争，满足于缩短工时、增加工资、颁布劳动保护法、获得普选权等局部改良，不谋求最终消灭雇用劳动制度；主张通过和平谈判、调解、仲裁等方式来解决劳资争端，把同资本家坐在一起谈判视为一种胜利和光荣。法国的路易·勃朗则认为，资本主义社会中的一切矛盾、弊病和灾难，不是资本主义制度造成的，而是竞争造成的。为此，他设计出通过国家权力来组织劳动，建立“社会工场”，从而消灭竞争的社会主义改革方案。该社会主义流派把国家视为超阶级的正义的化身，同时致力于对资本主义社会的改良。德国的拉萨尔认为国家并非阶级压迫的产物，而是一个具有崇高职能的社会管理机关。他主张在国家帮助下建立生产合作社，通过争取普

选权和平实现社会主义。民主社会主义对以上社会主义流派的主张十分赞赏，并将其统统吸收到自己的理论体系之内，使之成为民主社会主义的重要思想来源。

产生于19世纪末20世纪初的修正主义（以伯恩施坦为代表），对马克思主义进行了全面的质疑，提出了一整套改良主义的理论和原则，主张通过民主改良和经济改良的手段来实现社会的社会主义改造。由于修正主义的开创者以及拥护者与后来的民主社会主义有着组织上和思想上的亲缘关系，因此修正主义也就直接成为了今日民主社会主义理论体系的前身。另外，在两次世界大战之间，欧洲社会民主党还出现了许多新的改良主义理论家，他们根据资本主义发展的新情况和社会民主党成为合法政党并陆续参政执政的现实处境，提出了一系列社会改良主义的思想、观点和主张，其中较有代表性的有：奥地利的奥托·鲍威尔、德国的鲁道夫·希法亭、法国的莱昂·勃鲁姆、英国的拉姆赛·麦克唐纳、约瑟夫·拉斯基等。这些人的思想也成为现代民主社会主义的重要理论来源。

3. 近现代欧洲一些自由主义思想家的观点和主张

自由主义与民主社会主义有着复杂的关系，在民主社会主义的发展历程中，它既与自由主义相对立，同时又积极吸收自由主义的一些主张。

民主社会主义与自由主义的最早交汇是在英国完成的。从19世纪后半叶开始，一些英国自由主义思想家企图汲取社会主义思想的某些内容来发展自由主义，使它能适应新的形势和新的需要，同时仍旧坚守自由主义和科学社会主义的界限，这批思想家被称为“新自由主义者”（这时的“新自由主义”的英文原文为“New Liberalism”，与我们当代的“新自由主义”不同，当代的“新自由主义”的英文原文是“Neo-Liberalism”），他们有时也称自己的思想是“社会自由主义”。“新自由主义”或“社会自由主义”在英国得到系统的表述是由霍布豪斯（1864—1929）和霍布森（1858—1940）两位思想家完成的。他们认为：社会的整体利益与个人利益是相辅相成的，整体利益是衡量个人利益是否合乎理性的基准，国家是整个社会利益的代表，不属于某一个阶级或者少数人，为了充分保障个人的自由不受侵犯，就必须允许私有制的存在，等等。这些自由主义思想家的主张，强烈影响到了英国工党，英国工党的早期执政史中，在政治实践上可以说完全吸收了这些“新自由主义”思想家的主张。

在德国，自由主义尽管产生得较晚，但依然对德国的社会民主主义

(早期的民主社会主义)产生了重要影响。对于德国的社会民主主义影响最大的思想家是弗里德里希·瑙曼(1860—1919),他是德国民族社会联盟的创始人,又是后来自由思想联盟的领导人之一。瑙曼认为,资产阶级自由主义与无产阶级自由主义之间不存在“生存竞争”,二者的对立不是必然的,英国工党与自由主义的关系的发展就是证明。德国自由主义的春天“如果没有无产阶级是不能设想的”,而社会民主党人“只有与自由主义资产阶级分子合作”,把一切具有自由思想的改良思想的人都吸收过来,才能壮大自己的力量。第一次世界大战前后的德国社会民主党右派理论家和领袖人物对瑙曼的主张非常赞赏,并将这些观点吸收到德国社会民主党的纲领之中。

近现代自由主义对于民主社会主义的影响,可以从伯恩施坦的思想当中得以说明。伯恩施坦在 1899 年出版的《社会主义的前提和社会民主党的任务》一书中说:“近代大规模的自由主义运动首先对资本主义的资产阶级有利,而给自己加上自由的名义的政党是纯粹的资本主义卫士。在这些党和社会民主党之间当然只能是敌对的关系。但是说到作为世界历史性运动的自由主义,那么社会主义不仅就时间顺序来说,而且就精神内容来说,都是它的正统继承者。”因此,“可以把社会主义也称为有组织的自由主义”①。因此,应当讲,至少在第一次世界大战前后,民主社会主义的早期主要思想家已经开始接近自由主义了。

第二次世界大战前后,自由主义依然对民主社会主义产生着重要影响,其中影响最大的要数作为英国自由党人的经济学家凯恩斯和改革家威廉·贝弗里奇。前者是凯恩斯主义的创始人,而后者是社会福利制度的倡导者。凯恩斯的国家干预主义思想和威廉·贝弗里奇的全民福利思想得到了民主社会主义者的高度赞同并为其所全盘吸收,并一度成为民主社会主义的主要身份特征。可以说,正是由于历史上民主社会主义与自由主义这种千丝万缕的联系,才使得现代民主社会主义具备了强烈的自由主义气息。

第二节 民主社会主义的基本主张

自 1951 年社会党国际成立以来,社会党国际及其主要成员党发表

① [德]伯恩施坦:《社会主义的前提和社会民主党的任务》,197、200 页,殷叙彝译,北京,三联书店,1965。

了许多纲领性文件和具有代表性的理论著作，在实践中逐渐形成了以多元主义和渐进改良主义为特征的理论与政策。

一、以平等、自由、团结互助、和平为其核心价值观。

社会党人始终把民主、自由、平等（正义）、团结（互助）、和平等作为自己的基本价值目标。1951年7月，社会党国际的《法兰克福宣言》对民主社会主义的奋斗目标作了这样的阐述："社会主义是一项国际运动，它不要求观点的严格划一。无论社会党人把他们的信仰建立在马克思主义的分析社会的方法上，还是建立在其他方法上，不论他们是受到宗教原则的启示，还是受到人道主义原则的启示，他们都是为了一个共同的目标而奋斗，这个目标就是一个社会公正合理、生活美好、自由与世界和平的社会制度。"① "社会党人为建立一个和平与自由的世界而努力。在这个世界中，个人的个性发展是人类充分发展的基础。"②此后，尽管在不同时期社会党国际以及主要成员党对民主社会主义的核心价值观作出了不尽相同的阐述，但其核心理念均未脱离他们一贯坚持的基本价值目标。1998年通过的《德国社会民主党1975—1985年经济政治大纲》中讲道："民主社会主义努力建立一种新的和更加美好的社会制度。其基本价值即是自由、公正、和互助……自由意味着摆脱任何有损于人的尊严的依赖关系，并有可能在公正和相助的要求所规定的限度内，自由地发展自己的个性……公正是通过在社会中给每个人提供同样的权利和均等的生存机会，而实现着每个人的自由……相助表现在其成员共同反对各种依赖关系和歧视的各阶层之间的同舟共济。"③ 1989年，社会党国际在其十八大会议上通过的《原则宣言》中又对民主社会主义的基本价值作出了较为完善的阐述，十分明确地把"实现自由、社会公正与团结"规定为"社会主义的本质"。

从20世纪90年代起，尽管受到苏东剧变的冲击以及右翼势力的压制，社会党人依然坚守着平等、自由、团结、和平等核心价值理念，社会党国际在其二十大、二十一大、二十二大以及布宜诺斯艾利斯会议、莫桑比克会议、社会党国际主席团里斯本会议、中左政府首脑华盛顿峰会、佛罗伦萨峰会和柏林峰会等会议上，都重申了社会党人的自由、公

① 《社会党重要文件选编》，3页，北京，中共中央党校出版社，1985。

② 同上书，8页。

③ 同上书，167～168页。

正、互助等基本价值观。2003年社会党国际二十二大通过的《基本价值宪章》中强调："我们，社会党国际的成员党，重申我们将致力于构成民主社会主义基础的价值观——平等、自由、公正、团结与和平。我们庄严地承诺：在社会党国际基本宣言和运动的精神指导下，尊重、捍卫和促进这些价值。"当然，由于政治环境的变化，社会党人结合实际对这些价值理念的含义进行了新的阐述。比如，对于自由的理解。当代社会党人认为传统的强调个人主义的自由观念需要补充，认为自由应该是全面享有提高生活水平的资源，因此需要首先创造一个真正自由的社会。这需要增加个人对集体的责任，扩大个人对国家的自由，自由不再是个人相对于国家的关系，也不再是一种仅仅需要国家机构保证的自由，而应该是一种旨在提高个人和其他社会组织的责任感的新型自由。再如，对于公正的理解。社会党国际指出，传统的公正观往往把公正理解为分配和结果的公正，而在全球化的世界经济格局下，这种传统的公正观念已经不再合适。新的公正观应该加强机遇公正和起步阶段的公正，应该不断地在机遇平等中保障个人有自我发展的条件。在这种情况下，即使出现结果上"有限的不平等"，实际上也应该认为是公正的，而且认为是推动发展的动力。

另外，需要特别指出的是，冷战后社会党人对基本价值的强调和重新阐释，还包含着另外一种重要含义，那就是越来越将这些基本价值局限于伦理的范围内，不再强调其以往的制度内涵。对于这一变化，德国社会民主党当代著名理论家托马斯·迈尔曾经作出明确的解释："现代社会愈是变得复杂，在社会民主主义的自我意识中就更加清楚地看出，为了他们力求实现的社会变革，不能以固定不变的模式设想纲领，也不能把对任何时期都有约束力的组织模式和结构模式当作它们的政治行动的指导方针，而是只能把政治的基本价值和基本要求当作规范化理念用于经济、国家和社会的改造。"① 也就是说，尽管当代民主社会主义依然坚持对资本主义社会持有强烈的批判态度，但是已经基本放弃了替代资本主义的方案，转而心甘情愿地充当"守护在资本主义病床前的医生"。

① ［德］托马斯·迈尔：《社会民主主义的转型》，殷叙彝译，31页，北京，北京大学出版社，2001。

二、坚持意识形态上的多元主义，主张对各种不同的价值观念兼收并蓄

民主社会主义主张意识形态多元论，其理由之一是认为世界和社会是多元的，决定社会存在的因素和社会发展的动力也是多元的，因此民主社会主义的运动不需也不应具有统一的世界观；理由之二在于民主被视为民主社会主义的核心理念，因此社会党反对任何单一的思想原则和共同一律的信仰，他们认为坚持思想体系的多元化和意识形态的自由化正是思想民主的表现，而思想和精神的垄断则是反民主的。民主社会主义的多元化特色表现在各个方面、各种层次。

首先，它在世界观方面是多元的。1951年的《法兰克福宣言》首先对现代民主社会主义的思想多元化主张进行了阐述，指出社会党人不仅包含信仰“马克思主义的分析方法”的人，也可以包含信仰“宗教或人道主义原则”的人。德国社会民主党《哥德斯堡纲领》也说：“德国社会民主党是一个思想自由的党，它是由不同信仰和思想的人组成的一个共同体。”① 社会党国际则宣称：“我们是一个深刻的多元化运动，这种运动不被任何一种社会主义的哲学解释认同。”②德国社会民主党的理论刊物《新社会》则更加明确地表示：“关于人类形象及其伦理要求的基督教学说、法国革命的人权宣言、康德的伦理和启蒙思想、黑格尔的辩证的历史哲学，马克思主义的资本主义批判，伯恩施坦的批判的马克思主义……都是民主社会主义的思想渊源。”③

其次，民主社会主义的理论来源也是多元的。如上所述，民主社会主义直接从第一国际和第二国际时期以及近现代众多的理论家和思想家那里吸取养分，这些理论家的思想各有侧重，也各有特色，共同构成了民主社会主义的主要来源。

再次，观念主张的多元性。由于国情、各国社会党的历史和传统不同等原因，社会党本身在组织结构、对待马克思主义的态度、对民主社会主义的表述、与共产党的关系等方面也表现出多元性。

最后，理论体系的开放性。民主社会主义不是一种最终完成的、封闭的体系。它可以随着形势的发展不断吸收新的思想内容，表现为新的

①② 《社会党国际文件集》，505页。

③ 转引自高放主编：《当代世界社会主义新论》，279页，昆明，云南人民出版社，2002。

政策。例如，各国社会党几乎都曾经接受凯恩斯经济思想并据此制订自己的政策。又如，最近十几年来，生态问题、反对核武器和核战争问题、人权问题、气候问题等在社会党的纲领和政策中日益占有突出的地位，并成为民主社会主义理论的一个重要内容。因此，民主社会主义可以说是一个比较笼统的概念，始终处于变化之中。

三、主张建立以市场为主导的多元混合制经济形态

社会党国际认为，民主社会主义的民主在经济领域表现为经济民主，即经济多元化，也就是在保持资本主义私有制的前提下，实行国有经济和合作经济以及其他经济成分的多种所有制并存的市场经济形态。社会党人认为，生产资料所有制形式不是决定社会性质的基本因素，更不是衡量社会性质的主要标准。在他们看来，实现社会主义不必以实行生产资料公有制为前提，也不必以公有制占主导地位为前提。社会党国际的《法兰克福宣言》称："社会主义计划并不以所有生产资料的公有为先决条件，它同重要领域内，如农业、手工业、零售商业和中小型工业内私有制的存在是可以相容的。"① 德国社会民主党的《哥德斯堡纲领》也公开宣称：生产资料私人所有制有权得到保护和促进，只要它不妨碍建立一个公正的社会制度。法国社会党也认为，私人经济是社会主义的基本组成部分，社会主义应当允许在法国有一种混合经济体制存在。当然，由于各自历史传统等因素的不同，各个社会党在对待私有制等问题上也略显不同，如瑞典社会民主党二十一大和二十六大通过的纲领都公开反对消灭生产资料私有制，认为在混合经济的范围内私人资本主义所有制会改变其性质。瑞典首相卡尔松提出"职能社会主义理论"来论证这一点。他认为，资本主义经济具有决定意义的特点不是财产私人占有，而是主要社会生产资料所有权的管理职能操纵在少数人手中。因此，只要把所有制的某些职能社会化就够了。只要逐个剥夺资本家的职能，限制他们的经济权力，使之像国王那样有名无实，就能把资本主义和平地转变为社会主义，并称这一方式为"冷革命"。与北欧社会党不同，西欧一些社会党执政的国家，为了建立多元化的混合经济体制，曾经对公有制经济比较重视，而且还曾经在第二次世界大战后期到20世纪80年代推行过大规模的国有化浪潮。

在计划与市场关系问题上，社会党国际以及许多成员党主张国家对

① 《社会党国际文件集》，6页。

经济实行干预，但并不否认市场经济的主体地位。社会党国际强调，强调国家计划和国家干预的作用，是为了克服市场经济的消极方面，更好地发挥市场的作用。在凯恩斯主义的影响下，西欧许多国家社会党在执政时期都曾经强化过国家的干预职能。如英国工党在20世纪60年代曾经尝试运用“计划化”来限制市场经济的盲目性，通过建立经济事务部，制订年度计划和五年计划，把国家生产纳入宏观管理体系，加强国家对经济全局的掌控能力。法国社会党在1980年发表的《法国80年代社会主义法案》中把计划化列入重要改革内容。密特朗当选总统后，要求通过协商自上而下地制订经济发展计划，并于1982年通过了计划改革法案，依据这个法案，国家分别与地区、公私企业、地方团体等签订了双边计划合同。1983年4月，法国社会党政府又制定了第九个经济发展计划（1984—1988）。当然，无论是英国还是法国，社会党政府通过国家计划来加强国家对经济的干预，目的只是克服市场的盲目性，对私人经济并无多大约束力，起决定作用的还是市场本身。

当然，冷战结束后，尽管建立混合制经济的主张并未改变，但社会党人在对待公有制与市场机制的作用等重大问题上的观点发生了很大变化，变得较为务实和灵活，不再刻意强调经济国有化以及国家对市场的监管等问题，而是完全根据市场的需求以及效益情况来决定具体的经济政策。

总之，民主社会主义建立的混合经济，是建立在私有制基础上的，并没有触动资本主义经济制度的根基，只不过是在资本主义经济制度的框架内进行有限的改良，根本没有、也不可能解决资本主义制度所固有的矛盾。因此，民主社会主义的混合经济，不过是资本主义经济制度的一种模式而已。

四、坚持渐进改良主义政治立场，主张建立多元化政治制度

民主社会主义自诞生之日起，就反对任何形式的暴力革命，始终坚持渐进改良主义的政治主张，这是民主社会主义的一个重要特征。社会党人认为，民主社会主义的核心是民主，所以它只有通过民主的方法和民主的道路才能实现。所谓民主的道路和方法，就是在资本主义制度内采用和平改良的方法，即通过宣传、教育争取群众拥护的方法，进行议会斗争的方法和缓慢渐进的方法。具体地说，就是通过宣传自己的纲领政策争取群众的支持，通过议会选举取得议会多数进而上台执政，通过推行政治民主、经济民主、社会民主和国际民主的政策对资本主义进行

改良，从而使得社会主义因素在资本主义制度内缓慢发展，进而逐渐实现资本主义向社会主义的过渡。对于社会党人的改良主义立场，社会党国际及其成员党曾经多次重申。社会党国际的《关于欧洲社会党人合作决议》中指出，欧洲社会党的政策目标之一就是渐进地、有步骤地实现社会主义。社会党的领导人都承认民主社会主义是一种改良主义。社会党国际前书记尤里乌斯·勃拉温达尔就曾经公开表示："改良主义是社会党国际占主要地位的意识形态"。瑞典前社会民主党领导人帕尔梅更是直言不讳："我们的运动是改良主义运动，改良主义是一个缓进过程。"法国前总理若斯潘也强调："我们的社会主义是改良主义的。"①

社会党人认为，改良主义的本质就在于政治民主，也就是说，没有政治上的民主制度，就不可能有改良主义的实施空间。因此，民主社会主义在政治制度上必须实行以政治多元化、多党制为特征的议会民主制度。《法兰克福宣言》指出："民主制要求不止一个政党有存在的权利和当反对派的权利"。"由多数派组成的政府，同时尊重少数派的权利。"②德国社会民主党的《哥德斯堡纲领》强调：德国社会民主党"希望在平等条件下同其他民主政党进行竞争，以赢得大多数人民的支持，进而建立一个符合民主社会主义基本要求的社会和国家"③。法国社会党则认为：整体的民主制必须承认政党的作用和多党制，必须保障各党的权利，由于多党制度的存在，决定了民主社会主义必须走议会民主的道路，通过和平掌握政权，即利用资本主义议会民主的政治条件，不断扩大党的社会基础，通过竞争争取更多的选民，在议会中获得多数议席，成为执政党，进而掌握国家政权，推行平静的社会变革。

渐进改良主义变革道路的主要理论依据是超阶级的国家观。社会党人否认国家是阶级斗争的产物和阶级压迫的工具，认为现代国家已经成为不同利益集团相互角逐、扩大影响的阵地，而不再是纯粹的资产阶级国家了。国家的职能已经由原来的阶级压迫转变为保护构成国家基础的社会权利，进而保护每个人自由地发展其个性的权利。法国社会党1945年发表声明说："工人阶级在被资本主义的弊害排斥于国家之外以后，曾以半个世纪的努力和牺牲使工人阶级与国家合而为一，因此，今

① 转引自黄宗良、孔寒冰编：《世界社会主义史论》，602页，北京，北京大学出版社，2004。

② 《德国社会民主党纲领汇编》，72页，北京，北京大学出版社，2005。

③ 《社会党重要文件选编》，151～152页。

天的国家已经是他们的财产，并且在很大程度是他们的手制品，他们决心保卫它。”① 德国社会民主党领袖勃兰特说得更加明白：现代民主国家已具有新的向度和性质，它为维护安全、自由和公正承担责任，不折不扣地对人民“从摇篮到坟墓”给予照料，为人民的生活质量操心，为了社会能生存下去不断承担更加广泛的任务。1986年，德国社会民主党的新纲领草案进一步声称：由于政治民主化，我们的国家至少不是阶级的国家，德意志联邦共和国是我们的国家，我们与其他政党一道，并在与他们的激烈竞争中建设这个国家。这种超阶级的国家观，从根本上否定了国家的阶级性，否定了现代资本主义国家维护资本主义剥削和统治工具的现实。

五、鼓励职工参与企业管理，主张推行具有全面社会福利性质的社会保障政策

社会党国际及其成员党认为，民主社会主义在社会制度方面的表现就是社会民主，强调社会民主是民主社会主义斗争的主要目标。社会民主的主要内容是实行“职工参与共决制”和全民福利社会保障制度。

“职工参与共决制”在实践中形成了以下几种具有代表性的模式：

英国工党的共同协商模式。英国的共同协商模式主要分为中央一级的集体谈判和公司一级的协商谈判。中央集体谈判的主要任务是在全国范围内或全行业内协调雇主和雇员的利益，制定工资和工时的最低标准，规定解决冲突的程序。这种谈判所涉及的范围比较狭窄，其作用也比较小。公司一级的谈判是英国共同协商模式的主要形式，其协商谈判的内容极为广泛，除了工资、工时、计件工资率、加班工作以外，还包括工作分配、工作方式、工作评估和政策评估。但有关公司策略、公司财政及经济方面的内容不包括在协商谈判的范围之内。英国共同协商模式的一个最大特点是政府的作用有限，这是英国同欧洲大陆各国参与模式的最大差别之一。

德国社会民主党的共同决定模式。德国的共决制也分两个不同的层级，即工厂委员会参与共决模式和雇员代表参与监事会模式。工厂委员会参与共决模式适用于中小企业，是德国共决制模式的核心。委员会委员通过选举产生，其职权分为“施加影响”和“参与决定”两个部分。

① 转引自高放主编：《当代世界社会主义新论》，282页。

施加影响就是知情权和协商调节的权利，它包括：工作环境、人事计划、工作组织、企业管理、工艺流程、新技术，等等；参与决定的范围包括：工作时间表、劳动报酬、休假时间表、超时工作、职业培训、企业规章制度、劳动保护、福利设施，等等。雇员代表参与监事会模式适合于较大的公司，如在联邦德国，每个公司都设有监督委员会，它是企业的最高领导机构，其主要权限是负责公司理事会理事的任免和对理事会进行检查和监督。与其他欧洲国家相比较，德国共同决定模式的主要特点是覆盖面广、高度规范和比较稳定。

瑞典社会民主党的参与谈判模式。瑞典社会民主党的劳资合作制度，包括国家和企业两级参与谈判模式。国家层面上的谈判参与，是指瑞典社会民主党政府成立由政府、工会和雇主组织代表组成的全国劳动力市场委员会，其主要职责是协调决定各产业的全体劳动者的工资和劳动条件，并达成有关的协议。企业层面上的共同决定制度，指工会有权参与决定投资、生产战略、查询账务账目和企业的管理文件，雇主在做出有关决定前必须同工会进行谈判和协商。瑞典参与谈判模式的特点是国家参与其中并实行控制，并且工会的力量强大。

除“职工参与共决制”外，为了缓和劳资矛盾，民主社会主义所推行的另一项具有代表性的政策就是全民社会福利保障制度。

社会党国际及成员党认为，社会民主的基本任务是实现“全民福利”、“公平分配”。《法兰克福宣言》指出，“社会主义的指导原则是满足人类的需要”，“在分配生产成果时必须把满足人类的基本需要放在首位”，社会党人“主张经济和社会的权利。这些权利是：工作权利，享受医疗保险和产期津贴的权利，休息的权利，因年老、丧失工作能力或失业而不能工作的公民有得经济保障的权利，儿童有享受福利照顾的权利，青年有按照其才能接受教育的权利，得到足够住房的权利。社会民主还包括取消性别之间、社会集团之间、城乡之间、地区之间和种族之间在法律上以及政治上的歧视”①。20世纪下半期以来，西欧国家各执政的社会党几乎相继在本国实行了社会福利政策，以保障上述各项权利。总体而言，西欧的社会福利国家主要包括以下内容：

一是社会保险制度。主要包括疾病保险、养老保险、失业保险、事故保险等。保险资金的来源各国有所不同，例如，英国规定，每一个公民一律投保，并按照不同类别分别领取养老金、儿童补助、家庭补助、

① 《社会党国际文件集》，6页。

妇产补助、疾病补助、失业补助和附加补助等。除资金问题外，各国社会党人还特别重视社会服务问题，社会党政府提供的社会福利不仅包括物力资源，还涉及人力资源的支持和帮助，如社会照顾等。

二是社会补偿制度。这一制度是指国家对因公死亡或者伤残的人给予补偿的制度。如英国政府规定：因工作中意外事故或某些规定的疾病而受伤或残废者可领取伤残紧贴，每周 21.25 英镑，最多发给 26 周。如有赡养人口，则再加发给每个成人赡养人口每周 11.45 英镑，儿童津贴 5.70 英镑。如造成残疾，则在 26 周的伤残津贴期满之后，按照伤残者的残废程度，每周发给 7.60 英镑至 38 英镑的残废津贴。①

三是社会补助制度。这是指对有各种困难的人给予补助的制度，社会补助制度种类繁多，主要包括产妇补助、儿童补助、教育补助、住房补助等。如德国 1975 年规定：子女补贴不受家庭收入限制，即所有家庭第一个孩子每月补贴 50 马克，第二个孩子每月补贴 100 马克，从第三个孩子起每月补贴 200 马克。

四是社会救济制度。这是保证每个人都有最低生活保障的制度，主要是对依靠自己力量不足以维持自己必要的社会水平者实行救济。在西欧各国社会福利法中，社会救济制度有着特殊的地位，救济的对象十分广泛。例如，北欧目前的特殊困难者主要包括先天性残疾者、弱智者、中年丧偶者、单亲母亲、多子女家庭、移民家庭、因健康原因提前退休者等。

"福利国家"的建立和完善，体现了民主社会主义的基本价值即团结互助，为社会的整体进步创造了良好条件。尽管它不能从根本上消除资本主义的基本矛盾，而且逐渐暴露出财政负担过重、抑制社会效率等弊端，但它对于缓和劳资矛盾，促进社会稳定，改善国民生活水平无疑起到了巨大的作用。

六、在国际事务中主张国际民主，奉行多元化的外交政策

社会党国际声称，民主社会主义就是为实现自由、公正和团结一致的国际性运动，社会党国际将它的国际政策概括为民主社会主义的国际主义理论。其主要内容如下：

1. 在和平问题上主张维护世界和平和支持和平运动

维护世界和平始终是民主社会主义的基本立场之一。社会党国际认

① 参见 http：//www.labour.org.uk。

为，争取和维护世界和平的一项艰巨的任务是核裁军问题。1977 年社会党国际通过的《东京宣言》强调：“为了实现世界和平真正的缓和，必须大力促进核裁军和防止核扩散；为缓和军事紧张局势，必须鼓励控制和普遍裁军”。因为新一代的核武器加入超级大国庞大的战略核武库，它们的军备竞赛还在向外空扩张，对世界和平和安全构成严重威胁，所以社会党国际认为，核裁军是关系人类生死存亡的问题，积极主张通过核裁军来实现和平。

在推动裁军方面，社会党国际进行了广泛的、大量的活动。特别是自 1975 年举行欧安会以来，社会党国际召开了各种会议讨论裁军问题。1978 年，社会党国际成立了以芬兰社会民主党主席索尔萨为首的裁军咨询委员会，索尔萨多次率领代表团访问美、苏国家领导人，面提裁军建议。社会党国际于 1981 年在赫尔辛基召开第一次国际裁军会议后，1985 年 10 月又在维也纳召开了第二次国际裁军会议，呼吁美、苏两国政府竭力摆脱军备竞赛。依据苏联东欧剧变、冷战结束后的形势变化，社会党国际于 1996 年 9 月召开二十大，会上通过的关于创造与维持和平的宣言强调提出：随着冷战的结束，许多地方出现了新的危机和武装冲突，国际社会应采取新方法、新手段予以解决。社会党国际主张加强联合国的作用，加强地区安全合作，努力实现核不扩散并禁止核试验，大幅度削减常规武器。“9·11”事件发生以后，社会党国际及其主要成员党开始将注意力转入反恐领域，认为恐怖主义是对当今世界和平最大的威胁因素之一，并积极开展反对恐怖主义的各项活动。

2. 在发展问题上主张促进国际经济合作，提倡南北对话

社会党国际认为，当今世界经济发展空前国际化，发展问题是重要的国际问题之一，认为国际形势的缓和不能离开发展，必须建立国际经济新秩序，彻底改变南北穷国与富国的关系。1978 年 11 月，社会党国际十四大会议就提出，社会党国际忠于国际经济新秩序的思想，其目的是在相互依存的现实情况下，本着积极的国际主义而树立一种团结的新精神，从而促进世界各国经济和财富的重新分配。1983 年，社会党国际十六大声明，支持联合国关于发达国家以国民生产总产值的 0.7%支援不发达国家的决议。法国社会党执政后率先实行这个决议，并努力为最不发达国家提供特别援助，在贸易和金融方面制定适宜的准则。社会党国际还支持拉美债务国的立场，建议免除最不发达国家的全部官方债务等。1989 年的《社会党国际原则宣言》强调指出，建立真正的国际新秩序要通过金融关系的根本改革，取消或减轻穷国的债务负担，北方

向南方开放市场，增加对服务行业和环境改造的投资等措施，协调工业国家和发展中国家的利益，以创造更有效率、更有成果和更为平衡的世界经济。2008年，社会党国际二十三大上又强调，发展经济是南方的首要问题，而要解决这个问题，发达国家应努力取消贫穷国家的债务，减少贸易壁垒，向发展中国家提供技术援助，等等。

3．在环境保护问题上支持绿色运动

社会党国际把保护生态环境平衡问题作为它的国际政策的出发点之一。自20世纪70年代以来，在发达资本主义国家中形成了一股有相当大影响力的"绿色运动"，包括生态运动、环境保护运动、反核和平运动等。在许多国家出现了绿色运动的组织——绿党（也有的叫环境党），其力量不断发展，与社会党争夺群众。社会党国际为了顺应更多的社会阶层的要求，也打出支持绿色运动的旗帜。1989年，社会党国际十八大通过的《争取长期生态战略》的决议更明确地提出，致力于生态环境保护的斗争与致力于保护和平的斗争同等重要，是劳工运动的新使命。人类今天对生态环境的任意破坏将表明不通过战争人类会自我毁灭。在勃兰特的支持下，挪威首相布伦特兰和荷兰工党主席考克联合呼吁发达国家捐赠国民经济总产值的0.1%，设立环境保护基金，从物质上支持绿色运动。在环境保护问题上，社会党特别强调，人类必须为自身的共同生存负责，共同致力于维护生物圈，解决生态危机要通过国际社会的联合努力。1996年的社会党国际二十大通过的《世界经济宣言》则进一步分析了世界经济进入全球化时代面临的主要问题，强调加强国际合作，保护和改善生态环境，建立"共同负责的新体系"，以消除全球化给环境问题带来的负面影响。进入21世纪以来，社会党国际关注的环境问题主要集中在全球气候变化问题上。

4．在亚非拉问题上主张支持民族解放运动，扩大民主社会主义在第三世界的影响

20世纪70年代前，社会党国际的活动基本上以欧洲为中心，即欧洲中心主义。自20世纪70年代以来，社会党国际就明确提出实行非欧洲化的目标，开始向亚非拉地区传播民主社会主义的主张和扩大社会改良主义的影响。1977年，社会党国际的《东京宣言》声称，民主社会主义不仅适用于欧洲，还适用于亚非拉、太平洋地区和中东。社会党国际于1981年成立了"亚太地区社会党组织"，其中包括澳大利亚、新西兰、日本、马来西亚等国社会党，作为隶属社会党国际的一个地区性组织。为扩大民主社会主义阵地，社会党国际还支持拉美人民反对军事独裁统

治、争取经济独立的武装斗争。在非洲，它支持南非人民反对白人种族主义的斗争。在中东，它重视同阿拉伯国家建立新关系，并同巴勒斯坦解放组织进行多次会晤，在阿以之间进行调解，争取和平解决冲突。社会党国际十八大《原则宣言》声称，第二次世界大战后以来，已取得非殖民化的一大进步，社会党国际在拉美已取得“决定性进展”，并把在亚太地区扩大民主社会主义影响作为它20世纪90年代以后的中心任务。

第三节　冷战后民主社会主义的新变化

冷战结束后，欧洲各国的社会党为了应对右翼势力的冲击，谋求重新上台执政或巩固执政地位，在价值理念、理论纲领、实际政策等方面进行了较大程度的调整与改革。总体说来，这种调整包含两部分内容：一部分为英国工党和德国社会民主党等倡导的“第三条道路”，主要涵盖各党针对本国经济、政治和国际政策所进行的具体调整；另一部分则为社会党国际对于民主社会主义基本价值理念的革新和对新的全球化运动的接纳与确认。综合以上两部分内容，我们可以将民主社会主义在冷战后的新变化概括为以下几个方面：

一、对民主社会主义的价值目标进行重新阐述

冷战结束后，民主社会主义丧失了在共产主义与自由主义之间回旋的传统空间，面对右翼势力的强大压力以及经济全球化和科技革命的深入发展，社会党国际及其成员党面临着前所未有的身份危机问题。为了摆脱危机，社会党国际及其成员党首先在意识形态领域进行革新，其主要内容就是对民主社会主义的目标取向进行修订。如果说冷战结束前民主社会主义还坚持着制度目标与伦理目标并存的“二元”社会主义观的话，那么冷战结束后民主社会主义则彻底放弃作为替代制度的社会主义，转而突出社会主义的价值属性。在社会党国际看来，随着所谓“现实社会主义”的失败，社会主义在理论和实践中设计并建立一个替代的经济制度的尝试，应被看做是最终失败了。基于这样的认识，社会党国际明确指出：“民主社会主义今天所描绘的不是一种模式，也不是我们力求实现的一种社会经济结构，而是一种由基本价值加以界定的规范性的政治和理论理想。”①

① 中央编译局世界社会主义研究所编：《当代国外社会主义：理论与模式》，234页。

西欧民主社会主义对于自身奋斗目标的修订，首先体现在对是否继续使用民主社会主义这一名称的争论上。这场争论起源于1992年的德国社会民主党内，争论的一方认为，苏联东欧社会主义国家的垮台已使“社会主义”大大丧失信誉，如果继续使用“民主社会主义”概念，它所造成的误解会超过它对人们的启发，因此主张用第二国际时期使用过的“社会民主主义”一词代替“民主社会主义”。这一派的代表人物，德国社会民主党理论家托马斯·迈尔以及德国前总理、社会民主党领袖施罗德都主张放弃“民主社会主义”概念。他们认为“社会主义”一词不再能指明基本方向，“尤其因为目前冲突的战线已不再在资本和劳动之间”。这一争论以1994年德国社会民主党基本价值委员会发表一个文件《社会主义——关于处理一个概念的困难》宣告结束。尽管文件介绍了争论双方的观点，但完全回避了对这些观点作出是非判断。但是，在随后社会党的文件和涉及社会党的论文和著作中，尽管两个词经常被交替使用，但却有着用“社会民主主义”一词逐渐取代“民主社会主义”一词的倾向。

应当讲，名称的变化仅仅是社会党谋求以价值属性重新确认自身身份的一个开端，20世纪90年代中期后，为了迎接挑战，保持自身的政治身份，社会党国际及其成员党更加强调了其基本价值的重要性，并把它提高到了民主社会主义本质的高度。例如，1996年的社会党国际二十大指出：“和平、自由、公正与团结向来是社会主义运动的重要价值观和目标”；法国前总理若斯潘指出：“我们的基本价值观不变：公正，自由，对我们命运的集体掌握，在不否认集体自由现实的条件下个人的充分发展、进步的意愿。”① 意大利左翼社会党也表示，该党要以自由、平等、公正、劳动、社会团结以及和平作为价值观。

为了进一步摆脱当时的危机处境，社会党国际在坚持传统的基本价值观的基础上，又在2003年的社会党国际二十二大上制定了民主社会主义的新三原则——可持续发展、人权和民主。大会通过的《全球社会的治理——社会民主主义的道路》的报告，主要就这三个基本原则作了详尽的论述。报告指出：“现在，一个代表全球社会民主主义的新的三原则已经形成，这就是可持续发展、人权（包括妇女和儿童充分平等地分享权利）和民主。其中，每一个原则又包含三个层面：可持续发展包

① 转引自殷叙彝：《对法国社会党近年来关于社会主义的论述的评介》，载《国际政治研究》，2002（4）。

括一个健全的环境、经济进步和社会公正；人权包括个人的安全、文化身份和社会整合；民主包括好的政府、透明和参与。这是新社会民主主义目标的核心内容，是建立在一系列更好的治理和在最广泛的范围内切实加强教育的行动基础之上的战略。”① 在2008年社会党国际召开的第二十三次代表大会上，通过了《立即行动应对气候变化，建立一个可持续的世界社会》、《为全球经济发展开辟新道路，实现增长与机遇的共享》、《解决冲突，消除不稳定，为世界和平而努力》、《全球粮食危机：社会民主党人的看法》和《制定以人为本、富有人情味的移民新议程》等五个决议，再次集中体现了民主社会主义这些新的价值观。

总体而言，冷战后社会党国际及其成员党对其基本价值观的强调，标志着欧洲各国社会党由传统的重视意识形态的政党逐步向以争取上台执政为目标的议会政党演变，同时也意味着它们最终接受了资本主义制度，完全抛弃了社会主义的制度目标。

二、对传统经济政策进行修订，主张建立以市场为导向的新型混合经济

在经济领域，民主社会主义经济政策调整主要体现在英、德等社会党组织倡导的“第三条道路”上，核心内容就是根据新的情况重新审视以往曾经长期坚持的两大原则：一是在国家的指导下有计划地组织生产，二是对有关国计民生的大企业实行国有化。审视的结果是，各党普遍放弃国有化主张，不再否认市场机制的作用，而是认为应当在分析市场机制的基础上制定经济政策，建立一种富有效率的新型混合经济形态。英国工党著名理论家、伦敦经济学院吉登斯教授就此认为：面对新的形势，需要在国家与企业、公有经济与私人经济、雇员与雇主之间建立一种良性互动的合作伙伴关系，建立一种管制与非管制、经济与非经济相平衡的“新型混合经济”，以积极有力的措施，促进经济社会的发展。正是在这个意义上，英国首相布莱尔说：“经济政策没有左右之分，只有好坏之别”，而德国总理施罗德也认为：“不必对社会民主党和保守派的经济政策作出区分，而是要对现代的和非现代的经济政策作出区分。”②

---

① http：//www. socialistinternational. org.

② 转引自龚加成：《全球化背景下的新探索——冷战结束后社会党国际纲领与政策的演变》，96页，北京，中央编译出版社，2006。

在国有化问题上，社会党国际及其主要成员党已经达成共识：公有制仅仅是一种手段而非目的，它只有在有利于社会的经济目标和基本价值的实现时，才是有意义的。基于这样的认识，20世纪90年代以来，社会党国际各主要成员党为摆脱困境，扩大选民基础，纷纷对自己理论和纲领中的传统经济政策进行修改，其中最有代表性的是英国工党和德国社会民主党。

英国工党在改革过程中，最为引人注目的就是修订该党党章的第四条。工党的章程写于1917年，其中第四条第四款规定："在生产资料公有制和对每一工业或事业能做到的最完善的公共管理与监督的基础上，确保从事体力劳动与脑力劳动的生产者获得勤勉劳动的全部果实和可行的最公平的分配"。这一条款因集中体现了工党的宗旨，即以实现公有制为工党的奋斗目标，而被视为工党社会主义性质的象征，也是工党推行国有化和福利政策的理论基础。1995年4月，在英国工党特别代表大会上，以布莱尔为首的工党现代派对党章进行了修改。经过修改，新条款增加了原来所没有的"民主社会主义"一词，抽掉了社会主义生产关系的内容，对社会主义目标的设定仅局限于追求混合经济、民主和社会公正。整个条款除了以模糊的措辞谈到权力和财富应掌握在多数人而不是少数人手里外，几乎不再有保守党所不能接受的内容。党章的修改意味着工党放弃了原来的奋斗目标。布莱尔在《第三条道路：新世纪的新政治》中宣称："我完全承认，创造财富和产生就业的前沿是私营经济部分"。

德国社会民主党的经济政策调整过程也大体如此。在德国社民党历史上曾经制定过两个重要党纲，即《哥德斯堡纲领》和《柏林纲领》，这两个纲领都对民主社会主义的目标和制度作出了双重含义的解释。其中，占主导地位的解释是伦理社会主义目标，即强调以"自由"、"公正"、"互助"这些民主社会主义的基本价值为准则改革社会。同时，也作了带有传统社会主义含义的解释，即把民主社会主义目标解释为谋求建立一种新的更加美好的经济与社会制度，"建立一种没有阶级、没有特权、没有歧视、没有相互排斥的社会"，这种解释包含着变革现行资本主义制度的意向。但在该党1992—1993年的讨论和争辩中，党内多数人自行放弃了关于建立"新的"经济与社会制度的提法，只提谋求建立"更好"的经济与社会制度。

在英、德等国的影响下，欧洲左翼执政党都加快了私有化的步伐。瑞典社会党于2002年11月召开三十四大，通过的新党纲宣布不再沿用

“社会化”一词，强调起决定作用的不再是经济制度本身，而是对经济的民主监督权。法国、奥地利、荷兰、葡萄牙等也先后开展了国有企业的改革和私有化运动。英国则成为西方发达国家中私有化最彻底的国家。当然，国有企业的私有化并不意味着全盘私有化，欧洲国家特别是英国、意大利、法国、瑞典、芬兰、丹麦等仍然保留了大量的国有企业，因而是典型的混合经济。

对于国家与市场的关系，“第三条道路”的倡导者们虽然并不否认国家监管的必要性，但对于要进一步发挥市场机制的积极作用的强调明显增强。如英国工党布莱尔政府经济政策调整的核心就是接受市场，认为市场是资源分配的基本机制，国家不能包办，应该尽可能减少国家的干预。在宏观经济政策方面，英国工党强调要把财政政策和税收政策结合起来作为经济调控手段，一方面积极鼓励企业自觉参与国际竞争，接受全球化带来的挑战；另一方面强调保障国家经济安全的重要性。在财政政策方面，强调通过增加财政支出来拉动经济增长。在税收政策方面，则实行从宽从优的税收政策，以鼓励长期投资，实现经济的持续稳定增长。在德国，德国社会民主党施罗德政府同样将重视市场机制的作用作为自己经济政策的一个重点，在国家与市场关系上，主张调整国家职能，重新界定国家与社会的任务与分工，强调放松对经济和社会生活的限制与控制，将部分国家的任务转给社会性机构和私利机构承担。

当然，在重视市场作用的同时，社会党国际及其主要成员党也强调对市场要加强监管，正如社会党国际二十大《经济宣言》所说：“就创造财富和分配资源来说，已经证明了市场显然优越于中央计划。但是，我们绝对不能得出这样的一个结果，即把市场变成一种价值。市场是一种有效和宝贵的工具，但是它仅仅是一种工具。市场需要调节，必须保证它服务于社会。市场本身既不会创造思想，也不会产生方向和计划。”① 当然，这种对国家监管功能的强调，更多的是出于经济实践以及重申自身政党身份特征的需要，在实际的政策执行过程中则体现得并不明显。

总之，冷战以来，在经济领域，民主社会主义最为显著的变化就在于淡化所有制问题，强调和重视市场机制和竞争的作用。

---

① 转引自龚加成：《全球化背景下的新探索——冷战结束后社会党国际纲领与政策的演变》，98页。

三、推行积极务实的社会改革，淡化意识形态之争

面对冷战结束以来资本主义社会发生的结构性变化，经济全球化的挑战以及生态运动、女权运动等新社会运动的冲击，欧洲各主要社会党从实用主义的原则出发，普遍调整了各项社会政策，提出了一系列新的改革理论和主张。

1. 重新界定政府的职能，提出“新治理”思想

“新治理”思想核心是在新的形势下对国家职能和地位进行重新理解和定位，其主要内容是：新时代的政府既不能像传统政府那样包管一切，又不能像新自由主义主张的那样充当“守夜人”，而是要把某些社会政治目标和社会任务（如环境保护）规定为自己必须履行的义务，同时鼓励集体自助，让社会和个人承担更多的责任。正如吉登斯指出的那样，人们需要的既不是一个不做事的政府，又不是一个试图去做它根本无法做到的事情的政府。布莱尔也认为：“‘大政府意味着更好的政府’的时代已经过去，重要的是政府的影响力而不是它的规模。政府在现代社会发挥作用的关键是它做了什么，做得怎样，而不是已经做了多少。”① 为了充分发挥非政府组织的作用，“新治理”思想提出并倡导一种新的责任观，认为责任是健全社会的基石，它是个人的，又属于社会（政府）。社会行动的目的不是要用社会或国家的行为代替个人的责任，而是要通过改善社会来促进公民个人自我完善的实现。与此相应，作为个人，就要积极回报社会的关爱，为社会和他人承担义务，真正实现现代意义上的社会公正——“有予有取”，即：机会、权利共享，风险、义务共担。“新治理”思想的提出，是现代民主社会主义者试图在国家观方面与新自由主义和保守主义保持区别的一次尝试。他们要强调的是，与新自由主义者更强调个人主义和市场作用的主张不同，也与传统的保守主义努力提升国家职能的主张不同，现代民主社会主义者强调国家与社会的平衡，主张用一些社会的、公益的手段解决具有政治意义的社会问题，这不意味着国家要减少它的责任，而是要国家改变自己的行为方式。为此，就要极大对政府机构的改革，建立政府与市民社会之间的合作互动关系，改革中央与地方以及政府各部门之间的关系。

---

① 陈林等主编：《第三条道路——世纪之交的西方政治变革》，23页，北京，当代世界出版社，2000。

2. 在社会保障制度上进行改革

社会福利政策是社会民主党的传统优势，甚至可以说是社会民主党的招牌。但是由于福利制度的过度发展，使得欧洲国家的财政入不敷出，为了应对这种不利局面，20 世纪 90 年代以来，欧洲国家加大了对福利制度的改革，其改革方式主要有两点：一是有目的地削减一些福利开支，另外一项就是改变原有福利模式，变“社会福利国家”为“社会投资国家”，把部分福利投资转为“人力资本投资”。

就前者而言，由于西欧经济普遍不景气，在野的社会党在要求维护和扩大既有的社会福利方面不得不表现出克制的态度，而执政的社会党则迫于形势不得不自行削减自己一贯维护的社会福利开支。在英国，工党政府主张改变过去“高税收、高福利、高支出”的政策，提出合理税收、支出和经济增长同步，量入为出的财经政策。在法国，社会党则着手削减退休金和医疗补贴，缩短失业救济金享受期限。在德国，前施罗德政府于 2003 年宣布了题为《2010 规划》的福利改革方案，其基本原则就是要大幅削减社会福利开支，以确保经济发展。在瑞典，社会民主党则压缩政府预算，减少假日，提高退休年龄，减少病假补贴。在丹麦，社会党也宣称不再对公民“从生管到死”。就后者而言，则主要是为了克服传统福利制度带来的消极作用，主张把部分社会福利投资转为“人力资本投资”，优先发展教育。在英国，工党政府把解决就业问题与改革社会保障制度结合起来，强调提升就业能力，由政府出资为年轻人和长期失业者提供就业培训，以创造更多的就业机会代替救济性社会保障，变“消极福利”为“积极福利”。在德国，社会民主党则提出了使青年广泛获得工作和接受培训的计划，主张把社会福利国家改造成为一种“主动的福利”。北欧等国家也大体实施了类似的福利计划。

3. 强化左翼特征，向低收入者倾斜

冷战以来，欧洲的民主社会主义始终面临身份迷失的困境，为改变这种社会状况，欧洲各主要社会党积极主张缩小收入差距，帮助中低收入人群，以强化自身的选民基础和身份特征。英国前首相布莱尔把追求社会公正作为“第三条道路”的核心，着力解决收入差距问题，借以重塑社会团结的动力。现任工党领袖布朗 2007 年上任后也表示，新政府将以年均兴建 20 万套住房的速度，争取在 2020 年前为英国民众供应 300 万套住房，用于改善低收入人群的社会住房问题。德国社会民主党领袖、前总理施罗德执政时期更是把解决低收入人群问题作为新政的核心。而法国社会党前总理若斯潘则提出“要市场经济，不要市场社会”

的口号，坚持社会公平这一民主社会主义的传统价值观。另外，为了提升中低收入人群改变现状的自信心，社会党人还修正了传统的民主社会主义公正观，认为公正虽然意味着每个人不论地位如何都享有平等的人权，不论经济上是否成功都能获得有尊严的物质保障，但这并不是一切，除了道义要求外，它还应该是促进个人发展的动力因素。为此"应该允许一定程度上的不平等现象存在，这与社会公正不矛盾，这是功能性不平等，允许这种功能性不平等存在是为了经济的发展和生活在底层的人的提高"。

在强化左翼特征的同时，社会党也不忘团结社会各阶层的选民，以巩固和扩大自己的选民基础。为此，"第三条道路"提出要反对以阶级为基础的社会分野，反对传统的左右两分法，主张建立合作包容型的新社会关系，使每个人、每个团体都参与到社会之中，培养共同体精神。新型的社会关系包括三个方面的内容：一是在尊重个人价值的基础上的共同体意识。二是共担风险、共享利益的劳资关系。三是国内居民和外来移民之间的和谐关系。一句话，即要建立包容型的新社会关系。"'包容性'意味着公民资格，意味着一个社会的所有成员不仅在形式上，而且在其生活的现实中所拥有的民事权利、政治权利以及相应的义务。它还意味着机会以及在公共空间中的参与。"①

四、积极推行"全球治理"新理念

冷战结束后，民主社会主义纲领政策革新的另一个重要内容就是高度重视全球化问题的解决。面对全球化的冲击，社会党国际认为世界上任何一支政治力量都难以独立解决人类面临的各种问题，因此要建立更加公正、平等、民主的国际新秩序，制定系统的全球治理的政策纲领。全球治理思想最早体现在1996年召开的社会党国际二十大通过的《世界经济宣言》、《创造和平、保卫和平宣言》、《21世纪人权议程宣言》等文件中，1999年召开的社会党国际二十一大的《巴黎宣言》中，2003年社会党国际二十二大通过的《圣保罗宣言》中以及2008年社会党国际二十三大通过的《立即行动应对气候变化，建立一个可持续的世界社会》、《为全球经济发展开辟新道路，实现增长与机遇的共享》等文件中，主要体现在以下几个方面：

① ［英］安东尼·吉登斯：《第三条道路：社会民主主义的复兴》，107页，北京，北京大学出版社；三联书店，2000。

1. 积极主张建立多极化世界体系，防止地区冲突，维护世界和平

为了更好地迎接21世纪的挑战，民主社会主义主张对今天的国际秩序进行改革，重点是阻止新保守主义企图降低联合国的作用，竭力破坏多边机制，推进单边主义和强权政治的倾向，因此强调加强多边机制来提高国际合作。社会党国际二十二大指出："我们必须努力提高国际社会合作的水平。为了我们集体的利益，必须加强多边机制并使之现代化。社会党国际一向致力于推动世界所有进步力量制定和实施一个保持可持续发展和革新全球治理体系的综合战略，其目标是治理全球化，使全球化能够为所有人提供机会，使世界市场为所有人服务，并且主张建立一个有效的多边治理体系，这一体系应该建立在拥有法律规范、更多的平衡、更加公正的国际关系框架基础上，并且以经过革新的现代化的联合国作为它的支柱。"① 当代社会党人认为，多极化有利于全球化，有利于建立对全球经济进行调节的框架，避免野蛮的、毫无控制的全球化。

社会党国际二十三大指出，地区冲突是当今世界面临的最主要威胁，为了防止地区冲突，必须反对单一大国主导世界的局面，必须尊重联合国在国际事务中的主导地位，通过责任分担和国际合作，建立一个公正的国际新秩序，以维护世界和平。大会呼吁反对恐怖主义，并实行全面核裁军，主张对国际冲突采取和平解决方式，但同时支持联合国框架下的人道主义干涉。为此，社会党国际在主张尊重联合国作用的同时，还赞成区域化的发展主张，以应对单个民族国家无法应对的挑战，认为它比纯粹的多边主义更能有效地增强民族国家的作用。

2. 积极倡导建立一种共同负责的全球经济新秩序

进入新世纪以来，为了建立一种共同负责的全球经济新秩序，社会党国际在新世纪召开的二十二大和二十三大上系统阐述了社会党国际关于建立全球经济新秩序的主张。大体包含以下一些内容：一是认为世界经济发展在促进繁荣的同时，还带来了贫富差距拉大这一严重问题，全球化的发展则进一步加剧了这一问题。要解决这一问题，必须在国家、地区、全球层面实行多边、多层的治理，对全球的经济、金融、社会与环境事务进行综合指导与协调。二是高度重视国际贸易中存在的不平等主义，主张发达国家应该保证向发展中国家开放市场，特别是开放农产品市场和其他劳动密集型产业市场，发展中国家应该制定稳定和灵活的

① http：//www. socialistinternational. org.

财政金融政策，以促进投资和刺激消费，创造更多的就业机会，以减少贫困。三是为了促进发展和保持可持续增长，认为必须优化金融体系，使之能够更好地发挥管理、评估和监督作用。四是认为应该更加重视数字技术的普及，通过发展教育和培训来进行人力资源投资，发挥信息技术在提高教育质量和创造新的就业机会方面的关键作用。五是重视医疗问题，主张努力为所有人提供充分的医疗保障，特别是要保护妇女和儿童的合法权益。六是认为应加强对移民问题的研究，推动劳务输出国和输入国之间的协调与合作，反对歧视移民，呼吁建立富有人情味的移民政策。七是要制止毒品贸易，主张分担责任，加强合作，发动市民社会进行反毒斗争，并对那些贫困国家生产替代品提供技术和贸易支持。

3. 更加重视全球性问题的解决，主张实现可持续发展

近年来，由于气候问题、环境问题、卫生问题逐渐凸显，社会党国际特别重视这些问题并将其提到全球可持续发展问题的高度。鉴于生态、经济和社会发展问题同等重要，社会党国际支持把生态、经济和社会的全球化维度结合起来的可持续发展的概念。社会党国际赞同前副主席勃兰特提出的关于可持续发展的定义，即：发展是满足现代人的需求，但必须以不损害下一代人满足他们需要的能力为前提。可持续发展由三个基本要素构成，即：环境保护、经济增长和社会公正。从1992年召开的联合国里约热内卢环境与发展大会到2002年的约翰内斯堡可持续发展世界峰会，社会党国际都对推动可持续发展作出了自己的努力，并提出了自己的主张。其具体建议和要求有：要满足发展中国家的要求，加大对发展中国家的技术和资金援助；要同贫困作斗争，同剥削和不平等进入世界经济体系与技术资源领域的现象作斗争；要彻底改变不适宜可持续发展的消费和生产模式；要切实保护和科学开发作为经济和社会发展基础的自然资源，等等。在约翰内斯堡会议上，社会党国际建议成立一个“世界可持续性与全球化委员会”来专门处理全球化与可持续发展问题。为了实现全球合作的目的，社会党国际二十二大上再次提出要建立一个“可持续发展委员会”的主张。2008年，在社会党国际二十三大上，为了应对国际气候变化，实现可持续发展，社会党国际专门成立了一个“社会党国际可持续世界社会委员会”，由15名成员组成，分别为英美德等发达国家和印度、南非、巴西等发展中国家的政要，重点研究一些普遍的、突发的重大国际性问题。近年来，在寻求解决全球性问题、促进可持续发展方面，社会党国际开始重视与发展中国家尤其是中国的对话与合作，社会党国际前主席古特雷斯2004年来华

访问时表示："中国的统一和发展是建立稳定、均衡、多极化世界的一个重要因素，也是解决各种全球性问题、实现全球治理的重要条件之一。"[1] 2009 年 5 月，社会党国际还与中国共产党共同举办了可持续发展问题研讨会，社会党国际主席帕潘德里欧在与胡锦涛主席会见时也再次表达了希望与中国加强合作的意愿。

第四节　对民主社会主义的几点评价

长期以来，对于民主社会主义的评价始终处于激烈的争论之中。有人认为，民主社会主义作为社会主义的一种模式，代表着人类社会未来发展的主流方向；也有人认为，民主社会主义作为一种温和的资本主义，无法也不可能解决人类面临的主要矛盾。正是由于人们选择的角度不同，所处立场不同，因此得出完全不同的结论。本书认为，对于民主社会主义的评价，不能脱离具体的历史条件，必须立足于民主社会主义的历史环境，立足于中国现代化建设的现实境况，既不能一概否定，又不能奉为圭臬，只有这样，才能得出相对客观的结论。

一、民主社会主义的积极意义

尽管民主社会主义在本质上属于一种资本主义社会思潮，但由于它始终立足于代表西方中产阶层和底层民主的利益，因此较之其他右翼思潮，它也有着一些进步之处，主要体现在以下三个方面：

首先，民主社会主义虽然不主张消灭资本主义，但始终坚持对资本主义持批判态度，这有助于人们更加清醒地认识资本主义的本质。自民主社会主义诞生以来，它就始终坚持对资本主义的批判，认为资本主义内部产生的两极分化、人的异化等问题是资本主义生产方式带来的必然结果。在深刻剖析各国内部社会矛盾与资本主义生产方式内在联系的同时，还将这种关联推行到对各种国际问题根源的分析当中。比如，对于现今存在的南北差距问题、地区冲突问题、气候变暖问题等，民主社会主义认为这些都与资本主义的生产方式存在着内在联系。如德国社会民主党 1998 年修订的纲领就明确指出：发达资本主义国家对不发达国家的掠夺和剥削是造成南北差距的根源，要解决这一问题就必须彻底改造资本主义制度和现存的世界经济秩序。民主社会主义对于资本主义的批

① http：//cpc. people. com. cn.

判，对于教育人们特别是发达国家的广大民众认识资本主义制度的缺陷与弊端无疑更加具有说服力。

其次，民主社会主义所倡导的若干社会原则对于缓和劳资矛盾、改善工人阶级和底层民众的生活状况起到了一定作用。在早期，民主社会主义运动主要致力于反对封建专政、争取资产阶级民主制度等政治改革领域，应当承认，正是由于民主社会主义的竭力抗争，工人阶级的普选权、集会结社权等政治权利才逐渐得到了维护，以三权分立为特征的资本主义现代民主制度才得以最终确立。第二次世界大战以后，西欧、北欧各主要社会党则主要致力于广泛的经济社会建设，他们通过选举，或者单独执政，或者与其他左翼联合执政，发展国民经济，改善劳动条件，推行高税收高福利政策，使得社会贫富差距极大地缩小。同时，民主社会主义积极推行经济民主和社会民主原则，积极营造政府与社会之间的对话、沟通和协作机制，较好地维护了社会各个阶层的利益，从而创造了各个阶级、各种社会力量相互协商、和谐相处的局面。

最后，作为一支具有重要影响力的国际政治力量，近年来社会党国际以及各国社会党人积极致力于全球性问题的解决并在其中发挥了积极的作用。致力于全球问题的解决、扩大自身在全球问题上的发言权是社会党国际以及其各主要成员党的一贯主张。特别是冷战结束后，面对恐怖主义、粮食安全、金融安全等全球性问题的不断出现，社会党国际及其成员党广泛游走于各种政治力量之间，敦促各方积极行动。因此，在寻求解决一些全球性问题方面，民主社会主义能够发挥一些积极的作用。

二、民主社会主义的局限性

民主社会主义虽然在资本主义各国和国际上有其不可否认的积极作用，但是，它毕竟是一种奉行改良主义的思想体系，仍然属于资产阶级意识形态，因此不可避免地具有一定的消极作用和局限性。

首先，民主社会主义试图在不触及资本主义基本矛盾的前提下彻底改造资本主义，无疑是一种不切实际的空想。民主社会主义曾经多次声称，唯一能替代资本主义制度的，就是民主社会主义，但实际上这是不可能的。这是因为，民主社会主义对资本主义的批判始终没有抓住要害和实质，而仅仅在资本主义体系内部回旋，幻想在不废除资本主义私有制的条件下消灭资本主义的一切弊端，幻想利用资产阶级国家机器达到改造资本主义的目标，认为通过民主的手段就可以把当地资本主义国家政权改造成为“人民的政权”。实践证明，这是一条死胡同，奉行民主社会主义的欧洲各国政党虽然曾多次执政，但并未消除资本主义的弊端。对此，西方学者也并不讳言，意大利学者佩利卡尼就曾指出：“民主社会主义虽然能使资本主义文明化，并使建立在市场经济原则基础上的社会不那么残酷无情和非人道，但社会民主党的展开肯定未给我们带来社会主义社会。”也正因为如此，美国前国家安全事务助理布热津斯基在《大失败》一书中才说：“民主社会主义和福利国家常常是同共产主义学术的吸引力进行斗争和为共产主义模式提供另一种民主选择的有效方法。”①

其次，由于民主社会主义所倡导的一些主要原则的实现需要一定的经济和社会条件，因此，如果发展中国家盲目照搬，很可能引起消极的社会后果。民主社会主义产生并成熟于西欧和北欧经济发达的资本主义国家，在很长时间内，它确实对这些国家的经济增长和社会发展起到了重要的促进作用。但是如果我们仔细分析就会发现，民主社会主义所倡导的如劳资协商、福利国家等主张或许只有在这些发达的资本主义国家才能顺利实现。一方面，这是由于这些国家的生产力发展水平高，经济基础条件好；另一方面，也因为这些国家都具有成熟的资产阶级民主制度，社会各阶层、各党派之间形成了较好的政治妥协机制。正因为如此，发展中国家如果不顾自身经济社会发展条件盲目照抄照搬，必然会形成“南橘北枳”的局面，这也是为什么民主社会主义在众多发展中国家徒有政治影响而鲜有成功范例的原因。

最后，由于民主社会主义本身就诞生于与科学社会主义的对抗当中，因此其与科学社会主义是完全不同的理论体系。尽管冷战后民主社会主义对待共产主义的态度有所缓和，改变了原有的敌对态度，但是理论根基上的差别，决定了两者无论是在指导思想、奋斗目标还是在党的性质、依靠力量方面都毫无共同之处。正因为如此，社会主义国家在对待民主社会主义思潮时应该格外注意，既要防止被民主社会主义所迷惑而丧失自身的原则，又要防止将民主社会主义视为洪水猛兽而一棍打死，而是应该在坚持科学社会主义原则的同时借鉴其合理的因素，消除其消极影响，努力开创具有本国特色的社会主义建设事业。

---

① 转引自徐重温：《社会民主主义——民主社会主义：历史、理论与现状》，载《马克思主义研究》，2007 (4)。

参考文献

［1］［美］丹尼尔·贝尔．后工业社会的来临．北京：商务印书馆，1986

［2］［美］阿尔文·托夫勒．未来的冲击．北京：新华出版社，1996

［3］［美］阿尔文·托夫勒．第三次浪潮．北京：新华出版社，1996

［4］［美］约翰·奈斯比特．大趋势．北京：中国社会科学出版社，1984

［5］［美］约翰·奈斯比特等．高科技·高思维．北京：新华出版社，2000

［6］［美］丹尼斯·米都斯等．增长的极限．长春：吉林人民出版社，1997

［7］［美］赫尔曼·卡恩．今后二百年．上海：上海译文出版社，1980

［8］［美］朱利安·林肯·西蒙．没有极限的增长．成都：四川人民出版社，1985

［9］［美］M. 梅萨罗维克等．人类处于转折点．北京：三联书店，1987

［10］［意］奥雷利奥·佩西．人的素质．沈阳：辽宁大学出版社，1988

［11］［法］亨利·勒帕日．美国新自由主义经济学．北京：北京大学出版社，1985

［12］［英］哈耶克．个人主义与经济秩序．北京：北京经济学院出版社，1989

［13］［英］哈耶克．通往奴役之路．北京：中国社会科学出版社，

1997

[14]［英］哈耶克．自由宪章．北京：中国社会科学出版社，1999

[15]［英］哈耶克．致命的自负——社会主义的谬误．北京：中国社会科学出版社，2000

[16]［英］哈耶克．经济、科学与政治．南京：江苏人民出版社，2003

[17]［德］艾哈德．来自竞争的繁荣．北京：商务印书馆，1983

[18]［美］弗里德曼．自由选择．北京：商务印书馆，1982

[19]［美］弗里德曼．资本主义与自由．北京：商务印书馆，1986

[20]［美］布坎南．自由、市场和国家．北京：北京经济学院出版社，1988

[21]［美］诺思．经济史中的结构与变迁．上海：三联书店，1991

[22]［美］科斯等．财产权利与制度变迁．上海：三联书店，1994

[23]［法］德里达．一种疯狂守护着思想．上海：上海人民出版社，1997

[24]［德］哈贝马斯．现代性的地平线．上海：上海人民出版社，1997

[25]［法］利奥塔．后现代状况——关于知识的报告．长沙：湖南美术出版社，1996

[26]［美］罗蒂．后哲学文化．上海：上海译文出版社，1992

[27]［美］格里芬编．后现代科学——科学魅力的再现．北京：中央编译出版社，1995

[28]［荷］佛克马，伯顿斯编．走向后现代主义．北京：北京大学出版社，1991

[29]王岳川．后现代主义文化研究．北京：北京大学出版社，1992

[30]张国清．中心与边缘．北京：中国社会科学出版社，1998

[31]盛宁．人文困惑与反思．北京：三联书店，1997

[32]［美］萨义德．东方学．北京：三联书店，1999

[33]［美］萨义德．文化与帝国主义．北京：三联书店，2003

[34]［美］汤林森．文化帝国主义．上海：上海人民出版社，1999

[35]［美］德里克．后革命氛围．北京：中国社会科学出版社，1999

[36]［英］博埃默．殖民与后殖民文学．沈阳：辽宁教育出版社，

1998

［37］［德］顾彬．关于“异”的研究．北京：北京大学出版社，1997

［38］［英］穆尔-吉尔伯特．后殖民理论．南京：南京大学出版社，2001

［39］罗钢等编．后殖民主义文化理论．北京：中国社会科学出版社，1999

［40］许宝强等编．语言与翻译的政治．北京：中央编译出版社，2001

［41］许宝强等编．解殖与民族主义．北京：中央编译出版社，2004

［42］［英］科恩．卡尔·马克思的历史理论——一种辩护．北京：高等教育出版社，2008

［43］［英］科恩．历史、劳动与自由．牛津：牛津大学出版社，1988

［44］［美］罗默．剥削与阶级的一般原理．波士顿：哈佛大学出版社，1982年

［45］［美］罗默．在自由中丧失：马克思主义经济哲学导论．北京：经济科学出版社，2003

［46］［美］罗默主编．分析的马克思主义．剑桥：剑桥大学出版社，1986

［47］［美］埃尔斯特．弄懂马克思．剑桥：剑桥大学出版社，1985

［48］［美］赖特．阶级．北京：高等教育出版社，2006。

［49］［美］迈耶．分析的马克思主义．加利福尼亚：哲人出版社（SAGE），1994

［50］［英］马库斯．分析的马克思主义．伦敦：新左派书店（Verso），1996

［51］余文烈．分析学派的马克思主义．重庆：重庆出版社，1993

［52］段忠桥．理性的反思与正义的追求．哈尔滨：黑龙江大学出版社，2007

［53］［加］本·阿格尔．西方马克思主义概论．北京：中国人民大学出版社，1991

［54］［英］大卫·佩珀．生态社会主义：从纵深生态学到社会主义．济南：山东大学出版社，2005

[55] [美] 约翰·贝拉米·福斯特. 马克思的生态学. 北京：高等教育出版社，2006

[56] [美] 约翰·贝拉米·福斯特. 生态危机与资本主义. 上海：上海译文出版社，2006

[57] [美] 彼得·迪肯斯. 社会与自然. 费城：坦普尔大学出版社，1992

[58] [美] 詹姆斯·奥康纳. 自然的理由——生态学马克思主义研究. 南京：南京大学出版社，2002

[59] [印] 萨拉·萨卡. 生态社会主义还是生态资本主义. 济南：山东大学出版社，2008

[60] 俞可平主编. 全球化时代的"社会主义". 北京：中央编译出版社，1998

[61] 刘仁胜. 生态马克思主义概论. 中央编译出版社，2007

[62] 王雨辰. 哲学批判与解放的乌托邦. 哈尔滨：黑龙江大学出版，2007

[63] 俞可平主编. 全球化时代的"社会主义". 北京：中央编译出版社，1998

[64] 李银河主编. 妇女：最漫长的革命——当代西方女权主义理论精选. 北京：三联书店，1997

[65] 肖巍. 女性主义关怀伦理学. 北京：北京出版社，1999

[66] 中国妇女出版社编. 外国女权运动文选. 北京：中国妇女出版社，1987

[67] 李银河. 女性主义. 济南：山东人民出版社，2005

[68] [美] 罗斯玛丽·帕特南·童. 女性主义思潮导论. 武汉：华中师范大学出版社，2002

[69] [美] 阿莉森·贾格尔. 女权主义政治与人的本质. 北京：高等教育出版社，2009

[70] [美] 莉丝·沃格尔. 马克思主义与女性受压迫：趋向统一的理论. 北京：高等教育出版社，2009

[71] [美] 马撒·吉梅内斯. 资本主义和女性受压迫：重新解读马克思. 科学与社会，2005 (1)

[72] [美] 特瑞萨·艾伯特. 女权主义重新唯物主义化. 科学与社会，2005 (1)

[73] [英] 戴维·米勒. 市场、国家和社会：市场社会主义的理论

基础．牛津：牛津大学出版社，1989

[74]［英］索尔·埃斯特林，尤里安·勒·格兰德编．市场社会主义．北京：经济日报出版社，1993

[75]［美］P. 巴德汉，约翰·罗默编．市场社会主义论文集．牛津：牛津大学出版社，1993

[76]［美］戴维·施威卡特．反对资本主义．北京：中国人民大学出版社，2002

[77]［美］约翰·罗默．社会主义的未来．重庆：重庆出版社，1997

[78]［英］克里斯托弗·皮尔森．新市场社会主义．北京：东方出版社，1999

[79]［美］伯特尔·奥尔曼编．市场社会主义——社会主义者之间的争论．北京：新华出版社，2000

[80] 段忠桥．理性的反思与正义的追求．哈尔滨：黑龙江大学出版社，2007

[81]［英］G. A. 科恩．关于市场社会主义的几个问题．中国人民大学学报，1996（3）

[82]［德］托马斯·迈尔．社会民主主义的转型．北京：北京大学出版社，2001

[83]［英］斯图亚特·汤普森．社会民主主义的困境：思想意识、治理与全球化．重庆：重庆出版社，2008

[84]［德］弗兰茨·瓦尔特．德国社会民主党：从无产阶级到新中间．重庆：重庆出版社，2008

[85]［英］安东尼·吉登斯．第三条道路：社会民主主义的复兴．北京：北京大学出版社、三联书店，2000

[86]［英］安东尼·吉登斯．超越左与右．北京：社会科学文献出版社，2009

[87]［英］安东尼·吉登斯．第三条道路及其批评．北京：中共中央党校出版社，2002

[88] 德国社会民主党纲领汇编．北京：北京大学出版社，2005

[89] 社会党国际文件集．哈尔滨：黑龙江人民出版社，1989

[90] 社会党重要文件选编．北京：中共中央党校出版社，1985

[91] 中央编译局世界社会主义研究所编．当代国外社会主义：理论与模式．北京：中央编译出版社，1998

后　记

本书的写作大纲由段忠桥教授主持制定。各章分别由以下同志执笔：

序言：（段忠桥）

第一章：未来主义（张云飞）

第二章：新自由主义（张旭）

第三章：后现代主义（徐飞）

第四章：后殖民主义（张立波）

第五章：分析的马克思主义（段忠桥）

第六章：生态社会主义（韩海涛）

第七章：女权社会主义（刘建军）

第八章：市场社会主义（段忠桥）

第九章：“第三条道路”（秦宣）

最后由段忠桥教授负责统稿和定稿。

本书的编写得到了中国人民大学马克思主义学院领导和中国人民大学出版社领导的大力支持，徐瑞芝、高自龙同志为此书的出版提出了许多宝贵的意见，在此向他们表示衷心的感谢。

《当代国外社会思潮》编写组

2001 年 2 月

再版后记

为了适应教学的要求，本书编写组成员对一些章节的内容做了少量的修改和补充，最后由段忠桥教授定稿。中国人民大学出版社的李艳辉博士和责任编辑邹莉同志为本书的再版做了很多细致的工作，在此一并表示感谢。

《当代国外社会思潮》编写组

2004 年 7 月

第 3 版后记

在这次修订中，本书编写组成员又对各章的内容做了进一步的修改和补充，并将原来的第九章“第三条道路”更新为“民主社会主义”。

本次修订分别由以下同志完成：

序　言：（段忠桥）

第一章：未来主义（张云飞）

第二章：新自由主义（张旭）

第三章：后现代主义（徐飞）

第四章：后殖民主义（张立波）

第五章：分析的马克思主义（段忠桥）

第六章：生态社会主义（韩海涛）

第七章：女权社会主义（刘建军、虞晖）

第八章：市场社会主义（段忠桥）

第九章：民主社会主义（王大广、秦宣）

最后由段忠桥教授定稿。中国人民大学出版社的编辑同志们为本书的再版做了很多细致的工作，在此一并表示感谢。

《当代国外社会思潮》编写组

2009 年 7 月

图书在版编目（CIP）数据

当代国外社会思潮/段忠桥主编．3版．
北京：中国人民大学出版社，2010
ISBN 978-7-300-11682-2

Ⅰ．当…
Ⅱ．段…
Ⅲ．社会思潮-世界-现代-研究生-教材
Ⅳ．D091.5

中国版本图书馆CIP数据核字（2010）第024280号

当代国外社会思潮
（第3版）
段忠桥　主编
Dangdai Guowai Shehui Sichao

出版发行	中国人民大学出版社		
社　址	北京中关村大街31号	邮政编码	100080
电　话	010－62511242（总编室）		010－62511770（质管部）
	010－82501766（邮购部）		010－62514148（门市部）
	010－62515195（发行公司）		010－62515275（盗版举报）
网　址	http：//www.crup.com.cn		
经　销	新华书店		
印　刷	北京七色印务有限公司	版　次	2001年6月第1版
开　本	720 mm×1000 mm　1/16		2010年3月第3版
印　张	19.5	印　次	2023年9月第12次印刷
字　数	324 000	定　价	49.00元